GODDESSES IN GLASTONBURY

グラストンベリーの女神たち

イギリスのオルタナティヴ・スピリチュアリティの民族誌

河西瑛里子

Merch y Coed

法藏館

グラストンベリー・トール　七景

塔を頂く丘、トールはグラストンベリーのシンボル。
1年のうち数日だけ、その塔に夕陽が水平に差し込む。（2014年10月18日）

トールの頂上は神秘の世界、アヴァロンに
通じているといわれている。(2010年10月9日)

トールに昇る朝日。冬至の日には丘の縁に
沿うように昇っていく。(2010年10月7日)

少し気合を入れて丘を上ろう。なだらかな
草原が見晴らせるよ。(2011年9月25日)

グラストンベリーには珍しい大雪。
みんな、ちょっぴりワクワク。(2010年1月7日)

放牧された牛とそのべったりとした糞が
上る者たちの行く手を阻む。(2009年6月7日)

食いしん坊の羊たち。幸い、盗もうとする
不埒者はいないらしい。(2010年7月9日)

オルタナティヴ・スピリチュアリティ関連グッズの店が立ち並ぶ、町の中心部。
この日はチベット仏教の旗もはためいていた。（2009年7月15日）

かつてのグラストンベリーの栄華の名残、グラストンベリー修道院跡。
現在の住民にとっては、格好の犬の散歩コースだ。（2009年11月16日）

チャリス・ウェル、つまり聖杯の泉は、グラストンベリーに残るいくつもの伝説の舞台。
鉄分豊富な泉の水は体に良いと愛されている。（2011年9月27日）

チャリス・ウェルでの季節の瞑想会。管理団体が、年８回の季節の祝祭に
合わせて、特定の信仰に偏らない形で開いている。（2011年9月23日）

女神のお祭り、女神カンファレンス最終日の行進。対向車を停めさせ、道を占拠し、
「女神のパワーを見せつけろ！」と言わんばかりに、進んでいく。（2006年8月6日）

女神カンファレンスの行進の途中、チャリス・ウェルに立ち寄る。
歌って踊って、にぎやかに女神を讃えよう。（2009年8月2日）

行進のゴール、トールの頂上まで女神像を運び上げたのは、女神を愛する男たち。
男性もグラストンベリーの女神運動には欠かせない存在なのだ。(2009年8月2日)

最後にトールの上で叫ぶ、「太陽の大女神よ、あなたの存在に感謝します」
この年のテーマ、火の女神の讃頌だ。(2009年8月2日)

ケルト系の人々がかつて信仰していたらしいドルイド教の
復興を目指す現代ドルイド。朝日の下、秋分の日を祝すのも
その活動の一環。(2006年9月23日)

雪にはえるウェアリーオールの丘の聖なる山査子。年に2回花を咲かせるこの木は、
この年の暮れ、何者かによって切り倒され、町は大騒ぎになった。(2010年1月7日)

グラストンベリーの女神たち＊目次

第2部　グラストンベリー女神運動にみられるつながり

結　論

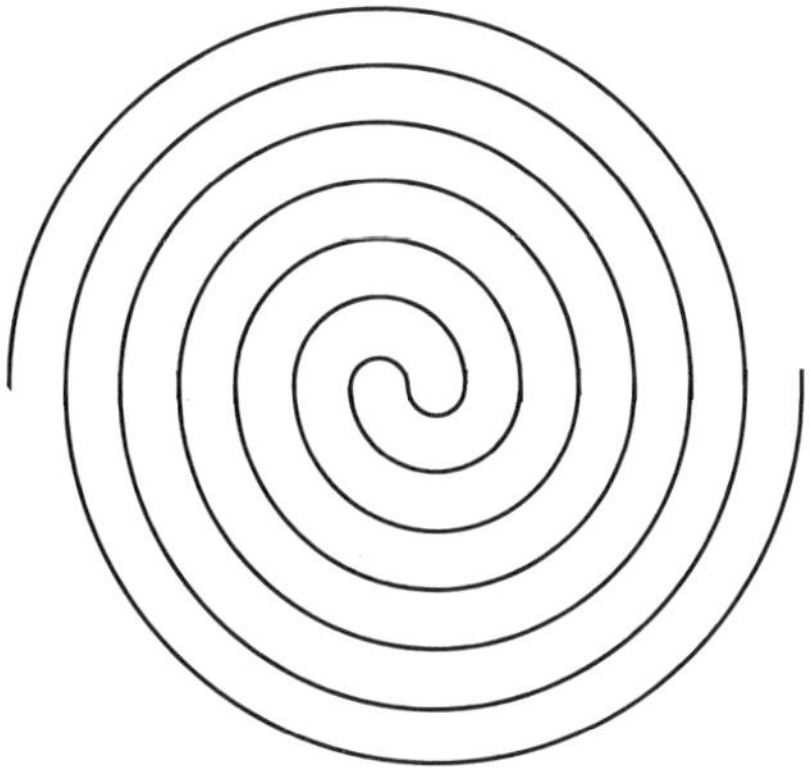

ダブル・スパイラル（double spiral） 内部へ向かった後、外部へと開いていく模様であることから、エネルギーの循環構造を表すと考える人もいる。本書の最後に出てくるスパイラル・ダンスは、この図のように渦を巻き上げて踊っている。

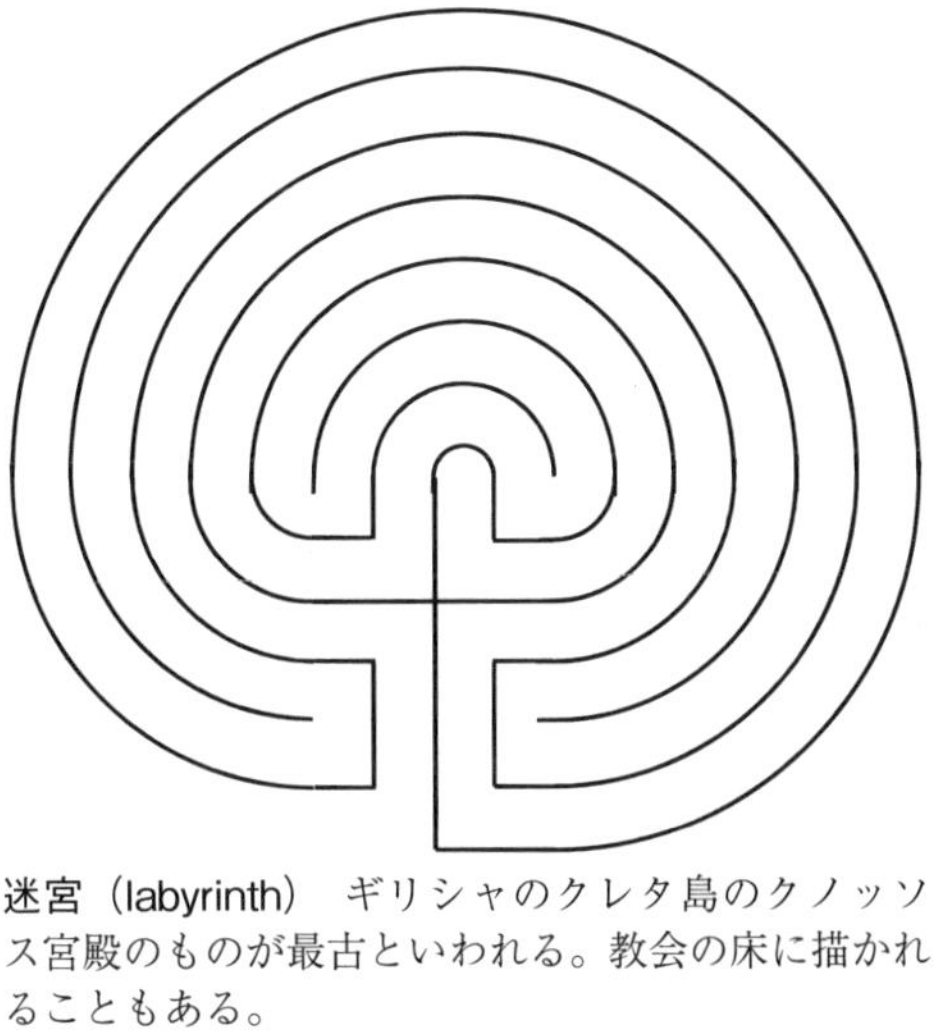

迷宮（labyrinth） ギリシャのクレタ島のクノッソス宮殿のものが最古といわれる。教会の床に描かれることもある。

凡　例

一　個人名の取り扱いについて

存命の人物の個人名は基本的に仮名で記した。なぜなら、相手が公開されるとは想定していないデータが含まれている可能性があるからである。ただし、女神運動を始めたキャシー・ジョーンズについては著書を引用しているうえ、ボーマン［Bowman 1993, 2004, 2005］やウェルチ［Welch 2010］も本名を記しているし、彼女のかつての盟友バリー・テイラーについてもその著書を引用しているため、この二人は本名を出している。また、ジョーンズを本名とする以上、その夫マイクも匿名にする意味はないと考え、本名としている。なお、テイラーのビジネス・パートナーだったヘリーン・コッペヤンもすでに死去していることもあり、本名を用いている。

二　用語の邦訳について

英語圏を対象として文化人類学の研究をする際、訳出の問題は避けられない。イギリスやアメリカ出身の人類学者が海外で調査した内容を英語で発表してきたという歴史的経緯から、分析概念としての訳語が定着している言葉も少なくないからである。本書では分析概念ではなく、民俗用語として用いる場合、下記の表のように、文化人類学等でよく用いられる定訳とは異なる訳語を用いたり、カタカナで記述したりしていることを予め断っておく。

英語	民俗用語としての筆者の邦訳	定訳
ceremony	祝祭／儀式（＊）	
magic	魔術／魔法	呪術
Priestess	プリーステス（男女ともに）	女司祭
Priest	プリースト（男性のみ）	司祭、男司祭
spirit	スピリット	霊
spirituality	スピリチュアリティ	霊性など
witch	魔女（男女ともに）	妖術師
witchcraft	魔女術	妖術

＊ケルト人が季節ごとに催していたといわれる“seasonal ceremony”については季節の「祝祭」、それ以外は「儀式」と訳出した。なお調査対象の人々は自分たちの実践に“ritual”という単語を使用することは稀であり、本書における「儀式」はすべて“ceremony”の訳語である。

三　記述の仕方について

・インフォーマントの言葉の後の〔　〕内の年月日は、聞き取りをした日を示す。
・年齢は聞き取りをした時点のものである。プライバシーに配慮し、正確な年齢ではなく、年代を記している。
・引用文中の〔　〕は筆者による注である。
・調査者が特権的な立場からインフォーマントたちについて記すことを防ぐため、しばしば「筆者」ではなく「私」という一人称を用いるなどして、主観を交えながら記述していることを、予め断っておく。

四　通貨について

イギリスでは「イギリスポンド（British Pounds）」を使用しているが、二〇〇八年秋から始まった経済危機の影響を受けて、日本円換算額は調査期間の初めと終わりで大きく変化した。調査を始めた二〇〇五年秋から二〇〇八年夏頃まででは一ポンドあたり二一〇〜二三〇円だったが、二〇〇八年秋以降は一二〇〜一四〇円と半額程度まで下がった。そのため、二〇〇六年と二〇一〇年の価格を比べたとき、実際は値上がりしているのに、日本円に換算すると下がってしまう逆転現象が起こることもあった。このような誤解を避けるため、本文中で価格を記すときにはポンドでの値のみを記し、日本円換算額を表示していない。

グラストンベリーの女神たち

イギリスのオルタナティヴ・スピリチュアリティの民族誌

扉シンボル右：**三交差の三日月（triple crescent moon）**　女性の三相(乙女、母、老婆)を表すシンボル。表紙カバーのトリプル・ムーンも同様のシンボルだが、併せて月の三相(満ちていく月、満月、欠けていく月)も表すとされる。

扉シンボル左：**三脚巴（triple spiral, triskele, triskelion）**　アイルランドなどの新石器時代の遺跡や、ギリシャのミケーネ文明の遺跡などから見つかっているシンボル。女神運動に関わる人々やネオペイガンの間では、やはり女性の三相を表す。

はじめに

私たちはみんな女神からやってきた、そしてそこに戻るのだ
海に流れゆく雨の雫のように(1)

二〇〇六年の八月最初の日曜日、朝十一時。ここはイギリス南西部の町、グラストンベリー。その中心部には、何やら大勢の人が集まってきていた。皆一様に、まばゆいばかりの黄色や金色のドレスに身を包んでいる。低いメロディの詠唱が、夏の空に響きわたる。歌っているのは、何十人もの女たち。その声は辺りの空気を震わせるほどに力強い。ドラムやマラカス、鈴などを打ち鳴らしながら、体をリズムに合わせながら、いくつもの女神の歌を楽しそうに口ずさんでいる。

空気、火、水、大地の母
祖母、処女の母、出産の母
あなたを祝福します、私を祝福してください

あなたを祝福します、私を祝福してください
母、母、母、母、私たちすべてにとっての大母(2)

大合唱がしばらく続いたところで、何の前触れもなく、一行は進み出す。行進の始まりだ。鮮やかなリボンや花で飾られた、柳の枝からできた女神を担いで歩くのは、数少ない男たち。女たちの中には、誇らしげにカラフルなのぼりを持つ者もいる。世界各地の女神が鮮やかな色彩で描かれている。足取り軽やかに歩き始めても、歌や楽器が鳴り止むことはない。

女神と一緒に歩いていこうよ、女神も私と一緒に歩いている
女神と一緒に歩いていこうよ、女神も私と一緒に歩いている
彼女は、澄み切った青い空の中の雲だ　私の足下の大地だ
彼女は、広い海であり、滴り落ちる雨粒だ　私の道を照らしてくれる閃光だ(3)

夏とはいえ、時折、ひんやり冷たい風が吹く。そんな中を、こんな風に高らかに、にぎやかに歌いながら、沿道の人々の好奇の視線を誇らしげに見やりながら、黄金にきらめく女神の一行は、交通規制が敷かれたハイ・ストリートをずんずん突き進んでいく。二百人ぐらいはいるだろうか、子供の姿も目立つ。

母なる地球、あなたを骨の中で感じます

大地の上を美とともに歩きます
母なる地球、あなたの石に歌います
パワーの声と癒しの手[4]

［二〇〇六年八月六日、グラストンベリー女神カンファレンス］

これは、「女神運動」の祭典のひとこまである。現代の欧米[5]では、キリスト教の制度や組織を離れ、それ以外の形で宗教的な実践に携わる人が増加している。あるイギリス人[6]はその様をこう評する、「私たちの国はもはやキリスト教の国ではない」と。

こうしたオルタナティヴ・スピリチュアリティに関心をもつ、欧米各地の人々を魅きつけている「聖地」がある。本書の舞台、グラストンベリーだ。またの名を魔法の島アヴァロンという。

時折、この町の虜となる人々がいる。私もそんな一人だった。そして私が町で出会った人々の多くもそうであった。自分の意志で故郷を離れ、グラストンベリーに集っていた彼らは、一見、自らの生き方に誇りをもち、楽しく毎日を過ごしているようだった。しかし実際は、その内に様々な悩みを抱え込みながら生きていた。そこで私は、これからオルタナティヴ・スピリチュアリティの世界の一端を具体的に描き出すとともに、携わる人々がつくりだしてきた人と人との関係の結び方を近い距離から眺めることで、オルタナティヴ・スピリチュアリティが現代のイギリスに生きる人々を引き寄せてきた不思議な魅力を探りたい。

註

（1）作詞 Z. Budapest, 作曲 Lindie Lila.

（2）作詞・作曲 Sally Pullinger.

（3）作詞・作曲 Kellianna & Leanda Walker.

（4）作詞・作曲 Jana Runnels.

（5）本書において「欧米」とは地理的な地域、つまり旧西側諸国のヨーロッパ、および英語圏の北米、オーストラリア、ニュージーランドを指す。また、「欧米人」とはその地域に住む旧西側諸国出身者、つまり移民を除く旧西側諸国のヨーロッパに暮らす人々と、彼らを先祖とするアメリカ人、カナダ人、オーストラリア人、ニュージーランド人を指すこととする。これらの地域は「西欧」「西洋」と呼ばれることもあるが、本書では地理的な文脈、民族的な文脈においては「欧米」を用いることにする。

（6）日本語で一般的に「イギリス」として知られる国の正式名称は「グレート・ブリテン島および北部アイルランド連合王国（The United Kingdom of Great Britain and Northern Ireland）」であり、これはイングランド、スコットランド、ウェールズ、北アイルランドの四つの国の総称である。「イギリス」とはイングランドのみを指し、連合王国全体を指すときには「英国」と記されることもあるが、本書では慣用に従い、「イギリス」を連合王国全体の意味で用いている。

序　論

本書の目的は、大きく二つに分けられる。第一の目的は、イギリスにおけるオルタナティヴ・スピリチュアリティの現代的な意義を考察することである。具体的には、グラストンベリーという町で始まった女神運動を対象とし、その生成と発展をグラストンベリーと女神運動の文脈から考える。そして、儀式の場と実践者の日常生活を分析し、携わる人々の紡ぎ出す親密な人間関係（本書でいうところのつながり）と共同性のあり方を明らかにする。第二の目的は、文化人類学における調査者と被調査者の関係を検討し、ヨーロッパ人類学の意義や民族誌の記述の仕方について考えることである。これは第一の目的で明らかにしていく被調査者たちの人間関係の中に、ちょこちょこ顔を出す調査者に正面から向き合う試みでもある。

なお、本書ではオルタナティヴ・スピリチュアリティを、イギリスの伝統宗教であるキリスト教を含まない形のスピリチュアリティとして想定している（詳細は本論1-1）。また、フェミニズムと、キリスト教到来以前のヨーロッパにあったとされる信仰の復興運動であるネオペイガニズムが融合したような実践である女神運動を、オルタナティヴ・スピリチュアリティの一つとして考えている（女神運動の詳細は第1章1）。

序論では、現代のイギリスで見られるオルタナティヴ・スピリチュアリティと、文化人類学者とその被調査者の関係に関する議論を概観し、筆者の立場を示す。その後に調査のあらましと本書の構成を説明する。

1　現代のイギリスの新しい宗教現象

本節では文化人類学だけではなく、宗教社会学における研究も検討している。なぜなら、欧米は社会学、欧米以外の地域は文化人類学が担当するという学問上の「棲み分け」が近年まであったため、長期のフィールドワークに基づく文化人類学における欧米人の宗教に関する研究は、まだ始まったばかりだからである。そこで以下では、両分野でのイギリスの宗教についての研究を検討し、その問題点を指摘した後、本書の視座を示す。

初めに、第二次世界大戦後のイギリスにおける宗教の状況についての議論を確認してみる。端的にいえば、それは世俗化論を基軸として説明されてきた(1)。これは、近代化の進展と、社会における宗教の重要性の低下を結びつけた社会理論である（[ウィルソン一九七九、Bruce 2002] 参照）。この理論は、教会の数や出席者数、教会への所属者数の低下が社会問題となっていた、一九六〇～七〇年代の欧米諸国を中心にもてはやされた。

中でもイギリスの状況は世俗化論を裏づけているとされてきた。たとえば、全人口に対するイングランド国教会やカトリック教会を合わせた教会所属者の割合は、一九七〇年でも二〇・七%にすぎず、一九八七年には一五・〇%まで落ち込んでいた（[Davie 1994: 38] 参照）。また一九五〇年代初めでも、人口の四五%は、洗礼、結婚式、葬式以外のときには教会に足を運んでおらず、定期的に通っていたのは女性が一一%、男性に至っては七%にすぎなかった［スノードン&大竹一九九七：八七］。

しかし、一九九〇年代以降、イギリスの宗教の状況を世俗化とみる見方に反論する者も現れた。教会出席率の低下などの指標は、制度的な宗教への信頼の低下を意味しているだけで、個々人の宗教心は失われていないというのである（[Davie 1994; Gill, Hadaway & Merler 1998] 参照）。

実は世俗化論をめぐる論争は、宗教をいかに定義するかという問題に関わってくる。世俗化論の牽引役であるウィルソンは、キリスト教のように、超越的な宗教概念と教会等の制度や組織をもつものこそ、宗教であると考えていた［ウィルソン一九七九］。このような狭義の定義に対し、たとえばルックマンは、宗教とは個人の内面的世界に属するものであり、世俗化論のいう「宗教の衰退」とは、宗教の私事化、すなわち個々人が宗教的に自立し、個人が宗教の表象を自由に組み合わせ、独自の意味体系を作り上げている様だと考える［ルックマン一九七六］。ウィルソンのような実体的側面ではなく、ルックマンのような機能的側面に注目して宗教を定義づければ、組織や制度、信仰体系が明確でないため、一般的には宗教という印象をもたれにくい「オルタナティヴ・スピリチュアリティ」も、「宗教」に分類できることになる。

オルタナティヴ・スピリチュアリティへのアプローチは様々な側面からなされているが、欧米の文脈では、とりわけ伝統宗教からの進化や主流社会の補完という視点から捉えられてきた。以下では、これらの議論を検討し、そのもたらした功績と問題点を指摘する。その前に、本書の中で筆者がどのような意味で「オルタナティヴ・スピリチュアリティ」という言葉を用いているのか説明する。

1-1 オルタナティヴ・スピリチュアリティとは？

「スピリチュアリティ」の定義は千差万別である。研究者の数だけあるといっても過言ではない。筆者は修士論文［河西二〇〇七］の中で、グラストンベリーに暮らす人々が「スピリット」、「スピリチュアル」、「スピリチュアリティ」という言葉を、日常会話でどのように使用しているのかを分析し、人間や生物などの実体のあるスピリット同士が対峙することでスピリチュアルな状態になる、高位の存在（グレート・スピリット）と対峙してスピリチュアルな状態を目指す姿勢がスピリチュアリティであると定義した。つまり筆者は、「スピリチュアリティ」を、宗教や教義の違いにこだわらず、神のような存在と直接対峙しようとする能動的な試みだと考えている。「神のような存在」という曖昧な表現をあえて使うのは、一般的にイメージされる「神」の概念に捕らわれず、超越的次元、人間を超えた存在、高位の意識など、柔軟に捉えていきたいからである。

本書で対象としている実践を、単に「スピリチュアリティ」と記さず、「オルタナティヴ」をつけているのは、調査中に出会った実践者やボーマン［Bowman 2000］と同様、教会制度をもつ組織的なキリスト教を含まない形のスピリチュアリティ、つまり一九六〇年代以降に現れた新しいスタイルのスピリチュアリティを指したいからである。なお、（オルタナティヴ・）スピリチュアリティは、宗教に対置する言葉として研究者や実践者がしばしば用いている。その場合の「宗教」は必ずしもキリスト教を意味しているわけではなく、確立された制度や正統とされる教義をもつ伝統宗教一般を指している。

なお本書では、オルタナティヴ・スピリチュアリティを「ニューエイジ」や「ネオペイガニズム」や「女神運動」を包括する言葉として使用している。以下にその理由と、本書におけるそれぞれの言葉が指す意味を説明する。

「ニューエイジ」(2)と呼ばれる現象の起源は十八世紀以前の秘教思想(3)（esotericism）や十九世紀後半の心霊主義(4)に遡るといわれるが、直接の源は一九六〇年代後半に全盛期を迎えた対抗文化運動(5)だとされる。その中でも人間に内在する「スピリチュアルなもの」を重視し、「意識変容が社会変革につながる」と主張する人々が源流の一つとされる［伊藤二〇〇三：四］。一九八〇年代から盛んになり、宗教、医療、食事など、多岐の分野にわたって、規範とされているやり方とは別のやり方を求める。「ニューエイジ」に含まれる具体的な実践としてヒーラス〔Heelas〕は、ペイガンの教え（例として、秘教思想的または神秘主義的なキリスト教、仏教、ヒンドゥー、イスラーム、道教、ケルト、ドルイド、マヤ、ネイティヴ・アメリカン・インディアンを挙げている）、禅瞑想、ウィッカの儀式、集中啓発セミナー、マネージメント・トレーニング、シャーマンの活動、野外イベント、スピリチュアル・セラピー、積極思考の形式などを挙げている〔Heelas 1996: 1〕。そして、実践者はこのような実践によって、見失われていた本来の自分を取り戻そうと試みると考えられている〔Heelas 1996: 18-20〕。

オルタナティヴ・スピリチュアリティとニューエイジを比べてみると、前者は宗教的な事柄に対する姿勢、後者は具体的な実践ともいえ、両者の指す対象には微妙な違いがある。しかし、「スピリチュアリティ」の探究のため、「ニューエイジ」に含まれる実践を用いることはよく見られ、両者の具体的な思想や実践の内容は重なり合っていることが多い。またヒーラス〔Heelas 2006〕は、ニューエイジ運動とは「ニューエイジャー」と呼ばれる人々が「自己のスピリチュアリティ」を追求していくことだとしているし、ベックフォード〔Beckford 1984〕も比較的新しいタイプのスピリチュアリティにはニューエイジが含まれるとしている。しかも、一九九〇年代の研究で「ニューエイジ」と呼ばれていた対象が、二〇〇〇年代に入ってから「（オルタナティヴ・）スピリチュアリティ」と呼ばれるようになっている様子も見られる(6)。その背景には、実践者が「ニューエイジ」という言葉を嫌い、「（オルタナティヴ・）スピリチュアリティ」という言葉を好むため、研究者が研究対象である実践者に配慮したこと、また実際の使用例に近い言葉を採用したことがあると筆者は考えている。以上の理由から、厳密には異なるものの、本書ではニューエイジとオルタナティヴ・スピリチュアリティを基本的には同じものとして取り扱い、引用文献を除いて、「オルタナティヴ・スピリチュアリティ」と記すことにする。

続いて、ネオペイガニズムと女神運動[7]の指す範囲と、両者をオルタナティヴ・スピリチュアリティに含める理由を説明する。「ペイガニズム」とは、キリスト教が普及する以前の多神教的な自然崇拝の信仰を指す言葉であり、世界各地の一神教以外の土着の信仰のすべてを指すこともあるが、本書ではヨーロッパにかつてあったとされる信仰に限定して用いる。つまりその復興運動であるネオペイガニズムも、ヨーロッパの土着の信仰の復興運動という意味で用いている。

女神運動は、ネオペイガニズムの一派とみなされることも少なくない。なぜなら、女神を崇拝する、魔女を自称する者がいるなど、共通点が多いからである。しかし、女神運動の主要な起源はフェミニズムであること、ネオペイガニズムのように女神と男神ではなく女神だけを崇拝すること、女神のみの崇拝により主流のネオペイガニズムとの関係がよくないことなどから、筆者は女神運動と主流のネオペイガニズムを安易に同一視することはできないと考えている[8]。

ただし、ネオペイガニズムも女神運動も対抗文化運動の頃に関心が高まったこと、当事者がオルタナティヴ・スピリチュアリティと認識していたり、ニューエイジの実践を取り入れたりしていることから、ネオペイガニズムと女神運動は重なるところは多いが別のものとしたうえで、ともにオルタナティヴ・スピリチュアリティに包括されるものとして取り扱う。

なお、本書におけるオルタナティヴ・スピリチュアリティは、イギリスを中心とする欧米社会の事象として取り扱い、日本など全世界を射程には入れていないことを予め断っておく。

1－2　先行研究の視点

オルタナティヴ・スピリチュアリティという現象は、これまでどのような視点から研究されてきたのだろうか。1－1で見た通り、幅広い領域を含むオルタナティヴ・スピリチュアリティは、様々な分野において、様々な側面から論じられてきた。そのすべてを網羅することは筆者の手には余ることだし、本書の目的に対する答えに辿り着くのに必要だとも思えないので行わない。その代わり、ここではオルタナティヴ・スピリチュアリティを、現代の欧米社会で伝統的および主流とされてきた事柄と相容れないものとして峻別してきた議論について検討したい。このような議論には、次の二つの方向性が見られる。一つは、オルタナティヴ・スピリチュアリティを伝統宗教や主流社会など、これまで当たり前とされてきた規範や価値観への違和感を背景に「進化」した現象と見る捉え方であり、もう一つは、オルタナティヴ・スピリチュアリティを伝統宗教や主流社会などが失ってしまった事柄を満たす、補完的な役割を果たしている現象と見る捉え方である。なお、欧米の文脈では、「伝統宗教」はキリスト教とほぼ同義であり、「主流社会」とは、近代化が進んだ現代社会一般とほぼ同義である。以下、両者を順番に、イギリスとアメリカの事例を中心として、それぞれの詳細を見ていく。

前者のようにオルタナティヴ・スピリチュアリティを進化的に捉えた代表的な研究としては、ヒーラスとウッドヘッド（Heelas & Woodhead）のケンダル・プロジェクトが挙げられる。両者を中心とした調査チームは、イングランド北西部の町ケンダルにおいて、質問表を用いたり、様々な集まりへの出席者数などを調査したりすることで、「伝統的な宗教」と「新しいスピリチュアリティ」の活動を明らかにしようとした。そして、主観的な生活を超越的な意味、良さ、真実をもつ、高位の権威に委ねることを鍵とし、コミュニティや伝統の一員として生きることで高位の権威が生き方を導いてくれ、価値を与えてくれる「宗教」の影響力は低下していること、その一方で、個人の主観的な経験に頼る生き方を好み、個々人が大切で意味があり、権威だとする「スピリチュアリティ」は隆盛していること、「宗教」から「スピリチュアリティ」への移行が生じていることを指摘した［Heelas & Woodhead 2005: 2-4, 32］。ここでは、高位の権威に依拠する「宗教」の衰退と対照的に、個人主義を重視する「スピリチュアリティ」の姿が示される。

一方、ウスノー［Wuthnow 1998］が対象とするのはアメリカ人の宗教意識であり、彼は先行研究の蓄積を利用するとともに、二百人のアメリカ人への数時間にわたるインタビューと大規模な質問表調査という社会学的調査を行った。彼は、住む土地さえもつねに流動的なアメリカ人は、信条、教義、社会的慣行を重視し、地元の教会に基盤を置く従来の制度宗教のような「居住のスピリチュアリティ」から、自分でスピリチュアルなアイデンティティを探究する「旅としてのスピリチュアリティ」に移行しつつあるとする。こちらも、制度や伝統的価値観に縛られた従来の硬直的な「宗教」との差異を強調することで、個人の自由を重んじる「スピリチュアリティ」の現代性を浮き彫りにしている。

女神運動も、女性を抑圧してきたユダヤ教やキリスト教からの「解放」という視点から研究されてきた。女性たちが女神運動に魅力を感じた理由の一つは、欧米の精神的な価値観を形作っていたユダヤ教やキリスト教には見出せなかった女性としての自分を肯定するような価値観を、「女神」や「魔女」という象徴で提示してくれたからだとされた。そのため、ユダヤ教やキリスト教が否定してきたものに価値を与えたり、これらとは異なるところが評価されたりする。たとえば、「国民的なリーダーも、スポークスマンも、グルも、中心化された組織もない」［Rountree 2004: 94］、「聖なる権威的なテクストがないので、（中略）実践は流動的である」［Griffin 2000: 15］というように、体系化された教義や組織構造を欠いた運動であると指摘されてきた。このような自由さと創造性は、ミサなど儀式が形式化され、ヒエラルキー構造のあるユダヤ教やキリスト教にはなかった「進化」として強調されるのである。

以上のように、オルタナティヴ・スピリチュアリティは、「「ドグマ的で、死んだ何か」としての組織化された宗教」[Hasselle-Newcombe 2005: 312] から進化した形態の宗教現象として理解される。

もう一つの議論では、伝統宗教に代表される既存の伝統的な規範や価値観が崩壊したため、主流社会はそれまで保持していた多くのものを失ったが、オルタナティヴ・スピリチュアリティはその不足を補っていると捉える。主流社会を不十分なものとみなし、オルタナティヴ・スピリチュアリティをその補完として位置づけるのである。

本書の舞台であるイギリスのグラストンベリーで見られる「ニューエイジ」を文化人類学的に調査したプリンスとリッチーズ [Prince & Riches 2000] は、主流社会と対照的な社会として、反主流のニューエイジャーによって構成される、「コミュニタス」のような「オルタナティヴ・コミュニティ」を想定する。二人によると、オルタナティヴ・コミュニティにやってくる人々は主流社会で「困難やジレンマ」を経験しているが、この「困難やジレンマ」は主流社会が捨て去った事柄に由来している。それがどのような「困難やジレンマ」なのかは記されていないが、そのような「困難やジレンマ」を背景に、オルタナティヴ・コミュニティのニューエイジャーは結束していくとされる [Prince & Riches 2000: 213-214]。オルタナティヴ・コミュニティはニューエイジャーに対し、主流社会では見出せなくなった事柄を与えると理解されている。

同様の指摘は、女神運動やネオペイガニズムの研究においても頻繁になされてきた。そこでは、特に人間関係について考察され、しばしば家族の視点から言及される。アメリカのネオペイガンのフェスティヴァルを調査したパイク（Pike）によれば、ネオペイガンは硬直したキリスト教の教義と道徳に縛られた世界にいる自分の家族から追放されたと感じているため、それに代わる故郷や部族、家族やコミュニティを探し求める［Pike 2001: 222］。現代社会に主流の価値観や規範になじめないと感じ、そこを逸脱したゆえに失った親しい関係性を、ネオペイガニズムに求めるとされるのである。同じくアメリカのネオペイガンのフェスティヴァルとニューヨークの少人数のグループを調査したオリオン（Orion）は、現代のアメリカ社会では失われたが、必要不可欠な社会的つながりをネオペイガンは探しており、共通する信仰や実践から形作られた魅力に基づいた、親族関係の再創作を試みているという［Orion 1994: 253］。またバーガー（Berger）は、調査対象のアメリカのネオペイガンたちが、友情関係の脆さを家族という隠喩で補おうとしていると指摘する［Berger 1999: 54］。ネオペイガンの試みは、現代の主流社会が失ってしまった人間関係を補うための創造的な行為として描かれるのである。

女神運動についても、類似の指摘がある。プレストン（Preston）は、エリアーデ監修の『宗教百科事典』に執筆した「女神信仰」の項目の中で、以下のことを特徴の一つに挙げている。

ポスト産業社会に住む人々は、都市生活の寂しさ、現代的な自立の強調、技術社会ゆえのペースの速さ、地球との関係の根本的な断絶の中にある。そんな彼らを癒す可能性をもつと思われるのは、幻想から覚醒(9)していく深い感覚であり、それをもたらすのは聖なる本質に戻ることである。これはしばしば神的な母のイメージを通じて最もよく表されるとされる［Preston 1987: 58］。

ここでも女神信仰は、現代人が失ったものを取り戻す可能性を孕んだ実践として提示される。このように現代の欧米社会に生きる人々にとって、オルタナティヴ・スピリチュアリティは、主流社会の欠落や損失を補う試みとしても理解されている。

1-3　先行研究の問題点と本書の視座

両議論の功績の一つは、オルタナティヴ・スピリチュアリティを、現代の宗教現象の一つとして捉えたことである。世俗化の象徴とされ、単なる娯楽として軽視されてきたオルタナティヴ・スピリチュアリティを、伝統宗教と同様の「宗教」として扱い、主流社会の中に位置づけることで、欧米社会の現代的状況を説明するキーワードにまで引き上げたのである。このことは欧米の現代の宗教現象を考えるうえで、意義深い役割を果たしたといえる。

しかし、これらの議論に問題がないわけではない。どちらの研究でも、組織より個々の実践者を優先するスタンスをとっているのに、実際の調査は、組織が企画するオルタナティヴ・スピリチュアリティ関係の儀式や催し物といった、非日常の宗教的な事柄を中心に行われてきた。このような組織では、各主催者が外部に向かって提示したい「イデオロギー」が表れやすい。そのため、オルタナティヴ・スピリチュアリティは伝統宗教や主流社会といった既存の価値観や社会と相容れないものとして、位置づけられてしまっている。これは、伝統宗教や主流社会へのアンチテーゼという、両議論が依拠する立場に起因する問題である。以降、このような立場をとることで生じたオルタナティヴ・スピリチュアリティを抵抗として描くという問題と、理想的に描かれているという問題を考えたい。

一つ目の問題は、差異が強調され、伝統宗教や主流社会への「抵抗」として捉えられている点である。オルタナティヴ・スピリチュアリティを伝統宗教からの進化として論じている議論は、欧米社会の人々の精神的価値観を形成してきた伝統宗教としてのキリスト教は、ドグマに縛られていて硬直化したヒエラルキーを伴う組織があり、ゆえに現代人の宗教心を満たす役割を十分に果たしてこなかったという前提に基づいている。オルタナティヴ・スピリチュアリティは、そのような状況を打破するために近年生じた、司祭制度や特定の教義に拠らない「自由で創造的な実践」として提示される。つまり、オルタナティヴ・スピリチュアリティは伝統宗教に対する対立項であることを念頭に置いて論じられ、位置づけられてきたといっても過言ではない。また、現代の主流社会の補完とみなす議論においても、オルタナティヴ・スピリチュアリティは現代人の望みを十分に満たしてくれない主流社会への反発から生まれた、逸脱した現象として描かれている。「ドグマ的な伝統宗教」対「自由で創造的なオルタナティヴ・スピリチュアリティ」、「孤独感にさいなまれる主流社会」対「温かいつながりのあるオルタナティヴ・スピリチュアリティ」というように、本質化された潜在的対立関係を想起させてきたのである。

筆者も、オルタナティヴ・スピリチュアリティには、伝統宗教や主流社会の規範や価値観とは異なるものがみられると考えている。しかし、この新しい宗教的実践は、伝統宗教や主流社会と対比させながら、「抵抗」として理解するしかないのだろうか。伝統宗教や主流社会とは対立関係にあることを分析者が予め決定してしまうことは、対象を一面的に描く危険性を孕んでいる。そして、伝統宗教や主流社会以外の領域からの影響といった、「抵抗」以外の側面を等閑視してしまう恐れもある。つまり、伝統宗教や主流社会との対比に頼らない形での視座が必要なのである。

二つ目の問題点は、オルタナティヴ・スピリチュアリティを理想的なものとして提示しがちな点である。オルタナティヴ・スピリチュアリティには、人間関係が「希薄」で「冷たい」主流社会とは異なる「温かさ」があると美化して論じたり、「凝り固まった」伝統宗教と対比させつつ、その「自由さ」を賛美したりする。

このような議論の中では、オルタナティヴ・スピリチュアリティは、病んだ現代から実践者を救い出してくれる「ユートピア」的実践として描かれる。しかし、なぜユートピアの源泉であるかのように提示されてきたのか。その理由は二つあると思われる。一つには、主流社会の人間関係の薄っぺらさ、失くした人間関係の回復の必要性、そして伝統宗教の硬直性を訴えることが、一般的に賛同も得られやすく、現代の欧米社会を語るうえでの一つの定式となっているからである。もう一つとしては、研究者がオルタナティヴ・スピリチュアリティを「すばらしいもの」として提示することを、実践者である被調査者が期待していることが挙げられる。

これらはいずれも、オルタナティヴ・スピリチュアリティの調査者と被調査者が同じ言語圏、特に英語圏に属していることが多い事情と関わっている。民族誌や論文を自国語で書くと、高等教育を受ける人々の割合が比較的高い先進諸国では、出版後に被調査者が読むことが容易に予測される。そのため、被調査者の機嫌を損ねないように過度に配慮している様子が散見される（[Lawless 1993: 5, 18; Salomonsen 2002: 17–18] 参照）。もちろん、倫理的観点から、被調査者への配慮は十分になされるべきである。しかしその一方で、特に宗教現象は信仰というデリケートな事柄を扱うため、研究対象である被調査者を不快にさせないため、批判することが難しく、結果として、被調査者が提示したがっている良いイメージが示されやすい催し物やワークショップなどの場、そして著作物などを主な資料として利用して、分析してしまう傾向が見られる（[Ivakhiv 2001; Orion 1994; Pike 2001; Rountree 2004] 参照）。

女神運動を例にとると、確かにカトリック教会の法王やカルト組織のカリスマ的リーダーを頂点とする巨大な組織構造や、聖書やコーランのような「聖典」や宗教的指導者の思想書のように絶対的な教えはない。しかし、女神運動に関わる人々は、有名な女神運動の実践者の本を読んだり、その著者の開いたワークショップに参加したりして、影響を受けている。また、ワークショップで出会った人々とグループを結成するなどの形で交流を続けたり、自分と似た志向の人が開くワークショップを選んだりするという事例も報告されている [Rountree 2004: 79, 96]。しかも現在では、通常の新宗教運動よりは緩やかでも、ある程度、組織化された女神運動も生まれてきている。(10)

それにもかかわらず、研究者がそのような側面に目をつぶってきた背景には、英語で研究成果を発表する場合、被調査者である実践者が書店で手に取ることが予想されるため、かなりの程度、被調査者の主張を認めて記述せざるをえない状況があったからだと考えられる。エラー（Eller）は、第一作［Eller 1995］では女神運動に好意的だったものの、第二作［Eller 2000b］では過去に女神を中心とした理想的な社会があったという女神運動の人々の主張が非現実的であるとして批判し、女神運動の実践者たちから裏切り者と激しく非難される結果を招いた［Dashú 2005］。このことからも、被調査者を刺激するような研究成果を発表することは、危険を伴っているといえる。そのため、調査者が危険を避けようと、被調査者の主張をそのまま受け入れ、高く評価し、「スポークスマン」となっているきらいがある。

それでは、オルタナティヴ・スピリチュアリティを伝統宗教や主流社会へのアンチテーゼとして捉えている先行研究に対して、本書ではどのような視座をとればよいのだろうか。それは、オルタナティヴ・スピリチュアリティに関わる一人ひとりにとって、種々の著作物を読むことや、儀式やワークショップなどに参加することが、生活のすべてではないということを踏まえて、宗教的な領域以外の実践にも目を向けることだと思う。

先行研究の問題点として指摘した一つは、オルタナティヴ・スピリチュアリティを理想的に描いているということ、特に人間関係の点でその傾向が見られたことであった。それを避けるため筆者は、儀式などを参与観察したり、当事者の主張をインタビューやアンケートで調べたりするだけでなく、当事者個人の生活世界の長期的な参与観察を行った。これは、日常のレベルでは、実践者同士の人間関係が必ずしも本人たちが語るような「すばらしい」関係ではなく、時に自分の弱さを曝け出していく営み（［葛西二〇〇二、Garrett 2001］参照）だという認識を踏まえてのことである。しかし、オルタナティヴ・スピリチュアリティ全体を対象にして、制度的な宗教に帰属しないが信仰心は保ち続けているという「帰属なしの信仰」［Davie 1994］の様子を見ていくことはしない。なぜなら、オルタナティヴ・スピリチュアリティは内部の多様性が高いため、全体的に捉えようとすると、個々の実践者に目を向けづらくなるからである。むしろ、オルタナティヴ・スピリチュアリティの諸実践の中でも、比較的まとまりのある一つを取り上げ、そこで見られる儀式を眺める、当事者の話に耳を傾ける、当事者の相互関係に分け入る、という作業を通して、彼らのつながりのあり方を考察する。

それとともに、対象とする宗教現象をより大きな流れの中で位置づける作業が必要であろう。先ほど先行研究のもう一つの問題として、オルタナティヴ・スピリチュアリティが伝統宗教や主流社会の対立項として、その立ち位置を定められてきたことを示したが、本書では対立関係に基づいた形で外部のコンテクストに位置づけることはしない。それよりも政治や経済といった近年のイギリス社会の変動と、それに伴うオルタナティヴ・スピリチュアリティの発展のプロセスを、特定の地域社会に焦点を当てて示したうえで、その地域社会で始まった一つのオルタナティヴ・スピリチュアリティが、どのような文脈から生成したのかを明らかにする。

以上のような視点から、イギリスのオルタナティヴ・スピリチュアリティが実践される意義を検討することが、本書の第一の目的である。

1-4　つながりと共同性

後半の第3章から第5章では、グラストンベリー女神運動に携わる人々の具体的な営みを取り上げ、互いの関係のあり方について分析していく。本節では、この人と人との関係性や共同性を考える際、参考にしたい最近の人類学における議論を、カーステン（Carsten）、小田、大杉を中心に確認しておく(11)。

初めに見ていくのが、文化人類学において親族研究の再考を行ったカーステンのつながり（relatedness）の議論である。彼女は、生物学的な血縁関係を想起させる「親族（kinship）」に代わって、「つながり」という言葉の使用を提起する［Carsten 2000］。それにより、親族研究の系譜を引き継ぎながら、生物学的な血縁関係で結ばれた親族を超えて、より広い範囲の人々の関係性を研究対象としうるようになった。それだけでなく、ネットワーク論では見過ごされてきた、具体的な人と人との関係性の実態を扱えるようになった(12)。カーステンの功績の一つは、人間関係を日常のやりとりの中から生まれるプロセスとして捉えたことである。つまり、人と人との関係は固定的ではなく、流動的かつ創造的につくられているという理解である。

筆者の調査地では、“relatedness”は日常会話の中ではほとんど使用されていなかった。類似語である“relation”や“relationship”は主に恋人関係にある二者を指す言葉として使用され、「つながり」に相当する語としては“connection”が一般的には用いられていた。しかし、カーステンにも“relate”と“connect”を互換的に使用している様子が見受けられる［Carsten 2000］。そこで、本書でも彼女の議論を分析の参考にし、日常の実践の中から生まれる構築物として、人と人とのつながりについて考えている。

続いて共同性の議論について、宗教的実践と関連するものを中心に見ていく。文化人類学では、儀礼はその宗教的実践に携わる人々の結びつきを強化し、社会を統合する機能をもつと考えられてきた。たとえば、儀礼のもたらす恍惚感の共有により、成員同士の間に一体感が喚起され、そこから感情を基盤とした共同性が生じ、共同体の絆を深めるといった具合である。フランスの社会学者マフェゾリ［一九九五］は、かつて教会の儀式が担っていた共同体構築の機能は、今ではキリスト教の外部にも見られると指摘し、その例として、代替療法、菜食主義、環境保護運動など、オルタナティヴ・スピリチュアリティに分類される事柄を挙げる。そして、現代社会を特徴づけるのは、個人主義ではなく、こうした事柄の中に見出されるイメージの共有に由来する一体感がつくりだす、新しい共同体主義なのだと指摘する。

各々が自立的な個人として生きられる社会を理想に掲げてきた現代の欧米社会では、すでに地縁や血縁に基づかない形での人と人との関係が構築されている。そのような関係が何らかのイメージの共有を基盤として結びついていることは、確かに理解できる。しかし、宗教的実践とは直接関連がない日常生活においても、その共同性が機能しているのか、いないのかといったことも含めて、共同性の性質を成員個々人の相互関係のあり方から分析していく必要がある。

本書で取り上げるのは、もともとは見知らぬ者同士がつくった共同性である。このような出会いの場は、まとまりをつくるように均質化されていく方向に向かうだけではなく、相手との差異が保持され続ける場でもあるだろう。ナンシーは、同一性ではなく、「分割＝共有」という自己と他者との差異から成立している共同性のあり方に注目する［ナンシー二〇〇一］。このような共同性、つまりは非同一性の共有からなる共同体を、大杉はサバルタンや琉球の人々を念頭に置きながら、根源的に異なる他者との差異といった、互いに埋められない断絶があるのに生じている「非充足的で非完結的な〈主体〉が、他の〈主体〉たちと共出現し、決して共約できない各々の特異性の曝し合いをおこなう空間」［大杉二〇〇一：二八九］として説明する。この議論を引きながら、小田はコートジヴォワールの「ワル」たちを引き合いに出しつつ、同じ空間を共有するという隣接性によって、「ずれ」ながらもつながることで、非一貫的なまとまりが生じていくこと、そして、「生活の都合に応じてさまざまな境界をもつ共同体が、そのつど強調され、選択される場」としての非同一的な共同性のもつ流動的な可能性を指摘している［小田二〇〇四：二四五］。このような流動的な関係性のあり方は、組織化の低さを特徴とするオルタナティヴ・スピリチュアリティの実践者の中にも見出せると考えられる。その一方で、大半の実践者の背景や属性は類似しているため、彼らの間に非同一性をもたらす差異は、大杉や小田の想定している差異とは異なっていると考えられる。

以上のことを踏まえ、本書では、第一の目的の一環として、オルタナティヴ・スピリチュアリティに携わる人々の共同性とつながりの特徴について、主に第5章と結論で考察している。

2　民族誌の中の調査者

冒頭で記したように、本書の目的は二つある。被調査者同士の関係を扱う第一の目的に対し、第二の目的は、本章1－3で指摘した被調査者との付き合い方と調査後の調査結果の公表に伴う問題とも若干関係するのだが、調査者と被調査者が調査の場で、互いにどのような立場で接しているのかということを、筆者のフィールドワークを事例として考えることである。そこから、ヨーロッパを文化人類学の研究対象とする意義や民族誌記述の方法についても触れたい。本節では、一九八〇年代の文化人類学界に論争を巻き起こした「ライティング・カルチャー・ショック」の議論のうち、民族誌の記述をめぐる力関係の議論を見ていく。続いて、文化人類学における欧米研究の流れをヨーロッパを中心に確認し、イギリスに暮らす欧米人[13]を対象とする文化人類学の研究における調査者と被調査者の関係を見ていき、本書の位置づけを確認する。

なお本書では、調査される人々や研究対象となる人々のことを基本的に「被調査者」と記している。ただし、筆者自身の調査における対象は「インフォーマント」と記している。

2-1　民族誌をめぐる力関係

かつて文化人類学者は、一年から二年という長期間、特定の村なり集落なりに住み込んで、現地語を操りながらデータを集めたという実績から、その文化のエキスパートとして該当文化を描き切ることができるとされ、その記述の客観性も無批判に了承されてきた。しかし、この特権の有効期限も、マーカスとクリフォードによる『文化を書く』［一九九六］が一大センセーションを巻き起こすまでのことだった。一九六〇年代にも、調査者と被調査者の間には、それぞれが属する社会の政治的、経済的な差異に基づく不平等な関係性が横たわっているという批判はあった。しかし『文化を書く』において、民族誌は客観的な記述というより、一つの表象行為にすぎず、著者の主観の入った文学作品だとされてしまう。言い換えれば、書くという行為そのものの中に、書く側（文化人類学者）の書かれる側（フィールドの人々）に対する不平等な関係が隠されていたことが明るみに出されたのである。そしてこれ以後、民族誌の執筆に対して内省が促され、あるべき記述スタイルが模索されるようになった。

新しい記述スタイルの探究にあたって、マーカスらが注目したものの一つが解釈人類学である。一九七〇年代にクリフォード・ギアツによって提案された解釈人類学では、ある事柄がある文化の中でどのように機能しているかではなく、その文化内部の人々に何を意味しているかということを民族誌の中に表そうとする。調査者側の論理ではなく、被調査者側の論理から該当文化を捉えていこうとするのだ。マーカスらは解釈人類学を修正し発展させる方向で、二つの民族誌の記述方法の流れを示している［マーカス&フィッシャー一九八九］。

一つ目は文化的差異の表象の仕方への関心である。二人が挙げている三つのスタイルのテクストのうち一つは、解釈人類学以前の機能主義に基づくテクストである。しかし、後の二つのテクストでは、その社会のすべてを知り尽くした全知全能の「神」のような存在として調査者（著者）を隠してしまうのでなく、確かにその場で被調査者と語り合い、ともに暮らした一人の人間として民族誌の中に登場させる、つまりは調査者と被調査者の相互交渉の様子をそのまま見せたり、調査者自身の主観を織り交ぜたりして記述する。これは、調査者が被調査者の文化を一方的に描くことで、権力関係が生じているという批判への一つの反論の形だといえる。その一方で、調査者の姿を前面に出したこのような民族誌のスタイルは、客観性を欠くとして文化人類学の外部からは厳しい評価を受けることにもなった。

二つ目は、世界システムとの関連への関心である。これは、解釈学的な民族誌は現地の人々の視点を優先するあまり、政治経済といったより大きな文脈の中で見ていないという批判への反論である。グローバル化が進む今日、文化人類学が対象としてきたような、ミクロなレベルでの人々の生活さえも、世界規模での政治経済の文脈に埋め込まれつつあるのは確かである。しかし、このような文脈を意識しながら書かれた民族誌は、世界システムから抑圧されている犠牲者として被調査者を描き出す傾向がある。そのように描くことで、世界システムをつくりだす側に立つ、自国の批判を目指しているのである。

この二つの流れに加え、筆者はここで民族誌の執筆一般の問題として表現技巧について触れたい。民族誌の中には、読解に多大なエネルギーを必要とするような難解な言い回しで記述されているものがある。記述に際して言葉を選択するのは書き手（調査者）なので、理解しがたい表現の多用は、書き手が読者層を限定し、執筆者としての権力を読み手に対して発揮しているということもできる。被調査者が潜在的な読み手である場合、被調査者への権力を行使しているともいえる。しかし、文章表現のもつ権力性は、執筆者個人というより、アカデミズム全体に由来している。なぜなら、書き手である調査者は民族誌の執筆やフィールドの世界だけではなく、大学院や学会、助成団体といったアカデミズムの世界に同時に生きていて、論文や著書の出来栄えを判断するのは、アカデミズムの世界の人々だからである。

以上、文化的差異の表象の仕方、世界システムとの関連、文章表現に関して指摘した。本書では各章の冒頭を中心に、主観的な記述を入れることで、主観と客観のバランスがとれた民族誌を目指す。そして、被調査者を犠牲者として描くことは避け、国家のシステムを効果的に利用している側面にも目を向ける。この二つにより、フィールドでのミクロな関係に注目する解釈人類学の視点とイギリス社会のマクロな動向を両方押さえながら論を進めていく。さらに、できるだけ平易な表現で記述し、本書をより広い範囲の人々に開いていくことを試みたい。

2-2　欧米に背を向けてきた文化人類学

本節ではヨーロッパ人類学成立の流れを確認し、そこでの調査者と被調査者の関係を、イギリスを事例に見ていったうえで、本研究をヨーロッパ人類学の中に位置づける。

よく知られていることだが、文化人類学はもともと、欧米人による欧米以外の地域に暮らす「エキゾチックな他者」を研究し、そこから欧米社会の今を批判する学問だった。それゆえに生まれたのが、いわゆるオリエンタリズム批判である(14)。これは2-1の冒頭でも少し触れたが、地域ごとの経済格差や世界に与える政治的影響の違いによる不平等さを背景に、調査者である欧米人と被調査者である非欧米人の間には不平等な権力関係が存在しているとして、欧米人が欧米の論理で欧米以外の地域を表象することに対してなされた批判である。

とはいうものの、ヨーロッパは一九五〇年代にはすでに文化人類学の研究対象となっていた。しかし当初は、地中海地域や農村の小コミュニティ、移民等のマイノリティといった、権力の枠外の周縁の地域や人々に限定されていた。ヨーロッパのマジョリティ、つまり地中海地域を除く西欧諸国の白人の研究が始まったのは一九八〇年代のことである。森はその理由を、一九七〇年代以降、文化人類学が世界システムへの関心を高めていったため、「エキゾチックな非西欧の（野蛮な）他者」とされてきた研究対象が、調査者と同じ世界システムの内部に位置づけられるようになり、結果として、ヨーロッパの相対化が起こったからだとしている［森二〇〇四：九－一〇］。それだけではなく、この時期には近代科学の合理性への疑いが生じ、西洋近代がもつ価値観や認識が相対化された風潮を受けて、これらの世界観を生み出した欧米に光が当てられるようになったことも挙げておく。

欧米人は、それまで「他者」の対立的な概念だった。なぜなら、文化人類学は長年、「エキゾチックな他者」の姿を欧米人に提示するとともに、この「他者」の鏡像としての欧米人をも提示してきたからである［Parman 1998: 21］。「中心」とされてきた欧米地域に暮らす「われわれ欧米人」を文化人類学の対象とすることは、これまで鏡に映し出されてきた人々の姿を、鏡を介さず真正面から見据える試みであり、オリエンタリズム批判から生まれた内省の一つの結果だったといえる。

その一方で、ヨーロッパ人類学における調査者と被調査者の関係は、従来の両者の関係より複雑になっていた。ここでは、イギリスを舞台とした調査における調査者の立ち位置を確認し、調査者と被調査者の関係を見ていく。

筆者と同じイギリスのグラストンベリーを調査した、イギリス人プリンス（Prince）とカナダ人イヴァクヒヴ（Ivakhiv）[15]は、被調査者の中に「同化」しつつ、調査を進めていくことが可能だった。

プリンスらによる *The New Age in Glastonbury*［2000］は、本章1－2でも触れたように、グラストンベリーのオルタナティヴ・コミュニティを対象として、ニューエイジ運動について分析した研究で、現地調査は一九八九年十月から一九九〇年十二月に行われている。本書は共著だが、調査はプリンスが単独で実施しており、冒頭で自分の調査を振り返っている［Prince & Riches 2000: ix-xii］。彼女はグラストンベリー近郊の村で育ったため、この辺りの事情に詳しく、地元の様々な団体の概要を把握していた。また、彼女自身、長年菜食主義者で、環境問題や実験的ライフスタイルに関心をもっていたため、オルタナティヴな事柄にも通じていた。そのため、「「類似性」のおかげで、調査地に近づくことはとても容易」[Prince & Riches 2000: x] だったと述べ、調査中の自分の立場について、以下のように告白している。

人類学者として調査をしていることははっきりさせていたが、二十代の若い女性なので、表面的にはニューエイジャーとして通った。人類学者が一般に直面するように、侵入者としての私の存在が言語の壁や明らかな身体的差異で、すぐにわかってしまうわけではなかった [Prince & Riches 2000: x-xi]。

調査中、彼女はベジタリアンレストランで働き、オルタナティヴ新聞の発行に携わった。また、女性グループ、ヨーガ、水晶のワークショップ、スピリチュアル・ヒーリング、満月の夜の瞑想、週末のスピリチュアル・リトリートに参加していた。また、調査中の大半の時間を、儀式に参加したり、ニューエイジャーと話したり、ニューエイジの書籍を読んだりして過ごした。

自文化を調査する人類学者プリンスと被調査者であるイギリス人は、身体的特徴も言語も文化的背景も共通していて、その違いは、関わる事柄に対する姿勢と心構えだけであったという。つまりプリンスは、調査対象であるグラストンベリーのオルタナティヴ・コミュニティの一員に成りきることができたとしている。

一方、いわゆる「パワースポット」についての研究を行ったイヴァクヒヴは、一九九〇年代半ばの三年間、イギリスやアメリカにおける瞑想リトリート、心霊主義のフェア、集団でのビジュアリゼーション、種々の儀式のグループに参加したり、霊媒の活動や水脈探しの様子を見たりするなど、大規模に開催されるイベントを中心として、調査を行った。*Claiming Sacred Ground*［2001］では、グラストンベリーとアメリカのセドナを取り上げ、比較しながら分析しているが、自分と被調査者の関係については、以下のように振り返っている。

私は参加者としての役割に適合することができた。多くの場合、かなりよく適合した。この調査を始める前に、十年以上これらのオルタナティヴな文化運動と接触していたし、多くの参加者がもつ探究[16]への衝動に共感したので、役割への適合は容易だった［Ivakhiv 2001: 15］。

プリンスとは異なり、イヴァクヒヴはグラストンベリーに長期間滞在していたわけではないが、調査を始める前からオルタナティヴな事柄を実践していた点、英語を母語としている点、被調査者との間に遠目から見てもわかるほどの明らかな身体的差異がない点は共通している。つまりプリンス同様、被調査者たちの一員に成りきってしまうことができた。

被調査者と言語や文化的背景、そして外見的特徴を共有していた二人は、調査者としての「身分」を隠し、被調査者の中に隠れてしまいやすかった。言ってみれば、調査者としてより、一人のオルタナティヴ・スピリチュアリティの実践者として、被調査者とも平等な関係を築きやすかった。

それでは、非欧米人による欧米人研究はどうか。初めに非欧米人が欧米に赴き、欧米という場で欧米人に出会う状況について考えてみる。このような出会いは以前から存在していたが、それはたとえば明治期の岩倉具視使節団のように、文化的にも政治的にも「後れた」非欧米人が、欧米の「進んだ」文化やシステムを学びに行くという状況であり、そこでは欧米人が非欧米人に対して明らかに優位に立っていた。アングロ＝アメリカの人類学者たちは、いつの日かトロブリアンド人やポロロ人やンデンブ人の人類学者がアメリカにやってきて、これまでのお返しに根本的に異なる異文化の視点からの批判的な民族誌を提供してくれるという幻想を抱いていたというように［マーカス＆フィッシャー一九八九：二八四］、欧米人に調査されてきた人々が、欧米に出かけて行って、欧米人を調査するという状況は、かつては夢物語でしかなかったのである。確かに五十年前なら、欧米諸国は非欧米人の被調査者にとって遠いところだったかもしれない。しかし現在では、一部の非欧米人にとっては、欧米諸国は気軽に出かけられるところである。そして、欧米以外からやってきた者が、欧米の地で欧米人を調査するという状況も生まれている。しかし、彼らは被調査者との関係をめぐって、欧米人の調査者とは異なる立場に置かれることもある。

筆者と同じくイギリスで調査を行った日本人の酒井［二〇一一］は、北アイルランドで紛争にまつわるライフストーリーを収集する際、語りのニュアンスが理解できなかった経験をもとに、第二言語による聞き取り調査の場で生じうる、調査者と被調査者の力関係について論じている。調査の場において、調査者は被調査者に対して権力的な立場にあると思われがちだが、つねにそうだというわけではない。たとえば、被調査者の社会的な立場が調査者より高い場合、また調査者が現地の事情に精通していない場合、調査者はしばしば従属的な地位に置かれる。このような状況は、非欧米圏で調査を行った場合でも生じている。しかし、非欧米圏での調査の場合、帰国し、研究成果の発表に至る過程で、フィールドの価値規範を相対化できうるのに対し、欧米圏で調査した非欧米人は、同じ過程で欧米の価値規範を必ずしも相対化できるわけではなく、時に引きずられてしまう［酒井二〇一一：九五‐九六］。さらに、今日の世界の中で英語はグローバル言語であるため、英語を母語としない者は調査者であっても従属的な役割を強いられる［酒井二〇一一：九五‐九六］。その一方で、言語的に不利な状況で聞き取りを行うからこそ、調査される側も教えるという立場をとりやすく、語りやすい空間が生まれている可能性を指摘している［酒井二〇一一：九八］。つまり、調査の場で優越的な地位にあったり、同じ地平に立っていたりするのではなく、従属的な立場にあったからこそ、ラポールが成立しやすかったのである。しかし同時に酒井の調査は、ヨーロッパ人類学が目指そうとしていたヨーロッパという地域やその価値観の相対化が、必ずしも成功していないことを露呈している。

最後に、本研究のヨーロッパ人類学における位置づけを考える。本書で取り上げるグラストンベリーは田舎町であり、イギリス国内では中心というより、周縁地域に属する。しかし、世界規模で考えると、イギリスという国は政治や経済の側面からしても中心のほうに分類されるし、調査対象であるオルタナティヴ・スピリチュアリティの実践者も移民ではなく、主にアングロ＝サクソン系のイギリス人である。さらに地理的には田舎でも、対象者の多くは都市やその郊外から移住してきた人々であり、いわゆる小コミュニティ研究とも異なる。つまり、本研究もマジョリティの欧米人を調査対象とするようになった、一九八〇年代以降の文化人類学の潮流の一端だといえる。

また、筆者が行ったフィールドに長期間住み込んでの調査は、スタイルとしては酒井よりもプリンスやイヴァクヒヴのものに近い。そこでは調査者と被調査者の関係はつねに一対一ではなく、しばしば一対多と複層的であったし、日頃から言語によるコミュニケーションに留まらない付き合いが生まれていた。その一方で、酒井のような「従属的」な立場に置かれやすい非欧米人調査者であったこともまた事実である。

これらを踏まえて本書では、調査の場に見られた相手に対する振る舞いや相手に求める振る舞いといった行為の側面から、調査者と被調査者の関係を見直し、ヨーロッパを文化人類学の対象として研究する意義や民族誌記述の方法の可能性を示す。これが第二の目的である。

3　調査のあらまし

続いて、調査の詳細について説明する。

3-1　調査地の選択、調査期間、使用言語

グラストンベリーを調査地にしたのは、いろいろな人たちの勧めがあったからだ。修士課程の授業で見た現代の魔女たちの姿に魅せられ、彼らを調査対象に決めたとき、指導教員から紹介していただいた、イギリス人の宗教学者を通じて知り合ったマリオン・ボーマン先生（Marion Bowman）や、予備調査の際に出会った人々が口々にその名を挙げるので、行ってみた。そこは、筆者が思い描いていたような魔女の町ではなかったのだが、女神運動をはじめ、様々なオルタナティヴ・スピリチュアリティの実践が見られ、興味深く感じた。イギリスの女神運動の研究やグラストンベリーに関する研究も少ないことも考えて、最終的にこの町に決めた。

なお、調査を始めた当時、日本では江原啓之ブームにより、「スピリチュアリティ」が流行し始めていたが、筆者はそのような事柄とは距離を置いていたため、知識はほとんどなかった。魔女に魅かれたといっても、子供の頃、映画や物語で見た魔女に憧れていただけで、女神運動という言葉は耳にしたこともなかった。そのため、これらの知識の大半は調査を通して、インフォーマントから少しずつ学んでいった。

本書のもとになった調査は、二〇〇五年十～十二月、二〇〇六年四～十月、二〇〇八年六～七月、二〇〇八年七～八月、二〇〇九年一月～二〇一一年二月、二〇一一年九～十月の間の合計三年間にわたって実施した。このうち、

予備調査の二〇〇五年を除き、グラストンベリーを拠点とした。使用言語は英語である。インフォーマントには英語を母語としない人もいたが、皆英語が堪能だった。

3-2　下宿先の人々

グラストンベリーでは独身女性の一人暮らしは珍しくなく、単身者用アパートやシェアハウス(17)に暮らしている。よい物件を見つけることは容易ではないが、筆者の場合、予備調査のときに偶然、適当な家が見つかった。冒頭で取り上げた祭典、グラストンベリー女神カンファレンスのボランティアを申し込むために担当者の家を訪れた際、彼女から下宿人を募集していた隣家のヘイゼルを紹介してもらったのである。

いつも笑顔で快活なヘイゼルは、五十代半ばのイギリス国籍の白人の独身女性で、両親もイギリスで生まれ育ったイギリス人である。猫が大好きで、友達から譲り受けた黒猫を飼っていた。いつもおどおどしていて可愛げのないその猫を、筆者も含めた下宿人も、離れて住む彼女の母親もあまり好きではなかったが、彼女は文字通り猫可愛がりしていた。ヘイゼルはかつて、メディア関係の仕事に就くキャリアウーマンだったが、二度の離婚を経て、二〇〇二年の春、グラストンベリーに移住し、筆者が補足調査を終えた直後の二〇一一年の秋に去った。オルタナティヴ・スピリチュアリティへの関心が高く、筆者と連れ立って、グラストンベリーの催し物や講演に出かけることもあった。良い意味で楽観的な彼女は、遊びに仕事に勉強に、忙しい毎日を過ごしていた。なお、彼女には家賃を支払っていた。

この家には一時期、イタリアと旧イギリス植民地の中米ベリーズからの移民を両親にもつ二十代前半の女性が下宿していた。イギリス人の血は流れていないはずなのに、何かにつけ「私たちイギリス人は……」と早口でまくし立てるので、私は面白く聞いていたものだ。彼女は、友人や恋人の影響から、ときどきイングランド国教会の勉強会に参加していたが、オルタナティヴ・スピリチュアリティにはほとんど関心をもっていなかった。そのため彼女の意見は、インフォーマントの話を相対化するうえで参考になった。

筆者にヘイゼルを紹介してくれた隣家のホリーは、朝食つきの宿泊施設であるベッド・アンド・ブレックファスト（以下、B&B）を経営していた。きっぱりした物言いからはきつい印象も受けるが、実際はとろけるような声のままに、皆を包み込むような慈愛に満ちた人であった。六十代の彼女は女神運動に深く関わっていたので、滞在者には女神運動関係者が多く、二〇〇九年にオーナーが代わってからもその傾向は引き継がれたため、調査に役立った。

二〇〇九年一～八月はヘイゼルの家に空き室がなかったため、六十代の女性ルビーの家に居候していた。知り合ったきっかけは、ある仏教の催し物で彼女の娘と親しくなったことである。ルビーは元看護師ということもあり、清潔好きで、気遣いがとても細やかな女性だった。パステルカラーのワンピースを好み、読書や考え事をして穏やかに過ごすのが日課だった。居候時は、大学の看護学部の講師を退職し、貯金と年金で生活していた。一緒に暮らしていないときでも、何度も夕食をともにし、深夜過ぎまで町の噂やスピリチュアリティについて、ワインを片手に楽しいおしゃべりを交わした。音や振動で癒すサウンド・セラピーへの関心が高く、娘や離れて暮らす夫が死者と交信できる霊媒だということから、心霊主義に詳しかった。なお、彼女は家賃を受け取らなかったため、光熱費を心づけとして渡していた。

3-3　調査対象者、調査方法

グラストンベリー滞在時には、女神運動の関係者に限らず、町で出会ったすべての人々を調査対象者としていた。なぜなら、筆者の関心は女神運動そのものというより、聖地としてのグラストンベリーにあったからだ。また、調査中の一時期、女神運動の活動が停滞し、女神運動だけを博士論文のテーマにするかどうか迷っていたからでもある。調査中に関わった人の総数は約千人に及び、そのうち比較的まとまった形で話を伺った人は百五十一人（女性九十八人、男性五十三人）である。

女神運動の調査としては、女神運動関係の催し物、実践者たちのプライベートな集まりにはできるだけ参加するようにした。なお、第2章2と第3章1-1で触れるが、この女神運動には女神について学ぶ講座、プリーステス・トレーニングがある。筆者も再三受講を勧められたがしなかった。その一番の理由は、この講座は費用の高さ等から、町の一部の人々からの評判が悪く、受講すると筆者と彼らとの関係性が壊れる可能性が高かったからである。受講修了者が、「受講して自分はすごく変わった！」と恍惚とした表情で話すのを見て、「そんなに変わりたくないな」と空恐ろしくなったことも、個人的な理由として記しておく。

女神運動以外の調査は、①個別の実践、②グラストンベリー全体のオルタナティヴ・スピリチュアリティに関わること、③グラストンベリーの基本情報の収集の三種類に分けられる。

①については、あるスーフィズムの集まりに月に二～三回、その他のスーフィズムの二グループの集まりに数回参加し、実践者にインタビューをした。その他、仏教系の五グループ、インド系の三グループ、キリスト教の主要七教派、および小規模なキリスト教系の六グループの集まりやミサに数回ずつ参加した。キリスト教の主要七教派に関しては、各教派の聖職者と信者にインタビューも行った。二〇〇六年はネオペイガニズムの一つ、ドルイド教

の人々が主催する毎月のムート（お話会）や季節の祝祭に参加していた。二〇〇九年末まではどちらの活動も不活発になったが、その後もドルイドの人々と交流を続けた。また、有機農法の農場とインド風のB&BにボランティアとしてI週間ずつ滞在した。

②については、町の掲示板や無料情報誌『ジ・オラクル』[18]、口コミを中心に集めた情報をもとに、催し物や儀式の様子を参与観察した。また、オルタナティヴ・スピリチュアリティに関わる移住者や訪問者、何世代も昔から地元に暮らす人々からも話を聞いた。時間があるときには、町の中や郊外をふらりと歩きながら、見知らぬ人と話をしたり、その不思議な行動を観察したりしていた。

③については、町の店の変遷を聞き取りと文献から調査した。サマーセット田園生活博物館に保存されている一九九〇年代に行われた地域の高齢者へのインタビューの書き起こし記録や、町の図書館や私設のアヴァロン図書館に保存されているオルタナティヴ・スピリチュアリティ関係の冊子を閲覧した。また、州立図書館で地元の週刊新聞『セントラル・サマーセット・ガゼット』のフィルム版を閲覧し、オルタナティヴ・スピリチュアリティの興隆の歴史を調べた。一八九〇年代からの新聞が保管されていたが、近年の興隆の直接の起源である、ヒッピーがやってきた一九六〇年代後半以降の記事を中心に調べた。

なお、インターネットや電子メールは調査開始時から欠かせなかったが、二〇〇八年以降は携帯電話やソーシャル・ネットワーク・サービスのフェイスブックも活用した。また、インタビュー対象者に謝礼金を支払ったり、贈り物をしたりはしなかった。インタビューは通常、インフォーマントの自宅かカフェで実施した。自宅に招かれた場合、食事をいただくこともときどきあったし、カフェでの場合、相手がお茶代を払ってくれることが普通だった。この「おごる」という行為については、第6章2で考察している。

3－4　調査上の問題点

グラストンベリーと女神運動を調査するうえでの問題点も挙げておく。

一つ目はインフォーマントとの距離の取り方である。このような調査では「完全に関わることを求められる」[Salomonsen 2002: 17]、つまり、観察者という存在が認められにくい。それはイベントのとき、参加せずに周りで見ている人たちに対し、主催者がメモ帳やカメラを置いて加わるように「要求」するなどの形で現れた。無視する人もいたが、町の人々に顔を覚えられていた筆者は無視して観察を続けるわけにもいかず、渋々その輪に加わったこともあった（この点については第6章1で考察を加えている）。さらに大きな問題は、そのようなことがしばしば起こるうちに、調査対象者との距離の取り方がわからなくなってきたことだった。ニュージーランドの女神運動を調査したラウンツリーは、調査者と調査対象者を分けることを否定するフェミニストの方法論を実践することは、彼女の調査ではとても容易だったと述べているが［Rountree 2004: 77］、筆者にとっても同様だった。しかしそのことは逆に「客観的な分析」を難しくさせた。結局のところ、それを解決してくれたのは、日本に帰国して、時間的、空間的に無理矢理グラストンベリーから身を引き離すことだったように思える。

二つ目は、データの取り方である。筆者は調査中、「文化人類学の博士論文執筆の資料を集めるため、グラストンベリーに滞在している」ということは隠していなかった。「大学院の博士論文」について知らない人はほとんどいなかったが、日常の会話や行動が調査の対象になっているとは考えていない人が多いようだった。そのため、筆者を調査者と認識していても、自分との会話は筆者の調査とは関係がないと誤解している人も少なくなかった。さらに、自己紹介が難しい状況もあったし、何度説明しても忘れてしまう人もいた。グラストンベリーには、オルタナティヴ・スピリチュアリティに関心をもってやってくる単身女性は珍しくないため、筆者もそのような一人だとている。

思われがちだった。つまり本書のデータには、相手が分析に使われると考えずに提供してしまったものまで含まれている。

三つ目は、筆者が調査地に与える影響である。文化人類学者とジャーナリストを混同し、筆者に自分たちの実践を日本に広めてくれると期待している人も少なからずいた。実際、筆者は彼らの求めに応じて、撮影した写真や動画をネット上に投稿していたため、それらを見て、グラストンベリーに関心をもち、やってきたという人もいた。このような形で、筆者の行動が調査地に影響を与えていたことは否定できない。

四つ目は、調査地に居続けることの不都合である。独身女性の一人暮らし自体は珍しくなくても、二十代の欧米人でない者が一人で住み着くことは珍しかったようだ。筆者は当初、町の人々の目に高校生ぐらいに映っていたらしく、親はどこにいるのか、学校はどうしているのかなどと、不審がられることもあった。また、町の人々は家族や友人に会うため、仕事や買い物のため、頻繁に町の外に出かける。そのため、何ヶ月もの間、町から一歩も出ようとしない筆者は訝しがられた。その他にも、「グラストンベリーのエネルギーはとても強いから、ずっといると頭がおかしくなるよ。たまには外に出なさい」とアドバイスされることも何度もあった。筆者は特に不都合はなかったが、不審に思われないよう、ときどきは町を出るようにしていた。

五つ目は、収入源を語ることがタブー視されている点である。調査を始めた頃、平日の昼間でも気さくにインタビューに応じてくれる人、「セラピスト」とか「アーティスト」と名乗る人がやたら多いことに気づき、彼らは一体いつ働いているのか、十分な収入を得ているのかと不思議に思っていた。しばらくして、そのような人の中には、政府から支給される社会的給付金（以下、給付金。詳細は第1章3－3）に頼って生活している人もいることがわかってきた。それだけでなく、勤務先からの給料以外の収入を税務署に申告していない人も少なくないこと、オルタナティヴ・スピリチュアリティに携わる人たちの間では「金を稼ぐ」という行為が低く価値づけられていることから、収入源や職業には触れないことが暗黙の了解とされていた。そのため、それらを特定するには、会話の輪の中に加わりながら、こぼれ落ちる情報を掬い取るしか方法が見つからなかった。

六つ目として、収入源と同様、出身地の特定も難しかったことを挙げておく。成人してから移住してきたにもかかわらず、「前世で住んでいた」などの理由から、「グラストンベリー出身」と名乗る人が少なからずいた。「人類の起源はアフリカにあるから、人類は皆アフリカ出身だ」とか、「出身地を問うことはくだらない。みんな同じ地球の仲間じゃないか」と言われることもしばしばあった。そのため、直接問う以外にも、収入と同様、情報の断片を拾い出したり、フェイスブックの個人情報欄を参考にしたりしていた。

最後の七つ目は、人を批判すること、ネガティヴなことを口にするのは精神的によくないとする傾向だ。また、意見が異なりそうな話題が出ると口をつぐんだり、話を逸らしたりしてしまう場面もあり、意図的に対立を避ける様子も見られた。そのため、他者への批判的意見を耳にすることは少なく、あからさまに対立している場面に遭遇する機会はほとんどなかった。

4 本書の構成

本書は、序論、オルタナティヴ・スピリチュアリティとグラストンベリー女神運動の概要を示し、全体の流れの中に位置づける第1部（第1章、第2章）、グラストンベリー女神運動をミクロな視点から見ていく第2部（第3章、第4章、第5章）、調査者と被調査者の関係を考える第3部（第6章）、結論から構成されている。

第1章は、本書の舞台であり、筆者がフィールドワークを行った、イギリス南西部の町グラストンベリーが対象である。町を含む地域一帯を概観した後に、「オルタナティヴ・スピリチュアリティ」とは一体どのようなものなのかを、町で見られる諸実践と人々のライフスタイルを紹介することで示す。それから、オルタナティヴ・スピリチュアリティの町として知られるようになった経緯を、イギリスの歴史や政治経済の側面と絡めながら明らかにする。その後に、オルタナティヴ・スピリチュアリティとは関わりなく暮らしている地元民との関係を考える。そして、グラストンベリーにおけるオルタナティヴ・スピリチュアリティの発展について、イギリスの古い文化への関心の高まりとイギリスの産業構造の転換、さらには移民の増加と関連づけて考える。この章にかなりのページ数を割いたのは、グラストンベリーを事例として、オルタナティヴ・スピリチュアリティの世界を知ってもらいたいという思いからである。

第2章では、オルタナティヴ・スピリチュアリティの一つである、グラストンベリーで始まったある女神運動がどのような文脈から生まれたのか明らかにする。初めに欧米の女神運動の流れをイギリスとアメリカを中心に概観し、対象とする女神運動を始めた女性の来歴を辿る。それから、「アヴァロン」という伝説の中の世界を流用しながら創り出された女神体系がイギリスの古い文化の再創出と再提示の試みだったことと、この女神運動が攻撃的ではなく穏やかな実践であることを示す。そしてこの女神運動を、グラストンベリーでオルタナティヴ・スピリチュアリティが盛んになった流れと、社会運動から宗教的実践に変容した女神運動が重なり合った地点に生じた、イギリスにローカル化された実践だと指摘する。

第3章から第5章を通して試みるのは、グラストンベリーで始まった女神運動に積極的に参加する人々の互いの関係のあり方を明らかにしていくことである。第3章では、初めにこの女神運動に関わる人々の属性を提示する。

それから儀式の日の観察を通して、一見、外に開かれているようでありながら、実は排他的な様相を明らかにし、その理由として、儀式が一部の参加者の間に共同性を生み出す場であったがゆえに、隔たりが生じていた可能性を指摘する。観察からの考察に終始する第3章に対して、第4章ではインタビューと参与観察から得たデータも用いながら、当事者八人のライフストーリーを分析する。グラストンベリーへの移住に寄せられた期待と、親しい人を失った喪失感と移住の関係に着目する。そのうえで、グラストンベリーに移住することで、他の参加者と時間や空間を共有する機会が増えること、そういった、ともにいることから生まれるつながりが求められていることを指摘する。続く第5章では、日常における行動や会話の観察に基づき、当事者同士の微妙な距離感を明らかにする。ここでの主な分析対象は、話の共有（sharing）の場のトピックの内容と、話の共有をメインとした集まりの継続性である。そして、特定の宗教的実践を通して知り合った人々が集まる場であるにもかかわらず、そういった実践がつねに望まれているわけではないこと、その場を共有することで育まれるつながりが望まれる一方で避けられてもいることから、彼らのつながりのあり方を検討する。

第6章では、第4章から第5章で提示する事例を中心に、調査者と被調査者の関係について改めて分析し直す。特にインフォーマントたちが筆者に対して取った行為や求めた行為、それらに対する筆者の対応に着目する。そして、調査者と被調査者という区分けが必ずしも明示化されていない様子を示す。そのうえで、ヨーロッパを文化人類学の研究対象とする意義を考える。

最後の結論では、第1章から第5章までの話の流れをまとめ、そこから共同性のあり方の特徴と、現代のイギリスのオルタナティヴ・スピリチュアリティに携わることの意義を検討する。それから、第6章の議論を踏まえつつ、民族誌の記述の一つの可能性を提起し、今後の課題を述べる。

註

（1）世俗化論に関する以下の議論と整理は、［伊藤二〇〇三］と［岡本二〇一二］、および［島薗一九九六、二〇〇七］を参考にした。

（2）「ニューエイジ」という名称の由来は、以下の通りである。中世の神秘主義者のヨアヒム・ド・フロールは、人間の歴史を、父の時代（旧約聖書の時代）、子の時代（ローマ・カトリック教会の時代）、聖霊の時代の三つに分け、占星術では、父の時代が牡羊座の時代、子の時代が魚座の時代、聖霊の時代が水瓶座の時代に当たるとした。これに、春分の日に太陽の裏側にある黄道星座が、西暦二〇〇〇年頃、魚座から水瓶座に変わるという天文学的な事実を結びつけて、西暦二〇〇〇年頃から水瓶座の時代という「新しい時代（New Age）」に入るとみなされるようになった［海野一九九八：三六―三七］。

（3）「秘教思想」とは、ヨーロッパで発展した、自然の中の潜在力を認め、そこに操作的に関与することで自らを変容させるような術と知識であり、占星術、カバラ、薔薇十字主義、錬金術、メーソンなどの思想と行法のこと［吉永二〇〇二：一七四］。

（4）霊媒を介して死者の霊と交信すること。

（5）一九六〇年代後半から一九七〇年代前半にかけて、共産圏を除く欧米諸国で広がった、既存の価値観や規範、社会体制に疑問をもち、政府などの権威に反抗する社会運動。特にアメリカでは、ベトナム戦争への反対運動と相まって広がった。

（6）たとえば、［Bowman 1995］と［Bowman 2000］。またヒーラスも二〇〇〇年に出版された著書の中で、「ニューエイジ」ではなく、「表現的スピリチュアリティ」を使用することにしたと述べている［Heelas 2000: 250］。

（7）筆者が「女神運動」と呼んでいる実践は、時代や個人の好みを反映して様々な名称で知られている。女神運動を対象としている論文や書籍にみられる、この実践の名称を刊行年とともに示したのが、表0‐1である。研究者自身、同じ文献の中で複数の名称を用いることもあるし、実践者が自らの実践をいくつかの異なった名称で呼ぶことも普通である。そのため、名称の違いを問題視する必要はなく、一つの大きな流れとして捉えられる。筆者が女神運動と呼ぶ最大の理由は、研究者だけでなく実践者もそのように呼ぶことが少なくないからである。そのため、本書では基本的には「女神運動」と記し、引用文献やインタビューについてはその中の記述や発言に従うことにする。

表0－1　女神運動関係の論文と書籍における、この運動の名称について

名　称	論文の著者と発行年	合計数
女神運動	Neitz[1993]、Griffin[1995]、Rountree[1999, 2001, 2002, 2007]、Gottschall[2000]、Salomonsen[2002]、Bowman[2004, 2005]	10
女神のスピリチュアリティ（運動）	Rountree [1997, 1999, 2004, 2006]、Gallagher [2000]、Griffin[2000]、Foltz[2000]、Bowman[2004, 2005]	9
フェミニスト魔女術	Eller [1991]、Neitz [1993]、Griffin [1995]、Rountree [1997, 2004]、Salomonsen [1998]、Greenwood[2000b]	7
女神崇拝／信仰	Gordon[1995]、田中[1998]、Rountree[1999]、Bowman[2000, 2004]、小松[2007]	6
フェミニスト・スピリチュアリティ	Lozano & Foltz[1990]、Eller[1995, 2000a]、田中[1998]、Rountree[1999]	5
女神のフェミニズム	Lozano & Foltz[1990]、Raphael[2000]、Rountree[1999, 2001, 2007]	5
女性のスピリチュアリティ（運動）	Lozano & Foltz[1990]、佐伯[1998]	2
スピリチュアル・フェミニズム	佐伯[1998]、田中[1998]	2
（現代の）女神の宗教	Raphael[1996]、Rountree[1999]	2
ペイガン・フェミニスト	Gallagher[2000]	1

＊各論文と書籍を、その中に見られる名称別に分類した。１つの文献に複数の名称が見られる場合、２ヶ所以上の欄に記してある。
＊フェミニスト神学を扱った研究や、歴史学や考古学分野からの女神運動批判の研究は、ここでは取り扱っていない。
＊「女神崇拝／信仰」はどちらも英語の Goddess Worship の翻訳なので、１つのカテゴリーとしている。
＊「スピリチュアル」「スピリチュアリティ」は、それぞれ「霊性」と訳されることもある。
＊「ペイガン・フェミニスト」は実践者を指す言葉だが、参考のため一覧に加えた。

（8）両者の違いについては、カトリックとルター派ほど違うというサロモンセンの比喩が言い得て妙である［Salomonsen 2002: 10］。彼女は続けて、ネオペイガニズム研究者の多くが両者を同一視しているのは、実践者の執筆した本の記述に引きずられ、実態を調べていないからだと指摘している。

（9）原語は disenchantment. ここでは、ポスト産業社会という「魔法」にかけられていた人々が、女神信仰によって、真の生き方に目覚めるといった意味で使われていると思われる。

（10）その一つにリクレイミングがある。女神運動の中でよく知られた活動家であるスターホークが始めた女神運動の代表的なグループで、サンフランシスコを拠点とする。［Salomonsen 2002］は、リクレイミングを対象とした、最も包括的な研究である。

（11）本節の議論のうち、つながり（relatedness）については［田中二〇〇九］と［高谷・沼崎二〇一二］、非同一性の共同性については［松尾二〇一二］から示唆を受けている。

（12）オルタナティヴ・スピリチュアリティにおける人と人との関係は、しばしば「ネットワーク」という言葉で分析されてきた。固定化された組織や制度ではなく、個人のレベルでの関係性である。たとえば、一九六〇年代後半のアメリカの社会運動の内部に見られる個々のグループの関係性については、ＳＰＩＮというネットワーク理論が提唱されている。ＳＰＩＮとは、「分節に分かれ、中心を複数もつ、統合されたネットワーク（Segmentary Polycentric Integrated Network）」の略語である。「分節に分かれる」とは、発展し終焉する、分裂し融合する、増殖し縮小するような、多様なグループから構成されること（多くの人々は同時に複数の分節のメンバーであり、あるグループのリーダーが、別のグループでは追随者となることもある。このように構造や役割が異なるため、ここでいう「分節」と、「部族的な」アフリカにおける、古典的な分節リニエージ体系は異なっている）、「中心を複数もつ」とは、しばしば一時的で時には競合する、リーダーや影響を与えうる中心を複数もつこと、「ネットワーク」とは、旅行者、重なり合うメンバーシップ、共同の活動、共通する読み物、共有される理想や敵を通した複数のつながりをもつ、緩やかで網状の統合されたネットワークを形成すること、を意味する［Gerlach 2001: 289-290］。ファーガソン［一九八二］やヨーク［York 1995］は、このＳＰＩＮ論を応用し、ある社会運動の内部がＳＰＩＮの構造をとるだけでなく、いくつもの社会運動から構成されるオルタナティヴ・スピリチュアリティと呼ばれる現象それ自体も、ＳＰＩＮ構造をもつ社会運動同士が、ＳＰＩＮ構造を形成している大きなＳＰＩＮだと見ている。そこには、ネオペイガニズム、エコロジー運動、フェミニズム、女神運動などが含まれるとされる［York 1995: 330］。「ネットワーク」という言葉で説明すると、現象の形態の様相をマクロに示すことができるという利点はある。しかし、そこに関わる個々の人々が抱える葛藤などを捉えきれず、一面的に描いてしまう危険性がある。そのため、本書ではネットワーク分析は行っていない。

(13) 筆者も、一口に「欧米」といっても、北欧と南欧、ヨーロッパと北米などの間には差異があり、決して一様でないことは理解している。そのうえで、ここではやや単純化して記述している。

(14) オリエンタリズム批判が生じたのは一九八〇年前後である。ただし、一九九六年にイタリアで開かれたある国際会議に参加した田中は、この場では、ヨーロッパからアジアへのアプローチを植民地主義的、帝国主義的とするスローガンは後退していて、ヨーロッパからの経済を中心とした新しいアジア理解、アジア認識の促進を、アジアからの参加者も含めて承認していく政治過程だったと述べており［田中一九九六］、単なる批判の段階を超えて、新しい形での関係性を構築する試みもすでに萌芽している。

(15) ただし、イヴァクヒヴのエスニシティはウクライナである。二〇一〇年三月の本人からの電子メールによると、彼自身はカナダで生まれ育ち、カナダ国籍のみを有しているが、両親はウクライナからの移民であり、彼自身は自分のことを「アメリカ在住のウクライナ系カナダ人」と考えている。また、欧米か非欧米かという二項対立的な枠組みで分類すれば、ウクライナは「欧米」に分類されるが、共産主義国であった東欧諸国をイギリスやアメリカと同じ「欧米」とは断定しがたい面もあると指摘された。イヴァクヒヴの指摘する通り、ヨーロッパや北米の国々を「欧米」という枠組みで十把一絡げに捉えてしまうことは、アラブ諸国、インド、東南アジア、極東諸国といった近東以東の国々を、すべて「アジア」という枠組みで捉えてしまうのと同じぐらい乱暴な議論であることを承知したうえで、ここではイヴァクヒヴがエスニシティはウクライナであっても、カナダで生まれ育ち、英語を母国語としているという点で、「欧米人」と表記した。

(16) 原語は the quests. 特にオルタナティヴ・スピリチュアリティの実践者の間では、自らの人生の意味を探し求めるといった意味合いを込めて使われる言葉である。

(17) シェアハウスとは、近年日本でも都市部を中心に増加している、家族以外の人々が一軒家で共同生活を送る居住形態。イギリスでは、古い家を壊して新築するより、内部を改装して暮らし続けることが多く、単身世帯の増加に伴い、よく見られるようになった。一般的には各居住者が個室を持ち、台所や居間、バスルームを共有する。友人同士で一軒家を借りることもあるが、大家が資産としてシェアハウス用の家を購入し、各個室を別々の個人に貸し出すこともある。筆者の大家のように、自宅の空き室を貸し出し、下宿人と同居する大家もいる。

(18)　一九九二年に創刊された、グラストンベリー近辺のオルタナティヴ・スピリチュアリティ関係の催し物の月刊誌。町の店で手に入る。A４サイズで十二ページないしは十六ページある。筆者の調査時、編集長はグラストンベリー女神運動を始めた女性の夫が務めていた。

コラム0　グラストンベリー・フェスティヴァルに行ってみた！

一歩進むごとに、一個はゴミを踏みつける。二〇〇九年六月最後の日曜日。この日私は、参加者が投げ捨てたゴミが散乱している、グラストンベリー・フェスティヴァルの会場にいた。

六月はイギリスで一番良い季節とされている。日は長いし、寒くない。おのずから戸外で過ごす時間が長くなる。グラストンベリー・フェスティヴァルとは、そんなイギリスのベスト・シーズンに開かれる野外ロック・フェスティヴァルである。

「野外ロック・フェスティヴァル」とは、屋外で音楽を楽しむ数日間の祭典だ。通常は広い会場の中にいくつものステージが設営され、無名のバンドから大物ミュージシャンまで、様々なアーティストの演奏を楽しむことができる。テントを持参して、会場の中で寝泊まりし、会期中どっぷりその魅力に浸るという人も少なくない。日本では「富士ロック・フェスティヴァル」が有名だが、その原型といわれるのが、グラストンベリー・フェスティヴァル（以下、フェスティヴァル）だ。

ヨーロッパ最大の規模を誇るだけあって、会場は東京ディズニーランド並みの混み具合だった。ただ、噂とは違って、泥まみれの人は見かけない。この会場、普段は牧場なので、雨が降ると、あちこちに泥沼が出現する。そこに勢い込んでダイブした結果、「泥人間」と化する人が一種の名物になっているのだ。しかしこの日の地面はからりと乾き、「泥人間」はいなかった。ただ、あまりのゴミの多さが気になって仕方なかった。

瑣末なところに目が行ってしまうのは、この場の楽しみ方がわからず、途方に暮れていたせいだろう。というのも、私はライブというものに興味がなく、出演しているミュージシャンも誰一人知らなかった。そんな私がこ

グラストンベリー・フェスティヴァル（2009年６月28日）

の場に来てしまった事の発端は、三週間ほど前に遡る。

グラストンベリー滞在中、地元の週刊新聞を購読していた私は、ほぼ毎号、グラストンベリー・フェスティヴァルやその主催者マイケル・イーヴィスが記事となっていることに気づいていた。その一方で、一九七〇年代はいざ知らず、現在は町のオルタナティヴ・スピリチュアリティとの関係もそれほどないこと、「グラストンベリー」の名がつくとはいえ、会場のピルトン村はグラストンベリーから一一キロメートルほど離れ、行政的にも別の町であることから、このイベントにはほとんど関心を払っていなかった。しかし六月に入り、紙面での取り扱いが格段に増えてきたため、一体どんなイベントなのだろうかと、にわかに気になりだしたのだ。

とはいうものの、チケットは前売りのみ。販売後、数時間で売り切れることもあるというそのチケットを、今更ながらに入手できるのか。するとある友達から、「行きたいんだったら、行きたい、行きたいって、誰彼構わず言い続けてみるといいよ、きっと誰か見つかるから」と教えられる。

実は、会場となる村周辺の住人は「日曜チケット」に申し込むことができる。これは、一般のチケットより手頃な値段で最終日の日曜日のみ入場できるもので、開催期間中、渋滞や騒音で迷惑がかかることへの主催者からのお詫びでもある。抽選にはなるが、一般のチケットよりずっと手に入りやすいため、とりあえず申し込む人は多い。しかし間近になって都合がつかなくなり、転売したがる人が必ず出てくるらしい。果たしてその通り、二日後にチケットを譲ってくれる女性が現れ、定価の六十ポンドで購入できたのである。

そのときはルビー宅に居候していたのだが、前の大家のヘイゼルと一緒に行くことになった。彼女は友達とロンドン在住の弟一家を誘っていた。当日、大学生の甥っ子は、「フェスティヴァルのチケットって、なかなか手に入らないんだよ。でも僕はヘイゼルおばさんがグラストンベリーに住んでいるおかげで、何回も行けていて、友達にうらやましがられているんだ」と話す。今年は一般のチケットで入場している友達がいるから、会場で合流するんだとはしゃいでいた。

一方、それを聞いていた私のテンションはいまいち上がっていなかった。というのも、フェスティヴァルの話をした友達の多くは、「あんなの、よく行くね」「アル中とヤク中ばっかだよ」「家のテレビで見ているほうが賢明だよ」などと、散々な情報ばかりくれるのだ。そのうえ、「君はちっちゃいから、人混みに埋もれて、帰ってこられないかもよ」としたり顔で脅す人まで現れる始末。顔を引きつらせる私に「まぁ行ってごらん」とにやにやしながら言うのだから、たまったものではない。後になって思えば、単にからかわれていただけなのだが。

日曜チケットで行く人は、交通渋滞緩和のためもあり、指定された時間に専用のバスで会場に向かう。到着後、入り口でチケットを渡すと、半券を返され、リストバンド、公式ガイドブック、首から下げられるミニガイド、ロゴ入りの手提げバッグを渡される。空色のリストバンドにはクリーム色のGLASTONBURY FESTIVAL 2009の文字の他、蝶や蜂、大会のシンボルマークらしき青と赤と緑の三人が輪になって踊る絵が刺繍されている。偽造防止のため、なかなか精巧に作られているようだ。

会場に入ると、ヘイゼルたちはステージのあるほうへすたすた歩いていく。足が長いイギリス人についていくため、私は短い足で小走りになる。ヨーロッパではいつものことだ。沢山の人がいるので、見失わないように、とことこ追いかける。

一行は、あるステージの後方を今日の拠点と定めた。ヘイゼルの弟夫婦は持参していた折りたたみ式の椅子を広げている。海水浴場でよく見かけるタイプだ。同じような椅子に横たわって、スマートに読書や日光浴を楽しんでいる人は少なくない。さながらビーチ・リゾートだ。

私はヘイゼル一家と別れて、会場見学を始めた。

グラストンベリー・フェスティヴァルを運営するのは、ピルトン村に暮らす牧場主マイケル・イーヴィス。公式ホームページには、一九七〇年の夏、近隣で開催された類似のフェスティヴァルに感銘を受け、同年の秋、自分の牧場で開催してみたのが始まりとある。アメリカのウッドストックで開かれたフェスティヴァルに影響されたともいわれている。いずれにしても、ヒッピー運動全

上から、
リストバンド、ミニガイド、チケット
（2009年６月28日）

盛期の出来事だ。
翌年も開催されるが、それ以降は準備の大変さもあって中止されていた。再開されたのは一九七八年。ただ、どうも本人は再開するつもりはなかったようだ。実はこの年、トラベラーと呼ばれる浮浪者のような人々（第1章4－3参照）が、フェスティヴァルの再開を期待してこの地域に集団で押し寄せ、警察が地域の安全のためとしてイーヴィスに受け入れを打診し、仕方なく応じた結果らしいのだ。翌年以降、彼は覚悟を決めたのか、銀行からの融資を受け、本格的な催行に取り組んでいく。興味深いのは、単なる音楽イベントに終わらせず、核廃絶キャンペーンをはじめ、様々な慈善事業と提携していった点だろう。このような姿勢が共感を呼んだことで、知名度は上昇し、規模は拡大していった。

結果として、この年は参加者と出演者やスタッフを合わせ、十八万人近くが集まった。その会場の中を、私は冒頭のように、一人とぼとぼと歩いていたのだった。どのステージも遠くからでは何も見えず、近づくと大音響と熱気で頭が痛くなる。ライブ超初心者の私には、ハードルが高すぎたようだ。勿体ないことだが、潔く音楽は諦めて、別のところに行こうと決めた。

とりあえず、友達のカリン（第4章2－2参照）から勧められた「ヒーリング・フィールド」を目指す。音楽のステージのあるエリアからは歩いて三十分ほどかかり、そこまで行くと、もう音楽は聞こえてこなかった。代わりに、マッサージやセラピーを受けるためのテントが十数張り、張られていた。

初めに近づいたテントで、背が高くやせた女性にいきなり抱きつかれる。欧米でよく体験する「ハグ」という行為なのだが、見知らぬ人に対して突然することは珍しい。何か事情があるのだろうと話を聞いてみると、彼女はアマ（Amma）というインド人女性の信奉者だった。「アマはね、ハグ・ママとも呼ばれるんだけど、人々をこうやって強くハグすることで、みんな仲良くなりましょうって言っているのよ」と説明される。世界中誰でもハグしあえば仲良くなれるのさ、ということらしい。何となく納得。

他のセラピストたちとも話しながら、音楽以外なら私にでも楽しめるのではないかと気を取り直し、積極的にいろんな会場を回ってみることにした。すると、カラフルなリボンで彩られた物見やぐらや世界各地の楽器を売る屋台、廃棄物でできたオブジェやエコロジーに配慮したぼっとん便所など、興味深いものが次々と目に飛び込んできた。

最後に訪れたサーカスのエリアでは、空中ブランコの試乗を行っていた。手と足をブランコにかけスタートし、空中で手を離せたら成功なのだが、見ていると明暗がはっきりと分かれていた。すぐに離せた人は逆さ吊りになりながら顔をほころばせているのだが、離せない人は悲惨だ。体育座りで宙吊りになった姿勢で、振り子のように左右に揺られ続けるのだから。そんな試乗者の様子が面白くて、残りの時間をそこで過ごしてしまった。成功させる自信はあったから、予約が一杯で挑戦できなかったことが、今でも悔しい。

帰り道、合流したヘイゼルたちに「何が一番楽しかった？」と聞かれ、迷わず「空中ブランコ！」と答えた。怪訝な顔をされたのは仕方がない。

グラストンベリー・フェスティヴァルに、人は何を求めてくるのだろう。もちろん一番の目当ては音楽だろう。しかし、それだけでもないような気がした。

会場にはさすがに高齢者は少なかったが、子供は赤ちゃんも含めて結構見かけた。家族連れが多いのだ。そのため、子供向けの工作教室やダンス・レッスンなど、音楽以外のアクティヴィティもかなりの活況を呈していた。アートを楽しむ人もいるし、セラピーのエリアで癒されている人もいる。音楽のステージの周辺でさえ、椅子に寝転がって、のんびりしている人もいる。

音楽だけでなく、それぞれが自分たちに合った楽しみ方を見つけ、いい一日だったなと思えるようにする、そんなリゾート地のような場がグラストンベリー・フェスティヴァルなのかなと思った。

さてこの数日後、いつものように週刊新聞をチェックしていた。いつにもまして、グラストンベリー・フェスティヴァルに紙面が割かれている。めくっていくと、清掃についての特集があった。終了後、五百人のアルバイトが十日間かけてきれいにしたとのこと。ゴミの総量は三千トンに及んだそうだ。

第1部

オルタナティヴ・スピリチュアリティの発祥と発展

Blodeuedd

第1章 「聖地」と呼ばれる町

「グラストンベリー?　そんな名前、聞いたことないわ。それ、どこの国の地名ですか?」

二〇〇五年秋、ロンドンでグラストンベリー行きを決めたとき、たまたま入った観光案内所で町までの行き方を尋ねると、対応してくれた女性から逆に聞き返されてしまった。思わぬ反応に面食らいながらも、「イギリス、だと思うんですが……」と伝える。しかし、彼女はパソコンをいじりながら、「検索システムで探してみたけど見つかりませんね。あなたの間違いではありませんか?」と冷たく言い放つ。現実の世界「グラストンベリー」は、神秘の世界「アヴァロン」と重なり合っていると、どこかで聞いたことが思い出され、グラストンベリーも実はこの世に存在しない場所なのかなと、狐につままれたような気持ちになった。

結局、インターネットで行き方がわかり、ロンドンから長距離バスで二時間かけて港街ブリストルへ。そこから路線バスに乗り換えて、なだらかな起伏のある野原や大木の生い茂った木立の中を上ったり下ったりしながら一時間ほど経った頃、頂上に塔を抱いた緑の丘がちらりと見えた。町のシンボル、グラストンベリー・トールのようだ。そろそろかと思い、運転手に尋ねるも、まだとのこと。すると、そこにいた乗客たちが、「グラストンベリーに行くの?」「自分が教えてあげるから、心配しなくていいよ」「僕もそこで降りるから、まだ座っていなさい」と口々に話しかけてくれた。調査地になるようなところかな、町の人々と仲良くなれるかな。自分の街を探しに行く『魔女の宅急便』の主人公キキのようにわくわくどきどきしていた私は、彼らの親切に対しても上の空で、後から申し訳なく思ったものだ。間もなくバスはグラストンベリーの中心部に到着した。もう日暮れ時だった。一緒にバスを降りた初老の男性が、私の重たいスーツケースを降ろしてくれた。宿の名前を聞かれ、答えると、その方角を指差し、「幸運を！」と手を挙げて去っていった。

それから二週間をこの町で過ごした。バスの乗客たちのように、町の人々は優しく、ユーモラスだったし、町の中心部を占めているオルタナティヴ・スピリチュアリティの店には、ハリー・ポッターの物語に出てきそうな小杖やマント、幻想的なデザインのカードやパワーストーンなどが所狭しと並んでいて、物語の世界に迷い込んだような錯覚を起こさせた。町の掲示板には「チベット手相」とか「天使のレイキ」といったワークショップのビラが貼ってあり、何をするのかがさっぱりわからないところに魅かれた。しかし、興奮する私の心とは裏腹に、十一月のグラストンベリーの空には毎日どんよりと分厚い雲が垂れ込めていた。三十分も外にいたら凍えてしまうほど寒く、風もひどく冷たかった。人通りもまばらで閑散としており、四時半には日も暮れてしまう。調査地として申し分なかったものの、寂れた町という印象を受けた。

そんなグラストンベリーにもう一つの顔があると知ったのは、年が明けて四月末に再訪したときのことだ。スーツケースを抱えて、バスを降りた瞬間、思わず目を細める。

まぶしい。

柔らかい春の日差しが町に降り注いでいたのだ。プランターの花たちは鮮やかに咲き誇り、空は高く青く澄みわたり、風がさらさらとそよいでいる。私の記憶とは正反対の町だった。

下宿先で大家となるヘイゼルが出迎えてくれた。「ハッピー・ベルテーン！ いい日に来たわね」。そう、この日は春の盛りを祝うベルテーンの日だった。祝祭を盛り上げんばかりの窓の外の天気の良さに、部屋にいてもそわそわ落ち着かない。荷解きもそこそこに町へと飛び出してしまった。通りはますます人でごった返している。「ハッピー・ベルテーン！」。向こうから来た女性が朗らかな声で誰かに声をかけていた。真紅のロングドレスのスカートがつやつやしている。

顔を上げると、穏やかな顔の彼女と目が合った。私に？ と、思い切って返してみた、「ハッピー・ベルテーン！」。彼女はにっこり微笑んで、立ち去った。この町では、見知らぬ人に挨拶をしてもよいのだと心が弾んだ瞬間だ。

グラストンベリーでの初めての長期調査は、こんな明るい一日から始まった。

本章では、先行研究が行ってきたように、伝統宗教や主流社会と対立させた形で、オルタナティヴ・スピリチュアリティという宗教現象を捉えることはしない。代わりに、グラストンベリーという一つの場において、オルタナティヴ・スピリチュアリティが盛んになっていった過程を検討し、イギリス全体の文脈の中での位置づけを考える。そのために、まずこの一帯と町の概略を紹介する。それから、オルタナティヴ・スピリチュアリティの概要をつかんでもらうため、現在の町の様子を詳しく記述する。続いて、イギリスやグラストンベリーの近年の政治や経済の状況とともに、オルタナティヴ・スピリチュアリティが盛んになっていった歴史的背景を明らかにしていく。そして、そのような町の変化を経験した地元民との関係を見ていく。

1　グラストンベリー歳時記

本節では、グラストンベリーの地理や産業と日常生活の様子について、この町を含む一帯に共通する特色を概観し、その後、グラストンベリーに焦点を絞って見ていく。

1－1　農業の盛んな地域

グラストンベリーはイングランド南西部地方サマーセット州メンディップ郡にある町である（図1－1）。イギリスはイングランド、スコットランド、ウェールズ、北アイルランドという四つの国からなるが、グレート・ブリテン島の南部に位置するイングランドはその中心的な国で、ロンドンと八つの地方に分けられる。

南西部地方とは、イングランド南西部の八州と七つの都市圏、シリー諸島を指す。風は強いが、平均気温は、夏は十八～二十二度、冬でも一～四度と、イギリスの中では過ごしやすい。ヨーロッパ大陸に近い南東部地方がローマ帝国やキリスト教など大陸からの影響を受けやすかったのに比べ、南西部地方は先住のケルト人の文化がよく残っているといわれる。かつてこの地方の基幹産業は、起伏に富んだ地形を生かした牛や羊の放牧であり、第二次世界大戦後には牧場の大型化も進んだ［Panton & Cowlard 2008: 22］。しかし、一九七三年のイギリスのＥＥＣ加盟(1)により関税が撤廃され、フランスやスペインから安価な農作物が輸入されるようになったことに加え、狂牛病や口蹄疫も発生し、農業は大打撃を受けた。一方、賃金の高騰から工場を海外に移すなど、イギリス全体で製造業の空洞化が進んでいて、農業が不振に陥ったからといって、工業化を目指すことも難しかった。南西部地方の中でもロ

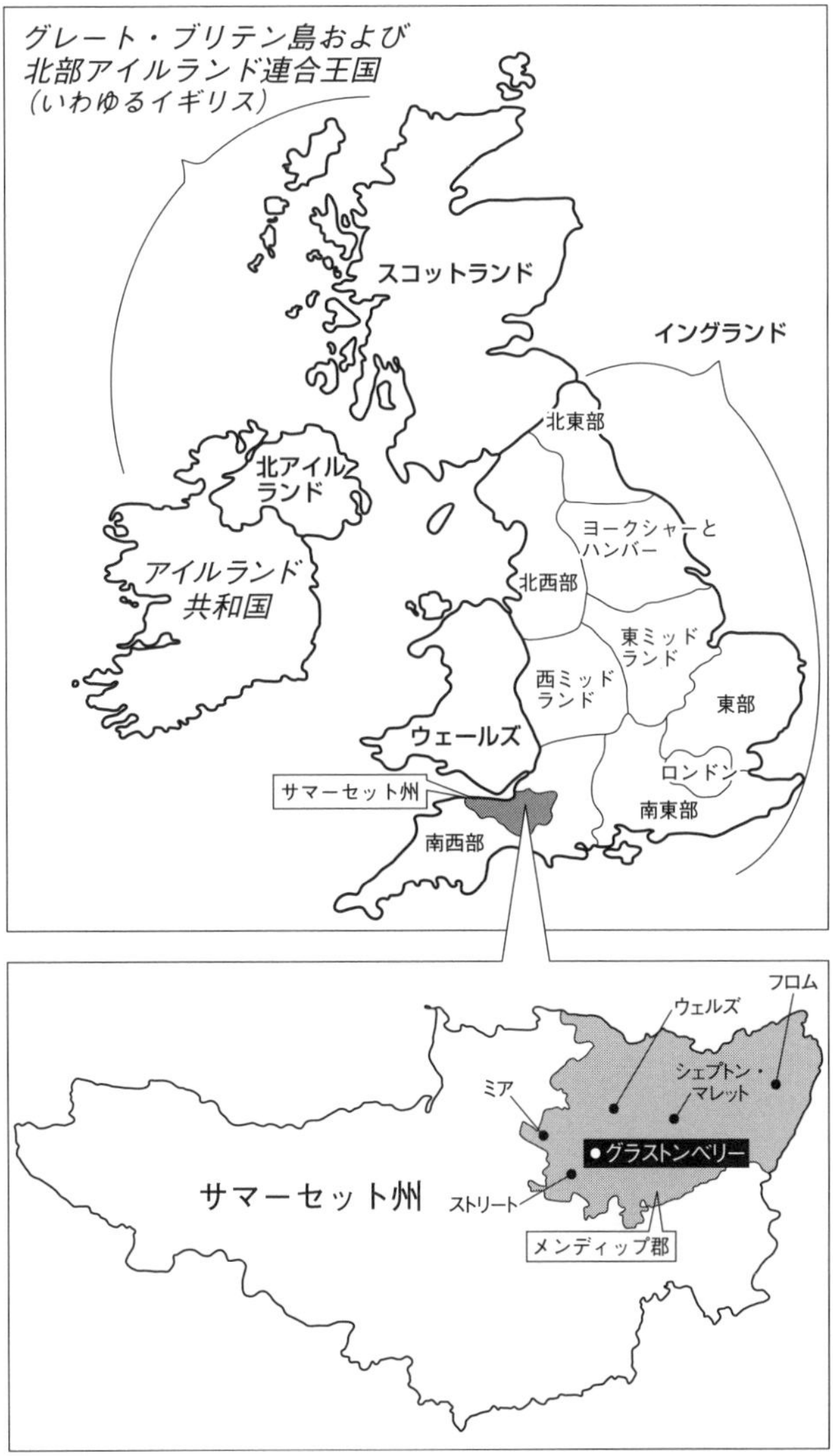

図1－1　イギリス全図とイングランドの地方名、およびサマーセット州、メンディップ郡、グラストンベリーの位置

ンドンに近い地域では、ベッドタウンとして発展する道も残されていたが、西に行けば行くほどそれは難しい。そのような地域では、逆に「のどかな田舎」というイメージを生かして、観光業に活路を見出すことになった。

南西部地方の中央に位置するサマーセット州は白人のイギリス人が九四・六％を占め、イングランドとウェールズの平均八〇・五％より高い割合になっている(2) [Census 2011]。イギリスの白人移民といえば、かつては旧植民地のアイルランド系の人々が中心だったが、調査当時はＥＵに新しく加盟した東欧諸国、特にポーランドからの出稼ぎ者が増えていた。それに加えて、同州には第二次世界大戦中、イタリア人の捕虜収容施設があったため、イタリア系の移民が多い(3)。

衰退しているとはいえ、今でも酪農とりんごの栽培は盛んで、硬くて塩気のあるチェダーチーズと、ビールのようにほろ苦く炭酸のきいたりんご酒が名産品として知られている。野原や丘を散歩していると、放牧された牛や羊がのんびりと草を食んでいる様子をよく見かける。秋になると鈴なりのりんごや洋梨の木をあちこちで目にするし、野原では酸味のある甘さが特徴のブラックベリー摘みも楽しめる。

州内は五つの行政郡に分かれる。その北東に位置するメンディップ郡には、九十近くの小規模な村がぽつぽつと点在し、人口一万人程度の比較的大きな市町村は五つしかない(4)。その一つが、本書の舞台となるグラストンベリーである。

1-2　グラストンベリーの基本情報

グラストンベリーの町は、東側がこんもりと高く、西側から東側にかけて、勾配のきつい坂になっている（図1-2）。東側に位置する一五八メートルのグラストンベリー・トールは、この辺りで最も高い丘の一つで、頂上か

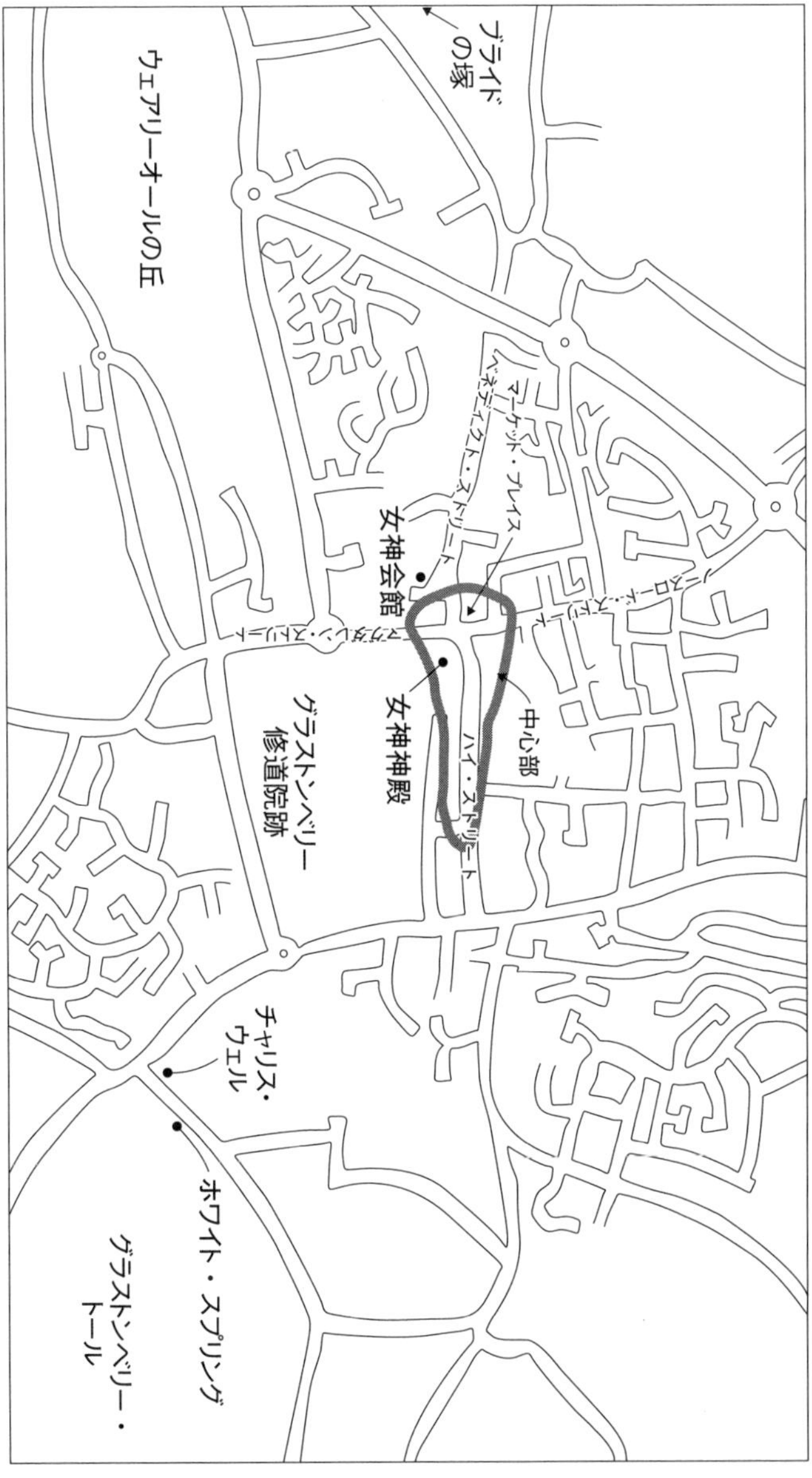

図１－２　グラストンベリーの町の地図

表1－1　町の人口の推移

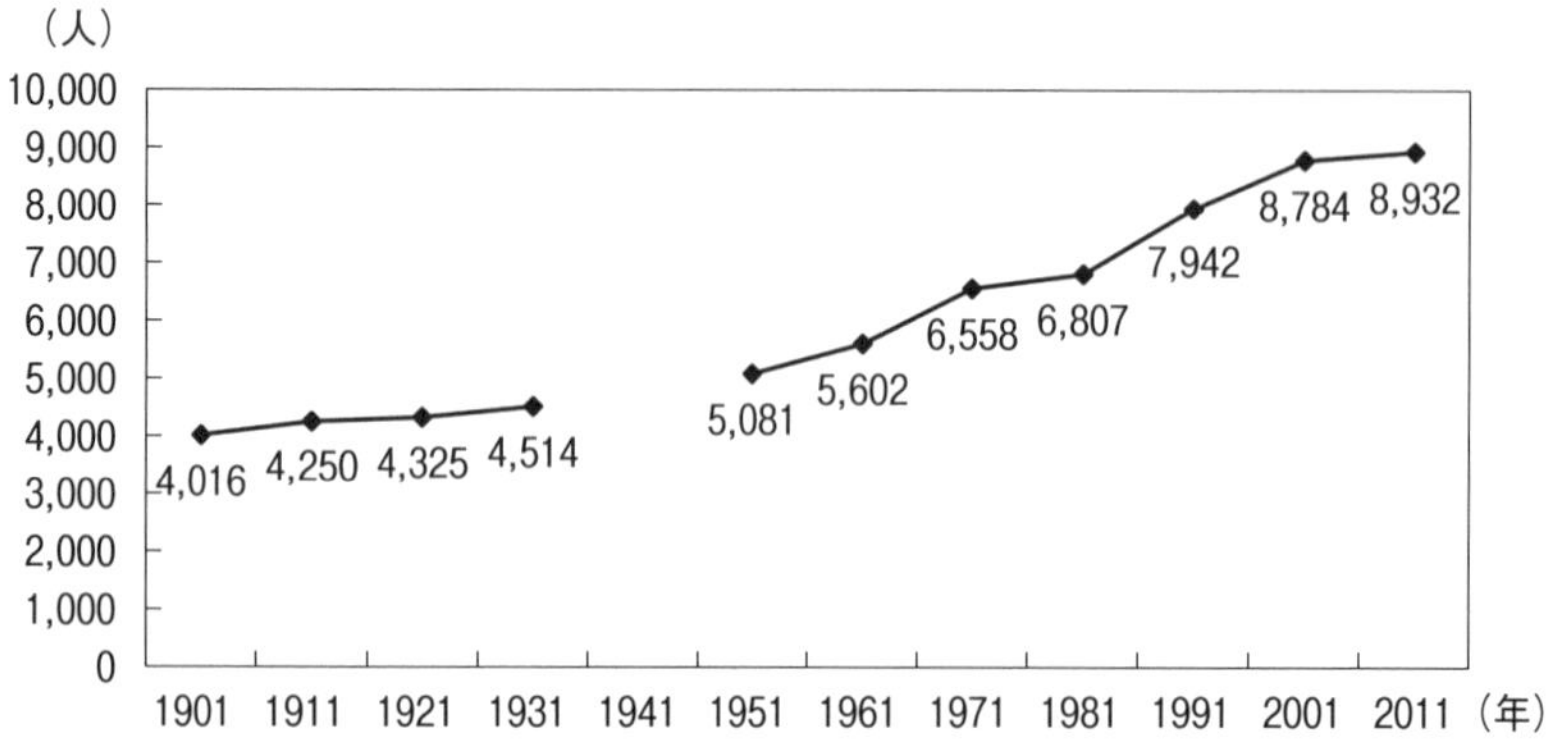

＊1941年は第二次世界大戦のため、国勢調査が実施されなかった。

らは緑のサマーセット平原が広く遥かに見渡せる（口絵写真参照）。そのため、北のブリストル海峡からの風の通り道になっており、いつも強い風が吹いている。どれぐらい強いかといえば、シャボン玉スティックをかざすと、虹色の玉が次々と勝手に空へと飛んでいくほどだ。一方、町を取り巻く平原部は低地で水はけが悪く、かつては冬になると雨や雪からの水で、あちらこちらに小さな「湖」ができていた。子供たちは、そんな「湖」でボート遊びを楽しんでいたらしい。今では排水技術が進歩し、水害は減少したが、大雪や大雨の年には、やはり浸水のため道路が水没したり、巨大な水溜りが野原に何週間も残ってしまったりして、住人の生活に支障を来たしている。

町の人口は八九三二人、そのうち白人のイギリス人が九二・五％と住人の大半を占めている[5]［Census 2011］。十五歳以下の割合は一七・四％、六十歳以上の割合は一九・七％であり、過疎化が進んでいるわけではない。むしろ、南西部地方最大の都市で港街として発達したブリストルや、ローマ時代からの遺跡が残る世界遺産指定都市バースまで、それぞれ車で約四十分という地の利を生かして宅地開発を進めたため、両都市への通勤圏として発展し、退職者の移住も増えている。また後述するように、オルタナティヴ・スピリチュアリティ関係の移住者も増加している。そのため、表1－1のように全体として人口は増えている。

しかし、かつて盛んだった農業や羊皮加工業が衰退し[6]、町周辺で仕事を見つける機会は減っている。一九九九年時点での町の三大雇用先は、プラスチック工場、スーパーマーケット、材木会社という、いずれも高度な職能を必要としない仕事であり、雇用人数はそれぞれ百人程度である［GCDT 2004］。このように、町内での主要な雇用先が低賃金の単純労働で占められているため、大学に進学した若者が町に戻ってくることは少ない[7]。その一方で、教育水準の低い若者が残り、給付金に頼って生活をするという状況が生じている［GCDT 2004, 2005］。なお、オルタナティヴ・スピリチュアリティに関わる人々の仕事と給付金の問題は、本章3－3で述べる。統計データはないが、地元民の流出と新住人の流入の結果、地元民、オールドカマー[8]、ニューカマー、オルタナティヴ・スピリチュアリティ関係の移住者（以下、オルタナティヴ）の割合は、それぞれ四分の一ほどであり、地元民が町の人口に占める割合は下がり続けているといわれている[9]。

冒頭に記したように、グラストンベリーには二つの顔がある。町の一年の行事と気候の変化を記したのが次頁の表1－2である。日が長い夏時間の季節は観光シーズンと重なり、特に催し物が目白押しになる六月から八月には、沢山の人が訪れる。住人の気分も高揚し、町は活気に溢れる。その一方で、雨や雪が降り続き、日が短い冬時間の間は、イベントがある日を除いて、町は静かだ。季節性の鬱や喘息に悩まされる人もいて、気乗りしない季節である。

町の中央は、口絵写真の一つ、中世に栄華を誇ったグラストンベリー修道院の廃墟が占有し、その西側と北側が町の中心部である。町役場兼公民館、郵便局、銀行[10]、薬局、文房具屋、雑貨店などはすべて中心部に並んでいるため、大抵の用事はこの辺りをひと通り歩けば済ませられ、便利だ。

中心部の一日の様子を記述してみよう[11]。人通りが少しずつ増えてくるのは、朝の七時頃。道沿いのコープが開店

表１－２　グラストンベリーの年間行事と天候（2010年）

＊ ▒▒ はケルト暦の季節の祝祭

冬時間、閑散期	11月前半	ガイフォークスの日、英霊記念日、グラストンベリー・カーニバル（電気装飾された山車のパレード。この地域に400年以上続く伝統行事）、収穫作物のコンテスト
	11月後半	【どんよりとした日が増えてくる】
	12月前半	クリスマス・フェア　【雪が降り始める】(1)
	12月後半	冬至、クリスマス、大晦日　【雪が積もり始める、暗くて寒く、湿気る】
	1月前半	大掃除　【雪が融けず、暗くて寒く、湿気る】
	1月後半	ワッセイル（りんご酒を飲みながら踊りなどを楽しむ、この地域の伝統的な祝宴）【寒さは続く】
	2月前半	インボルク　【寒さはまだ続く】
	2月後半	町民有志の劇
	3月前半	母の日　【少しずつ明るくなり始める】
	3月後半	春分、四旬節（年による）【急速に日が長くなっていく】
夏時間、観光シーズン	4月前半	復活祭（年による）【だいぶ明るくなる、少しずつ暖かくなる】
	4月後半	ベルテーン　【過ごしやすくなる】
	5月前半	五月祭、マラソン大会　【暖かく緑がきれい】
	5月後半	町長就任の日、メガリトマニア（巨石文化愛好家の集い）(2)、オープン・ゴーセット（ドルイドの詩や音楽のコンテスト）【晴れる日が多い】
	6月前半	【からりと晴れる】
	6月後半	夏至、グラストンベリー・フェスティヴァル(3)、イングランド国教会の巡礼【汗ばむような日もある一番暑い時期】
	7月前半	カトリックの巡礼　【晴れ間が続く】
	7月後半	グラストンベリー・シンポジウム（クロップ・サークル愛好家の集い）(4)【雨が増える】
	8月前半	ラマス、女神カンファレンス、エクストラヴァガンザ（修道院でのコンサート）、子供フェスティヴァル（子供向けのイベント）【雨が続き、涼しくなり始める年も】
	8月後半	ヒーリングの週末（チャリス・ウェルでの様々なヒーリング体験ができるイベント）【涼しくなり始める】
	9月前半	トール・フェア（移動遊園地）、ピンク・ピクニック（同性愛者の集まり）
	9月後半	秋分、サマーセット芸術週間（芸術祭）【急速に日が短くなっていく】
	10月前半	魔女グッズのマーケット
	10月後半	りんごの日（りんごの収穫とジュース作りのイベント）、ソーウィン【寒くなり始める】

(1)筆者の滞在時には、毎冬雪が降り積もったが、これは稀なケースで、通常この地域に雪は降らない。

(2)巨石を用いた遺跡。イギリスではサマーセット州の隣のウィルトシャー州のストーンヘンジやエイブベリーがよく知られている。多くは巨石が環状に並べられていて、かつてグレート・ブリテン島に暮らしていた人たちが造った遺跡だとされている。

(3)グラストンベリー・フェスティヴァルは、グラストンベリーではなくピルトン村のイベントだが、一般的によく知られているため、記載した。

(4)クロップ・サークルについては、コラム１参照。

し、住人が通勤を始める。スーツ姿の者は意外に少なく、大抵はカジュアルな格好をしている。八時台には、不機嫌そうな子供たちが次々と登校していく(12)。十時ぐらいからは乳母車を押した若い母親が、けだるそうに買い物をしている姿が目につくようになる。

十時頃からは宿泊客が宿での朝食を終え、体力・気力をみなぎらせて町に繰り出し始める。十一時になるとカフェや観光客向けの店も開店するので、町の広場を中心にさらににぎわいを増していく。マイペースにショッピングを楽しんだり、セラピーを受けたり、予約していたワークショップに参加したり。その合間にカフェでひと休みといった具合だ。正午を過ぎても観光客は減らず、バスツアーで修道院見学にやってきた高齢者のよろよろとした姿も目立つようになる。二時から三時半の間はツーリズムのピーク。カフェの外のテーブルに座って、道行く人とおしゃべりを楽しむ人の姿も目立つ。

ハイ・ストリート沿いの町で一番大きい聖ジョン教会の前のベンチには、「ヘーイ！」と誰彼ともなく幸せそうに話しかける男性がいる。妙に土色がかった顔から覗く歯は欠け、やけにテンションが高い。麻薬中毒者だ。その隣には、小汚く目がうつろな男性。こちらは酒瓶が手放せない様子だ。彼らは通称「ベンチーズ」（ベンチの奴ら）として知られ、行政当局の悩みの種だ。しかめた顔を少し横に背け、彼らの姿を見ないように足早に通り過ぎる人々も少なくない。田舎町には珍しいストリート・ミュージシャンやストリート・パフォーマーも、この辺りでよく活動しているが、大半の大人は気に留めず、素通りしていく。

四時頃になると、普段なら親に連れられた子供たちが帰宅していくのだが、観察した日は学期最後の日だったので、そういうことはなかった。この時間帯には、団体の観光客が帰る一方で、買い物や帰宅途中の地元民の姿が目につくようになり、「元気にしてる？　いい天気ね」とのんびり立ち話を楽しむ姿が見られる。つまり観光客の主な活動時間は、午前十時から午後四時。というのも、五時になるとレストランとパブを除いて、ほとんどの店は閉店してしまうからだ。七時過ぎからは足早に帰宅する人の姿が目立つが、のんびりと散歩をしているカップルも目につく。夏なので九時半頃まで明るいのだ。それでも午後九時にコープが閉店すると、人影はほとんどなくなる。午後十一時頃、閉店したパブ(13)から帰宅する人の姿がちらほら見られたが、それ以降、朝まで人通りはめっきり途絶えてしまい、車が通ることもほとんどなく、町は音もなく静まり返っていた。

さて、火曜日には中心部に定期市が立つ。「市」というものが珍しく、売り手とじかにやりとりをするという買い物の仕方が面白く感じられて、筆者も常連になってしまった。折角なので、その様子を見てみよう。

「トマトを三〇〇グラム、キュウリを三本、ズッキーニを一本、タマネギを五〇〇グラム。あと、ラズベリーも一パックもらえる？」。「はいよ」。小太りの八百屋の中年男性は、客からの注文に応じて、次から次へと野菜を手に取り、時には秤に載せ、代金と引き換えに、手早く品物を渡していく。安いうえ、スーパーより新鮮というイメージがあるせいか、昼頃には売り切れてしまう日もあるほどの人気ぶりだ。少し離れたところでは、天然パーマにめがねの男性が、有機野菜を販売している。値段が少々張るため、健康志向の人々が常連だ。その二つ隣で魚屋を営むのは、細面の若い二人の兄弟。タラやヒラメの白身魚が中心だ。「この辺りでは、それほど魚は売れないからね。曜日ごとに別の町の市で商売をしているんだ」と話す。そういえば、ここの店の品は新鮮だから、刺身にして食べるの、という女性に一度遭遇したことがある。生食用でない魚を生で食した彼女のお腹の具合が、今でもたまに気になる。

その他、つねに店を出しているのは、パン屋、オリーブとトルコ菓子の店、園芸の店、そして特産品のチーズの店。日によっては、洋服、鞄、カードの店が並ぶこともあり、観光シーズンには、スカーフやアクセサリー、彫刻、飾りの石鹸やろうそくなど、観光客向けに非日用品を扱う店が所狭しと立ち並ぶ。少し異色なのは、アルパカ製品の店だ。「この辺りの気候はアルパカの成育に適しているんだ。牧場はまだ始めたばかりだけど、アルパカの毛糸やそれで作った製品を販売し、経営を軌道に乗せていきたい」。やせぎすの若い男性は、こう熱く語った。ただし、褒められることの少ないイギリスの気候をアルパカが気に入っているかどうかは定かではない。

さて、町にはスーパーが二店舗あるし、診療所も二軒、そして入院設備と救急外来を備えた小さな公立病院があり、町の中だけでも一応生活できる。しかし、服や靴、本を買える店は限られ、映画館やプール、カレッジ(14)もないので、住人は周辺の町に頻繁に出かけざるをえない。近隣の市町村との間にはバスが運行されているが、州からの補助金で赤字を補填しているので、本数がそれほど多くなく、料金も高い(15)。といっても、ほとんどの住人は車を持っているため、気軽に別の町まで用事を済ませに行くことができる。

最後に宗教について説明しておこう。町の名物ともいえるオルタナティヴ・スピリチュアリティの様相については次節で述べるとして、ここではキリスト教について確認しておく。

町の中には七つのキリスト教の教派が活動している。高齢者を中心に教会に行く人もいるが、総じて信徒数は減少気味である。イングランド国教会は、聖ジョン教会と聖ベネディクト教会という大小二つの教会を所有する。聖マーガレット・チャペルという小さなチャペルも管理している。これらを近くのミア村の教会と合わせ、牧師と牧師補の二人が管理している。カトリック教会は一人の神父が常駐しているが、メソジスト教会と合同改革教会(16)は、それぞれ一人の牧師が周辺五町村にある教会をかけもちで担当している。その他、エホバの証人とゴスペル・ホー

表1－3　メンディップ郡の五大市町村の人口とキリスト教の教会など信仰に使う建物の数

	グラストンベリー	ストリート	ウェルズ	フロム	シェプトン・マレット	その他小さな村	合計
人口（2011年）	8,932	11,805	10,536	26,203	10,369	／	／
イングランド国教会	2	1	2	1	1	31	38
メソジスト教会	1	1	1	2	1	6	12
合同改革教会	1	1	0	0	0	0	2
カトリック教会	1	0	1	0	1	0	3
バプテスト教会	0	1	1	1	1	1	5
クウェーカー	0	1	1	0	0	0	2
救世軍	0	1	0	0	1	0	2
ゴスペル・ホール	1	0	0	0	0	0	1
ペンテコステ*	1	0	0	0	0	0	1
エホバの証人	1	0	1	0	0	0	2
合計	8	6	7	4	5	38	68

各教派のホームページ記載のデータをもとに筆者が作成。

＊ペンテコステは、ミッドサマーセット・コミュニティ・チャーチ（Midsomerset Community Church）というグループ。独自の建物は持たないので、活動拠点の数を記した。このグループはその後、グレース・コミュニティ・チャーチ（Grace Community Church）と名称を変更した。

ル(17)が町の中に集会所をもち、ペンテコステ系のグループ(18)が毎週、中学校の体育館で集会を開いている。

この他、耳にすることが稀なキリスト教系のグループも活動している。まずイギリス独自の正教会として、不定期に開かれるブリテン正教会(19)（British Orthodox Church）と、二〇〇九年夏頃まで活動が見られたケルト正教会(20)（Celtic Orthodox Church）を挙げたい。また、ローマ・カトリックの形式でミサを行うが、バチカンからは独立しているカトリックの活動が見られる。たとえば二〇一一年からは、自由カトリック教会(21)（Liberal Catholic Church）が月に一回、町営墓地のチャペルでミサを開いている。二〇〇九年の数ヶ月間、昇天したキリストの十二使徒教会(22)

(Apostolic Church of the Risen Christ) の信者も、時折ミサを開いていた。さらに、キリスト教エキュメニカル運動に基づくフランスのテゼ共同体の歌や祈りの実践が異なるグループによって週に一回ずつ実施されている。キリスト教の中でも周縁部に位置するこれらの実践は、ケルト正教会と一方のテゼのグループを除き、次節で説明するオルタナティヴ・スピリチュアリティに携わる人々が主体となって活動している。

先の七つの教派のうち、イングランド国教会やメソジスト教会はイングランドの多くの市町村で見かける教派だが、それ以外の教派はそうではない。メンディップ郡の比較的大きな五つの市町村別の人口とキリスト教各教派の教会数を調べると、表１－３のように、人口はグラストンベリーが最小なのに、教会や活動拠点の合計数は最多であることがわかる。それは、本章４で見ていくような、「キリスト教のゆりかご」としてのグラストンベリーの歴史に関係していると思われる。歴史を辿る前に、本書の中心的トピックであり、グラストンベリーの名前を欧米に知らしめたオルタナティヴ・スピリチュアリティがどのようなものなのか、具体的に見ていこう。

2　多彩なオルタナティヴ・スピリチュアリティ

ここでは、筆者が調査していた頃、町で見られたオルタナティヴ・スピリチュアリティ関係の実践を、宗教的実践、セラピー、スピリチュアリティ産業、ワークショップと講演会の四つのシーンに分けて説明していくことで、その多様性を示す。

表1－4　オルタナティヴ・スピリチュアリティ関係の宗教的実践の一覧

（筆者の調査に基づく）

カテゴリー		開催頻度と時間帯	およその参加人数	開催場所
スーフィズム	ナクシャバンディ・ハッカニーヤ教団	週1回 昼間（女性のみ）	5-15	個人宅（当番制）
		月1回 夕方（男女混合）	30	聖マーガレット・チャペル、後にアビー・ハウス
	ゴールデン・スーフィー	週1回　夜	5	個人宅（毎回同じ家）
	ダンス・オヴ・ユニヴァーサル・ピース	基本的には月1回　夜	15	聖マーガレット・チャペル、後に聖ベネディクト教会（イングランド国教会）
仏教	西洋仏教僧団友の会（現三宝仏教コミュニティ）	週1回　夜 ［2009年頃から］	10	合同改革教会の会館、後に個人宅
	ソギャル・リンポチェのグループ（チベット仏教）	2週間に1回　夜 ［2005年頃から］	5	個人宅
	ティク・ナット・ハンのグループ（禅仏教）	月1回　夜 ［2009年頃から］	10	ミラクル・ルーム（グラストンベリー・エクスピリエンス内）
	西洋禅協会	週1回　夜	10	シェキナシュラム（B&B）
	マイトレヤ・モナステリー	センターにて毎日 夕方	1-3	マイトレヤ・モナステリー寺院（ハイ・ストリートの建物）
インド系諸教	クリシュナ意識国際協会	週1回　夜 ［2006年頃まで］	5	個人宅
		週1回　夜 ［2009～2010年］	10	個人宅
		年1回　日中	70	アセンブリー・ルーム、聖エドモンド・コミュニティ会館など
	サイババ	不明［2005年頃まで］	不明	個人宅（後のシェキナシュラム）
	オショー・ラジニーシ運動	週1回　夕方 ［2006～2008年］	5	シェキナシュラム（B&B）、後に個人所有の画廊
ネオペイガニズム	グラストンベリー星の下ペイガンのムート	月1回　夜 ［2009年頃まで］	30	パブ
	ペイガンの季節の祝祭（グラストンベリー星の下ペイガンの主催）	年4回　日の入り頃 ［2009年頃から］	30	屋外
	ドルイドのムート	月1回　夜 ［2009年頃まで］	10	パブ
	ドルイドの季節の祝祭	年8回　日の出頃 ［2009年頃まで］	10-20	屋外
	バード・オヴェイト・ドルイド団	年2回　冬至：夕方 夏至：昼下がり	150	冬至：チャリス・ウェル 夏至：トール
瞑想	チャリス・ウェルのブルーボウル瞑想	週1回　夕方	10-15	チャリス・ウェル内の小部屋
	満月の瞑想	満月の夜	5	スター・ルーム（グラストンベリー・エクスピリエンス内）
	ラマナ・マハルシの信奉者の開いた瞑想	月1回　夜 ［2010年の数ヶ月］	5	個人宅

＊筆者の調査中にその活動が開始・終了するなど、継続期間が短いものについては、［　］内にその期間を記した。

2-1　宗教的実践

グラストンベリーで既存の宗教以外の宗教を実践している人が多いことを示す一つの根拠として、この町では「その他の信条」を信じる人の割合が、イングランドの割合の平均より約十二倍高いというデータがある。[23] ただし、実践者の大半は白人である。

活動団体の公式一覧表というものはない。そのため、以下では筆者が確認できたグラストンベリーで定期的に開かれていた活動のうち、女神運動とキリスト教以外の宗教的実践について、参加資格に制限がないもののみ、創始者、概要、町での実践形態を記していく（表1-4参照）。なお、グループ名として記した名称は、広告などで活動を宣伝する際の自称を参考にしている。その名称には、自らが所属している団体名ではなく、「〇〇瞑想」など、実践の内容を表す言葉を用いる傾向が見られる。これは団体名を隠して、信者獲得を企んでいるというより、内容を明示することで、関心をもった人が集まりに参加しやすくするためだと思われる。

1　スーフィズム[24]

①スーフィーの瞑想（コラム2参照）

キプロス人のシャイフ・ナジーム（Sheikh Nazim, 一九二二～二〇一四）を師と仰ぐ、ナクシャバンディィ・ハッカニーヤ教団（Naqshbandiyya Haqqaniyya Order）が主催している。[25] この教団は一九七四年からのヨーロッパでの布教の際、イスラームよりスーフィーであることを強調し、ムスリムへの改宗を強制せず、キリストのイギリスへの来訪伝説を巧みに利用して成功を収めたとされている［Draper 2004: 148-150, 152］。町ではスウェーデン人女性（五十代）を中心にコーランを詠唱する集まりが定期的に開かれ、くるくる回って恍惚状態に入る旋舞のワークショップやコンサートが不定期に企画されている。

②ゴールデン・スーフィー（Golden Sufi）

ロシア人のアイリーナ・ツイーディー（Irena Tweedie, 一九〇七〜一九九九）が一九六〇年代後半にインドからイギリスに広めたスーフィズムで、ユング心理学を取り入れている。スーフィーだが、ムスリムではないという考えから、コーランを唱えたり、イスラームの諸規律を守ったりすることはしない。町ではイギリス人の女性信奉者（五十代）により、瞑想会が開かれている。

③ダンス・オヴ・ユニヴァーサル・ピース（Dance of Universal Peace）

スーフィー・マスターであり、臨済宗の禅マスターでもあるサミュエル・ルイス（Samuel Lewis, 一八九六〜一九七二）というアメリカ人が、一九六〇年代後半から始める。スーフィズムも含む様々な宗教伝統の詠唱に合わせて踊ることが特徴。町ではムスリムに改宗したイングランド国教会の元牧師が集まりを始めたが、その死後、活動は停滞している。メンバーの大半はムスリムではない。

2　仏教

①仏教と瞑想

西洋仏教僧団友の会（Friends of Western Buddhist Order. 二〇一〇年より三宝仏教コミュニティ〈Triratna Buddhist Community〉に名称変更）。一九六七年にイギリス人の僧侶、サンガラクシタ（Sangharakshita, 一九二五〜）が創設した仏教の団体。伝統的な仏教の価値観に忠実に、欧米人に合った形の仏教の創造を目指していて、欧米社会を中心に世界二十三ヶ国に支部がある。この団体の運営に携わるイギリス人男性（四十代）がグラストンベリーに移住し、定期的な勉強会を始めた。

②チベット仏教の勉強会

ソギャル・リンポチェ（Sogyal Rinpoche, 一九四七〜）はチベット生まれのチベット人で、イギリスに留学経験があり、欧米にチベット仏教を広めた一人である。町では、彼を師と仰ぐフランス人女性（四十代）が勉強会を主催している。

③大地のサンガ（ティク・ナット・ハン）

ベトナム出身の禅僧、ティク・ナット・ハン（Thich Nhat Hanh, 一九二六〜）は世界的に知られた瞑想指導者で、平和活動にも従事している。南フランスにセンターがあるが、この町でも彼を師と仰ぐイギリス人の二組の夫婦（五十代と四十代）が勉強会を主催している。

④仏教の瞑想とダルマの議論

台湾人の禅僧、聖厳（Sheng Yen, 一九三〇〜二〇〇九）が一九九七年に設立した、西洋禅協会（Western Chan Fellowship）に属するイギリス人男性（五十代）が勉強会を主催している。日本ではなく、中国の禅というところが特徴的。

⑤マイトレヤ・モナステリー（Maitreya Monastery）

ヒズ・ホリネス・ブッダ・マイトレヤ・ザ・クライスト（His Holiness Buddha Maitreya the Christ, 一九五一〜）と名乗り、キリストと仏陀の生まれ変わりを称するアメリカ人男性が、一九九四年頃から始めた、チベット仏教とキリスト教の混合した宗教。町のハイ・ストリートにあるセンターには信者が常駐し、瞑想やヒーリングの体験ができる。ただし、関係者以外のほぼすべての住人から胡散臭いと思われている。

3　インド系諸教

①クリシュナ意識国際協会（ISKCON：International Society for Krishna Consciousness）

インド人シュリーラ・プラブパーダ（Srila Prabhupada, 一八九六〜一九七七）が始めたヒンドゥー教の一派で、ハレ・クリシュナ運動としても知られる。一九六六年にアメリカで協会を設立したため、欧米に信者が多い。ビートルズ、特にジョージ・ハリスンが傾倒していたことでも知られる。町では毎年、全英規模の大きなイベントが開催されている。また二〇〇六年までの数年間、および二〇〇九年から二〇一〇年の一年間ほど、異なる人物だが、町に暮らす信者が定期的な集まりを行っていた。打楽器を鳴らしながら、「ハレ・クリシュナ♪　ハレ・クリシュナ♪」とリズミカルにマントラを唱え、冊子とクリシュナ神の顔のシールを配り歩く姿を、ときどき目にした。

②サイババの集まり

インド人の宗教家サイババ（Sai Baba, 一九三一〜二〇一一）の信奉者は、一九六〇年代からインド国外にも増加した。病を奇跡的に治療するという聖灰（ヴィブーティ）が有名だが、学校や病院、水道事業など、社会奉仕活動も評価されている。信奉者が移出する二〇〇五年頃までは町でも定期的な集まりが開かれ、その後は別の信奉者によって、近郊の村で継続されている。

③オショー・クンダリーニ瞑想

インド人ラジニーシ（Rajneesh, 一九三一〜一九九〇）が一九七〇年前後から始めた宗教的運動は、オショー・ラジニーシ運動（Osho Rajneesh Movement）として知られる。性に対する革新的な思想や意識変容体験をもたらす瞑想法が、対抗文化運動に関心をもっていた西洋人を魅きつけた。町でも時折、信奉者により瞑想会が開かれていた。今は運動とは関わっていない元信者の住人も少なくなく、互いに緩やかな付き合いをしている様子が見られた。

4　ネオペイガニズム

グラストンベリーで活発に活動が見られるのは、魔女術よりむしろドルイド教[26]、つまり、ケルト系の人々の信仰のほうである。町で見られる活動は、地元住人主催の小規模かつ組織化に乏しいものと、外部の全国的な団体による大規模なものに分かれる。前者として、二〇〇九年頃までは、複数のドルイドのグループと一般的なネオペイガンを名乗るグループ（グラストンベリー星の下ペイガン〈Glastonbury Pagans Under The Stars〉）が、左記の①と②のような活動をしていた。全国的な団体による③の活動は継続されている。

①ムート…パブでネオペイガニズム関連の事柄を語り合ったり、講演を聴いたりする。

②季節の祝祭…ケルト暦の八つの季節を祝う。屋外で実施される。

③バード・オヴェイト・ドルイド団（OBOD：Order of Bards, Ovates and Druids）…年二回、儀式を開催。

5　特定の信仰とは関係のない瞑想

①ブルーボウル瞑想

キリストにまつわる伝説のある泉、チャリス・ウェルの管理団体が開催。敷地内の施設にある、キリストの最後の晩餐を再現した部屋で毎週行われている。十九世紀にこの周辺で発見された、最後の晩餐で使用された聖杯と考えられている青い器を囲み、この器と精神的につながりを感じながら瞑想する。

②満月の瞑想

満月の夜の夕方に開催される。主催者のイギリス人男性（五十代？）の説明では、マントラを黙って唱える超越瞑想とのことだが、アセンデッド・マスターズとの関係も示唆していた。アセンデッド・マスターズとは、かつて人間として地球に暮らしていたが、宇宙に旅立ったとされる、神のような存在である。主催者によると、彼らは現在でも地球にエネルギーを送り続けているが、そのエネルギーは強すぎて地上で弾んでしまうため、彼は超越瞑想をすることで、このエネルギーを受け取り、穏やかに地球に流すという使命を遂行しているそうである。

③ラマナ・マハルシの瞑想

南インドの聖者、ラマナ・マハルシ（Ramana Maharshi, 一八七九～一九五〇）を本で知って信奉者となった、イギリス人女性（六十代）が開いていた小規模な集まり。このように、ある信仰や人物に共感を覚えた人が個人的に始める集まりは多いものの、開催はその人の都合に左右されるので、長期的な継続は難しい。

この他、ラスタファーライのイベントが時折見られたが、信仰というより、グラストンベリーの姉妹都市であるエチオピアのラリベラとの文化交流の意味合いが強かったので、ここでは割愛する。

なお、正統とされるキリスト教の教義から外れるようなスピリチュアルなもの、非合理的なものへの関心が一般的に高いことは、イギリス社会の特徴でもある。たとえば、十九世紀に始まった心霊主義教会は、最近ではやや低調な兆しを見せはするものの、もはや「オルタナティヴ」とはみなされておらず、確固たる地位を築いている。幽霊に対する関心も高く、ロンドンなどの大都市では観光客向けに幽霊ツアーが催されているし、幽霊が住みついているとされる住宅は、普通の住宅より高値で販売されている。それ以外にも、小説の登場人物である名探偵シャーロック・ホームズを実在の人物とみなす団体も存在している。

さらには、宗教的な事柄を茶化してしまう傾向がある。その代表がジェダイの騎士騒動である。これは、二〇〇一年の国勢調査の信仰に関する項目の中で、イギリスの六大宗教以外の「その他の信条」の下位項目に、ＳＦ映画「スター・ウォーズ」に登場する「ジェダイの騎士」と記入した人が最も多かったため、この架空の集団が国勢調査の宗教の項目に掲載されてしまった出来事である。(27) もちろん「ジェダイの騎士」が急増したわけではない。架空の集団が「信仰」として公式記録に載ったら面白いと考えた人々が、国勢調査の信仰の欄に「ジェダイの騎士」と記入しようというキャンペーンを始め、大成功を収めた結果なのである。

グラストンベリーでキリスト教以外の多様な宗教的実践が存在している背景には、イギリスに暮らす人々の宗教というものに対する、このように大らかな姿勢が影響していると考えられる。

2-2 セラピー

タロット、占星術、ルーン文字占い、夢占い、鍼、指圧、レイキ、全身マッサージ、インド式頭部マッサージ、リフレクソロジー、脊椎ワーク、カウンセリング、心理療法、サウンド・ヒーリング、アロマセラピー、スマッジング、ホピ式耳ろうそく療法、シャーマンのヒーリング、チャクラ、中心エネルギー統御、天使療法、感情解放テクニック、高度知覚読み、前世療法。これらは、町で最も知られたセラピーセンターであるブリジット・ヒーリングセンターが提供する二十四種類のセラピーである。各種セラピーが盛んなこの町では、マッサージや代替療法も含め、およそ百四十種類のセラピーが実施されている［Wheeler 2004: 15］。本業であれ、副業であれ、趣味であれ、何らかの形でセラピーを行っている従事者はおよそ百五十人いるとされており［Wheeler 2004: 18］、町民のうち約六十人に一人がセラピー関係の従事者という計算になる。「ヒーリング・グル」とでも呼べそうな独自のヒーリングの方法で、そこそこ名の知れたヒーラーや、一年先まで予約で埋まっているという噂の全国的に有名な千里眼も暮らしている。彼らを目当てにやってくる訪問者も少なくない。

また、公共の診療所で、ホメオパシーや薬草学、鍼やマッサージ、整骨療法を保険の適用範囲内で受診できる。(28)

表１－５　中心部の商業施設の種類一覧

スピリチュアリティ産業の商業施設（73）	芸術関係（８）	飲食店（21）
	アートセンター	一般のカフェ（５）
グッズ(オルタナティヴ・スピリチュアリティ一般)（７）	音楽（２）	軽食（１）
	画廊	テイクアウト（４）（カレー、ケバブ、中華２）
グッズ（ネオペイガン）（７）	時計、宝石（３）	
グッズ（パワーストーン）（５）	アンティーク	レストラン（４）（伊、印２、フィッシュアンドチップス）
グッズ（アジア）（４）	公共施設（６）	パブ（７）
グッズ（アフリカ）	町役場兼公民館	日用品（10）
グッズ（飾り）	図書館と市民助言局	金物
グッズ（カワイイ）	酒と麻薬の相談センター	カーテン
スピリチュアリティ系出版社	雇用促進等の事務所	カーペット
スピリチュアリティ系書店（４）	郵便局	家具（２）
家具（インド）	下水道局	家具製作
洋服（10）	医療関係（６）	１ポンドショップ
鞄	診療所	PC 用品
ベジタリアンカフェ（６）	歯科	ペット（２）
自然食品	眼科	乗り物関係（２）
エコ用品	薬局（２）	自転車屋
フェアトレード	介護	自動車修理
チョコレート	銀行（４）	民間施設（４）
セラピーセンター（４）	弁護士事務所（２）	保守党クラブ（パブ、集会所）
美容サロン	教会（４）	フリーメーソン・ホール
足のケア	食料品（７）	アセンブリー・ルーム（集会所）
カイロプラクティス	八百屋（２）	観光案内所兼資料館
画廊（３）	肉屋	不動産屋（４）
ビーズ	パン屋	美容院、床屋（12）
チャリティ	デリカテッセン（２）	花屋（２）
麻製品・麻薬吸引器（２）	スーパー	その他（８）
タトゥー	文具（１）	保険代理店
瞑想センター	雑貨店（３）	旅行代理店
女神神殿	一般衣料品（２）	クリーニング
アヴァロン島協会	洋服	水道工事
アヴァロン図書館	靴	設計事務所
巡礼者受付センター	一般の雑貨、グッズ（３）	賭け屋
チャリティ（６）	おもちゃ	DVD
チャリティ、中古品（４）	ぬいぐるみ	印刷
チャリティの事務所（２）	お風呂雑貨	空き室（４）

＊(　)内の数字は２軒以上あった商業施設の数。

セラピーを受けたことのある町民の割合を示す資料はないものの、「このようなサービスを公共の診療所で提供している町は珍しい」と診療所の看護師は話す。それを裏づけるかのように、グラストンベリーの住人は信仰の違いにかかわらず、西洋近代医学以外に由来するセラピーを受け入れているという指摘もある［Wheeler 2003-2004］。

２－３　スピリチュアリティ産業

グラストンベリーがオルタナティヴ・スピリチュアリティの町とみなされている最大の理由は、オルタナティヴ・スピリチュアリティ関係の商品を扱ったり、サービスを提供したりする「スピリチュアリティ産業」が盛んで、口絵写真のように、そのような商業施設が中心部に立ち並んでいるからである。二〇一一年九月時点での、町の中心部の商業施設の種類を示したのが表１－５だが、ここからオルタナティヴ・スピリチュアリティ関係の商品を広く浅く扱う店と、特定のテーマに特化した店という二つに分かれていることがわかる。後者としては、ネオペイガン・グッズ（七軒）、アジア諸国のグッズ（四軒）、パワーストーン（五軒）、ヒッピー風の洋服などを売る店（十軒）が挙げられよう。その他、スピリチュアリティ系書店（四軒）、ベジタリアンカフェ（六軒）、セラピーセンター（四軒）なども含め、オルタナティヴ・スピリチュアリティ関係の店やセンターは七十三軒あり、中心部の商業施設全体の約三八％を占めている(29)。メンディップ郡の他の四つの同規模の市町村の中心部には、筆者が確認できた限り、同様の商業施設は一軒もないことを考えると、グラストンベリーの割合の高さが窺える。これらの商業施設は、次頁の図１－３で示すように、マーケット・プレイスを中心に、ハイ・ストリートの中央から西側、マグダレン・ストリートの北側、ノースロード・ストリートの南側、ベネディクト・ストリートの東側に多い。とりわけマーケット・プレイスに近い、グラストンベリー・エクスピリエンスという一画に集中している。

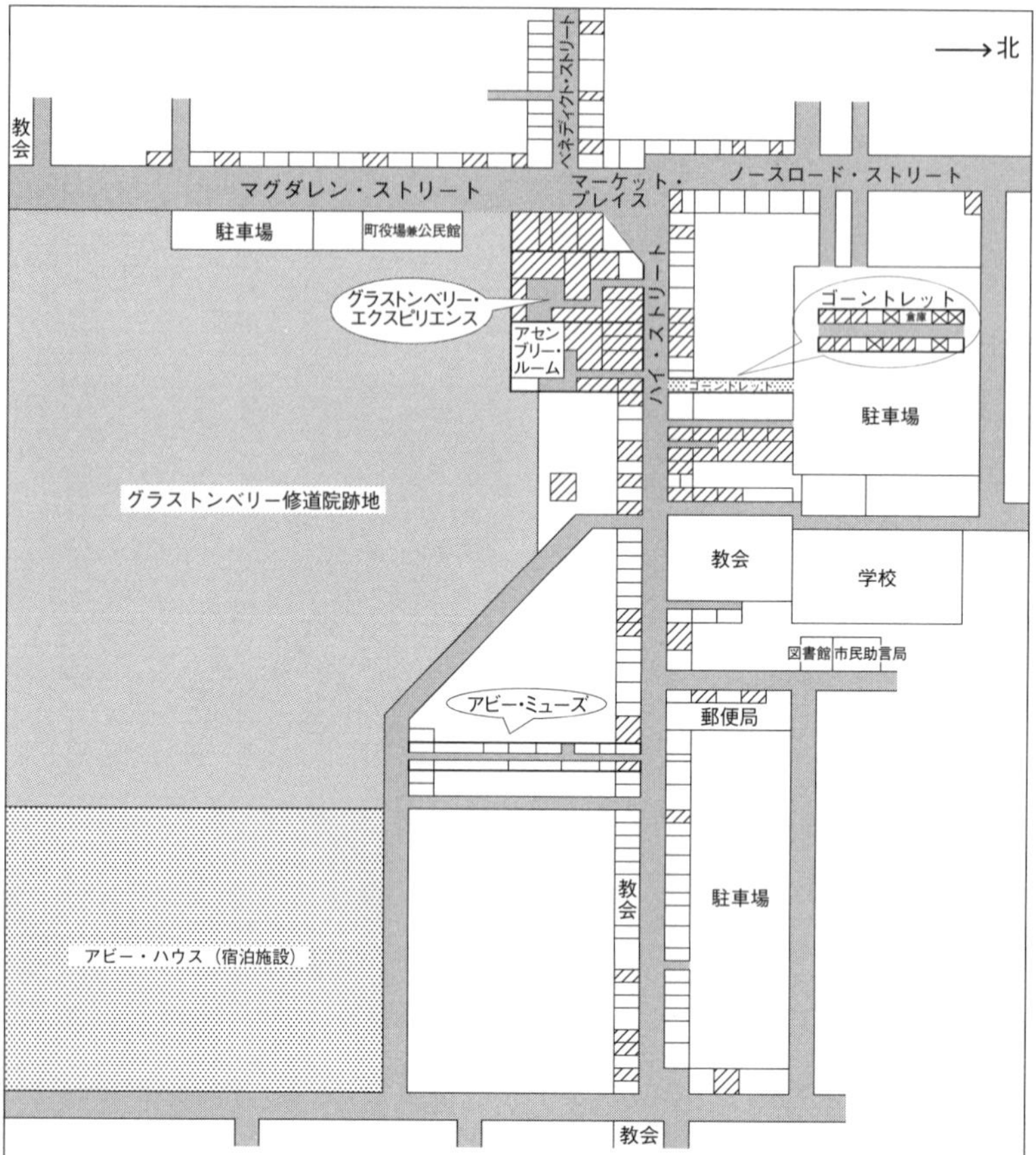

*セル１つ分は１店舗。ただし、大きさと奥行きの縮尺は正確ではない。

*斜線の入ったセルは、2011年９月の時点で、１階部分がオルタナティヴ・スピリチュアリティ産業の商業施設である店舗を示す。

*×印のセルは空き店舗を示す。

*上部中央のマーケット・プレイスが町の中心部の広場である。

*表１−５とこの図の商業施設の数が一致しないのは、この図には２階以上の商業施設が図示されていないためである。

*ゴーントレットとアビー・ミューズは、どちらももともとは１つの大きな店舗だったが、今は改装された内部に、小さい店がいくつも並んでいる。本章４−３にある図１−４に見られる2011年の店舗数の急増はゴーントレットのオープンによる。

図１−３　オルタナティヴ・スピリチュアリティの商業施設の分布図
（筆者の調査に基づく）

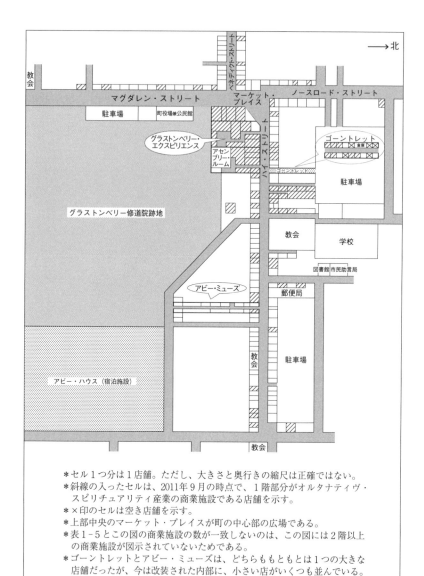

写真1－1　ネオペイガン・グッズの店の一角（2006年9月27日）

そのうちの一つ、あるネオペイガン・グッズの店で売られている商品の一覧が章末に掲げた表1－6である(30)（写真1－1、1－2、1－3）。他のオルタナティヴ・スピリチュアリティの店でも扱っているタロットカードやろうそく、乾燥ハーブやそれを調合したインセンスはもちろん、短剣や杯、杖や置物など、ネオペイガニズムの祭壇のディスプレイや儀式に欠かせない小道具の数と種類が多いことがわかる。他にも、アクセサリーやキーホルダー、鞄や車のステッカーなど日常的に使用するものを、ネオペイガニズムのシンボルをあしらったデザインで仕立てた品も少なくない。つまり、ネオペイガン・グッズの市場は、ネオペイガニズムを信仰として実践するために使う物だけを供給しているのではなく、ファッションとして楽しめるような方向にも触手を伸ばしていることがわかる。像や書籍など、大半の商品は卸売業者から仕入れているが、客の要望に応じて、特定の取引先に特注するタイプの商品もある。このネオペイガン・グッズの店の場合、自社ブランドの確立を目指している

写真１－２　ネオペイガン・グッズの店と魔女の店員（2006年９月27日）

写真１－３　ユーモア溢れる車のステッカー（2006年９月27日）

ため、女性オーナー（四十代）が調合したハーブを販売している。「中国の薬草学が優れていることは知っている。でも、私たちはイギリスにいるのだから、西洋の昔ながらの薬草学を大事にしたい」。そう話す彼女は、西洋ハーブの通信講座で学んだ知識を生かして調合をしていた。彼女の夫である男性オーナー（五十代）も木工細工の腕を生かし、木製の祭壇用盤などを製作している。「なるべく手作りのものを店に並べたいんだ」と語り、彼の友人で、同じく木工細工を得意とする男性（コラム3のアンディ）に、製作を頼むこともある。

イギリスの独自性や手作りにこだわるのは、オーナー夫妻がともにネオペイガン、とりわけドルイドであるからだと思われる。特に女性オーナーの祖母は天候を予見する能力をもつ「お天気魔女」であり、父親もケルトの伝統が残るウェールズの出身で、その口承伝承に関心があった。幼い頃からキリスト教とは異なる古い文化に触れてきたことが、今の信仰と仕事につながっていると話してくれた。

この店では従業員もネオペイガンである。なぜなら、接客の際、商品の説明などネオペイガニズムの知識が必要とされるからだ。ある従業員（二十代男性）は、「恋人との関係を魔法（magic）で修復してほしいなんていう、無茶なことを頼んでくる客もいるんだ」と笑う。一般的にネオペイガンは「魔法」を物質的、精神的な変化と捉えており、テレビや映画に出てくる奇跡を起こすような「魔法」は、エンターテイメントにすぎないと見ている。そのため、このような不適切な望みを口にする客には、抱えている悩みに耳を傾け、解決に手を貸していると、この従

写真１－４　つかみどりのできるパワーストーン
（2006年９月20日）

写真１－５　インドやチベットの物を売る店。
お鈴《りん》もヒーリングの定番グッズ
（2006年９月25日）

写真１－６　ソーウィンの季節のオルタナティヴ・スピリチュアリティ・グッズの店のショーウィンドー（2014年10月31日）

業員は話していた。

それ以外の商業施設のオーナーや従業員も確認した限り、すべてグラストンベリー以外の出身のオルタナティヴだった。接客の際、オルタナティヴ・スピリチュアリティの知識が必要なので、地元民より移住者のオルタナティヴが雇われるのである。

販売方法だが、どの店でも最近ではインターネットによる販売に力を入れている。イギリス各地で開かれるオルタナティヴ・スピリチュアリティのイベントにブースを出すオーナーも少なくない。グラストンベリーのもつ神秘的なイメージが店の商品を「ブランド」化し、消費者心理をくすぐることを知っているからだ。と同時に、グラストンベリーにやってくる観光客の数には限りがあるため、販路を広げて、売り上げを確保しようとしているのである。

なお、アジアの雑貨や衣服、パワーストーンを専門的に取り扱っている店では、海外に直接買いつけに行くオーナーも少なくない（前頁の写真１－４、１－５）。特

写真１－７　グラストンベリー・エクスピリエンス内のパワーストーンの店
（2011年９月29日）

に観光客が少なく、暖房費がかさむ冬には、生活費の節約も兼ねて、インドやタイなどの暖かい地域に移動する傾向も見られる。その際、彼らは現地で外国人向けに開講されているマッサージやヨーガ、代替療法や瞑想などの講座を受講したり、現地の「パワースポット」を巡礼したりすることもあり、自らの精神性の修養を兼ねた買いつけの旅だといえる。

一般の店が、ステファン精肉店、クーパー・アンド・ターナー（不動産屋）、ザプス・ニュース（雑貨店）というように、店主の名前を店名に用いる傾向が見られるのに対し、オルタナティヴ・スピリチュアリティ関係の店は、心霊の仔豚（オルタナティヴ・スピリチュアリティ一般のグッズ）、猫と大釜（ネオペイガン・グッズ）、迷宮（スピリチュアリティ関連書籍の専門店）など、実践者が好むような、神秘的でオカルト的な単語を店名に用いる傾向がある。しかも、内装だけでなく、ショーウィンドーや外観も個性豊かにディスプレイする（写真１－６、１－７）。そのうえ、カラフルな看板を掲げ、道路に立て看板まで出しているので、その奇抜さはよく目立つ（写真1‐8、1‐9、1‐10）。逆に言うと、ディズニーランドを思わせる中心部以外では視覚的にオルタナティヴ・スピリチュアリティの町であることを意識させるものは特にない。

また宿泊施設B&Bの多くは住宅街にあり、大半は移住してきたオルタナティヴが運営している。自宅の空き室を利用して、手軽に収入を得るためである。届けを出していない施設もあるため、正確な数は不明だが、二〇〇六

写真1－8
ネオペイガン・グッズの
店の立て看板
（2006年９月25日）

写真1－9
セラピーセンターの
立て看板
（2006年８月17日）

写真1－10
麻薬吸引器の
店の看板
（2009年６月16日）

年に調査した際には四十六軒あり、ホテルやキャンプ場も合わせた町全体の宿泊施設数は七十三軒であった。その中には、シェキナシュラム（インドのクリシュナ神）やデイジー・センター（天使）など、オーナーが自分の信仰に基づいて、施設内をディスプレイしたり、関係するイベントを開いたりするなどの特色が見られるところもある。このようなオーナーは、自らの信仰を日常的に実践しているといえる。

さらにこうした商業施設や宿泊施設の中には、ワークショップや講演会などのイベントに貸し出すための部屋を設けているところもある。施設内にはイベントやセラピーのセッションを宣伝するチラシが置かれたり、掲示板に貼られていたりする。つまり、これらの施設は、オルタナティヴ・スピリチュアリティの町としてのグラストンベリーらしさを醸し出すだけでなく、情報や実践の場を提供することで、訪問者だけでなく、そのような事柄に関心がある住人も含めた人々が交流する場となっている。

2-4　ワークショップと講演会

それでは、どのようなワークショップや講演会が開かれているのだろうか。章末の表1-7は序論3-3で触れた無料情報誌『ジ・オラクル』の二〇一〇年六月号の週間イベント、同様に章末の表1-8は同号の月間イベントとして掲載されているもののうち、グラストンベリーで開かれているもののみを抜き出した一覧表である。『ジ・オラクル』はオルタナティヴ・スピリチュアリティ関係のイベントにほぼ特化したフリーペーパーなので、ミサをはじめ、キリスト教関係のイベントは全く掲載されていない。たとえば、六月にはイングランド国教会の巡礼という、一年で最大のキリスト教のイベントが行われるにもかかわらず、全く触れられていないのである。

詳細を見ていこう。ヒーリングやセラピーは、毎週開かれるものと、単発もしくは数回のコースとして開催されるものがあり、前者は実際の施術、後者は知識や技能を習得する講座となっている傾向がある。繰り返し行うことで効果が得られる太極拳やヨーガなどの身体のエクササイズを伴うものは、毎週開かれる傾向にある。平日に開講されていることからもわかるように、参加者にはグラストンベリーの住人が多く、講師も住人が務める傾向があり、小規模なものが多い。このようなエクササイズ系のイベントは、グラストンベリー以外の町でも開催されている。その背後にある精神的なメカニズムは説明されないことも多く、単に健康増進に役立つ体操としてイギリスで広く受け入れられている。一方、（ネオ）シャーマニズムや自己成長など、宗教的・思想的なものは、一回きりまたは年に数回の年間講座として、休日に開かれる傾向がある。こちらはそのような分野で有名な人を講師として招き、大がかりに催されることも多く、外部からの参加者も多い。グラストンベリーで開かれるということで、特別な感じがするのだ。ただし、住人が同じ住人向けに開く小規模なものもあり、開催形態は多様である。

それでは、実際にはどんな雰囲気で開催されているのか、筆者が参加した集まりを二つ紹介したい。

【事例1　想像的な黄道十二星座　変容への旅…二〇〇九年十月二十八日】

「グラストンベリー・ポジティヴな生き方グループ」という企画がある。これは、オルタナティヴ・スピリチュアリティに関連する何らかのトピックをテーマに、毎週開催される講演もしくはワークショップで、二〇〇八年九月から始まった。公民館にて、夜の七時半から九時半に行われている。主催者は町の住人で、講師や参加者もグラストンベリー周辺に住む人々が中心という、ローカルな集まりである。参加人数は、講師の知名度やトピックにもよるが、二十〜三十人程度で女性が多い。その顔ぶれが毎回がらりと変わるのは、比較的安いとはいえ参加費が五ポンドかかるため、関心のある回のみ参加するからだと思われる。この夜のテーマは黄道十二星座で、筆者は大家のへイゼルと連れ立って出かけた。

開始少し前に到着すると、「ハロー！」と三十代の小柄な女性が出迎えてくれた。ヘイゼルは、この溌剌とした主催者と友達で、私を紹介してくれる。筆者自身の友達も二人来ており、ヘイゼルに紹介する。イベントの場で知り合いに会うのはいつものことだ。壁際にはお茶とビスケット。三十人ほどの参加者がおしゃべりに興じている。黄道十二星座をテーマにした書籍やワークショップのビラも置いてある。この企画は、知識欲を軽く満たす入門レベルとなっているので、さらに学びたい者への案内もなされているようだ。

講師の男性は、ヘイゼルの知り合いでもある四十代の占星術師だった。初めの自己紹介の中で、友人と主催しているイベント、黄道十二星座に関する毎月のワークショップ「錬金術の旅」の宣伝をさりげなくする。彼に限ったことではないが、講師の多くは、自身の活動の宣伝も兼ねて、講師を引き受けているようだった。

この晩は、講演とワークショップの二本立てで行われた。

前半は講演で、参加者は椅子に座って、黒髪にめがねの講師の話を聞く。まず、ヨーロッパにおける黄道十二星座について、歴史を中心とした小話が披露される。続いて、黄道十二星座を表している地形はイギリス全土で見られると説明される。本章４で触れるが、信じるかどうかは別として、グラストンベリー一帯の地形は黄道十二星座を表しているという説が、この町ではよく知られている。しかし、少々神経質そうな講師は、グラストンベリーについてはほとんど言及せず、その話を少なからず期待してやってきていた参加者はがっかりした様子だった。

後半では、それぞれの黄道十二星座を「感じる」ワークショップが用意されていた。室内の後方に、十二等分された大きな輪が描かれた紙が床に広げてある。各区画には星座のシンボルが描かれ、象徴する物や説明の紙が置いてある。参加者はそちらに移動し、紙を囲むように立つ。「皆さんの中から一人ずつ、全部で十二人がそれぞれの星座の担当になって、輪を完成させます」と講師は説明を始める。

何をしたのかというと、まず彼が牡羊座から順に、該当する星座をイメージした手作りの衣装を羽織り、輪に置かれた象徴物を手に取り、その星座に生まれついた人がもつ性格の特徴などを解説する。そして、その星座を擬人化してユーモラスに演じてみせた後に、「この星座の人は誰ですか？（直訳）」と参加者に尋ねる。「私！」と手を挙げて立候補した人は、講師から衣装と象徴物を譲り受けると、輪の中の、その星座の区画に立って、他の星座の人が選ばれる様子をおとなしく見守る。星座を感じることが目的なので、なるべく自分とは異なる星座を演じることを勧められた。ヘイゼルは母親の星座である乙女座に立候補し、主催者の女性は恋人がそうだからと水瓶座に手を挙げた。筆者はといえば、やはり自分の星座がよかったことと、最後だったので立候補者がおらず、周りの人に勧められたことから魚座を演じた。魚座は思いやりの星座ということで、仏陀の小さな置物とハート型のピンクの水晶、そして尾ひれと青いうろこ模様がついた魚をイメージした衣装を渡された。

星座の「コスプレ」をした十二人が揃ったところで、ワークショップは次の段階に入る。講師はこの十二人に対し、自分の正面の星座にいる人をどのように感じるかと尋ねる。ただし、当然のことながら、期待されている答えというものがある。ここに至るまで丁寧に聞かされてきた、その星座の特徴やその星座の名称と関連したコメントである。筆者の場合、正面にいるのは乙女座であるから、「母親のような温かみを感じる」と答え、事なきを得た。山羊座の少年は、正面の蟹座に対するコメントを思いつかず、講師から蟹座の特徴をもう一度解説され、コメントさせられていた。他に、同じ要素の星座(31)をどのように感じるかといったことも聞かれる。やはり、その要素と関係させたコメントが上がり、終始和やかなムードのうちに終了した。

予め決められた筋書きをなぞらされているようでもあったが、それは予定外のハプニングで心が乱されないという、安心にもつながり、精神的なエンターテイメントのようだった。星座を感じるというのもまた、楽しい企画であった。

【事例2　江本勝博士の講演会…二〇〇九年十一月十八日】

続いて紹介するのは、オルタナティヴの間で非常に有名な、日本人代替療法家、江本勝（一九四三～二〇一四）の講演会である。同じ日本人ということで、筆者はインフォーマントから、彼の名前を繰り返し聞かされていた。欧米において彼を一躍有名にしたのは、『水からの伝言』（*The Message from Water*）という一九九九年に出版された、水の結晶の写真集である。それによると、「ありがとう」「愛」「感謝」といった良い言葉をかけた水を凍らせると、天然水由来のような美しい結晶ができるが、「ばかやろう」といったひどい言葉をかけると、結晶構造は崩れてしまう。つまり、かける言葉の良し悪しが、量子レベルでの振動として水に伝わり、物理的な影響を与えるというのだ。この説は水に留まらず、一人ひとりが愛や感謝をもって生きれば、世界は良い方向に進んでいくという話につながっていく。この写真集は、本人の話では世界七十五ヶ国、四十五言語で、二百五十万部売れているそうである。

その彼が、ヨーロッパ歴訪の一環として、グラストンベリーで講演会を開いたのである。イギリスでは他に、バースでも開催されていた。バースはローマ帝国時代からの温泉の街として知られ、水と関係が深いことが選ばれた主な理由と考えられるが、それなりの大きな都市でもある。そのバースとともに田舎町グラストンベリーでも開催されたのは、江本の説に関心をもつ人が多く、集客が見込めたからだと思われる。講師の知名度の高さからか、参加費は二十ポンドと高かったが、会場である公民館の大ホールには二百人ほどが集まっていた。女性がやや多かった。筆者はこの夜もヘイゼルと連れ立って行った。

午後七時半の開始から十五分ほど、後援しているミネラルウォーターの会社の幹部から、水に関する基本的な説明と自社の水の宣伝がある。それから江本の講演が始まる。

自己紹介の後、まずは自分が行ってきた「波動」治療についての説明がある。彼によれば、病気とは体の振動が不規則になることで引き起こされる。そのため、病気の治癒に効果のある振動を入れた波動水を用いて、ガンなどの治療にあたってきたというわけである。続いて聴衆が待ち望んでいた、先述の水の結晶の話を、結晶写真をスクリーンに映し出しながら、ユーモアを交えて語っていく。

八時半から三十分ほど休憩となり、本の販売とサイン会が行われる。お茶やケーキを販売するカフェ・エリアでは、水の結晶写真が展示されていた。

再開後は、水から愛やエネルギーへと話は広がっていく。たとえば二〇〇九年のある夏の日、ロシアのバイカル湖のほとりで開いた、水に感謝する儀式の話を始める。このとき、参加者が湖水に向かって、水の汚染に関しては「ごめんなさい、許してください」、水の恵みに対しては「ありがとう、愛しています」と言ったところ、その三時間後、湖の上に巨大な虹が現れたそうである。この日は、彼に賛同する人たちが世界各地で同様の儀式を開いており、グラストンベリーでも、泉で有名な庭園チャリス・ウェルにて行われていた。頷いている聴衆も少なくなかったところをみると、その儀式に加わった人が、この場にもいたようである。質疑応答の後、十時頃、終了した。

江本の主張は、「エセ科学」として、ひどく批判されている。しかし、質疑応答の時間に彼の説を批判するような質問はなく、むしろ補強するような説を展開する聴衆もいた。講演会の入場料の高さもあり、そもそも関心がある人しか参加しないため、非難するような展開にはなりにくかったと思われる。江本の主張に共感するオルタナティヴが多いのは、彼が「振動」「結晶」などの科学用語を用いたり、写真という「証拠」を提示したりしているため、納得しやすいからのようだった。講演は、著書の内容とさほどの違いはなかったが、聴衆は本人から直接話を聞けるという点に満足している様子だった。

オルタナティヴ・スピリチュアリティのワークショップの中には、少々怪しげなものもある。しかし、大抵は有料なので、関心のない人はもちろん、批判的な人も積極的には参加しにくい。逆に言うと、ある程度の参加費をとることで、ワークショップを糾弾する可能性がある「危険人物」を遠ざけているのだ。

さて、このようなイベントは、表1-7や表1-8からわかるように、オルタナティヴ・スピリチュアリティ系の店や施設だけではなく、町の公民館や教会の会館でも開催されている。これらの会館は主にヨーガやコンサートに利用されていることを考えると、エクササイズや音楽など、宗教色が薄いもののほうが、オルタナティヴ以外の人々にも受け入れられていると推測され、実際、ヨーガやセラピーに携わるキリスト教徒は少なくない。また、仏教やドルイド教に関心をもちイベントに参加するキリスト教徒も少数ながらいる。日常の実践のレベルでは、キリスト教徒もオルタナティヴも対立はしておらず、むしろ交ざり合っている。

まとめておこう。オルタナティヴ・スピリチュアリティのワークショップや講演会を担う講師や企画団体の知名度には大きな差がある。内容は多様だが、大別すれば実用的なスキルを学ぶものと自己の内面的な成長を目指すものに分けられる。前者であっても、単にテクニックを体系的に学ぶだけではなく、神的存在からのエネルギーの利用など、スピリチュアルな説明を絡めて指導されることがグラストンベリーでは少なくない。後者に関しては、多くの場合、日常から離れた場でリラックスすることで、自分だけでなく、日々の人間関係を見つめ直し、より良い方向にもっていくことが目指される。

本節で見てきたように、グラストンベリーはオルタナティヴ・スピリチュアリティの見本市のような町であり、店やイベント、セラピーや講座を通して、それらに手軽に出会え、気軽に体験できるところなのである。

3　風変わりなライフスタイル

それでは、オルタナティヴ・スピリチュアリティに関心があり、移住してきた「オルタナティヴ」と呼ばれる人々の日常生活には、どのような特色があるのだろうか。イメージをつかんでもらうため、ここでは特徴的な事柄を記述していくが、関わり方は人によって多種多様であるため、代表的なライフスタイルというものは存在しない。以下に記す事柄に関わっていれば、必ず「オルタナティヴ」というわけでもないし、挙げてある特徴のすべてがあらゆるオルタナティヴに当てはまるわけでもないことを強調しておく。なお、筆者の大家で同居人のヘイゼルは、筆者が最も身近で観察したオルタナティヴなので、しばしば事例として取り上げている。

3－1　衣食住

まず、身に着けるものから見ていこう。オルタナティヴの中には、それほど多いわけではないが、虹色の上着やインド風のゆったりとした衣装といった、一風変わった服装を日常的に好んで着用する人もいる。他にも「妖精の耳」を象ったものを耳につけたり、「妖精の羽」という大きな羽を背中につけたりしている人もいる。タトゥーを入れている人はかなり多いし、いくつものペンダントを首にぶら下げたり、指輪をはめたりしている人もいる。筆者が一時期、居候していたルビーの十代の娘（旅人）は、いつも二キログラムはありそうな数のパワーストーンを、ずしりと首からぶら下げていた。「肩や首が痛い」と嘆く娘に、ルビーは「そのペンダントのせいでしょう、少し減らしなさい」とアドバイスするのだが、娘は「アセンデッド・マスターとつながることのできるパワーストーンには、痛みをとってくれる効果がある」と反論し、かえって多くをぶら下げていた。また、腕に大きなタトゥーを入れている六十代男性（退職した教師のシャーマン）は、その理由を「スピリットと接触しやすくするため」と説明する。別の六十代男性（元工場勤務のドルイド）は、カウボーイ風の帽子に大きな鳥の羽をつけているのは、「自分を悪いスピリットやエネルギーから守るため」だと言う。これらの奇抜なアイテムは、ファッションというより、神的存在との関係を理由に身に着けているのだ。

次に食事である。彼らは一般的に食べ物の安全性や倫理的かどうかといったことに対する関心が高い。有機栽培やフェアトレードの食材を好むだけでなく、動物、とりわけ人間に近い哺乳類の取り扱いに敏感で、たとえば鯨を食べるという行為は共食いに近い感覚を覚えるようであった。より日常的な範囲では、家畜が倫理的な方法で飼育され、屠殺されているかどうかを気にしている。ある三十代の女性（ショップ店員）は次のように話す。

私は体に悪いから、肉は食べない。肉は他の動物の体でしょう。今は動物をとてもよくない方法で殺したり育てたりしているから、動物の中には怒りが溜まっている。なので、そういう動物の肉を食べるのはよくない。

このような考え方に基づき、菜食主義が好まれる傾向にある。

グラストンベリーにおける菜食主義への関心は、イギリスの他の地域より高く、人口の約三〇％が菜食主義者、約一〇％が絶対菜食主義者だという調査もある［Wheeler 2003-2004］。そのため、食事を持ち寄る集まりでは、肉を使わない料理を持って行くことが多い。たとえば、ヘイゼルは菜食主義者ではないが、あるパーティに野菜と豆のカレーを持参した。「友達は菜食主義者ではないけれど、ここはグラストンベリーだからそういう人が来ているかもしれないでしょう」とのことである。また、二〇〇九年六月六日にチャルス・ウェルで開かれた友の会の交流会では、昼食としてモロッコ豆と水菜のサンドイッチかチーズとドライトマトのサンドイッチを、デザートとしてイチゴかフルーツケーキを選べるようになっていた。参加者の多くはオルタナティヴだったので、菜食主義と絶対菜食主義の食事を準備していたと考えられる。その他に、紅茶やコーヒーのカフェインは体に悪いと考え、ノンカフェインのハーブティーの常飲者も多い。また、「消化が悪いから」と牛乳や小麦粉を避け、羊乳や豆乳、米やその他の穀物を好んで食べる人もいた。ただし、菜食主義者が必ずしも、健康的な食生活を送っているわけではない。というのも、植物油や砂糖の摂取は制限されないため、フライドポテトやケーキなどの揚げ物やデザート類は、積極的に腹に収められるからである。そのため、肥満に悩む菜食主義者もいて、皮肉な話である。

それから、住居と室内の様子である。かつてのヒッピーやトラベラーはテントやキャンピングカーで野宿をしていたが、現代のオルタナティヴは屋根の下で暮らす。彼らの集住地区はないが、ヘイゼルのように、郊外の新しい家より、伝統的で丈夫であることを理由に中心部や周縁部の古い家を好む人が多い(32)。一般的にイギリスの戸建て住宅には複数戸建てが多く、表か裏に敷居で区切られた細長い庭がある。ハイ・ストリートから三分ほど歩いたところにあるヘイゼルの持ち家もそうで、三つに区切られた三階建ての建物の右側部分である。一階には居間、ダイニング、トイレ、台所と貯蔵室があり、階段下に収納室があった。二階にはシャワーつき浴槽と洗面台とトイレからなるバスルーム、寝室と小部屋、三階に二つの寝室があった。寝室はいずれも十畳ほどあった。

オルタナティヴ・スピリチュアリティに関係する物を豊富に持っているオルタナティヴもいる。ヘイゼルの場合、マッサージに使う折りたたみ式の台を所有し、アロマセラピー用の精油やオイルの瓶をダイニングに飾っていた。各種セラピーやマッサージの資格認定証や人体の経絡図が壁に貼られ、頭部の経絡模型が本棚に置かれていた。他にも占いのカードや、グラストンベリーやケルト伝説の英雄アーサー王に関する書籍、ヒーリング・ミュージックのCDが並んでいた。部屋の一角には、ろうそくとハーブによるささやかな祭壇をしつらえていた。定期的に祭壇に手を入れる人もいるが、ヘイゼルの場合、飾りの意味合いが強かった。寝室の窓はドリームキャッチャーやグラストンベリー・トールのステッカーで飾られていた。書斎として使われていた小部屋には、チベット仏教のセンターで購入した女神グリーン・タラの絵が貼られ、友達から贈られたインドの象の飾り物と中国語の額が飾られていた。ネイティヴ・アメリカン文化由来とされるドラムも持っていて、シャーマンのワークショップに行くときに使用していた。トイレの水タンクには、「下がれ、私は女神だ」という車のステッカーと、クリシュナ意識国際協会の信者が町で配っているクリシュナ神のステッカーが貼ってあった。庭には仏陀の像が無造作に置かれ、日に焼けたチベット仏教の五色の旗も飾られていた。このようにヘイゼル宅のオルタナティヴ・スピリチュアリティ関係のグッズの多くは、実用的というより、飾りとしてディスプレイされていたといえる。

オルタナティヴでなくても、このようなグッズを持っている人もいる。しかしヘイゼルのように沢山飾っているのは、オルタナティヴの特徴の一つであり、家の前の置物や窓の飾り物の様子から、その家の住人がオルタナティヴかどうかを推測できるときもある。

3-2　健康の維持

続いて、健康を維持するため、健康を取り戻すため、どのようなことをするのか、好むのか、それらについて見ていく。イギリスでは現代医学に基づく保険診療が無料であるにもかかわらず、オルタナティヴは、身体の不調を感じたとき、より身体に優しく、自然に近いと考えている代替療法で治癒することを好む。[33]また、マッサージを受けるにしても、筋肉の凝りをほぐすという一般的な理解より、エネルギーのつまりを取り除く、エネルギーを神的存在から受け取る、身体のエネルギーの循環をよくするという擬似科学的な説明を好む。たとえば、ヘイゼルは頭痛がするとき、初めから痛み止めの薬を飲むのではなく、血液の流れがよくなるようにと水を大量に飲んでいたし、むち打ち症の後遺症の痛みも体操や電子レンジで発熱するクッションを使って治そうとしていた。また、アロマセラピストの資格を持っていることもあり、筆者の腕や首、お腹の皮膚がアトピーのため紫色に腫れ上がった当初、「ステロイドを使うと、皮膚が黒ずんでしまうでしょう。そういうときは、殺菌作用のあるラベンダーと、癒し効果があるカモミールよ」と言って、それぞれのエッセンシャルオイルを入れたお湯にタオルを浸し、患部に巻きつけることを勧めてくれた。しかしその後、アロマセラピーの治療効果の実験に固執するあまり、患部が膿むのを放置し、感染症を引き起こしていた筆者に、「早く医者に行きなさい」と再三強く勧めたのもヘイゼルだった。[34]彼女自身、高熱で苦しんでいたときは、医者にもらった抗生物質を服用していた。このように、代替療法を好むものの絶対視はせず、現代医学も適切に利用している。

オルタナティヴの中には、電子レンジやWｉｆｉを体に有害だとみなしている人もいた。たとえば、筆者が一時期居候していた元看護師のルビーは、電磁波で食べ物を温めるのは細胞レベルで食品を変性させることなので、科学的に危険だと考えていた。また、無料で利用できるWｉｆｉの電波を飛ばし始めた町の当局に対し、重篤な健康被害を招く恐れがあるとして、即時停止を求める住人も数人いた。

その他、物事をネガティヴに考えること、ネガティヴなニュース、しかめっ面などは、体に悪影響を及ぼすとして否定的に捉えられる傾向がある。その結果、つねにスマイルで、通りで出会ったらキスをし、抱き合うなど、「ハッピー、ハッピー」な態度をとることが基本的に求められている。しかし、このような傾向を心の中では面倒に思っている人も少なくなかった。

スポーツに関しても記しておく。軽い運動はイギリスでも一般的に健康増進に役立つと推奨されている。オルタナティヴは体の中のエネルギー（気）の流れを重視する太極拳などを好む一方で、国民的競技とされるサッカーは、「好戦的」「愛国心を煽り、外国人への敵対心を助長する」などを理由に、毛嫌いする人が少なくない。その背景には、イギリス「名物」のフーリガン、つまり熱狂的で時に暴力的なサッカーファンと同一視されたくないという思いがあるようだった。そのため、サッカー愛好家は人前ではその事実を隠し、筆者と二人きりのときにこっそり打ち明け、その後に必ずフーリガンを非難する言葉を付け加えるのだった。

3-3　収入と仕事

最後に、仕事に対する考え方と給付金の受給状況について見ておく。オルタナティヴには、長時間働いて高い給与を得るよりも、瞑想を日課としたり、自らの信条に沿った活動に従事するなど私生活の充実を望む傾向がある。町の雇用問題を扱う信託団体GCDTの調査によると、グラストンベリーでは、高学歴の資格保持者が接客業などの低賃金労働に従事していることが少なくない［GCDT 2005: 4］。ただし、接客業、小売業、および建設業は好まず、保育や教育、カウンセリング、芸術関係、自然や環境に関わる職を希望するなどこだわりが強い［GCDT 2005:

21-22]。この調査においては、オルタナティヴという特別な区分はないが、この傾向は筆者が接していたオルタナティヴによく当てはまる。たとえばヘイゼルは、資格ではないものの広告会社の一線で活躍していた華やかな経歴をもつが、移住後は保険会社で事務のパートをしていた。その後、オルタナティヴ・スピリチュアリティ関係のイベントを企画する団体、アヴァロン島協会の職員にはなったが、彼女しか職員はいなかったため、部屋やトイレの掃除などの雑用もこなしていた。彼女はカウンセリング同様、代替療法とされるマッサージの仕事をもっと増やしたがっていたが、セラピストの多いグラストンベリーではそれは難しかった。それでも「昔みたいに多くのお給料をもらえなくてもいいから、グラストンベリーに住みたいの」。そう言って、自らの仕事と収入に納得していた。

ヘイゼルの場合、主な収入源は二〇〇八年八月までは保険会社のパートの事務、それ以降はアヴァロン島協会の職員としての給与だった。副収入として下宿人である筆者から得ていた家賃は、光熱費込みで一ヶ月あたり二百五十ポンド（二〇〇六年）、または二百八十五ポンド（二〇〇八〜二〇一一年）だった。それから、マッサージの顧客一人が二〜三ヶ月に一回訪れていて、一回一時間で三十ポンドの収入になっていた（二〇一〇年）。彼女は週末ごとに友達と遊び、年に二〜三回旅行に出かけ、オルタナティヴ・スピリチュアリティのワークショップ等を年に四〜五回受講していた。「この辺りは賃金が低いから、二十代の頃と同じだけのお給料しかもらえない。でも、私の場合、家のローンはないし、四十歳になるまで（高給取りの）メディア関係で働いていたから、貯蓄も十分にある。だから、ぎりぎりやっていけてる」と話していた。しかし、自分の理想とするライフスタイルを遂行しようとすると生活費が十分に得られないとの理由から、ヘイゼルのように自活せず、給付金を受け取っている人も少なくない(35)。

ここでイギリスの社会保障制度について、簡単に説明しておこう。イギリスの社会保障は、一六〇一年に制定されたエリザベス救貧法をもって始まったとされる。それ以前にも救貧法は存在していたが、貧民の救済というより、土地を離れた浮浪者への処罰の側面が強かった。それに対して、エリザベス救貧法は教区ごとに貧民監督官を任命し、より積極的な救済を目指した。その後、ヨーロッパにおける福祉国家思想の広がりを反映して、一九一一年に国民保険法が制定され、対象は一部の国民だったものの、健康保険制度と失業保険制度が創設された。

現行の社会保障制度の直接の起源は、第二次世界大戦中に策定されたベヴァリッジ報告に基づく国民扶助法である。ただし「国民扶助（National Assistance）」という名称は、受給の権利がある人々に受給を恥と思わせていると して、受給率の向上を図るため、一九六六年に「補足給付（Supplementary Benefit）」に名称が変更された［アトキンソン一九七四：四六］。ここから、所得が十分でない人は給付金を受け取らなくてはならないという、イギリス国家の権利に対する強い意志が見て取れる。

手厚さが「好評」のイギリス政府から支給される給付金は、次の六種類に大別される(36)。①求職中や起業準備中の者。仕事はしているが低賃金なので、補助が必要な者。②労災認定を受けた者。病気療養中の者。③障害者、家族を介護している者。④育児休暇中や子育て中の者。子供向けの給付金。⑤年金。⑥住居用。このうち、⑤が非難の対象になることはほとんどないし、⑥は①〜⑤の受給者が追加でもらうことが多い。以下では問題視されがちな、①〜④について説明を加える。

①については、受給期間は決まっているが、期間終了後、少し働いて退職すれば再び受給できるため、実際にはほとんど働いていない人も少なくない。また、給付金の減額を恐れ、就職したくないという人もいる［GCDT 2005］。②と③については、認定の判断基準が甘いらしく、筆者も調査中、なぜ受給できたのか疑問に思うほどぴんぴんしている受給者に出会ったことがある。④は、子供を産めば働かなくて済むほど十分な額が与えられるため、それに頼って生きていく若者がイギリス全体で増加し、社会問題となっている。

受給者の家族構成や年齢などにより支給額は大きく異なるが、たとえば筆者の知り合いで、仕事をやめて移住してきた五十代独身女性の場合、子供たちは成人して自立していたため、毎週、求職者手当てが六十五ポンド支給された。家賃は別に全額支払われ、初めの十三週間はさらに十五ポンド追加されていた。また、給付金受給者は医薬品代も含め、医療費は全額無料で、様々なイベントの参加費用や施設の入館料に割引が適用される。筆者の町での生活費は、光熱費込みの家賃を除くと、一週間あたり約六十ポンド（食費、交通費、雑費）だったので、この給付金の額で生活していくことは十分可能である。

さて、グラストンベリーでは失業率と給付金の受給率が高い。失業率は三・三％と全国平均の二・六％、州平均の一・七％より高い[37]［*Central Somerset Gazette* 2006/6/29］。就労可能年齢全体での給付金の受給率[38]は、二〇〇八年の場合九・八％で、メンディップ郡の平均七・〇％より高い。その理由を考えてみる。

本章1－2で指摘したように、町では給付金に頼っている地元出身の若者も少なくないが、就業機会の少なさはサマーセット州の他の町でも大差ない。つまり、グラストンベリーの給付金受給率や失業率を平均より押し上げている理由の一つとして、他の町には少ない、外部から移住してきたオルタナティヴの存在が考えられるのである。実際、非営利団体が、生活費を給付金で賄うことを前提として、基準の緩い低所得者用給付金を受給しやすいようにと、専属スタッフを少額の給料で「雇う」ケースも見られた。給付金を当てにして、芸術活動をしたり、生活の自由度が高い庭師や農場での日雇い労働などの不定期の仕事を続けたりしている者もいた。つまり、オルタナティヴには、給付金をもらってでも自分の目指すライフスタイルを守ろうとする傾向がある。

普通のところではね、カフェで隣に座った知らない人から話しかけられても、その人が前世とかスピリットとか、そういうことは信じてないって前提で話をするでしょ。でも、ここは違う。初めて会った人でも、とりあえずは相手がそういうことを信じているってことで話を聞かないとならないの。

グラストンベリーで本格的な調査を始めて二週間ほど経った五月のある日、何度かここを訪れているという女性（五十代、ソーシャルワーカー）と知り合い、カフェに入った。二人分の紅茶のカップを置きながら、席についた彼女は、辺りを見渡しながら、こんなことを口にしたのだった。そのときは町に来たばかりで、よくわからなかったが、町のオルタナティヴたちと言葉を交わしていくうちに、彼女の言葉が納得できるようになっていった。

彼女が言うように、本章の2と3で見てきたオルタナティヴ・スピリチュアリティとは、少し風変わりだと思われるような諸実践や考え方なのである。オルタナティヴたちは、程度の差こそあれ、「世間の常識」から少し外れた事柄を信じる、もしくは親しみをもつ。彼らは、「普通」とされてきた価値観に、何らかのきっかけで満足できなくなり、別の何かを求め始めた人々なのである。そうすることで「変わり者」と思われても気にしない。むしろ、「変わっている人」と周囲から認められることで、周囲から期待される「常識的な行動や言動」を免除され、時に協調という圧力をかけてくる社会から少し自由になれることに気づく。瑣末なことを気にしないで、楽に生きる、それがオルタナティヴ・スピリチュアリティに関わり続ける一つの理由だとも考えられる。

4　町の長い歴史と豊かな伝説

前節では、現在のグラストンベリーでオルタナティヴ・スピリチュアリティの百花繚乱たる様子を眺めてきた。

それでは、一体どのような経緯を辿ってオルタナティヴ・スピリチュアリティの種が蒔かれ、根づいたのだろうか。現在ではのどかな田舎町にすぎないグラストンベリーだが、歴史を繙けば、中世に権勢を誇った修道院の存在を背景に、イギリスの宗教史にその名を残してきた古い町である。オルタナティヴ・スピリチュアリティの花が咲き誇る現況を理解するために、この町の歴史とその当時の社会状況、それを彩る伝説を辿り直してみよう。なお、本節の記述は本文中で示した文献の他に、地元紙『セントラル・サマーセット・ガゼット』の記事や関係者へのインタビューに基づいて構成されている。

4-1 キリスト教の中心地から周縁へ

初めに、紀元前から宗教改革までの歴史を、イギリスの宗教の変遷と関係づけながら明らかにしていく。特に、十六世紀の宗教改革の前後で、イギリスの宗教世界における位置づけが変化したことに注目したい。

サマーセット州からは五十万年前の人類の居住跡が見つかっていて、当時から断続的ながら人が暮らしていたとされている［Ellis 1992］。グラストンベリー一帯の低地は一万二千年から一万年前には海面下にあったが、八千年ほど前には入り江になり、水が引いた後の沼地や湿地には泥炭が堆積していた。新石器時代には、高地の原生林の大部分は切り開かれ、農耕地や湿原に造り替えられていく。遅くとも紀元前四千年頃の新石器時代からは人類の居住が確認されており、紀元前三〜二世紀には沼地沿いに、現在レイク・ヴィレッジとして知られる集落があったが、水面の上昇により紀元前五十年には廃墟となった［Rahtz & Watts 2009: 22, 26–27］。このようにグラストンベリー周辺は、イギリスの中では比較的早くから人の居住地であったことが、考古学的に明らかになっている。

紀元後四三年にイングランド南部がローマ帝国に併合された際には、グラストンベリーもその一部となったが、ローマは四〇七年にはイングランドから撤退する。その後、この一帯はケルト系ブリトン人の部族王国の乱立を経て、七世紀末には大陸からやってきたアングロ＝サクソン人の支配下に入った。グラストンベリーの町は、この時期に成立したようだ。なぜなら、グラスティング（Glasting）という豚飼いがアングロ＝サクソン人の国を通って、グラストンベリーに至ったという伝説から、アングロ＝サクソン人がイングランドにやってきてから当地一帯を支配するまでの間、つまり六～七世紀のいずれかの時期だと推測されるのである［青山一九九二：一二］。このアングロ＝サクソン人は、現在のイギリス人の直接の先祖と考えられている民族である。一方、先住のケルト系の人々はアイルランド、スコットランド、ウェールズ、コーンウォール、フランスのブリトニーに至る、いわゆるケルティック・フリンジに逃れていったといわれている。

ところが、アングロ＝サクソン人の支配地域になっても、ケルティック・フリンジと接する地域に位置していたグラストンベリーはケルト系の人々と交流を保っていた。たとえば、七世紀末にローマからイングランドに伝来したカトリックがグラストンベリーまで伝わったとき、町にはすでにアイルランドやウェールズからケルト化されたキリスト教が伝来していたといわれ、現在でも町には聖パトリックや聖ブリジットなど、ケルト系聖人にまつわる伝説が多く残っている［Carley 1996］。そのため、後にカトリックの修道院が建設されても、グラストンベリーはケルト文化の残るウェールズやアイルランドと交流を続けていた［青山一九九二：一二一－一二三］。

さて、ケルト伝説では、西のほうに死者が復活の時を待つアヴァロンという世界があるといわれてきた。日本でいえば、沖縄のニライカナイや仏教の西方浄土と似たような位置づけにある世界で、その伝説を知る人は、神秘的なイメージを喚起されるようである。そのアヴァロンがグラストンベリーと同一視されるようになったのは、一一九〇年（もしくは一一九一年）にグラストンベリー修道院の敷地内の一画から、ケルト伝説の英雄アーサー王とその王妃のものとされる遺骨が掘り出されたためである。アヴァロン島伝説の信憑性に拍車をかけたのは、遺骨だけではなく、この町の景観と気候も関係していたようである。冬になると、海抜より低いこの一帯には、ブリストル海峡から海水が浸水し、湖のようになっていたため、町の郊外の丘トールが湖に浮かぶ島のように見えるという神秘的な風景がつくりだされていたのだ。また、十三世紀半ばまでには、キリストが最後の晩餐で用いた聖杯を、アリマテアのヨセフ(39)がグラストンベリーにもたらし、イングランドで初めての教会をつくったという伝説も広まった。

実は、アーサー王とアリマテアのヨセフという二つの伝説は、歴史的事実ではなく、一一八四年の大火事で経済的苦境に陥った修道院による創出だとされている［青山一九九二：一〇〇］。しかし、そのおかげで、グラストンベリー修道院の威信が高まったのは事実である。特にアリマテアのヨセフは、キリスト教世界において、それほど知られた聖人ではなかったため、彼との結びつきを主張する大修道院は、グラストンベリー修道院以外、ヨーロッパにはなかった。そこで、キリスト教世界におけるイングランドの地位を高めるために、ヨセフはグラストンベリーのみならず、イングランド全体を象徴する聖人に仕立てられていった［青山一九九二：二三〇-二三二］。その結果、十四世紀までにはロンドンのウェストミンスターに次ぐ、イングランドで二番目に裕福な修道院として繁栄を極め、町も巡礼地として多くの巡礼者を迎え入れ、栄えていた。しかし、十六世紀前半のイングランド王ヘンリー八世による宗教改革に伴って、一五三九年に修道院が閉鎖されると、町は急速に衰退していった。それでも、町にまつわる伝説はオカルトや神秘主義や秘教思想に関心をもつ人たちを、その後も細々と魅きつけていた。

修道院の閉鎖前までのグラストンベリーに関する伝説は、先ほど触れたキリストの大おじであるアリマテアのヨセフが聖杯を持ってやってきて、イングランドで最初の教会をつくったという伝説と、アーサー王が復活の時を待つアヴァロン島が、グラストンベリーであるという伝説の二つだけだったが、修道院の消滅後、伝説は一人歩きを始め、増殖していく［青山一九九二：一三三―一三五］。隣町との境界に架かる橋がアーサー王が愛剣を返したポンパルラス橋とされたり、鉄分、またはカルシウム分を多く含んだ水が湧き出る泉は、それぞれアリマテアのヨセフが持ってきたキリストの血液と体液を埋めたところから湧き出たとされたりした（チャリス・ウェルとホワイト・スプリング）。口絵写真の中に立つ、クリスマスと復活祭の頃に花を咲かせる、ウェアリーオールの丘の山査子の木も、ヨセフがもたらした木の子孫とされ、ヨセフとともに青年時代のキリストも、グラストンベリーを訪れていたという伝説まで生まれた。

ここまでの展開をまとめると、アーサー王やアリマテアのヨセフの伝説を利用しつつ、イングランドにおける正統派キリスト教世界の中心地として注目されていたグラストンベリーは、宗教改革を機にイングランドの宗教世界の中で周縁的な領域に移ったといえる。伝説についても、それまでは修道院関係者に限られていた伝説の創出が、一般の人々にも開放され、多様な伝説が生み出されていったと見ることもできる。

4―2 ロマン主義からの再評価

十八世紀末から十九世紀初頭にかけては、産業革命への反動から自然への賛美とケルト文化への関心が高まったロマン主義の時代だった(40)。その潮流のなかで、もともと初期キリスト教やケルト文化との関係が深かったグラストンベリーは、再度歴史の表舞台に躍り出た。たとえば、神秘思想家のウィリアム・ブレイクが発表した「エルサレム」という詩により、グラストンベリーは「ニュー・エルサレム」と同一視されるようになった［Michell 1997: 80-81, 167］。「ニューエイジ運動は本質的にはロマン主義なので、ほとんどのニューエイジ文献ではロマン主義詩人に対する偏愛が見られる」［ストーム二〇〇二：一九五―一九六］という解釈を踏まえれば、「エルサレム」を介してブレイクと結びつけられたことは、後にグラストンベリーがニューエイジの中心地とみなされる要因の一つになったと思われる。

世界で最初に産業革命を成し遂げたイギリスは、その後多くの探検家や宣教師を世界各地に送り出した。そのため、十九世紀末から二十世紀初めにかけて、大英帝国各地の「奇妙」な風俗の話が伝わり、異文化に対する関心が高まっていた。ヨーロッパ以外の地域の文化を野蛮と蔑む人もいたが、物質主義に毒されたヨーロッパが失った高貴な精神性を未だ保持しているとして、仏教やヒンドゥーなどの東洋思想に魅かれていった者もいた。やがてその中から、海外ではなく、自国の古い文化に精神的な支柱を求めるようになった者も出てくる［Howard-Gordon 2010: 148-149］。そんな時代、アーサー王やアリマテアのヨセフ、聖杯の伝説と結びつくグラストンベリーが、神秘的なキリスト教に関心をもつ人々に注目されたのは当然の成り行きだった(41)。フレデリック・ブライ・ボンドは修道僧の霊との交信により情報を集め、修道院の発掘を進めた［Bond 1978（1918）］。ウェズリー・チューダー・ポールはキリストの最後の晩餐で使われた聖杯を「発見」したと表明し、最後の晩餐を再現した部屋をしつらえた（本章2-1の5①のブルーボウル瞑想参照）。アリス・バクトンやラトランド・ボートンは、キリスト教やアーサー王伝説を題材にした劇を上演した。二十世紀のイギリスで最も有名なオカルト主義者のダイアン・フォーチュンも、グラストンベリーに滞在しながらオカルトに従事し、エッセイを出版した［Fortune 2000（1930）］。聖杯伝説に魅かれてやってきたキャサリン・モルトウッドは、この一帯の特徴的な地形が黄道十二星座の形をしていると発表し［Maltwood 1982（1929）］、ジョン・ポーウィーは聖杯を題材とした小説を書き［Powys 1975（1933）］、それぞれグラストンベリーの名声を高めた。また、「キリスト教の聖地」とされてきた地にキリスト教以前の宗教とのつながりを見出そうとする全国的な傾向を受けて、レイク・ヴィレッジは鉄器時代のペイガンの遺跡だと考えられたりもした［Hutton 2003: 64］。さらに、修道院の跡地が個人の所有からイングランド国教会の所有となり、一九二四年からはイングランド国教会主催の巡礼も始まり、グラストンベリーは再びイギリス国家に後ろ盾を得ているキリスト教から目を向けられるようになった。このように、二十世紀初めのグラストンベリーは、芸術家や知識人を中心とした小規模な文化サロンの開花期であった。メンバーが徐々にグラストンベリーを離れたことで、文化サロン自体は不活発になっていったが、第二次世界大戦中にはフォーチュンらを中心として、ナチスの活動を妨害するためのエネルギーを送る活動が行われていた［Jenkins 2005］。

十八世紀末から二十世紀初めにかけての展開をまとめると、国全体での過去への懐旧や神秘的な事柄への希求という風潮を受けて、古い時代から人が暮らし、初期のキリスト教やケルト文化と結びつく伝説をもつグラストンベリーが脚光を浴びるようになっていった。当時のグラストンベリーは、イギリスの宗教世界の中では周縁的領域のままだったが、実際に町まで赴き、伝説をもとに芸術活動を行ったり、伝説を裏づける証拠を見つけ出そうとしたりした者もいた。そこから、伝説と結びつけたグラストンベリーへの新しい視点が見出され、それらの視点が同様の関心をもつ人々が集まるサロンのような場で共有され、広がっていったと考えられる。しかし、この流れは上流階級の人々を中心としたもので、大衆に広がっていたとは言いがたい。

第二次世界大戦後の流れを確認する前に、この地域の大衆の生活の変容について簡単に触れておく。十八世紀後半から灌漑が進んだことで、この地域では農業が発達し、十九世紀後半から二十世紀前半にかけては酪農と柳細工が盛んになっていた。また、十九世紀の初頭から、羊皮を加工して靴やコートなどを製造する産業が始まり、二十世紀半ばに最盛期を迎え、多くの雇用を生み出していた［Taylor 2010: 50–51］。つまり、グラストンベリーは一部の都会出身の知識人には神秘的に捉えられていた一方で、一般の人々にとっては、定期市の日に周辺の町や村の人が集まる、農業と羊皮加工業を中心とした市場町であった。

4-3 スピリチュアリティ産業の始まり

続いて、二十世紀後半のグラストンベリーがオルタナティヴ・スピリチュアリティの町として有名になっていくプロセスを、サッチャー改革と製造業の不振という、イギリスを取り巻く社会の変容とともに考えていく。戦後のグラストンベリーは、一九六〇年代後半から一九七〇年代前半にかけてのヒッピーの到来期、一九八〇年代前半の「ニューエイジ・トラベラー」(以下、トラベラー)[42]の到来期、一九八〇年代以降のオルタナティヴの移住期の三期に分けられる。

一九五七年にアーサー王に関するアッシュの著書[Ashe 1986(1957)]が出版され、グラストンベリーがペイガンやケルト、および中世のキリスト教の中心地だったことをイギリス人は改めて認識した。しかし、イギリス現代史の舞台の中央に登場するきっかけとなったのは、グラストンベリーのキリスト来訪に関する新聞記事に影響された[Hexham 1971: 11]、一九六七年の夏に、アメリカで始まった対抗文化運動から生まれたヒッピーが五人やってきたことだった[*Central Somerset Gazette* 1968/9/22]。貴族の娘も含む彼らの中に、麻薬を使って逮捕された者がいた。この事件がセンセーショナルに報道されたことでグラストンベリーの存在や伝説が知られ、その後数年間にわたって、イギリスだけでなく、北米からもヒッピーが押し寄せることになった。なお、ヒッピーの来訪には、一九七〇年と一九七一年に近郊の村ピルトンで開かれた、野外ロック・フェスティヴァルも影響していたようである(コラム0参照)。

新しい価値観やライフスタイルを求めるヒッピーが、禅やヨーガ、インドや各地の先住民の文化に魅かれたのは、それらが西洋文明をはじめとする現代文明には見い出せなかった、「自己変容」と結びつく「意識変容」を可能にすると考えられていたからである〔[島薗一九九六：一七〇、吉永二〇〇二：一七六―一七七、Wuthnow 1998: 5] 参照〕。その彼らがグラストンベリーにも魅かれたのは、二十世紀初頭に集まってきた人々と同様、アリマテアのヨセフやアーサー王、聖杯といった初期のキリスト教やケルトの伝説に魅力を感じたからだった(43)。そして、二十世紀初頭に活躍した人々が「再発見」した、町の地形や伝説に基づくグラストンベリーの特別性に便乗する形で、新たな特別性を「再発見」していく。たとえば、モルトウッドの黄道十二星座とこの地域一帯の地形の結びつきの主張の中で、グラストンベリーは水瓶座に相当するとされていたため、序論１－１で述べた水瓶座の時代の到来というニューエイジと強く結びつけてイメージされるようになった。フォーチュンは先史時代にトールを行進する道があったと述べたが、トールの斜面の段丘が三次元の迷宮の形をしていると指摘する者が現れた。当時イギリスで広がっていた「レイライン」(44)の考え方もグラストンベリーに応用された。最初期にやってきた五人のヒッピーの一人ジョン・ミシェルは、レイラインのうち、最も強力な聖マイケルラインと聖メアリーラインはグラストンベリーで交差しているため、グラストンベリーには目に見えない強力な「エネルギー」があると考えた [Michell 1969, 1972]。そのために、キリストやアリマテアのヨセフのような人物がやってきたり、修道院が繁栄したりしたなどと説明されるようにもなった。これらのグラストンベリーに対する新しい言説をまとめた本も出版された。

このような風変わりな闖入者たちを、一般の町の人々はどのように見ていたのだろうか。一九五二年に町に移住してきた元獣医師の八十代の男性にインタビューをしたことがある。

（ヒッピー襲来以前の）一九五〇年代にも、秘教思想に関心をもつ人は暮らしていたし、夏にはそのような人が放浪者としてふらりと訪れるのを毎年二〜三人は見かけていたよ。

［二〇一一年九月十二日］

そのため、地元民は非合理で非科学的な考え方をする人には慣れていて、風変わりな考え方自体はそれほど気にしなかったが、住宅街に無許可で野宿をし、働かずに夜中まで騒ぎ続けるという迷惑な行動には腹を立てていたそうである。自分たちに実害が及ばない限り、「奇妙」な言説を信じる人々を、地元民は許容していたと思われる。

さて、最盛期には数百人いたとされるグラストンベリーのヒッピーだが、一九七七年頃には十数人しか滞在していなかった［Garrard 1989: 5］。そもそもヒッピーの中心は若者であり、大学の夏休みを利用して訪れていた者も少なくなかった。そのうえ、多くのヒッピーは上流・中流階級出身で、帰る家も出迎えてくれる家族もあったので、気ままな生活に飽きて帰宅してしまったといわれている。筆者が一九六〇年代後半以降の地元紙『セントラル・サマーセット・ガゼット』の記事を調べた限りでも、ヒッピーに関する記事が頻繁に登場しているのは一九七〇年代前半の夏期だけであり、ヒッピー問題は一九七〇年代後半には終息していったと考えられる。

ところで、初期のヒッピーは上流階級の子女が中心だったが、次第に中流階級の出身者も増えていったことが指摘されている［Clare 2009: 21］。そう考えると、二十世紀初頭からヒッピー到来までの流れは、それまで上流階級の専売特許であったオカルトや秘教思想が、ヒッピー運動と結びつきながら広がっていき、上流階級だけではなく、中流階級にまで広まった、つまり大衆化したと捉えることもできる。

話を戻そう。ヒッピー問題が終息した一方で、一九八〇年頃から町は別の問題に悩まされるようになる。トラベラー、つまりバスなどの乗り物で生活するホームレスが続々とやってきたのだ。その背景には、一九七九年に政権を担ったマーガレット・サッチャーによる、強引な福祉予算削減などの経済改革の推進があった。改革の恩恵を受けて成功した人もいたが、職を失い、路頭に迷った人も沢山いた。特に若者にとって事態は深刻で、不景気のため就職できなかったり、家賃の急激な高騰によりホームレスになったりしていた。そんな人々が、古いワゴンやキャンピングカーに乗って都市を飛び出し、さすらいの旅に出たのだ。一九六八年に制定されたキャラバン・サイト法により、地方自治体が定住しない人々に対して一時的なキャンプ地を提供する義務を負ったことも、この現象に拍車をかけた。

トラベラーがグラストンベリーに集まってきたのは、この町の外れのグリーンランズ農場が、彼らのような行き場を失った人々を受け入れているという噂が口伝えで広がっていったからだった。ここは、スコットランドの貴族階級出身の女性（故人）が、一九七九年に地元の農場主から買い取って始めた農場である。彼女の娘の話によると、女性はキリスト教の博愛精神のもと、農作業に従事しながら無料で滞在できるコミューンのような場をつくろうとしたが、資金や衛生の面で運営はたちまち行き詰まった。一九八五年六月にストーンヘンジでトラベラーと警察の対立が起こり、数百人ものトラベラーがこの農場に押し寄せてからは、衛生状態が極度に悪化した。社会的弱者であるトラベラーに同情する住人がいないわけではなかった。しかし、滞在者の不衛生さと騒々しさに業を煮やし、直接追い出し行為に出る地元民も出てきて、最後には法的手段によって農場は閉鎖された。その後、政府が若者向けの社会保障を削減し増税したため、さすらいの生活をしづらくなったトラベラーはイギリス全土で減少した。

グリーンランズ農場に滞在していたトラベラーの大半は労働者階級の貧しい人々が主体で、グラストンベリーにやってきた理由も、伝説に魅了されたというより、受け入れてくれる場所があったからで、ヒッピーとは異なる。しかし、彼らの中にはオルタナティヴ・スピリチュアリティを実践していた人もいて、後に農場から町中に移り、スピリチュアリティ産業で成功した者もいる。そのため、グリーンランズ農場とトラベラーの事件も、今日のグラ

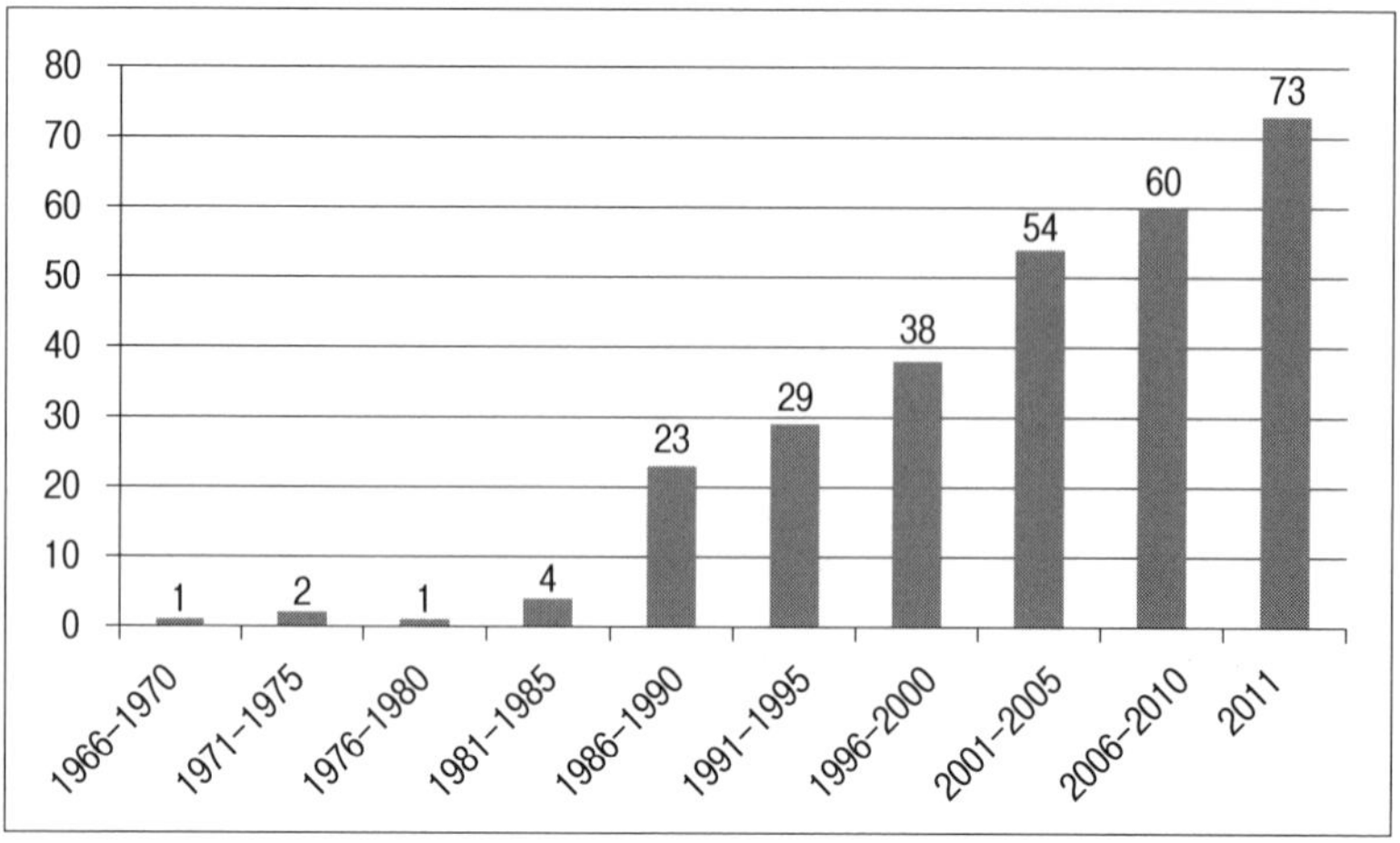

図1－4　オルタナティヴ・スピリチュアリティ関係の店舗数の変遷
（筆者の調査に基づき作成）

＊1960年代後半から2011年までの町の中心部の商業施設の変遷を、店主への聞き取りや当時の雑誌の広告、電話帳などから調べ、ある建物の店舗がどのようなジャンルの店で占められていたかを、できるかぎり遡って明らかにした表をつくった。5年ごとに、その店舗を占めている期間が最も長い店をその期間の代表的な店とし、その中のオルタナティヴ・スピリチュアリティ関係の店舗数を数えたのがこのグラフである。

ストンベリーでオルタナティヴ・スピリチュアリティが盛んになった流れをつくった一因だといえる。

　しかし、よりオルタナティヴ・スピリチュアリティの隆盛に貢献したのは、現在オルタナティヴと呼ばれる人々である。一九八〇年代以降、トラベラーだけではなく、中流階級出身で学歴も高い人々の移住も目立ち始めていた[45]。後にオルタナティヴと呼ばれる彼らも、ヒッピーと同様、異文化や古い時代の神秘的な事柄に関心をもっていた。先述の一九六〇年代のヒッピーによって「再発見」された姿にも触発されつつ、グラストンベリーを特別な場所だとみなし、スピリチュアルに生きようと、都会や故郷を離れてやってきたのである。

　オルタナティヴがやってきたこの時期、町では本章1－2で触れたように、地元産業である羊皮加工業の衰退が深刻になりつつあった。その理由としては不景気もあったが、合成繊維の普及や暖房設備の発達により防寒具としての羊皮製品自体の需要が全国的に減少していたこと、安価な労働力を求めて事業者が工場を海外に移転したことという、イギリス全体の産業構造の転換が挙げられる。一九八〇年代の町は失業者が増えて町の経済が悪化し、中心部には空き店舗が目立ち始めていた。そんなときにやってきた移住者たちは、個人での起業を促進する国の政策の後押しも受けながら、町の中心部でオルタナティヴ・スピリチュアリティ関係のビジネスを始めた。図１‐４からは、一九八〇年代後半から急速に店舗の数が増え、それ以来、一貫して増加し続けていることが見て取れる。

最後に、町で活躍したオルタナティヴの事例として、ロンドン出身の実業家バリー・テイラーと、そのビジネス・パートナーだったヘリーン・コッペヤンの活動を見てみよう。

二人は町のオルタナティヴ・スピリチュアリティ関連ビジネスの発展に寄与したことでよく知られている。オランダ人のコッペヤンと医師だった夫は、初期のキリスト教伝説に魅かれて、一九七七年、グラストンベリーに移住してくる。夫妻は、放置され荒れ放題となっていた町の中心部にあった建物を購入し、オルタナティヴ・スピリチュアリティ関係の店をテナントとして入れた複合施設、「グラストンベリー・エクスピリエンス」を開いた。しかしほどなくして、コッペヤンの夫は亡くなり、残されたコッペヤンの経営手腕の拙さから、事業は破産の危機に陥ってしまう。この時期、ロンドンでビジネスを手がけていたテイラーは事業をやめて、スピリチュアルな生き方をするべきかどうか悩み、度々グラストンベリーを訪れていた。そんなとき偶然、苦境に陥っていたコッペヤンと出会う。自分のビジネスの経験をスピリチュアリティと関係したことに生かせれば本望と思ったテイラーは、彼女をビジネス・パートナーとして助けようと決意し、協力してグラストンベリー・エクスピリエンスを再生させた。

間もなくコッペヤンは亡くなるが、その後もテイラーは一九八八年に秘教思想関連書籍を集めたアヴァロン図書館、一九九一年にヒーリングセンターと、ワークショップを企画するアヴァロン大学[46]、二〇〇九年にスピリチュアリティを求めて訪れる人を対象にした巡礼者受付センター[47]などの組織をつくり、軌道に乗せていった。第2章以降で取り上げていく女神運動を始めたキャシー・ジョーンズは、一時期、これらの活動にテイラーとともに関わっていた人物である。

5　地元民からのまなざし

4では、グラストンベリーが現在のようなオルタナティヴ・スピリチュアリティの町として知られるまでの歴史的過程を確認してきた。ここからは、オルタナティヴ以外のグラストンベリー住人、とりわけ地元民の、移住者であるオルタナティヴに対する視線に目を向け、両者の関係性のあり方を考えたい（［河西二〇一三］参照）。スピリチュアリティ産業への視線を中心に取り上げるのは、オルタナティヴと個人的な接点に乏しい地元民であっても、通りを歩いていて目につくスピリチュアリティ産業に対しては、何らかの印象をもっていたからである。

なお、現地の一般的な使用法に従い、「地元民（local）」とは、グラストンベリーで生まれ育った人々と、幼少時に親に連れられてグラストンベリーにやってきた人々、およびこのような人々の配偶者を指している。現在、「地元民」とされる人の中には、両親や祖父母の世代に移住してきた人も多い。この百年で人口が倍増したこともあり、辿れないほど昔から先祖代々、町に住み続けている人はほとんどいない。

5－1　買い物が不便

オルタナティヴと関わりなく暮らしている地元民にオルタナティヴについての意見を尋ねたとき、よく挙げられたのが、町中での買い物の不便さだった。ウィル（三十代）とリサ（二十代）は、二人の幼い子供とウィルの父親とともに、筆者の下宿先の隣家に暮らしていた若い夫妻である。エンジニアのウィルは、父親の仕事の関係で、生後すぐロンドンからグラストンベリーに移ってきた。その後、両親は離婚し、彼は母親と周辺の村を転々としていたため、非常に厳密にいうと地元民ではないが、週末はいつも父親の住むグラストンベリーで過ごしていたので、地元民とみなされている。リサはイングランド南西部にある都市で生まれ育ち、九年前、結婚を機にグラストンベリーにやってきた。

ウィル…ここの店は観光客にはいいと思う。でも、住んでいる人には多分よくないよ。
リサ…そういうことに関わっていない限り。パワーストーンとか、魔女術の店とか。（中略）でも観光客は好きなんでしょうね。そのためにグラストンベリーに来るのだから。
［二〇一一年九月十八日］

特にこの十年の増加が著しいと、苦々しく語るその表情からも、オルタナティヴが営む非実用的な店が地元民の生活を不便にしたという不満が伝わってきた。現在、町の中に普通の衣料品や本を扱う店は存在しないため、別の町に行く必要があり、子育て世代だけではなく、高齢者にも煩わしい。ウィルは次のようにも話す。

三十七年間ここに住んでいるのに、「君はオルタナティヴではないから、グラストンベリーの出身ではないんだね」と言ってくる人がいる。中心部にいる人たちの半数よりは、僕のほうが長いこと住んでいるのにさ。なのに、ここ五～六年で来たあいつらがグラストンベリーとされるんだ。

［二〇一一年九月十八日］

この話からは、地元民の自分ではなく、外部の人が抱くグラストンベリーのイメージに合うスピリチュアリティ産業の従事者が、グラストンベリーらしいと見られていることを不愉快に感じていることがわかる。

スピリチュアリティ産業から恩恵を受けない地元民にとってスピリチュアリティ産業は、オルタナティヴに対するマイナスのイメージを抱かせる結果を招いているといえる。しかし、オルタナティヴが町の中心部で商売をしていることが、オルタナティヴと地元民との対立を回避していると見ることもできる。かつてヒッピーやトラベラーが問題視されたのは、住人が生活する住宅地の中で騒いでいた点によるところが大きい。スピリチュアリティ産業が中心部に常駐することで、中心部に訪問者を引き留めることができ、彼らが住宅地に拡散して騒ぐことを防いでいるとも考えられるのである。

5-2　経済的効果を歓迎

一方で、自らの経済的利点からオルタナティヴを歓迎する声があることは確かである。その代表が、2-3で触れたオルタナティヴに会館を貸し出す教会の人々である。イングランド国教会、メソジスト教会、合同改革教会、カトリック教会は、椅子や机、トイレの他に、台所と調理器具を備えた会館を所有している。小さな十字架やキリスト像が置いてあることはあっても、礼拝空間とは異なり、宗教色が強い印象はそれほど受けない。これらの会館は、しばしばオルタナティヴ・スピリチュアリティのイベントにも貸し出されている。このことについてある合同改革教会の信徒は、「私たちのことを憎まないでいて、きれいに使ってくれれば、誰にでも喜んで貸すわ」と話す。彼女は、貸し出しの手続きを通じて、オルタナティヴと話をすることができるので、普段接点の少ない彼らの考え方への理解が深まってよいと考えていた。なお、オルタナティヴに対して、教会が施設を貸してしまう一つの背景として、信徒数の減少により、施設を維持管理する費用がつねに不足しがちで、何とかして捻出する必要があることを挙げておく。

経済的利益を得ているのは教会だけではなく、町に不動産を持つ人々も然りである。その一人、町議員を何期も務め、町長経験もあるルイス氏（五十代）の先祖は、かつてグラストンベリー修道院に食料を卸していた。一五三九年の修道院の閉鎖後、一族は町を離れたが、百年ほど前に彼の先祖にあたる人物は戻ってきた。ルイス氏は町の中心部でカフェを経営するなど、複数の収入源を持っている。町の変化については次のように捉えていた。

ここに来た人たちがいわゆるニューエイジを持ってきてくれたことは、町にとってとても良いことだった。中心部で普通の買い物ができないことを嘆く地元民もいるけど、町の規模や〔隣町〕ストリートに大きなショッピング・センターがあることを考えると、そういう店はグラストンベリーでは経営が成り立たないんだ。

［二〇〇六年六月三日］

彼は「ニューエイジ産業」をもたらしたオルタナティヴをまさに町の救世主と捉え、「ニューエイジ産業」は町が生き残る唯一の道だと考えている。(48)

両親から受け継いだレストランを経営しているロイド氏（七十代）も、町長の経験がある町議員である。彼の一族は少なくとも二百年以上はこの町に暮らしている。

グラストンベリーはサマーセット州で中心部の空き店舗の割合が一番低いんだ。そのことを誇りに思っている。中心部に活気があるのは、どのコミュニティにもいいことだ。外から人が来たとき、〔不動産の〕売買とか、一般的な町の環境にプラスになるからね。

〔二〇一一年九月八日〕

彼もルイス氏と同様、オルタナティヴが町に活気をもたらしていると考えていることがわかる。同時に見かけの活気だけに注意を払っていて、実際に経済的利益が出ているかどうかは気にしていない様子も窺える。

スミス氏（六十代）の一族は六世代前から町に暮らしている。彼も二十代のときから町議員を務め、町長も何度か経験している。両親から受け継いだ農場だけでなく、ミネラルウォーターの会社など複数の会社を経営している。そんな彼の、オルタナティヴへの好意の理由はもう少し利己的である。

〔こういう店は〕自分には何の意味もない。でも観光客がとても気に入っていることは理解している。それが他の町との違いを際立たせている。今では町の他の店も活性化している。（中略）観光客からの収入があれば、僕らも売り上げが伸ばせるんだ。

〔二〇一一年九月二十六日〕

彼は、オルタナティヴが経営する店のおかげで、ペットボトルの水を販売している自分も含め、町の商売人が全体的に利益を得られる点を評価する。

このように、つねにビジネス・チャンスを探している自営業者や不動産の所有者の中には、オルタナティヴを町の経済に有用な存在とみなしている人も確かに存在する。スミス氏だけではなく、カフェやレストランを経営しているルイス氏やロイド氏も、オルタナティヴ・スピリチュアリティ目当ての訪問者から利益を得ている。ロイド氏の場合、中心部に所有する不動産をパワーストーンの店に貸し出しており、家賃収入も得ている。

グラストンベリーはユニークな観光のおかげで、町のハイ・ストリートの空き店舗率が三％と全国平均の二〇％よりずっと低く、活気を保っているといわれる一方で［*Central Somerset Gazette* 2010/2/18］、観光業による収入に頼っている店は二〇％に満たないという報告もある［GCDT 2005］。つまり、中心部はにぎやかでも、それが経済的な利益にはつながっていないということである。とりわけ二〇〇八年秋に始まった経済危機以降、訪問者相手の商売が振るわず、店の売り上げは落ちているという噂を筆者も何度か耳にした。オルタナティヴ・スピリチュアリティの店を経営するある店主は、収入が減少したため税金を免除してもらったと話し、低所得者用の給付金を受給している同業者もいると教えてくれた。つまり、町に経済的恩恵をもたらすオルタナティヴという言説は、少なくとも二〇〇八年以降は事実とは乖離している可能性も高い。

それでも、オルタナティヴ・スピリチュアリティを目当てにやってくる訪問者から何らかの形で利益を得られる地元民は、訪問者を呼び込む産業をもたらしたオルタナティヴ移住者を、好意的に捉えているといえる。三氏の歓迎の理由が、町議員や町長(49)という町の経済を考えなくてはならない指導的立場にあるからだけではないことは、ケリー氏（六十代）の姿勢から裏づけられる。彼はこの三氏と同様に、一九九九年以来、町議員を務め、町長経験者である。ケリー氏の父親はサマーセット州のある町の小作農の家に生まれ、成人後も別の町を経て、グラストンベリーの隣町のストリートで小作農として働き始める。しかしすぐにグラストンベリーを拠点とするトラック会社に転職したため、一家でグラストンベリーに移った。ケリー氏自身はグラストンベリーで育ち、定年退職まで地元の材木会社や靴会社に勤務していた。つまり、先の三氏とは異なり、ケリー氏はオルタナティヴから経済効果を期待できるような資産を何も持っていない。筆者がインタビューの中で中心部の店について尋ねたとき、三氏のように町に与える経済効果を熱く語ることはなく、「こういう店にはじきに慣れていったよ」〔二〇一一年九月九日〕と述べるに留まった。

ただし、歓迎している三氏でも、オルタナティヴ・スピリチュアリティ関係のビジネスに直接関わったり、積極的に支援したりはしていない。

5-3　所与のものとして受容

グラストンベリーの町でスピリチュアリティ産業が盛んになってから、すでに三十年近く経とうとしている。そのため、その繁栄を見ながら育った世代からは、自分の故郷の特色として、積極的に受け入れている人も出てきている。

ジム（三十代）の祖父や父親は、かつては専業農家で、父方の家系はグラストンベリー周辺に暮らして少なくとも三百年になる。彼はロンドンの大学を卒業したが、今は町の図書館に勤務する傍ら、地元情報誌の編集もしている。一九八〇年代に義務教育を受けた彼は、トラベラーやオルタナティヴの親をもつ同級生がいたことを覚えているが、子供だったので気にしたことはなかった、と言う。両親がオープンな考え方の持ち主だったため、トラベラーやオルタナティヴに対して、特に反感や違和感をもったこともなかった。

筆者が町の店の変化についての感想を尋ねたところ、次のように答えた。

〔店は〕全然気にならないね。むしろ考え方とか、人々が世界を経験する方法とかにとても興味がある。こういう店は、そういう事柄に洞察を与えてくれる。実用品を買うためには、〔隣町の〕ストリートに行かなくてはならないけどあまり気にならない。

〔二〇一一年九月二十二日〕

筆者が「基本的には店とか、オルタナティヴな観光客とかは気にしないということですか？」と尋ねると、「そういうこと、いいと思うよ！」と明るく答えた。彼は買い物の不便さや経済的利益というより、オルタナティヴ・スピリチュアリティ関係の店や施設や、それを営む人々が提示してくれる考え方に興味がある様子だった。それは、「どこかに行ったとき、『グラストンベリーの出身です』って言うと、人々は何らかの印象をもっているから、会話のとっかかりになって嬉しいよ。（中略）他の人にとって何の意味もないところから来るなんて、ねぇ……」と言うように、自分の故郷が変わった町として有名であることを誇らしく思っているところにも現れているといえよう。子供の頃から、特に偏見もなく、オルタナティヴ・スピリチュアリティを身近に感じながら成長してきたジムの世代の若者にとって、オルタナティヴ・スピリチュアリティは町の特色そのものであり、所与のものとして受け取っていると考えられる。

5－4 オルタナティヴから見た地元民

それでは、オルタナティヴは地元民との付き合いをどのように考えているのだろうか。ある店の男性オーナー（五十代）は、自らの商売について次のように語る。

「魔女」を連想させる〔店名の〕看板を出していても、大きな問題は起こっていない。グラストンベリー以外の場所では起こっているかもしれないけど。(中略)町のほうだって、僕たちみたいな商売を必要としている。僕たちは町のためになることをしているんだ。

〔二〇〇六年八月十八日〕

彼はルイス氏やロイド氏と同様の見解をもっている。そして、自分たちのおかげで町の経済が成り立っているという自負が見え隠れする。ただし、地元民が客として店にやってくることはないと言う。

そこで、オルタナティヴと地元民の近所付き合いの様子を見てみよう。ヘイゼルと先ほど取り上げた隣人のウィルとリサの一家との関係は良好で、彼女はイースターやクリスマスの時期には二人の子供たちにお菓子をプレゼントしていた。しかし、自分の誕生日パーティなど、プライベートな集まりに呼ぶことはなかった。その理由をヘイゼルは次のように語った。

二人は、こういう人たちではないから。他に来る人たち、私のグラストンベリーの友達は、その……、ちょっと変わっているから、〔ウィルとリサには〕居心地が悪いと思うの。

〔二〇一〇年五月二十九日〕

3で触れたように、地元民とオルタナティヴの価値観やライフスタイルは異なる。ヘイゼルはオルタナティヴと地元民を接触させないことで、その違いが表面化することを意図的に避けている。

町のあるセンターでマッサージ師もしている、B&Bの経営者である四十代の女性の言葉は、良好だが深くない地元民とオルタナティヴの関係を、端的に表していると思う。

うちの隣の夫妻は八時から六時まで仕事に出かけているから、滅多に会わない。会ったとしても挨拶するだけ。（中略）お茶に招いてもいいんだけど、平日働いているから、週末は彼ら自身の時間でしょう。私と話すような時間はないのよ。（中略）〔自宅と隣家との境い目の壁を指しながら、〕こんな風に制限を設けて過ごしている。

〔二〇一一年九月十九日〕

この女性やヘイゼルの発言からは、隣人であっても友達付き合いにまで発展するような親しい交流はしていないし、するつもりもないと考えている様子が窺えた。

５‐５　地元民との共存関係

本節の事例からは、地元民もオルタナティヴも、積極的に関係を結ぼうとはせず、距離を置いて接している様子が見えてくる。ここでは、このように地元民とオルタナティヴが一線を画して暮らしている背景について分析する。その後に、スピリチュアリティ産業に親近感をもつ地元民の出現について考える。

まず、地元民とオルタナティヴの関係である。スピリチュアリティ産業を快く思わない地元民は、事業者であるオルタナティヴが地元民に必要な店を出すといった、自分たちへの歩み寄りを期待はしない。が、かつてのトラベラーのように追い出そうともしない。筆者はインタビューの中で、ウィルに故郷の町がオルタナティヴに占拠されていることをどう思うか尋ねた。すると彼は、「そんなに気にはならないよ」と答えた。その言葉を引き継ぐように妻のリサは、「その理由は、あなたに押しつけられないからじゃない？」と尋ね、ウィルは、「そうだね、僕は自分の人生を生きている。僕の人生は変わっていない。何の関心もないんだ、それだけ」と補足した。夫妻は用事がないので、町の中心部に行くことは滅多にないと言う。そして、隣人のオルタナティヴであるヘイゼルに好感をもっていても、近所付き合い以上の付き合いはしない。彼らは、スピリチュアリティ産業、ひいてはそこに携わるオルタナティヴとは、精神的、物理的に距離を置いて暮らしている。これは、オルタナティヴとの共存のための一つの戦略だともいえる。

また、オルタナティヴを歓迎している地元民でも、町に暮らすオルタナティヴと協力して、スピリチュアリティ産業の町として売り出そうとする気配は見られない。地方自治体が「聖地」という資源を生かして観光化を目指す動きは日本では活発に見られるが、グラストンベリーの場合、そうではないことがわかる。そこには二つの理由があると思われる。

一つはオルタナティヴの特性である。一九六〇年代の対抗文化運動の価値観を引き継ぐオルタナティヴたちは、政府や行政といった権威主義的な香りがするものを好まない。そのため、もし町の行政側がスピリチュアリティ産業を積極的に支援すれば、権力に取り込まれたとみなされ、「オルタナティヴ・スピリチュアリティの町」としてのグラストンベリーの価値は下がり、敬遠されてしまうだろう。そのため、積極的な支援を控えることは、スピリチュアリティ産業を歓迎する地元民の戦略だといえる。

もう一つは、オルタナティヴ・スピリチュアリティに関心をもつ人の二極性である。町を訪れるオルタナティヴ・スピリチュアリティの実践者の中には、生活に比較的余裕がある中流階級の人々が多い。しかし無一文の浮浪者のような人の中にも、関心をもつ人はいる。彼らは不衛生だったり、アルコールや麻薬を町中で堂々と摂取したりするため、その姿が先述のような好ましい客を遠ざける恐れもある。つまり、「オルタナティヴ・スピリチュアリティの町」として積極的に宣伝することは、好ましくない人々をも呼び込む恐れがあるため、冒険はしないというわけである。

最後に、スピリチュアリティ産業に親近感をもち、実践する地元民の存在に触れておく。対立することもなく、積極的に協力することもしない。オルタナティヴと地元民のそんな奇妙な共存関係を揺るがす可能性をもつのが、スピリチュアリティ産業を町の特色として内面化しているジムのような世代である。また、数はとても少ないが、スピリチュアリティ産業に直接関わる地元民も出てきている。このような地元民が増えていけば、グラストンベリーにおける地元民とオルタナティヴの共存関係は新たな局面を迎えると思われる。

6 オルタナティヴ・スピリチュアリティの「聖地」

最後に、イングランドの片田舎のグラストンベリーで、オルタナティヴ・スピリチュアリティが根づいた理由を、本章の4と5の記述を中心に振り返りつつ、イギリス回帰の中でのグラストンベリーの「再発見」とイギリスの産業構造の転換という視点から、もう一度考える。そして、最後にオルタナティヴ・スピリチュアリティの興隆と移民の増加とを関連づけて、理解することを試みる。

ロマン主義の時代や、ヒッピーやオルタナティヴの時代という、イギリスで異文化への関心が高まっていた時期には、自国の古い文化が再評価されてきたと述べた。これは自国の古い文化が海外の文化と同様に「異文化」とみなされたといえるが、自国文化への回帰と見ることもできよう。ケルト文化や初期キリスト教との結びつきが深いグラストンベリーという場所で、近年オルタナティヴ・スピリチュアリティが盛んになったことは、「イギリス文化」再評価の一つの現れとして捉えられる。逆に、伝説や地形に基づき、過去に繰り返し繰り返し特別な場所とされて繁栄してきたグラストンベリーにとっては、現在のオルタナティヴ・スピリチュアリティの隆盛もその反復の波の一つだといえる。

その一方で、オルタナティヴ・スピリチュアリティが町の風物になることを下支えしたのは、サッチャーの急進的な改革や製造業の衰退といった、社会全体の政治経済の変動だった。この時期にオルタナティヴ・スピリチュアリティに関する事柄が町で盛んになったのは、オルタナティヴがグラストンベリーの産業構造の転換に機敏に対応し、政府の支援策を上手に活用しながら、町に農業や羊皮加工業に代わる、新しいビジネスを提供できたからだといえる。つまり、経済的な基盤を構築しやすかったこと、町の有力者から新たな産業の担い手として歓迎されたことから、この時期、オルタナティヴ・スピリチュアリティの担い手の定住が促進された。さらに、給付金の受給のしやすさという、イギリス特有の事情もこの傾向に拍車をかけた。こうして、今日のような姿になっていったと考えられる。

続いて、第二次世界大戦後のイギリスでオルタナティヴ・スピリチュアリティが盛んになっていった背景を、グラストンベリーに留まらず、より広くイギリス社会という見地から捉えてみよう。ここでは戦後のイギリス社会を襲った大変動の一つ、海外からの移民の増加と関連させて分析する。

島国といえども、イギリスへの移住者は戦前からいた。しかし、その多くはヨーロッパ域内や英語圏の北米およびオーストラリアやニュージーランドの出身者、つまりキリスト教を信じるヨーロッパ系の人々であった。それに対して、第二次世界大戦後は、南アジアやカリブ海諸国など、かつてのイギリスの植民地からの移住者が激増した点が特徴的である。これは、肌の色や外見だけでなく、宗教や生活習慣が大きく異なる人々の流入を意味していた。

イギリスでは今、文化の多様性の大切さとすばらしさが、国家レベルでも日常会話のレベルでも熱心に説かれている。学校教育の中で様々な宗教について丁寧に教えるなど、表向きには移民の「襲来」に真摯に対応し、イギリス社会に受け入れようとしている。その一方で、移民がもたらした異文化の存在が、イギリスにおけるイギリス文化の優位性を脅かしていると危機感をあらわにする声もちらほら聞こえてくる。この歓待と危惧という異文化への相異なる二つの応対の仕方は、オルタナティヴ・スピリチュアリティの中にも、異なる二つの姿勢として現れている。

一つ目の受け入れの姿勢は、異文化の「家畜化」として現れている。オルタナティヴ・スピリチュアリティの文脈で実践される仏教やスーフィズムといった異文化を、イギリスの人々が主体的に実践していくことは、他者に属していたはずの文化を自文化の中に取り込み、自分たちに適した形に変容させることであり、そのようにして異文化をコントロールしていく「飼いならし」の過程なのである。さらに、現地の聖職者を招いたり、原語で祈りの文句を唱えたりしているが、これはオリジナルの文化との連続性を主張することで、アレンジしたことを隠蔽し、正統性を確立しているといえる。つまり、接点が少なかった移民の文化を、自分たちにわかりやすい形で理解し提示することで、異文化をイギリスの文脈に埋め込もうと試みているのである。

二つ目の対決的な姿勢は、イギリスの「土着」文化の再確認である。宗教や衣装、言語や食事など、五感に訴えかける異者性を全身で喚起させる移民に、イギリス人は圧倒されている。彼らに対抗し、自分たちの文化を主張していくには、全世界に広がってしまった英語やエール、背広や聖公会[50]ではもはや不可能である。オルタナティヴ・スピリチュアリティの中でも、グラストンベリーでとりわけ盛んなネオペイガニズムは、このような移民文化に対するイギリスのオリジナルの文化を提示する役割を期待されているのだ。

これら二つの姿勢は、押し寄せる移民に対して、自分たちイギリス人の優位性を再確認する、ある種の防衛的な動きだと理解することもできる。しかし、オルタナティヴ・スピリチュアリティに関心を寄せる移民が少ないという事実は、これらの実践が移民への「威嚇」にはならず、イギリス人内部での自己満足に終わっていることを意味しているといえよう。

第1章では、オルタナティヴ・スピリチュアリティを、ある一つの地域社会の中で理解することを試みた。そのために、グラストンベリーという町がオルタナティヴ・スピリチュアリティの「聖地」とみなされるようになった背景を探った。そして、イギリスの古い文化への関心の高まりの中でのグラストンベリーの「再発見」と、イギリス国内における政治や経済の変化との連動が背景にあったことを指摘した。そして、本節において、イギリス国内の移民の増加と関連づけて理解しようとした。第2章以降では、グラストンベリーで見られるオルタナティヴ・スピリチュアリティの一つで、キャシー・ジョーンズという女性が始めた女神運動に焦点を当てていこう。

註

（1）欧州経済共同体。後、EC（欧州共同体）に発展し、EU（欧州連合）に至る。

（2）国勢調査における人種の項目は、白人のイギリス人（White British）、黒人とマイノリティ、イギリス出生者以外に分かれる。白人のイギリス人以外が少ない理由としては、工業化が進んでいないので、仕事を得る機会が少ないことが挙げられるが、白人主体の地域という状況自体、それ以外の人種の人々には住みにくさと捉えられている。

（3）イギリスでは戦時中の捕虜の取り扱いがよく、イタリアにいたときより良い暮らしをしていた者もいたこと、終戦後のイタリアは貧しく帰国しても良い生活が望めなかったことから、戦後イギリスに留まり、家族を呼び寄せた元捕虜が少なくなかったらしい。

（4）イギリスでは、人口や面積に関係なく、大聖堂があれば市（city）、なければ町（town）、行政機能もなければ村（village）とされる。ただし、二〇〇〇年以降は大聖堂を持たない市も誕生している。ここでいう五つの市町村の規模や様子に大きな差異はないが、行政上はグラストンベリーを含む三つが町、村と市が一つずつである。

（5）イギリスには、EUの協定により、無条件で滞在できるEU加盟国（およびスイス、ノルウェー、アイスランド等）の国籍保持者や、イギリス人と結婚した北米、オーストラリア、ニュージーランドなどの英語圏の人も多く暮らしていて、グラストンベリーでも同様の傾向は見られた。そのため、白人といってもその出身地は様々である。

（6）筆者が確認した限り、現在町に専業農家はおらず、兼業農家ばかりだった。両親が農業を営む三十代の地元民（本章5－3のジム）の話によると、農家には政府からの補助金も出るが、大手のスーパーは仕入れ値を下げようと巨大農場と取引をするため、小規模な農場では太刀打ちできない。また、羊皮加工の工場も、海外に移転するか、廃業した。

（7）前述の三十代のジムは、級友のうち自分の親しい友人はみな町を出て行き、町に残っているのはクラス全体でも二～三人だろうと話し、町には都会的な娯楽がないうえ、高収入の仕事も望めないことを理由に挙げていた。

（8）成人後、仕事の関係で移住してきて、長年暮らしている人々。在住年数の明確な定義はないが、現地では一般に二十～三十年以上とされており、十年以下の人はニューカマーとみなされることが多かった。なお、幼いときに親に連れられて移住し、町で育った人は、普通「オールドカマー」ではなく、「地元民」とみなされていた。

（9）町のオルタナティヴの中心人物の一人、バリー・テイラー氏より［二〇一〇年三月二十六日］。

（10）イギリスの四大大手銀行の支店があるが、営業時間は都市部より短い。

（11）居候していたルビーの家の屋根裏部屋から観察した日と時間帯は次の通りである。二〇〇九年七月二十日午前四時から九時、二十日午後十時五十分から二十一日午前四時、二十一日午後七時十五分から午後十時五十分、二十二日午前九時から午後七時十五分。なお、観察期間は七月二十三日から始まる学校の夏季休暇の直前期だった。また、一年で観光客が最も多い時期だった。

（12）幼年学校（四～六歳）、初等学校（七～十歳）、中等学校（十一～十五歳）。中等学校には近くのミア村の子供も通っている。

（13）町に十軒あるパブは、男性の社交の場としてにぎわっている。飲酒によるコミュニケーションだけでなく、年間を通したスキトルズなどパブゲームの対抗試合も、地元民の娯楽として欠かせない。

（14）義務教育を終えた後、大学（university）に行く前に、十六～十七歳の子供が通う教育機関。

（15）たとえば、ブリストル行きのバスは一時間に一本で、片道五・七五ポンド、往復六・八五ポンド（二〇一一年九月現在)。

(16) 一九七二年にイングランドとウェールズの長老派と会衆派が合併して成立したプロテスタント教会。通称URC。

(17) 叙階された聖職者を擁したり、既存の儀式を行ったりせず、新約聖書をもとに神を崇拝するプリマス同胞団(Brethren)の集会所のこと。

(18) モダンな実践が特徴的で、若者の信者が多く、欧米諸国や第三世界で急速に拡大している。

(19) もともとはシリア正教会の流れを汲むイギリス独自の正教会。一八六六年に、シリア正教会の聖職者がイギリスにやってきて、独自の正教会を設立した。当初はその存続も危ぶまれたが、徐々に信者を増やし、一九九四年にはエジプトのコプト正教会の一員となり、ブリテン正教会という称号を賜った。

(20) ブリテン正教会がコプト正教会の一員となったことに反発した聖職者と信者による分派。活動の中心はフランスとイギリスだが、信者の獲得に苦労している。URCのある信者の話では、グラストンベリーにいた神父は元イングランド国教会の牧師である。彼は国教会が女性牧師を認めたことに反発し、改宗した。彼は、妻の死後、日常生活も含めて、信仰の研究と実践以外の事柄に関心を示さなくなった。そのため、筆者の調査時、正常な会話を交わすことは困難なうえ、彼以外に信者がおらず、実態の把握は難しかった。二〇〇九年、この神父は信者が多いという別の市に去っていった。

(21) 神智学協会の一部の人々が、第一バチカン公会議(一八六九~一八七〇年)以前のカトリックの信仰のあり方を取り入れて、二〇世紀初頭に始めた。そのため神智学に強く影響されている。

(22) 自由カトリック教会の分派。当事者との会話からすると、ユダヤ教の神秘主義思想、カバラに影響を受けているようであった。

(23) グラストンベリーは、キリスト教、ユダヤ教、イスラーム教、ヒンドゥー教、スィク教、仏教というイギリスの六大宗教以外の信仰をもつ人の割合が五・〇二%と、イングランドの平均〇・四三%、南西部地方の平均〇・五五%よりずっと高い[Neighborhood Statistics]。

(24) スーフィズムではないが、男性ムスリムのみの金曜礼拝も行われている。参加者の大半は、グラストンベリー一帯に暮らす南アジアやトルコといった、イスラーム諸国出身の男性だが、リーダーは二十代の白人のイギリス人男性である。スーフィズムではないが、スーフィズム以外のイスラームは普通、オルタナティヴ・スピリチュアリティとはみなされないが、参考のため記した。

(25)　シャイフ・ナジームの死後、教団は息子が後を引き継いでいるようである。本書は新しい体制になって間もない時期に執筆しているため、大きな変化はないようだが、今後の動向に注目していく必要がある。

(26)　ドルイド教の神官はドルイドと呼ばれ、歴史的には三つの区分がある［原二〇〇七］。A、前五世紀のガリアのギリシャ文化の影響を受けた知的階層集団。B、紀元前後から近世までのヨーロッパのキリスト教以外の信者。C、十八世紀以降、アイルランドやグレート・ブリテン島でケルト文化の復興を目指し、キリスト教到来以前の信仰としてのドルイド教を理想視しているネオドルイド。現在見られる「ドルイド」はCに当たるが、三区分のドルイドの歴史的な連続性は学術的には否定されている。コラム3も参照。

(27)　実際には、「無宗教」の下位分類の一つとして処理された。二〇〇一年には約三十九万人（イングランドとウェールズ）と、六大宗教に含まれるスィク教、仏教、ユダヤ教より多くの「信者」がいたが、二〇一一年には、六大宗教に次ぐ約十七万六千人まで減少した。しかし、六大宗教以外の信仰として記入した人の数は最も多かった。

(28)　ここの所長である医師はホメオパシー医の資格を持っている。その他の療法については、専門資格を持つ代替療法の従事者と提携していて、決まった曜日に受診できる。二〇〇六年、鍼と整骨療法は無料、それ以外は十ポンドだった。保険適用外の私費で受けると、一回につき十五〜三十ポンド程度かかることが多い。

(29)　空き店舗、公共施設や教会、医療関係施設は商業施設の母数に含め、住宅は除いた。その全体数は百九十二軒。

(30)　この店（Witchcraft Ltd）のホームページの掲載商品の商品リストを翻訳する形で、表１‐６を作成した（二〇一三年六月二十七〜二十九日調べ）。また、写真のネオペイガン・グッズの店は、この店とは異なる。

(31)　黄道十二星座の各星座は、火（牡羊座、獅子座、射手座）、地（牡牛座、乙女座、山羊座）、空気（双子座、天秤座、水瓶座）、水（蟹座、蠍座、魚座）の要素に属する。

(32)　イギリスのコッツウォルズ地方で調査を行った塩路は、有権者リストを用いて、新旧住民の分布を調べた［塩路二〇〇三：一七一‐一七七］。その結果、労働者階級の地元民は周縁の安価な現代住宅、低所得者用住宅、老朽化が進んだ住宅に暮らす一方で、中流階級のインカマーは中心部の歴史的建築物や新興住宅に暮らしていることを明らかにした。筆者も同様の調査を試みたが、オルタナティヴには、個人情報の公開を快く思わないなどの理由で、有権者リストに登録していない人がかなりいる。そのため、同様の統計学的な調査は断念したが、聞き取りと観察からは、移住者のオルタナティヴのほうが古い家を、地元民のほうが新しい家を好むという類似の傾向があるように思われた。

(33) 西洋医学への不信感からイギリスで代替療法が盛んになり始めたのは、ニューエイジへの関心が高まっていた一九六〇年代後半以降だといわれる [Chryssides 2000: 63; Rose 2000: 70]。一部の代替療法については、政府の認可により信頼性が増し、また保険適用により安価に利用できるようになったため、一般にも代替療法を利用する動きは広まった。なお、日本では効果がないとして非難を浴びているホメオパシー薬も、イギリスではドラッグストアで購入できる。

(34) 医師からは抗生剤とステロイドを処方され、眠れなかったほどの痛みはその日のうちに引いた。このときほど、ペニシリンを発見したフレミングに感謝したことはないし、彼がイギリス人だったことにもささやかな縁を感じた。

(35) 政府はバスの中などに、むしろ給付金の受給を奨励するような広告を出している。このような「ばらまき」やそれに依存している人々を快く思わない者もいるが、給付金の受給には決まった住所が必要なので、住所不定でうろつく人を、金を与えることで管理し、治安の悪化を防いでいるとか、このような政策が芸術家の育成に役立っているなどのように、評価する声も聞かれる。

(36) 以下の給付金の記述は、Citizens Advice Bureau Advice Guide と Directgov のホームページを参考にした。

(37) ただし、不景気が始まり、全国的に失業者が増加した後に実施された二〇一一年の国勢調査では、グラストンベリーの失業率(三・五%)にあまり変化はなかった。その結果、イングランドとウェールズの平均(四・四%)より低くなり、サマーセット州の平均(三・〇%)に近づいた。ここから、グラストンベリーには経済状況に左右されにくい職業の人が少なくないこと、景気の動向と関係なく、つねに一定数の失業者がいることが予想される。

(38) Department for Work and Pensions のホームページから得られた受給者数を、国勢調査のデータから得られた人口で割った値。

(39) イエス・キリストの大おじで、キリストの遺体を引き取り、墓に納めたとされる。ローマ帝国がイングランドを侵略する前から、イングランドは地中海に錫や鉛を輸出していたという説があり [Carley 1996: xvi]、アリマテアのヨセフはその交易のためにイングランドに来る際、グラストンベリーにも立ち寄ったのだといわれている。

(40) ロマン主義運動では、「感動とか感覚とかの激しさ」、「知的な明晰さより詩的な神秘性に、さらに個性的な享楽

(41)　的表現」に力点が置かれるという、価値観の変容が起こった［アーリ一九九五：三六］。
(42)　本段落の記述のうち、参考文献を記載していないものは［Benham 1993］を参考にした。
(43)　定住しない人々のこと。もともとは「ジプシー」と呼ばれる人々を指していたが、現在ではキャンピングカーやバスなどの乗り物で生活する人の意味でも使われる。
(44)　当初は、初期キリスト教の関係で訪れる人も少なくなく、キリスト教を信条とするコミューンも存在していた（[Frost 1989; Lockley 1976] 参照）。
(45)　古代の遺跡の中には、目に見えないエネルギーの上を直線に並ぶよう造られたものがあるという説があり、その直線のこと。一九二一年にアルフレッド・ワトキンス（Alfred Watkins）が提唱した。正式には「レイ」だが、本書では通称である「レイライン」と記してある。
(46)　一九七七年に移住してきたオルタナティヴの一人で、第2章で取り上げるキャシー・ジョーンズは、移住した当時は百人ほどしかオルタナティヴはいなかったと話す。
(47)　のち、アヴァロン島協会に改名される。筆者の大家のヘイゼルが勤務していた団体。
(48)　町には一般の観光案内所もある。これは、イギリス各地にあるが、行政ではなく、民間が経営している。
(49)　ルイス氏によると、一九九〇年代、議員の一部はグラストンベリーを自然豊かな田舎町として売り出そうとしたが、他の田舎町との差異化戦略に失敗し、結局オルタナティヴを誘致はしないが、容認するという姿勢に変わった。実際、今では議会が管理する町の公民館をオルタナティヴ・スピリチュアリティのイベントに貸し出すようにもなっていて、議会の姿勢も軟化している。
(49)　イギリスの町長は、選挙で選ばれた議員の中から、議員歴などを考慮して決められる。つまり、町長は必ず町議員なのである。
(50)　イングランド以外でのイングランド国教会の呼称。原語は Anglican Church, または Episcopal Church.

（2）

	絵、飾り板		図像	
7	絵			30.00
19	トーテム動物の飾り板		ゾウ、キツネ、野ウサギ、フクロウ、オオカミ	9.60-25.20
15	壁飾り	木		19.20-50.40
11	板状の飾り	木	エジプト十字（ankh）、ホルスの目	18.00-34.80
5	レプリカ	樹脂		22.80
	杖、ほうき、釜		デザイン	
4	枝ほうき（besom）		伝統的、現代的	14.40-112.00
7	大釜（cauldron）	鉄	五芒星、女神	24.00-56.34
45	小杖（wand）	木、石		14.39-540.00
16	水晶つき小杖	木		16.80-954.00
1	小杖入れ	ビロード		7.14
2	小杖の上の飾り			48.00-834.00
1	歩行用の杖	皮		19.20
	化粧品		容量	
24	ベース		100mL（他250mL、500mL、1L）	2.64-13.20
9	クリーム		120mL（他500mL、1L）	5.40-9.00
11	グリセリン		25mL（他100mL、500mL、1L）	5.70-15.00
2	化粧水			9.54
	衣料品、鞄など		デザイン	
61	ドレス	絹、ビロード	中世風、ゴシック＆魔女スタイル	144.00-274.80
5	ミニドレス			59.99-83.99
1	ブーツ			46.80
9	男性用シャツ		ゴシック、中世風	29.99-41.99
23	トップス		ゴシック＆魔女スタイル	33.59-162.00
1	王冠			2400.00
1	ティアラ			156.00
9	外套	ビロード		162.00-349.00
3	外套につけるアップリケ		ケルト風の模様	18.00-30.00
1	クロークピン	真鍮		26.40
3	外套の留め金			22.20
6	ケープ	ウール、ビロード		162.00-206.40
5	ローブ	綿、ビロード		99.00-117.00
2	ガウン			144.00-210.00
2	ブラウス		中世風	78.00-80.40
1	短い上着		キャメロット風	120.00
1	ベルト	皮		33.60
6	鞄	ビロード		17.99-21.59
5	肩掛け鞄	皮	葉	51.60-58.80

表1－6 ネオペイガン・グッズ一覧（2013年6月27～29日調べ） （1）

数	種類	素材	その他特記事項	価格（英ポンド）
	祭壇用具		デザイン	
30	祭壇用盤	木、銅	女神、迷宮、三角形、トリプル・ムーン、三交差の三日月、三交差弧、渦	12.00－50.40
5	祭壇用布	ビロード		26.40-114.00
1	祭壇用旗	ビロード		94.80
28	祭壇用台	木、陶磁器、クロム	五芒星	10.80-57.60
2	祭壇用机	木		180.00-300.00
1	呼び鈴	真鍮	五芒星	10.80
3	瞑想用の石	石		24.00
	刀剣類		デザイン	
18	短剣（athema）	金属、青銅、真鍮、鋼	直線、曲線、五芒星	11.40-540.00
9	刀（blade）	金属、鋼、ステンレス		16.80-438.00
9	石板とケース	木		102.00-114.00
1	短剣の刃／骨の槍	骨		19.80
2	鞘	皮		15.60-33.60
7	鍔	青銅、ニッケル	ケルト風、直線、曲線	16.80-20.40
7	柄頭	真鍮、ニッケル	五芒星、グリーンマン	16.80-54.00
1	調度品	銀		30.00
4	鎌	青銅		132.00-498.00
1	斧	木		126.00
5	作業用ナイフ	鋼	ハーブ用、木工用	106.80-234.00
1	食事用ナイフ	鋼		28.80
	容器		デザイン	
1	聖杯（grail）	木		54.00
25	杯（chalice, goblet）	木、銀、ガラス	五芒星、トリプル・ムーン	21.00-78.00
1	小瓶	ガラス	アイビーとヴェシカ・パイシス	21.60
14	ボウル	木、合金、石英、ガラス、瑪瑙		14.40-108.00
2	皿	木、金属		15.60-28.80
1	誓願用皿	ガラス	五芒星	17.40
2	誓願用インセンス皿	陶器	アンモナイト	48.00-60.00
	ろうそく、燭台、花瓶		デザイン	
104	ろうそく	パラフィン、蜜蠟		3.00-9.90
22	燭台	樹脂、金属	五芒星	8.40-56.40
19	ティーライトの燭台	ガラス	五芒星、グリーンマン	8.40-35.99
1	ろうそく消し	合金	ケルトの紐模様	13.20
2	花瓶	陶器		12.00-48.00

	本、雑誌、CD、DVD			
54	稀覯本			5.00-285.00
10	古代の体系 （カバラ、エジプト）			9.95-80.00
1	オースティン・オスマン・スペアの著書			150.00
30	アレイスター・クローリーの著書			8.00-145.00
21	ダイアン・フォーチュンの著書			11.00-55.00
15	ケネス・グラントの著書			30.00-1198.80
63	魔女術、ウィッカ			3.99-700.00
7	ドルイド			7.99-18.99
6	グリーンマン			10.99-40.00
49	エソテリック一般			2.50-50.00
8	占い			5.95-18.00
9	フィクション			5.99-12.99
4	ヒーリング			4.99-15.99
2	我が店の歴史			7.99, 8.99
10	雑誌			2.80-4.25
4	DVD			23.99-28.80
	楽器			
1	ドラム			162.00
2	ケルトの笛	木		234.00
	ハーブ		容量	
595	ハーブ		100g（他 25g、50g、250g、500g、1kg）	2.28-1680.30
1	ハーブ（粉）		500g（他1kg）	24.00
329	中国の薬草		500g	10.20-191.40
19	中国の薬草（粉）		100g（他500g）	13.80-42.00
546	チンキ		100mL（他 25mL、50mL、200mL、500mL、1L）	4.80-273.00
76	樹脂、ゴム		100g（他 25g、50g、250g、500g、1kg）	6.00-853.20
15	ハーブの化粧品			3.60-16.80
1	調合済燻し用のハーブ		100g（他 25g、50g、250g、500g、1kg）	8.40
25	お茶と煎じ薬			3.54
34	花の水		100mL（他 200mL、500mL、1L、5L）	5.40-13.20
4	媒染染料		100g（他 50g、250g、500g、1kg）	3.90-14.40
83	スパイス		100g（他 250g、500g、1kg）	2.28-95.04
47	貯蔵用容器			0.72-10.74
4	乳鉢と乳棒	真鍮	ハーブを擂るための用具	11.40-40.80

（3）

	アクセサリー、お守り		デザイン	
151	ペンダント	木、金、銀、合金、角	五芒星、アウェン（Awen）、オウム（Aum、唵）、エジプト十字、ルーン文字、太極図、女神、月、グリーンマン、ケルトの龍、ケルトの男、ケルトの犬、三交差弧、鹿の角、ワタリガラス、野ウサギ、フクロウ、飛ぶ鳥、ペンギン、斧、シマルタ（イタリアのお守り）	4.74-438.00
37	ネックレス	銀、琥珀、黒玉		13.14-180.00
23	ブレスレット	銀、真珠	五芒星	7.14-33.60
3	ブローチ	銀		22.80-28.80
1	指輪	純銀		151.20
12	鎖	銀		15.00-24.00
46	お守り（amulet、charm、talisman）			10.20-91.20
	置物		デザイン	
4	ヤマアラシの針	針		3.00-3.42
1	亀の甲羅	甲羅		42.00
1	馬の尻尾	尾		45.60
1	鳥の羽根	羽根		51.00
18	置物	銀、石英、骨	五芒星、頭蓋骨、動物	14.30-402.00
	像、人形		図像	
88	像	木、石、布、真鍮、樹脂、陶磁器	男神と女神、大地の母、パン、魔女、ハーンとケリドウェン、アヌビス、イシス、オシリス、セクメト、バスト、ハトホル、トト、ホルス、ツタンカーメン、スカラベ、ピラミッド、オベリスク、スフィンクス	4.80-180.00
8	人形		魔女、女司祭	7.20-222.00
	箱		デザイン	
9	箱	木	葉、五芒星、スカラベ	9.60-29.99
8	小箱	木、銀	龍、野ウサギ、フクロウ	9.59-28.20
5	儀式用道具の収納箱	木		150.00-214.20
7	蝶番のついた箱	木		40.80-82.80
5	錠剤箱	木		9.60-22.80
1	ふたつき箱	木		33.60
2	宝石箱	木		23.99-66.00
1	引き出しつき箱	木		102.00

	占い、ダウジング、呪文		デザイン	
1	占いの棒	ハシバミ		26.40
1	占いの棒セット	真鍮		27.60
15	ルーン文字占いのセット	木、石英、水晶、瑪瑙		30.00-130.80
2	オガム文字占いのセット	木		44.40-82.80
10	占い用の鏡		ゴシック風・田舎風	18.00-114.00
24	タロットカード			12.00-47.99
6	オラクルカード			14.39-25.19
4	その他、類似のカード			22.20-76.08
25	カード用のバッグ	ビロード	魔女、蜘蛛の巣、男神の象徴、トリプル・ムーン、三交差弧	11.40-11.94
3	タロットカード収納箱	木		8.40-16.80
11	ダウジング用ふりこ (pendulum)	木、銀、宝石		10.20-120.00
1	ダウジング棒	鉄		29.64
1	呪文			1200.00
23	呪文のキット			22.80-50.40
	ネイティヴ・アメリカンのグッズ			
2	トーキング・スティック／燻し用の棒			102.00-118.00
7	ドリームキャッチャー	木、針金		4.80-27.60
2	ティーピー			952.20-1192.20
	妖精のグッズ			
3	妖精のドア	木		6.00-22.80
1	妖精の願いのコイン			23.99
	その他		デザイン	
1	ドラム			162.00
2	ケルトの笛	木		234.00
4	鏡			23.99-77.94
1	時計			35.99
1	チェスセット			155.99
4	ドアノッカー	真鍮		28.80-34.80
40	車のステッカー			2.40
2	ライター	合金		21.00
3	風鈴			19.20-24.00
8	冷蔵庫の磁石		黒猫、龍、死神	3.00
2	マグカップ	陶磁器		7.66-9.00
1	瓶の栓抜き	合金	龍	10.20
1	瓶のストッパー	合金	龍	10.20
13	キーホルダー	木、合金		2.34-14.40
1	鍵かけ			44.40
1	ブックエンド			58.80
2	水差し	石	エジプト風	26.40-34.80

(5)

	インセンス、燃焼容器		種類、デザイン等	
171	調合済インセンス			5.94
12	棒状のインセンス(お香)			2.40
6	束状のインセンス		セージなど	2.70-10.50
11	香炉(censer, thurible)	真鍮、石		7.20-35.99
6	インセンス燃焼容器	金属、粘土、貝	龍	4.80-34.80
2	インセンスを燃やすための炭		10個入り、100個入り	1.98-16.20
	エッセンシャルオイル		容量、デザイン	
198	エッセンシャルオイル		10mL(他5mL、25mL、50mL、100mL、250mL、500mL、1L)	3.54-414.00
54	香水		10mL(他25mL)	27.60-384.00
83	ベースのオイル		100mL(他250mL、500mL、1L)	6.00-76.80
456	魔法用に調合済のオイル			4.98-6.30
5	エッセンシャルオイルの容器	ガラス		13.20-46.80
1	香水の容器	ガラス	エジプト風	9.60
3	オイル燃焼容器	陶磁器		7.20-30.00
	文具、暦		図像、デザイン	
10	インク			7.20
2	ペン			9.00-11.40
1	紙		呪文用	2.40
35	影の書、ノート	木、紙、皮、樹脂	龍、五芒星、三日月、トリプル・ムーン、ケルトの紐模様、グリーンマン	9.59-216.00
26	グリーティング・カード		魔女術、冬至	2.16-5.94
7	カレンダー		魔女、太陰暦、ケルト、ペイガン	3.60-41.94
5	手帳		魔女、太陰暦	6.60-54.00
7	その他(チャート)		作付け用、太陰暦	2.34-13.20
	ヴードゥーとフードゥーのグッズ			
3	水			7.80
5	床洗浄			8.40
10	呪文用インセンス			5.94-7.80
14	呪文用エッセンシャルオイル			4.98-7.20
12	Lwa(スピリット)のインセンス			6.60
12	Lwa のエッセンシャルオイル			7.20
6	粉			5.40
10	人形			6.00

（2）

ダンス	ダンス能力：あらゆる能力への創造的な動きとダンス	記載なし	町の公民館
ダンス	無限のリズムのダンス	記載なし	町の公民館
音楽（オルタナティヴ）	テゼ共同体の合唱グループ	3ポンド	聖マーガレット・チャペル
教育	GLOW（5-11歳のホームスクールの児童向けの活動）	記載なし	聖エドモンド・コミュニティ会館
教育	森林教室	記載なし	郊外の有機農法の農場
	木曜日		
ヨーガ	ヴィンヤサ・フロー・ヨーガ	5ポンド	グラストンベリー・ヨーガシャラ
太極拳	太極拳	記載なし	イングランド国教会の会館
瞑想	天使瞑想	記載なし	主催者宅
ヒーリング	アンソニーとの銅鑼の音の風呂	記載なし	シャンバラ・リトリート（B&B）
ヒーリング	クンダリーニ・ヨーガ	8/6ポンド	シェキナシュラム（B&B）
ドラム	アフリカのハンド・ドラミング	7ポンド	聖エドモンド・コミュニティ会館
ダンス	ベリーダンス	5ポンド	シェキナシュラム（B&B）
教育	GLOW（5-11歳のホームスクールの児童向けの活動）	記載なし	聖エドモンド・コミュニティ会館
マーケット	ブライディ・ヤード有機食品	記載なし（無料）	ブライディ・ヤード
不明	男性のクラブ	記載なし	詳細不明
	金曜日		
ヨーガ	シヴァナンダ・ヨーガ	5ポンド	シェキナシュラム（B&B）
ヒーリング	クリスタルボウル・サウンド・ヒーリング	5ポンド	シェキナシュラム（B&B）
ヒーリング	銅鑼の風呂の聖なるヒーリング	5ポンド	シェキナシュラム（B&B）
ダンス	サークル・ダンス	3.5ポンド	カトリック教会の会館
音楽（オルタナティヴ）	バジャン	3ポンド	シェキナシュラム（B&B）
マーケット	ブライディ・ヤード有機食品	記載なし（無料）	ブライディ・ヤード
	土曜日		
ピラティス	ピラティス教室	記載なし	聖エドモンド・コミュニティ会館
ヒーリング	クンダリーニ・ヨーガ	記載なし	女神神殿
ヒーリング講座	ラケルとのすごいヒーリング初心者コース	記載なし	シャンバラ・リトリート（B&B）
教育	森林教室	記載なし	郊外の有機農法の農場
	日曜日		
ヨーガ	穏やかで統合されたヨーガ	7ポンド	シェキナシュラム（B&B）
儀式	ヴェーダの火の儀式	寄付金	シェキナシュラム（B&B）
音楽（一般）	裏口　男性ブルース・ジャム	無料	某パブ

＊料金のうち、/があるものは、前の値が一般料金、後の値が学生や低所得者への割引料金。
＊GEとはグラストンベリー・エクスピリエンスの略。

表１－７ 週間イベントの種類 （１）

種 類	曜日／詳細	料 金	場所
	月曜日		
ヨーガ	アシュタンガ・ヴィンヤサ・ヨーガ	記載なし	カトリック教会の会館
太極拳	禅スタイル太極拳	５ポンド	聖エドモンド・コミュニティ会館
太極拳	太極拳	記載なし	グラストンベリー・レジャーセンター
瞑想	ラマナ・マハルシ瞑想	記載なし（無料）	主催者宅
瞑想	超越瞑想	記載なし（無料）	スター・ルーム（GE 内）
仏教	仏教瞑想とダルマの討論	３ポンド	シェキナシュラム（B&B）
ヒーリング	NFSH ヒーリングセンター	記載なし	カトリック教会の会館
ダンス	５リズム	10ポンド	町の公民館
不明	笑いのクラブ	５/３ポンド	大天使ミカエル・センター
	火曜日		
ヨーガ	ヴィンヤサ・フロー・ヨーガ	５ポンド	グラストンベリー・ヨーガシャラ
ヨーガ	ヘレンとのヨーガ	６ポンド	ナナカマド・センター
気功	気功	５ポンド	シェキナシュラム（B&B）
仏教	フレンドリーな地元の仏教徒のグループ（三宝/ブダフィールド）、瞑想・実践・議論	記載なし（無料）	主催者宅
討論グループ	グラストンベリー2012研究グループ	記載なし	ミラクル・ルーム（GE 内）
ドラム	アフリカのハンド・ドラミング	７ポンド	聖エドモンド・コミュニティ会館
ダンス	シャクティ・ダンス	記載なし	シェキナシュラム（B&B）
音楽（一般）	ライブ	記載なし	某レストラン
音楽（一般）	合唱グループ	記載なし	詳細不明
教育	GLOW（５-11歳のホームスクールの児童向けの活動）	記載なし	聖エドモンド・コミュニティ会館
バザー	ビザンティウム・バザール	記載なし（無料）	アセンブリー・ルーム
マーケット	グラストンベリー・カントリー・マーケット	記載なし（無料）	町の公民館
	水曜日		
ヨーガ	小さな親しみあるヨーガ教室	記載なし	詳細不明
ヨーガ	ヴィンヤサ・フロー・ヨーガ	５ポンド	グラストンベリー・ヨーガシャラ
太極拳、気功	太極拳と気功	記載なし	メソジスト教会の会館
気功	気功	７ポンド	女神会館
武道	スタヴの武道教室	５/３ポンド	カトリック教会の会館
瞑想	超越瞑想	記載なし（無料）	スター・ルーム（GE 内）
セラピー	女性のサイコセラピーグループ	記載なし	主催者宅
ドラム	人生の輪の周りでの聖なる詠唱とシャーマンのドラム	７/５ポンド	ミラクル・ルーム（GE 内）
ドラム	シャーマンのドラム	７/６ポンド	アセンブリー・ルーム

（2）

	6月7日（月）		
記念出版会	トニー・サマラとノミ・シャロン	記載なし	某カフェ
シャーマニズム	バッファローの講演と祈りのサークル	5/3ポンド	某オルタナティヴ・グッズ（アジア）の店
ヒーリング	グラストンベリー再誕生呼吸法グループ	記載なし	女神会館
瞑想、天使	覚醒しつつある天使の瞑想	5ポンド	デイジー・センター（B&B）
	6月8日（火）		
ヒーリング	クンダリーニ・ヨーガ	7/4ポンド	女神会館
ヒーリング	ヴィマル・プラフル・スッダとの音とヒーリングの愛の風呂、できればクッション、ヨーガマット、毛布を持参で	20/15ポンド	聖ミカエル・チャペル（大天使ミカエル・センター内）
ヒーリング	銅鑼・ほら貝・ボウルのサウンド・ヒーリングのセッション	5ポンド	アヴァロン・ルーム（GE内）
不明（講演？）	この神の事柄を探して、ダレン・ドォージー	5/3ポンド	アセンブリー・ルーム
	6月9日（水）		
チャネリング	トニー・サマラとのサットサング	記載なし	デイジー・センター（B&B）
マヤ・2012（講演）	マヤの前：オルメク・ケツァルコアトル・2012の暦の神秘的な起源、シュー・ニューマン【GPL】	5/4ポンド	町の公民館
不明（講演？）	マスターたちの帰還、合法の反乱の講演	7/3ポンド	アセンブリー・ルーム
	6月10日（木）		
ヒーリング	クンダリーニ・ヨーガ	7/4ポンド	グラストンベリー・ヨーガシャラ
	6月11日（金）		
シャーマニズム	シャーマンの旅サークル	7/5ポンド	ミラクル・ルーム（GE内）
ダンス	トランス・ダンス	10ポンド	カトリック教会の会館
演劇（オルタナティヴ）	自発的な劇場（タッチ・アンド・ゴー劇場）	記載なし	ブライディ・ヤード
	6月12日（土）		
アロマセラピー	ケルトの植物のヒーリング・パワー、アンジェラ・パイン、12日と13日【アヴァロン島協会】	110ポンド	詳細不明
自然系のセラピー	マリアン・グリーンとの自然の魔術の日	30ポンド	アヴァロン・ルーム（GE内）
バザー	テーブル・トップ・セール	記載なし	アセンブリー・ルーム
チャネリング	コミュニケーションの前のヒーリング、より高い知性からのコミュニケーション	6ポンド	シェキナシュラム（B&B）
音楽（オルタナティヴ）	無限の集合体が新月の音楽を存在させる	8ポンド	アセンブリー・ルーム
	6月13日（日）		
女性－更年期（ワークショップ）	魔術的な更年期、この変容のエネルギーとの意識的な働きかけ方	記載なし	ナナカマド・センター
詩の会	アヴァロンの詩人、ゲストの詩人はイタ・オドネル	3ポンド	アビー・ハウス

表1－8 月間イベントの種類 （1）

種 類	月日／内容	料 金	場 所
	6月1日（火）		
ヒーリング	マオリ・ヒーラーとのボディーワーク・セッション、6月1日～9日	記載なし	詳細不明
	6月2日（水）		
積極思考（講演）	潜在性の力：考えることが成しうることだ！、ジョナサン・チュター 【GPL】	5／4ポンド	町の公民館
チャネリング	トニー・サマラとのサットサング	記載なし	某オルタナティヴの衣料品店
	6月3日（木）		
ヒーリング	過去世の探索、ジュディス・ゴールドスミス	70ポンド	デイジー・センター（B&B）
ネオペイガン（講演）	【グラストンベリー星の下ペイガン・ムート】	記載なし	パブ
	6月4日（金）		
ヒーリング	セルフ・ヒーリングのエクササイズを伴うチャクラのエネルギーへの経験的つながり	170ポンド	詳細不明
ダンス	エクスタシー・ダンス	10ポンド	カトリック教会の会館
エコロジー思想（講演）	聖樹と他のエコロジーの驚き、ルーシー・グッディソンのイラスト付講演	1ポンド	アセンブリー・ルーム
	6月5日（土）		
ネオペイガン（ワークショップ）	暗黒の女神のワークショップ－ヘカテ、リズ・ウィリアムズ博士、ビジュアリゼーション・瞑想・儀式	87.50ポンド	詳細不明
セラピーの講座	天使のレイキ レベル1と2 従事者のトレーニング	記載なし	詳細不明
意識の覚醒（ワークショップ）	子宮の知恵、アナイヤ・アオン・プラカシャ、5日と6日、タントラ・ヨーガとともにキリストの意識の教えと一体になる	175ポンド	シェキナシュラム（B&B）
ルーン文字	ダイアモンド・イングズの光のトレーニング、5日と6日、コスミック・エネルギーとワークする	145ポンド	ナナカマド・センター
天使（ワークショップ）	覚醒しつつある過程の天使のワークショップ、5日と6日	記載なし	デイジー・センター（B&B）
ヒーリングの講座	マオリ・ヒーラーとともに伝統的マオリのヒーリング・アートを学ぶ、5日と6日	200ポンド	詳細不明
シャーマニズム	シャーマンの召還 お試しセッション、ジェイとケストラル・オークウッド、年間シャーマン・トレーニングの1日体験	65ポンド	ミラクル・ルーム（GE内）
音楽（一般）	アリオソ・ストリング・カルテット、ハイドン	10ポンド	チャリス・ウェル庭園
	6月6日（日）		
ダンス、宗教	ダンス・オヴ・ユニヴァーサル・ピース、フィリップ・タンセン・オドノホー	12ポンド	チャリス・ウェル庭園
工芸	フェルト作りワークショップ、豪華な薄いスカーフ作り	30ポンドと材料代	聖エドモンド・コミュニティ会館

（4）

	6月20日（日）		
カンファレンス	神秘的な地球のスピリットのフェア	1ポンド	アセンブリー・ルーム
天使－無料開放日	天使の称賛、私たちの5日目の開放日	記載なし	デイジー・センター（B&B）
夏至の祝祭（女神）	夏至の祝祭	寄付金	女神会館
	6月21日（月）		
アビー・ハウス無料開放日	アビー・ハウスと敷地の開放日	記載なし（無料）	アビー・ハウス
音楽（一般）	アビー・ハウス、夜のジャズコンサート	12ポンド	アビー・ハウス
夏至の祝祭	夏至の祝祭	寄付金	デイジー・センター（B&B）
夏至の祝祭	夏至の瞑想	記載なし（無料）	チャリス・ウェル庭園
儀式	グラストンベリー・トール、エルサレムの平和への大きな抱擁との同時並行のイベント、皆さんやってきて私たちのグラストンベリーの平和をエルサレムに送ろう	記載なし（無料）	屋外
シャーマニズム	バッファローの講演と祈りのサークル	5/3ポンド	某オルタナティヴ・グッズ（アジア）の店
瞑想、天使	渦巻きヒーリングとともに覚醒しつつある天使の瞑想	5ポンド	デイジー・センター（B&B）
夏至の祝祭（ネオペイガン）	日暮れの夏至の祝祭【グラストンベリー星の下ペイガン】	記載なし（無料）	屋外
	6月23日（水）		
地球外生命体（講演）	私たちは宇宙で1人ではない－他の惑星の生物、フィロミン・プリンペ【GPL】	5/4ポンド	町の公民館
	6月25日（金）		
ヨーガ	献身の心ヨーガ・リトリート	記載なし	シェキナシュラム（B&B）
瞑想	満月の瞑想	記載なし（無料）	スター・ルーム（GE内）
シャーマニズム	シャーマンの旅サークル	7/5ポンド	ミラクル・ルーム（GE内）
	6月26日（土）		
マーケット	グラストンベリー農家のマーケット	記載なし（無料）	屋外
意識変容（ワークショップ）	夏至の鍛冶開放の日、鍛冶のデモンストレーションと剣作りのアート	記載なし	詳細不明
	6月27日（日）		
仏教	仏教徒の瞑想実践の日	寄付金	主催者宅
音楽（オルタナティヴ）	プジャリとタブラ・トムのキルタン	記載なし	シェキナシュラム（B&B）
	6月28日（月）		
仏教	地球のサンガに触れる－ティク・ナット・ハンの伝統を実践する	寄付金	ミラクル・ルーム（GE内）
	6月29日（火）		
ヒーリング	クンダリーニ・ヨーガ	7/4ポンド	女神会館
	6月30日（水）		
足相読み（講演）	足相読み－あなたの感情があなたの本当の「自己」を反映する、ポリー・ホール【GPL】	5/4ポンド	町の公民館

＊料金のうち、/があるものは、前が一般料金、後が学生や低所得者への割引料金。
＊GEはグラストンベリー・エクスペリエンスの略。
＊GPLはグラストンベリー・ポジティヴな生き方グループの略。

（３）

	6月15日（火）		
ヒーリング	クンダリーニ・ヨーガ	７/４ポンド	女神会館
詩の会	毎月の詩のワークショップ	４/３ポンド	アヴァロン図書館
	6月16日（水）		
チャネリング	トニー・サマラとのサットサング	寄付金	某オルタナティヴの衣料品店
意識変容（講演）	無意識から意識への顕示、コリーン・タッカー【GPL】	５/４ポンド	町の公民館
音楽（オルタナティヴ）	女神聖歌隊、私たちの夏至の祝祭で歌うために来て学ぼう	２ポンド	女神神殿
演劇（一般）	お気に召すまま（トーントンの演劇）	記載なし（有料）	グラストンベリー修道院
	6月18日（金）		
女性－月経（ワークショップ）	月経期の神秘、女性のエンパワーメントのワークショップ、情熱のカップ	25ポンド	女神会館
ヒーリング	ムナイ－気、18日～20日、アメリカの古代の儀式を受け取る	記載なし	ヒーリング・ウォーター（B&B）
女神（講演）	我々の現在の女神のスピリチュアリティの古代のルーツ、キャシー・ジョーンズのイラスト付講演	５ポンド	女神会館
音楽（オルタナティヴ）	ニア：精神・身体・スピリットの祝い	10ポンド	カトリック教会の会館
天使	天使を集める	５ポンド	デイジー・センター（B&B）
演劇（オルタナティヴ）	ライセンス（演劇）、ジョナサン・ブラウン	記載なし	ブライディ・ヤード
	6月19日（土）		
ヒーリング	クンダリーニ・ヨーガ	７/４ポンド	女神神殿
カンファレンス	神秘的な地球のスピリットのフェア	１ポンド	アセンブリー・ルーム
ヒーリング	人生のエネルギー－チャクラ体系の新しい見方、キャロライン・ショーラ・アレワ、19日と20日【アヴァロン島協会】	110ポンド	詳細不明
占星術	記憶の錬金術－蟹座、占星術学的な一年の輪、ジョン・ワーズワースとアンソニー・ソーンリー	125ポンド	詳細不明
天使（ワークショップ）	アヴァロンの天使・マーリン・マグダラ（のマリア）のワークショップ、グラストンベリーなどの様々な聖地で愛と光と美とヒーリングと昇天を共有	記載なし	デイジー・センター（B&B）
セラピーの講座	EFT －感情解放「光」のテクニック・グラストンベリー、ロウェーナ・ブモン、EFT のレベル１と２必須	記載なし	詳細不明
意識変容（ワークショップ）	高所恐怖症ワークショップ、19日と20日	記載なし	シェキナシュラム（B&B）
自己成長（ワークショップ）	ウィリアム・ブルームと行く君の英雄との旅、スピリチュアルな成長の心理学	記載なし	詳細不明
気功	深いヒーリングの医学的な気功、19日と20日、バリー・スペンドラヴ	記載なし	チャリス・ウェル庭園の部屋

コラム1 クロップ・サークルを見てみたい！

片田舎の麦畑に突如、出現する謎のサークル。未知の宇宙人からのメッセージに違いない！ 一九九〇年前後、「ミステリー・サークル」と呼ばれたそんな現象をテレビで知り、宇宙人との交流を夢見て、胸を高鳴らせた記憶をもつ人もいるだろう。いつの間にか日本では話題にならなくなってしまったが、本場イギリスでは今なお健在である。

英語では、この現象は「クロップ・サークル」と呼ばれる。なぎ倒された作物と立ったままの作物で、畑に描かれた模様である。昔は単純な円しか出現しなかったが、最近では円の中に複雑な模様が施されたり、円以外の図形が出現したりする。それどころか、くらげ形など、幾何学模様ではないものまで出現している。そのため専門家は、「サークル」ではなく「フォーメーション」と呼んでいる。

そう、クロップ・サークルを専門的に研究している人々がいるのだ。そしてグラストンベリーでは、その専門家らを講師に招いた講演会が、毎年夏、開催されている。『神々の指紋』で一世を風靡した、グラハム・ハンコック氏が特別ゲストとして招かれたこともあるほど、クロッピー（クロップ・サークル愛好家）の間では知られたイベントである。

その主催者は、講演会の参加に関係なく申し込めるエクスカーションとして、会期前に実物のクロップ・サークルを訪れるバス・ツアーを催行している。行き先はこの現象の世界的メッカ、ウィルトシャー州、グラストンベリーの隣州だ。どうしても一度、本物を見てみたかった私は、二〇一〇年七月二十二日、参加してみた。以下はその体験記である。

午前九時十五分、集合場所の駐車場には百人ほどが集まっていた。年齢は二十代から六十代。女性がやや多く、

クロップ・サークルの中で瞑想（2010年７月22日）

四人の中国系女性と一人の黒人女性と私を除くと、全員が白人だった。参加者の属性は一般的なオルタナティヴ・スピリチュアリティのイベントとそう変わらない。空は曇っていて、湿気も感じられ、雨が降りそうだ。

バス二台に分乗する。私たちのバスのガイドはイギリス人女性デイジー（四十代）。ウェーブのかかった豊かな髪と温和な笑顔が印象的だ。ウィルトシャー・クロップ・サークル研究会のメンバーで、この現象を広く知らせる活動をしている。「クロップ・サークルを見るのが初めての人は？」。乗客の大半が手を挙げた。毎年、異なる形状のものが出現するとはいえ、リピーターは少ないらしい。

「クロップ・サークルはエネルギーの強い場なので、エネルギーを使ったヒーリングをしている人は、頭痛がしたり、気分が悪くなったりすることがあります。特に初めての人は、体がエネルギーに同調するようにしてください」。見学に際しての留意点をいくつか説明される。その後にクロップ・サークルについての豆知識を披露してくれる。「クロップ・サークルが沢山見つかる一帯では、ＵＦＯの目撃例も多いのです」とか「レイラインが影響しています」など、超常現象や地球の神秘との結びつきが強調される。また、クロップ・サークル内から収穫される作物は、粒の分子構造が変化しており、通常の四倍程度の実をつけるといった、現代科学と結びつけた小話もある。

地元住人との関係については、念入りな説明があった。クロップ・サークルが出現すると、観光客に畑を荒らされる前に、すぐに刈り取ってしまう持ち主もいる。しかし、この現象のおかげで小さな村に世界中から観光客が訪れることを誇りに思う地元民もいる。また、観光客を迎えるためシーズン中のみカフェをオープンさせる村も少なくなく、地域社会の団結にもひと役買っているとか。

十一時十五分頃、そのクロップ・サークル・カフェの一つに案内される。駐車場でバスを降りると、小雨がぱらりぱらりと降ってきた。普段は訪れる人もまばらな、静かな村なのだろう。こじんまりとした教会の隣の小さなホールで、カフェは運営されていた。ホールの前の大型テントも仮の休憩場所になっていたが、雨なので室内へ。狭いので、全員が入ると、おしくらまんじゅう状態だった。中では紅茶やスコーンの他に、クロップ・サークルの写真、絵葉書、カレンダー、本、DVDなどを販売していた。収益は教会の修復費用の足しになるらしい。つまりこの臨時カフェは、教会離れが進み、資金難に苦しむイギリスの教会が考えた、新しい資金集めの方法と見ることもできそうだ。

集合時間に間に合うよう、カフェを出る。雨はすでに上がっていて、当たり前のように青空が広がっている。先ほどは気づかなかったが、駐車場に向かう道の途中には小麦畑が一面に広がっていた。細長い葉の間に、ぎっしりと実をつけた金色の穂がすくっ、すくっと立っている。入道雲も、もくもくと立ち上っている。季節は夏なんだなと、深呼吸をする。

さて、一行は揃ったものの、ガイドのデイジーだけが戻らない。参加者ものんびりしたもので、「彼女はどうしたんだろうねぇ」と言いつつ、探しに行く者もおらず、バスの外で歓談。「ケーキを食べるのに時間がかかって」と笑いながら彼女が戻ってきたのは、出発予定時刻を三十分も過ぎた頃だった。

そんなわけで、一つ目のクロップ・サークルに辿り着いたときには、すでに一時半になっていた。バスも通っていない片田舎の村外れに出現した、星形のクロップ・サークル。車内で航空写真を見ていたので形状はわかっていたが、実物は全景を把握できないほど巨大だった。

畑の脇のフェンスに、クロップ・サークルに入る見学者はトラクター跡を通るように、との指示が出ている。こういうことだ。クロップ・サークルは畑の中央に出現する。そのため中に入る際、やみくもに畑を歩かれると、作物が踏みつけられ、収穫に支障を来たしてしまうのだ。被害が深刻になると、見学を禁じる持ち主が増えるかもしれない、とのことで、私たちはデイジーを先頭に、一列になってトラクター跡を進んでいった。

上から見たときは同じように見えたが、トラクター跡とクロップ・サークル内の倒れた小麦の様子は全く違っていた。前者の場合、小麦は根元から刈り取られているのに対し、後者では、茎が直角になぎ倒されているだけだった。サークルの中では自由時間、参加者は写真を撮ったり、談笑したりしている。

その中に、デジカメのレンズに四角い虫眼鏡のようなものを近づけて撮影している二十代の女性がいた。

「このフィルターを使うと、目に見えないものが撮影されるかもしれないんだ」

現像した写真に何か写っていたのか、気になるところである。

ここのクロップ・サークルには、人一人が入れるほどの小さな丸いスポットがいくつもあり、その中に座って静かに瞑想をしている人もいた。私も試してみたが、退屈ですぐに飽きてしまった。

一時間ほど思い思いに過ごした頃、雨がまたぽつぽつと降り始め、人々は自然とバスへ戻る。そのまま、このツアーの客のため開店時間を延長してくれたパブへ向かい、再び休憩。激しく降り出した雨が小ぶりになった頃、二つ目のクロップ・サークルを訪れた。

なだらかな斜面の畑に出現していたのは、六角形あるいは正面から見た立方体のような形のクロップ・サークルだった。今回も一列になって、トラクター跡を進んで入る。

斜面の途中で、大柄な女性がため息をついていた。

「さっきもクロップ・サークルの中に入った途端、デジカメのバッテリーが切れちゃった。出れば使えるのに。エネルギーが強いせいだろうな」

二つ目のクロップ・サークル（2010年7月22日）

聞けば六十代の彼女は、親を訪ねて帰国中のオーストラリア在住のイギリス人だった。つまり、帰省にクロップ・サークル・ツアーを組み込んだというわけだ。

再び雨がぱらぱらしてきたので、人々の足は自然とバスに向かう。みんないつも同じ席に座る。私の隣の六十代の男性は、妻と一緒にロンドンから参加していた。

「実は昨日も妻とクロップ・サークルを見に行ってきたんだ。二つ行きたかったんだけど、一つは見つからず、もう一つは農場主が周囲を柵で囲っていたので、中に入れなかった。このツアーでは確実に連れていってくれるし、解説もつくのでいいね」

数人との話から、このツアーの参加者には海外も含め、比較的遠方から来ている人が多く、大半はツアーの前後に、グラストンベリーに宿泊していることがわかった。ただ、翌日から始まる講演会に参加する人は少なく、他の日はグラストンベリーや周辺の町を観光することを楽しみにしていた。つまり熱烈なクロップ・サークル研究家というより、私のようにちょっとした楽しみとして参加している人が主だったわけだ。

こうしてツアーを終えたものの、私にはどうしても腑に落ちない点があった。クロップ・サークルは結局、どうやってできるのだろう。

この点について、デイジーは曖昧にぼやかすばかりで、ほとんど触れてくれなかった。その一方で、クロップ・サークルが地域社会にもたらした良い影響については繰り返し語っていた。一つ例を挙げよう。

一九八〇年代のウィルトシャー州は、農業が振るわず、鬱病にかかったり、自殺したりする人が増えていました。その頃、クロップ・サークルは出現したのです。クロップ・サークルが現れた畑の大麦を使って、ビールを造り、「クロップ・サークル・ビール」としてアメリカに輸出して、成功した農家もありました。

しかし、経済的苦境に陥った地域に、町おこしになるようなものが突如出現し、新しい観光産業として経済的効果をもたらしたという話は、それ自体、クロップ・サークルが人為的に作られたことを暗示しているともとれる。

実際、クロップ・サークルが出現する場所は、誰かがこっそり作ってもわからないような人里離れた畑が多いだけでなく、初期のものの製作者は名乗り出ている。私自身、女神運動のイベントで出会った女性から、女神の形のクロップ・サークルを作ったと耳打ちされたことがある。そんな状況を考えると、人々はクロップ・サークルが人為的に作られたことを知っているが、あえてその点は口に出さず、楽しんでいるともいえる。

クロップ・サークルに限らず、ロンドンやバースなどでの幽霊スポットを巡るツアーに参加する人たち、ホームズなど小説の主人公の実在を信じる人たち、自らの宗教を「ジェダイ」と国勢調査に書き込む人たち。みんな虚構と知りつつ、その世界で遊んでいる人々といえるのではないか。まさに大人の遊びである。

ただし、一部の人々は、いくつかのクロップ・サークルは宇宙人によるものと固く信じているし、宇宙人からのメッセージを受けて、クロップ・サークルを作っていると主張する人もいる。虚構の世界の信じ方のぶれ幅の範囲といってしまえば、それまでではあるが。

第2章 アヴァロンの女神たち

二〇〇八年の夏のある日、イギリスには珍しいほどの汗ばむ陽気の中、私はある家を目指し、急な坂道を上っていた。やっとのことでインタビューを取りつけた、ジョーンズに会うためである。すでに顔見知りではあったが、多忙な彼女に本格的なインタビューをする機会にはなかなか恵まれずにいた。ところが一ヶ月ほど前、ハンガリーの女神フェスティヴァルで再会したときに英語を話す人が少なかったせいもあり、親しく話すことができ、インタビューをお願いすることができたのだった。

自宅に着き、ドアをノックする。「ハロー！」。黒いワンピースをひらひらさせながら、ジョーンズが出迎えてくれ、ぎゅっと抱きしめられる。肩の辺りで揃えられた髪を臙脂色に染めているのは、六十代のイギリス人には珍しい。といっても、大柄でもなく、小柄でもなく、サイズは普通だ。裸足だったので、私も慌てて靴を脱いで上がる。彼女は、私の隣人で自分の右腕ともいえる同年代のホリーと、一週間後に迫るグラストンベリー女神カンファレンスの準備をしていたようだった。

「キリがつくまで、ちょっと待ってて」。そう言われた私は、無作法とは知りつつも家の中をじろじろと見てしまう。そして、意外にもここが「女神っぽく」も「スピリチュアルっぽく」もないことに気づいて拍子抜けする。グラストンベリーでオルタナティヴ・スピリチュアリティに携わる人の家は、第1章3－1で紹介した私の下宿先のように、スピリチュアル・グッズで溢れかえっていることも少なくない。そのため、女神運動を始めたような人だから、ジョーンズの家もそうだとばかり想像していたのだ。しかし、台所にインドの女神像を飾ったシンプルな祭壇と、居間に女神の絵がいくつかと、自分の創った女神体系に沿って配置された祭壇が一つずつあるだけだった。

準備が一段落すると、ホリーは帰っていった。「伝えておいたように、私は忙しいから、一時間しか時間は取れないわよ」と念を押され、居間に通される。ジョーンズはカンファレンスで使うというリボンを切りながら、インタビューを受けてくれた。メモは取ったが、言い出しづらくてレコーダーは使用しなかった。

この頃の私は、女神がどういう存在かということより、どのような背景から人々が女神を信仰するようになるのかということに関心をもっていた。初めてジョーンズと話したのは、この三年ほど前のことだ。このとき彼女は「実家は、今でも女神などとは無縁。私は自分の意志で女神について学び始めたの。女神たちとグラストンベリーにいるおかげで、プリーステスになれた」と曖昧に語り、正直何かがわかった気はしなかった。しかしその後、修士論文の調査で五ヶ月間、グラストンベリー女神運動を追いかけてから臨んだこの日のインタビューで、具体的なきっかけを初めて知った。それは意外にも反核運動だったのだ。

イギリス中がアメリカの核ミサイルに対して、抗議した。その中の女性平和キャンプというグループは、とても創造性に富んで、カラフルだった。

この反核運動で、彼女はアメリカ人の有名な女神運動家に出会ったのである。その後、この抗議活動を支援するため、女神が登場する神話を題材にした劇を上演するようになり、やがて「女神」という女性形の神的存在を現代に顕現させることに情熱を注ぐようになっていく。女神体系を創ったのも、その一環だ。彼女は自分のこだわりを次のように説明した。

地域が違えば、地形も気候も神話も違う。私はグラストンベリー、イギリスにいるのだから、〔女神体系に入れた女神は〕イギリスの女神だけにしたの。

祝祭やカンファレンスで人前に立つ彼女は、いつも自信に満ち溢れ、ユーモラスで、世間に挑戦しているように見えていた。けれど面と向かって話してみると、恐ろしくなるほど静かな佇まいで、どこか遠い別の世界から話しかけられているような雰囲気を漂わせていた。

インタビューの終わりがけ、ジョーンズは研究のことなどをいくつか質問してきたのだが、不意に「グラストンベリーのどこが一番好き？　昔ここにいたと感じることある？」と尋ねた。私は深く考えず、「一番好きなのはトール！　ここにいたかどうかは、よくわかんないな」と言うと、ジョーンズはふふっと笑って、「人？　エネルギー？　風景？」と尋ね直す。質問の意図はよくわからなかったが、「人！」と答えると、彼女はまだまだねとでも言いたげに、またふふっと笑って、話題を変えてしまった。帰宅してフィールドノートを書きながら、この不思議な笑いを思い返したとき、私はなぜか少し怖くなった。

第3章から第6章では、ジョーンズが始めた「グラストンベリー女神運動」を、オルタナティヴ・スピリチュアリティの一つである女神運動の一事例として取り上げる。第3章では、この女神運動がどのような文脈から生成したのかを、女神運動全体の流れとグラストンベリーという地域社会に位置づけて明らかにしていく。この作業を通して、伝統宗教や主流社会への「抵抗」とは異なる側面からの理解を目指す。以下では、初めに女神運動全体の概要を説明する。続いて、グラストンベリーで女神運動を始めたジョーンズのライフストーリーを辿る。その後に、女神の体系および男性やキリスト教徒との関係を探り、この女神運動の方向性を明らかにする。最後に、女神運動全体とグラストンベリーの文脈で捉えることを試みる。

なお、ジョーンズが始めた女神運動に特別な名称はない。現在「グラストンベリー女神神殿（Glastonbury Goddess Temple, 以下、女神神殿〈NPO〉）」としてNPO団体に登録されているのだが、筆者がこの運動を「グラストンベリー女神運動」と呼ぶ理由は三つある。一つ目は、施設である「女神神殿」と区別がつきにくくなるからである。二つ目は、この運動を「女神神殿」と呼ぶ人がいないためである。一部の外部の人からは、彼女の名前を冠して「キャシーの女神」と呼ばれているが、一般的には「女神（Goddess）」と呼ばれる。グラストンベリーを長年調査しているボーマン（Bowman）も、論文の中では「グラストンベリーの女神のスピリチュアリティ」などと記していて、「女神神殿」とは呼ばない。三つ目は、実際にはほとんど同じ人々が運営を担っているのに、対外的には、NPO団体の「女神神殿」と、本書の冒頭で取り上げたイベント「グラストンベリー女神カンファレンス（Glastonbury Goddess Conference, 以下、女神カンファレンス）」は別物として扱われており、この運動を「女神神殿（NPO）」としてしまうと、女神カンファレンスを含められなくなるからである。そのため、「グラストンベリー女神運動」と呼んでいくことにする。

また、“Goddess Temple”を「女神寺院」ではなく、「女神神殿」と訳した理由を記しておく。ここを訪れた複数の日本人から、「寺院」より「神殿」と訳すほうが雰囲気に合っている、日本語の「寺院」という言葉には仏教のイメージも強く、「神殿」のほうがヨーロッパの信仰の空間というイメージに合っていると言われ、筆者もこれらの意見に賛成する立場であるため、あえて「女神神殿」と訳した。

1　魔女から女神へ

ここまで、何度か触れてきた「女神運動」という、宗教学的にも特異な現象について、その成立と発展の経緯を、ネオペイガニズム、フェミニスト神学と女神学、そしてフェミニスト魔女術という三点から見ていき、その捉え方についての筆者の立場を示す。その後に、アメリカとは少し異なる展開を見せたイギリスの展開について触れる。

1-1　ネオペイガニズムとフェミニズムの出会いと別れ

オルタナティヴ・スピリチュアリティの実践によくあるように、女神運動の実践者の数は定かではない。後述していくように、そもそも実践者かそうでないかの線引きが非常に難しいうえ、関わりのあり方が流動的なので、人数を数え上げることはあまり意味がない。参考のため、一九九八年頃に出された推定値を示しておくと、アメリカに五十万人、イギリスにも十一～十二万人ほどいるということである(1)［Griffin 2000: 14］。

女神運動を生んだ流れの一つは、一九五〇年代にイギリスで興ったネオペイガニズムである。ラテン語の「パガヌス（田舎者）」に由来する「ペイガン」はもともと、キリスト教、ユダヤ教、イスラーム以外の、土着の信仰を捨てないヨーロッパの「異教徒」を指す言葉だった。一九五一年、イングランドで魔女術令が廃止されたことをきっかけに、ヨーロッパ土着の信仰としてのペイガニズムの復興運動、すなわちネオペイガニズムが盛んになっていく。ケルト文化とのつながりから、すでに始まっていたドルイド教の復興運動が活性化したのに加え［Harvey 1997: 19］、魔女術の復興運動も始まった[2]。魔女術には、「西洋の神秘（Western Mysteries）」という言葉で一くくりにされることの多い、オカルト的な秘密結社の流れを汲んでいるグループが少なくない。また、ジェラルド・ガードナー（一八八四〜一九六四）が、魔女とされる老女から集めた民俗学的な知識と自らのオカルトの知識を融合させて創り出したウィッカ（Wicca）という一派が、今日でも大きな影響を与えている[3]。一方で、以上のようなオカルト的な流れとは一線を画している魔女もいる。ヘッジウィッチと呼ばれる彼らは、「おばあちゃんの知恵」のような形で伝わってきた薬草療法やお守りの作製に携わる。どちらの魔女たちも普通、呪文（spell）によって何らかの変化が起こることを期待する。この変化を彼らは「魔法（magic）」と呼ぶが、超科学的な変化が生じると考えているわけではなく、周囲の物事に対する当事者自身の意識の変容として捉えている［Luhrmann 1989; Greenwood 2000a］。

ところで、ネオペイガニズムは復興運動を謳っているが、純粋な復興運動ではなく、オカルト主義や世界各地の先住民の文化を取り入れた折衷的なものである。自然崇拝と多神教を特徴とするヨーロッパ土着の信仰は、キリスト教の迫害を受けて失われたが、世界各地の先住民文化と特徴が共通しているので、それらを参考にしながら復興できると考えたのだ。なお、ネオペイガンを自称していても下位区分のアイデンティティをもたず、単にネオペイガンと名乗る人もいる。ただし、実践者の多くは過去からのつながりを主張するため、「ネオペイガン」ではなく、「ペイガン」と名乗ることが多い。また、（ネオ）ペイガニズムとは一神教以外のすべての宗教的実践を指すと考える人もいる。しかし本書では、ヨーロッパ土着の信仰、もしくはその復興運動を指している。

ネオペイガニズムには、聖書やコーランのような基本的見解を示す書物がないため、各グループや個々人によって、信仰のありようは様々である。ただし、多くのネオペイガンに共有されている基本的な特徴として、ヨーロッパにおける自然界の四要素（空気・火・地・水）の崇拝と、キリスト教のように（男）神（God）のみではなく、（男）神と女神（Goddess）という両性の神的存在の崇拝を挙げることができる。つまり、キリスト教のオルタナティヴとして発展していったのである。

一九六〇～七〇年代、オカルトブームに乗って、ネオペイガニズム、とりわけ魔女術は、書物やガードナーの弟子たちを通じて、アメリカにもたらされた。ヨーロッパに「土着」の信仰という点から、ヨーロッパ系の人々が自らのルーツ探しと結びつけたことも、アメリカでの実践者増加の背景にあった［アドラー二〇〇三：二八二］。

さて、ネオペイガニズムが到来した頃、北米では第二波フェミニズムが盛り上がりを見せていた。このような時流のもと、性差による不平等の解消を目指す矛先は、法律や職場での地位のみならず、精神的支えとしての宗教にも向けられ、ユダヤ教やキリスト教といった欧米の伝統宗教は、男性中心的で女性を軽視しているとして闘いを挑む者が現れた。そのようなフェミニストにとって、ネオペイガニズムがもたらした「女神」という女性形の神の概念は新しい武器になりえた。またその実践者たる魔女は、「女性の力の称賛」［Gordon 1995: 9］とか「ヨーロッパ文化の遺産における、自立した女性のパワーの数少ないイメージ」［Hutton 1999: 341］というような、力強い女性の象徴に映った。

一九六八年、ニューヨークでＷＩＴＣＨと名乗る女性の集団が結成される(4)。彼女たちの実践は、一般のネオペイガニズムのように宗教的な実践ではなく、父権的な社会に抵抗する政治運動であった。お伽話に出てくるような良い魔女ではなく、「女性のパワー、知識、独立性、殉教者のシンボル」［Eller 2000a: 35］として、魔女を用いたのである。

ＷＩＴＣＨは翌年には解散するが、とりわけ魔女狩りの「殉教者」としての象徴が「父権社会の犠牲者としての女性」と結びつけられて、一九七〇年代になって、再びフェミニズムの文脈で登場する。ＷＩＴＣＨの活動から生まれた流れは、フェミニストの手にかかることで、思想的な深化を遂げていくことになる。

その代表格は、カトリック神学者で、後に教会から離脱したメアリー・ディレイである（[Daly 1978] 参照）。彼女は、魔女裁判はヨーロッパの古い宗教と女性への抑圧だったとして、キリスト教の女性嫌悪の体質を真正面から批判した。ディレイに始まるユダヤ教やキリスト教に対する神学者たちの挑戦は、やがて改革派と革命派という二手に分かれていく［Weaver 1989］。改革派は、聖書を解釈し直し、ユダヤ教やキリスト教の内部からフェミニズムを推進しようとし、フェミニスト神学と呼ばれる流れを創っていく。

一方、ＷＩＴＣＨの流れを継承したともいえる革命派は、教会内部からのフェミニズムの展開に限界を感じて、ネオペイガニズムに接近し、女神学（thealogy）と呼ばれる流れを創っていく。(5) 女神学における女神は、崇拝の対象というより、「実践なきシンボル」［Eller 2000a: 35］としての「自立した女性」というロールモデルと理解したほうがイメージに近い。女神の象徴の意義について、たとえばクライスト［一九八二］は次の四点を挙げている。

1、女性の力を、恩恵を与える自立した力として認める。

2、女のからだと、その中に表現されるライフ・サイクルを肯定する。

3、女神を中心とした儀式の中で、意志が積極的に評価されている。

4、女性の連帯と遺産を再評価する。

この四点をクライストの説明に基づいて補足する。１については、ユダヤ教やキリスト教では、救い主が神やイエス・キリストのように男性のイメージで表されているため、女性は男性に頼らないと力がない、救われないと感じてしまう。それに対して、女神は女性の力を肯定してくれると思わせる。2は、月経、出産、閉経といった女性の身体に関わることは、ユダヤ・キリスト教文化圏ではタブー視され、女性の老いを否定するような文化的風潮がある。それに対し、出産している女神、老いた女神のイメージを打ち出すことで、出産や老いの祝福を目指すのである。3は1とも重なるが、女性は積極的に自分の意志をもつことを奨励されてこなかった。しかし、女神をエネルギーと捉え、儀式の中で歌や踊りを通じてこのエネルギーを高めることで、女性は自分の意志を達成できるとされる。4に関しては、欧米のような父権的な文化や宗教の中では、たとえば、父と息子、母と息子の関係は祝福されるが、女性同士である母と娘の関係はほとんど描かれてこなかった。そのため、女性同士の結びつきを肯定することが、父権制への抵抗につながるとクライストは考えたのである。

このように、キリスト教を離れた形で女神を求める試みは、考古学、ユング心理学、環境運動、反核運動など様々な領域と絡まり合いながら、複雑に発展していくことになる。

たとえば、考古学者のマリヤ・ギンブタス［一九八九］は、南東ヨーロッパで見つかった新石器時代と銅器時代の女性の像、いわゆるヴィーナス像を、古代に女神を崇拝していた社会があった証拠と見たのだが、この説を引き合いに出して、新石器時代のヨーロッパに女神を中心とした母権社会があったという主張が生まれた。かつて女性が力を持っていたこのような社会は男性中心的な文明によって破壊された、という壮大なイメージを提供された女性たちは、現在の状況が所与ではなかったと認識し、それが精神的なエンパワーメントにつながっていった。

さらに、ユング心理学の影響を受けて、「グレート・マザー」という象徴を取り入れたり、女神を原型としての人格として解釈したりする者も現れた（［ボーレン一九九一］参照）。また、女性の出産能力と大地の豊饒性を結びつけて、女神を自然や大地の象徴とみなし、その女神を守ろうと、一九七〇年代の環境運動や一九八〇年代の反核運動にも接近していく。

他領域と接触したことで、これまで陽の当たることのなかった女性の精神面を評価する流れは、アカデミズムの枠を超えて拡大し、より広い社会一般の中で、草の根的に共感を呼んでいった。

ネオペイガニズムから借用した女神を力強い女性のロールモデルとして捉える人がいる一方で、思想に留まらず、宗教的実践として魔女術の儀礼を取り入れたのが[6]「フェミニスト魔女」と呼ばれる人々である。彼女たちは「『普通』の女性の異常なモデルとしての魔女や女神という名称から、女性パワーのイメージを構成した」[Rountree 2004: 3]。

その第一人者はスザナ・ブダペストである。ハンガリーからの移民である彼女は一九七一年、ハリウッドでスーザン・B・アンソニー・カヴン・ナンバーワン[7]という名のカヴン（魔女のグループ）を結成する。ブダペストは自分が始めた流れをローマ神話の女神にちなんでダイアナ派と呼び、男性を排除した女性だけの共同体の構築を目指し、特にレズビアン魔女を惹きつけた（[Budapest 1989] 参照）。もう一人の代表的人物がスターホークである。一九七九年サンフランシスコで結成されたリクレイミングの設立者の一人である彼女は、フェミニストだが、男性を排除しなかった。スターホークは反核運動や環境運動とも結びついていたので、フェミニストだけではなく、より広い範囲から共感を集め、その代表的著書『聖魔女術』［一九九四］は、今日に至るまで、この分野でのベストセラーとなっている。フェミニスト魔女術への関心の高まりには、ブラッドリーが発表した小説『アヴァロンの霧』［一九八八〜一九八九］も影響したといわれる [Hutton 1999: 355]。一九八〇年代、このようなフェミニズムと魔女術を合わせた新しい宗教的実践は、フェミニスト魔女術と呼ばれるようになり、共感をもつ人が増えていく。女神運動に関わる人のすべてがフェミニスト魔女だったわけではないし、フェミニズムと関わりのない魔女もいたものの、女神運動と魔女術は融合している部分も少なくなく、「女神・魔女運動」と総称されるようになる。現在でも女神運動と魔女術が混同されることがあるが、それはアメリカでは両者の関係が近く、積極的に区別されてこなかったからだと思われる。

しかしながら、フェミニスト魔女術は一九七〇年代後半から、起源であるネオペイガニズムからもフェミニズムからも批判されるようになる［Neitz 1993: 366］。その主な理由は、種々の社会問題の要因を、女性性（feminine）と男性性（masculine）のバランスが後者に偏って崩れているからだとしている点にある。それを解消するため、女神のみを崇拝することは、女神と男神という両性の神的存在の崇拝が世界にバランスをもたらすと考えるネオペイガニズムにはそぐわない。また、女神の重視は、母性の過度な評価につながり、女性と男性の違いを本質化させるとして、両性の平等を目指すフェミニズムの考え方と相容れなかった。そのうえ、母権社会の存在を執拗に支持したり、魔女狩りをジェンダーのみに基づく迫害とみなしたりするなど、学術的には否定されている説を捨てないため、アカデミックの領域からも厳しい批判に晒された。

加えて、ここまで述べてきたような、女神を求める一連の流れは、フェミニズムやネオペイガニズム以外の分野との結びつきをますます深めていく。そのため、一九八〇年代後半からは、単に「女神」や「女神のスピリチュアリティ」と総称されるようになった［Hutton 1999: 355］。本書では女神学以降の流れを女神運動と総称し、社会運動であるフェミニズムと宗教的実践である魔女術、もしくはネオペイガニズムのせめぎ合いに、ユング心理学、環境運動、考古学などが作用して生み出された、一つの流れと見ている。

まとめると、女神運動は当初、社会改革を目指すフェミニズムの側面が大きく、スティグマのある「魔女」をあえて名乗って社会に衝撃を与えることを目指していた。しかし、次第にそのような社会運動の側面より、儀式を通しての意識変容といった宗教的な側面に惹かれる人が増えていき、思想を担ってきた「女神」が前面に出てくるようになる。一九九〇年代にニュージーランドのフェミニスト魔女を調査したラウンツリー（Rountree）は、彼女たちが社会の改革に興味がないため、魔女と名乗りたがらなくなっていることを指摘している［Rountree 2004: 117-119］。その背景としては、女神運動が始まった一九六〇年代と現在を比べると、女性の社会的地位は向上し、性差別も改善されたことがあると考えられる。フェミニズムという社会運動の象徴である魔女は、オルタナティヴ・スピリチュアリティという宗教現象の象徴である女神に、センターのポジションを譲ったのである。

１－２　イギリスでの展開

さて、ここまでアメリカでの女神運動の動向を中心に見てきたが、ペイガニズム復興の発祥地であるイギリスでは異なる展開を見せた。フェミニストもネオペイガンも、一九七〇年代に入ってきた女神運動を快く思わず、受け入れなかったのである。

先述した魔女術令の廃止後、イギリスではネオペイガニズムが盛んになった。しかし、対抗文化運動の流れから左翼的だったアメリカとは異なり、一九六〇年代のイングランドのネオペイガンの大半は大学教育を受けておらず、右翼傾向が強かった［Hutton 1999: 360-364］。彼らにとって、左翼的で、高等教育を受けたラディカルなエリートたちが始めた女神運動は、魔女を名乗り女神を崇拝するという共通項があっても、全くの別物で受け入れられるものではなかった。つまり、アメリカとは異なり、フェミニストを名乗るネオペイガンが出てくることはなかった［Long 1994: 23］。

イギリスでも第二波フェミニズムは一九七〇年頃から始まるが、アメリカほどには盛り上がらなかった。そのうえ、大半のフェミニストは、アメリカから入ってきた女神運動のことを、「馬鹿げた流行」とみなしたり、悪魔崇拝と同一視したりしていた[Gallagher 2000: 43, 45]。イギリスのフェミニストが女神運動に魅力を感じなかったのは、ネオペイガニズムと女神運動が、同じ時期に発展していったアメリカとは異なり、イギリスではすでにネオペイガニズムが一定の勢力となっていたことに関係していたと思われる。しかもイギリスのネオペイガンは、どちらかというと保守的で、学歴の低い人々だったため、フェミニズムという社会改革を目指す活動に身を投じる人々にとって、ネオペイガニズムは古臭く映り、ネオペイガニズムを取り入れた女神運動にも近づかなかったのだと思われる。

ただし、女神への関心が全くなかったわけではない。ロンドンではロンドン女性解放運動の分派として、一九七五年から母権制研究グループが活動していた[Komatsu 1985]。また、古代の女神や母権の歴史と考古学などに関する講座が、大学で一般向け講座として開講されていた[Harvey 1997: 78]。イギリスでも「魔女」という象徴を取り除く形で、女神への関心が少しずつ広がりを見せてはいたのである。

とはいうものの、イギリスのフェミニストの多くが女神運動に関心をもつきっかけになったのは、通称「グリーナム」として知られる、一九八一年からイギリス南部のグリーナム・コモン基地で始まった、米軍に対する反核運動だった(8)。フェミニストたちは、核ミサイルを男性の女性に対する暴力的な支配の象徴と捉え、それに抵抗したのである。このとき、先述のスターホークの『聖魔女術』が参加者の間でよく読まれ、本人もこの基地にやってきて儀式を行うなどの形で活動を支援していた[Welch 2010: 238]。その様子を目の当たりにしたことで、イギリスのフェミニストの間で女神運動への関心が高まり、実践に取り入れるようになっていったと考えられる。

ただし、筆者が調査した限り、イギリスの女神運動において、ネオペイガニズムをイメージさせる「魔女」などの用語を積極的に用いることは今でもない。つまり、アメリカの女神運動が魔女と女神、両方の象徴を取り入れたのに対し、イギリスの女神運動は、女神しか取り入れずに運動が展開されていったといえる。続いて、その一つを始めた女性の来歴を見ていこう。

2　生みの母の来歴

本節では、グラストンベリー女神運動を始めたキャシー・ジョーンズが、フェミニストとして女神運動に携わるようになったものの、劇の執筆など様々な文化的な活動を経て、宗教的実践としてのグラストンベリー女神運動を生み出すようになったプロセスを見ていく。インタビューでは時間が限られていたため、彼女の著書に掲載されていないことを中心に伺った。そのため、以下の記述の事実関係については著書［Jones 1990, 1996, 1998, 2000, 2001a, 2001b, 2006］や、地元での講演会における講演、彼女を知る他の人々からの話を参考にしている。

ジョーンズは一九四七年、イングランド北東部のニューカッスル近郊の町で生まれた。インタビューの中で「十三歳の頃からスピリチュアルな事柄に関心をもち始めた」と語っていたように、子供の頃から少し変わったところがあったようだ。高校卒業後はノッティンガム大学で心理学と生理学を専攻し、卒業するとロンドンに向かう。「一九六〇年代後半、一九六八年だったのよ。ロンドン以外、どこに行くっていうのよ」と語るように、当時はアメリカで始まった対抗文化運動がイギリスでも盛り上がっていた時期で、彼女も時代の流れに乗り、刺激を求めて大都会に赴いた。出版社やデザイン会社で働いた後、英国放送協会（ＢＢＣ）の科学系ドキュメンタリーの制作に携わる。このロンドン滞在の時期に、スピリチュアルな事柄への興味を徐々に深めていったと話す。

この方面への関心が高じて、ついに一九七一年、簡素な暮らしを始めようとウェールズの田舎に移住し、ロンドン時代の貯金を切り崩しながら、単身で自給自足生活を始めた。ウェールズには一九七七年まで滞在していたのだが、ジョーンズは当時を振り返って、「スピリチュアルな事柄を探究していた時期だった」と語る。毎日、数時間瞑想をし、スピリチュアルな書物を手当たり次第に読んで暮らしていた。このような内的な実践が、後のグラストンベリー女神運動の創出に影響を与えたと思われる。

ジョーンズがグラストンベリーとの関わりを深めていったのもこの時期だった。グラストンベリー近郊に暮らす大学時代の友人夫妻が始めたグラストンベリーでの瞑想会に参加するようになったためである。その一年半後、友人夫妻を含む数人とともに、グラストンベリーに移住する。当時の瞑想仲間には、後に「ニューエイジのグル」として知られるようになる男性や、グラストンベリーで最初期のオルタナティヴ・スピリチュアリティの店のオーナーとなる夫妻がいた。当初はこのグループで共同生活を営むことを目指したが、一年で頓挫した［Jones 2006: 270］。なおグラストンベリー史の中でいうと、彼らは最も初期のオルタナティヴ移住者に当たり、グラストンベリーのオルタナティヴ・スピリチュアリティの礎を築いた人々といえる。

その後ジョーンズは、「女性の意識覚醒グループ」を結成し、女性問題について勉強するような活動を二年ほど続け、グラストンベリーのフェミニズム活動の中心的な人物となっていく［Jones 2001a: 195］。この当時、彼女はヒーラーやツアーガイドの収入で生活していたようである（［Jones 1998: 38］参照）。また、移住後にある男性と結婚して、二人の子供をもうけたが、やがて離婚している。この経験から彼女は、（男）神のみを崇めるキリスト教は自分には合わないと感じるようになっていった。このような個人的な経験が、女神運動に関心を抱かせる背景にあった。

しかし、冒頭でも述べたが、「女神と初めて出会ったのは、グリーナム・コモンだった」と筆者に語ったように、当時のイギリスの多くのフェミニストと同様、本章1で触れた反核運動こそが、ジョーンズを女神運動に導いた直接のきっかけであった。当時グラストンベリーからも多くの人々が同基地周辺での抗議活動に駆けつけていて、彼女も一九八三年と一九八四年の数日間、仲間とともにキャンプに滞在している。

多くの母親と同様、自分の子供たちが育っていくことになる世界の状況を心配していた。（中略）世界の変化について話してから、私たち（＝グラストンベリーの女性グループ）は、男性の軍事的狂気について、自分たちがどう感じたかを示したくなった［Jones 1996: 12］。

現地で目にしたのは、歌を歌ったり、色とりどりのリボンや風船で柵を飾りつけたりといった、今までになかったような、とても創造的でカラフルな抗議活動で、その新鮮さに感銘を受ける。その後、友人が二人、抗議活動のため、泥だらけのグリーナム・コモンのキャンプで暮らすことを決意し、移り住む。

その頃、私は〔ギリシャ神話の〕デメテルとペルセポネの話を読んでいた。グリーナム・コモンで活動する二人を応援するため、この活動を世間に知らせようと思って。それで、この神話をもとにしたグリーナムの劇の脚本を書いたの。

インタビューの中でそう語ったように、急ごしらえで書いた脚本だったが、その年のうちに地元のオルタナティヴを中心にグラストンベリーで上演され、好評を博した。子育てと家事だけで毎日を過ごしたくないという思いもあり、ジョーンズはこれ以降も、一九九六年まで断続的に脚本を執筆し、自ら監督をし、地元のオルタナティヴを巻き込んで、劇を上演していく。

当初、彼女にとって、女神の神話は反核運動を支援する劇を書くための下地にすぎなかったが、次第にその意味合いが変化していく。

女神が誰だか思い出させるため、過去の要素を現代に持ち込んで、父権的な神話を書き直したの。いろんな文化からの神話を融合させたのよ。

インタビューでのこの語りのように、世界各地の神話を女神の視点から書き直すことで、「忘れられた女神文化の復興」を試みるようになったのである。脚本の執筆という創造的な行為が、フェミニストとして関わった反核運動の支援から、女神文化の復興という文化活動に変化したといえよう。

やがて彼女の関心は、イギリスの古代の女神へと移っていく。そのきっかけは一九八九年、後にパートナーとなるミュージシャンのマイクと出会ったことで訪れた。彼の勧めでウェールズ地方の伝承物語マビノギオンを読んだジョーンズは、自国の女神に興味を抱くようになり、イギリスの神話や遺跡の調査を始めている。これ以後に執筆された脚本では、外国の神話とイギリスの神話の融合により、新しい女神の神話を生み出すことで、イギリスの女神文化の「復興」を試みようとしている様子が窺える（[Jones 1996] 参照）。

一九八〇年代の彼女はグラストンベリーで、モニカ・シュー（Monica Sjöö）などの画家や詩人と「女神の展覧会」を開いたり、アスフォデル・ロング（Asphodel Long）などの作家や活動家を招いて「女神の日」を開いたりしていた［Jones 2006: 34］。シューも自著の中で、一九八〇年代のジョーンズとの交流について触れている［Sjöö 1999: 242-244］。ジョーンズはこの頃、イギリスの女神運動に関わる人々とも親しく交流し、人脈を広げていたようだ。

しかし当時の彼女は、女神の活動だけを行っていたわけではなかった。アセンブリー・ルーム(9)を共同所有する仕組みを整えたり、第1章4－3で述べたように、バリー・テイラーとともに、町の中でオルタナティヴ・スピリチュアリティを推進していく様々な活動をしたりしていた。テイラーとは気が合い、一九八八年に秘教思想関係の書籍を扱うアヴァロン図書館を設立したり、一九九一年にオルタナティヴ・スピリチュアリティや秘教思想を学ぶための機関、アヴァロン大学（現アヴァロン島協会）をつくり、自らも講師を務めたりした。それから、アヴァロン島協会の定期刊行物として、一九九五年に『アヴァロン』という雑誌をパートナーのマイクと刊行する。これはグラストンベリーに暮らすオルタナティヴからの寄稿により成り立っている雑誌で、寄稿者の実践に関する記事の他に、町の歴史やイベント、個人のスピリチュアル体験などについても掲載されている。アヴァロン図書館に収集されているバックナンバーを調べたところ、寄稿者の中には、著書やワークショップにより、町でもよく知られた人が名を連ねていた。このような活動を通して、ジョーンズは町に暮らすオルタナティヴ・スピリチュアリティに関わる多くの人々との間に人脈をつくっていったと考えられる。ジョーンズの乳がん闘病記［Jones 1998］の謝辞には、グラストンベリーを拠点に活動する作家、ミュージシャン、ヒーラー、秘教思想研究家の名前が幾人も挙げられていて、彼女の交友関係の広さを感じさせる。

女神の日や女神の展覧会を開いて、グラストンベリーで女神運動を推進していたジョーンズだったが、一九九〇年代半ば以降、子供に手がかからなくなり始めたこともあり、女神を広める活動に、より精力的に取り組んでいくことになる。

私自身の女神との旅は、グラストンベリーで女神の聖なる劇を執筆し、上演する過程で加速された［Jones 2006: 135］。

「女神の旅」とは、女神を劇中のキャラクターとして使用するに留まらず、女神の概念を深めていくこと、自分の内的な成長といったスピリチュアルな領域をともにすることだと考えられる。本章3で見ていくが、一連の脚本の執筆と劇の上演という活動こそが、実際、独自の女神体系の創出につながっている。

一九九六年に初めて開かれた女神カンファレンスは、四日間というオルタナティヴ・スピリチュアリティのイベントにしては長い期間に、外国人も含めた百人以上が参加するという比較的規模の大きなイベントだった点、その後も現在に至るまで拡大を続けつつ、継続して開催されているという点で、グラストンベリー女神運動が広がっていく一つの分岐点だったといえる。(10) 当初のコンセプトは、「女神を愛する女性たちが、自分たちの作品を展示する会場」［Jones 2006: 293］だったが、二〇〇二年以降は「アヴァロン島の神秘を探究する五日間の巡礼」［Jones 2006: 294］とされている。つまり、自らの思いを込めた作品を外に向かって示すという文化的なイベントから、自己内省的なオルタナティヴ・スピリチュアリティのイベントへと変容したことがわかる。一九九八年には女神を用いた講座、プリーステス・トレーニングを教え始める（この受講者は「プリーステス」と呼ばれる。詳しくは第3章1－1）。これはジョーンズの女神体系に基づいた儀式のやり方や女神の捉え方を学ぶとともに、瞑想やビジュアリゼーションをして自己変容を目指す、サイコセラピーのようなものである。さらに二〇〇〇年からは季節の祝祭という儀式を主催するようになり、(11) 二〇〇二年には女神神殿を開いている。(12) 自ら創出した女神体系をもとに、儀式や祭典を催したり、信仰の場所を設けたり、その体系を教えたりという実践を始めたことで、ジョーンズの女神運動は文化的な活動の枠を超えて、宗教性を帯びていったといえる。

またグラストンベリーに関する一連の研究を見た場合、一九八九～九〇年の長期調査に基づいたプリンスらの著書［Prince & Riches 2000］では、ジョーンズの始めた女神体系も示唆されているが、ガイア仮説などより一般的なオルタナティヴ・スピリチュアリティの文脈での女神への言及のほうが目立つ。ボーマンの論文［Bowman 1993］も、グラストンベリーの地形に対する数ある視点のうちの一つとして、ジョーンズの視点を示している。それが一九九〇年代半ばに調査したイヴァクヒヴの著書［Ivakhiv 2001］になると、グラストンベリーと女神を結びつける視点の代表として、ジョーンズに詳しく言及している。さらに、二〇〇〇年代半ばからは、ジョーンズの女神運動に焦点を当てた論文が発表されている（［Bowman 2004］や［Sage 2005/2006］）。これらのことから、一九九〇年代半ば頃までのジョーンズは、グラストンベリーのオルタナティヴとしては頭角を現していたものの、女神運動の活動家としてはそれほど知られておらず、その活動の範囲も個人的かつ小規模なものに留まっていた。それが、一九九〇年代半ば頃からは女神に関する活動を活発化させていき、それに伴い彼女の女神運動に賛同する人々が集まってきてまとまりが生まれ、二〇〇〇年代には町の中でも目立つ活動になっていった、と推測される。

3 「アヴァロン」の創出

ここまで、グラストンベリー女神運動の誕生を確認した。続いてはこの女神運動のコンセプトの一つを理解するために、ジョーンズの創り出した女神の体系の内容を、具体的かつ詳細に見ていく。そして、イギリスの独自性が強く意識されていることを指摘したい。なお、ジョーンズはすでに八冊の女神に関する書籍を出版していて、彼女の女神の考え方は執筆の段階で整理されていたようで、直接話をしたときにも著書の記述以上の見解を伺うことはできなかった。以下で著書を主な資料としているのは、そのような事情による。著書を資料とする場合、そこで提示されている主張は再構築されている可能性が高いし、語りの内容以外に仕草や語り方など、多面的に情報を得られるインタビューよりもその信憑性が問われる。そのため、主観的な経験談より客観的な事実の記述を中心に取り扱い、彼女の見解が町の中で実際どのように実体化されているのかも同時に提示する。

3-1 「女神」とは

まず初めに、女神運動の流れの中で女神がどのように理解されているのか、先行研究に基づき整理したうえで、ジョーンズの女神の捉え方を示したい。以下で詳しく説明していくが、一つ心に留めておいてほしいのは、女神運動における女神は、一般的にイメージされる、信仰の対象として崇拝される神的存在とは大きく異なる点である。また、ここまで述べてきたように、女神運動は多種多様な領域から影響を受けながら誕生し成長してきただけではなく、実践者個々人の自由度がとても高いため、女神の捉え方にも統一見解はない。ゆえに一言で説明することはできないが、次のように理解されることが多い。

まず、崇拝の対象としての超越的存在とも、自分自身を女神とする内在的存在ともみなされるが、超越的存在かつ内在的存在と捉えることに矛盾を感じない人もいる［Rountree 2004: 191］。筆者の個人的な印象では、そのどちらの捉え方も受け入れている人が多い。

第一に、超越的存在とみる姿勢は、瞑想をしながらの女神との対話において観察される。これは一般的には自分自身との対話と理解されている行為だが、彼らは女神と話をしていると考える。また、目には見えないその姿を表そうと、女神をモチーフにした絵を描いたり、粘土で像を造ったり、詩を創ったりする。逆にいえば、クリエイティヴな活動をする際に、その創造性を喚起するインスピレーションとして用いられている。第二に、内在的存在という視点は、自分自身を女神とみなすことであり、それは生身の人間の身体を神聖化することでもある。とりわけ女性の身体は、ユダヤ教やキリスト教では、月経や出産を理由に穢れとみなされてきたため、神聖と捉える発想に女性たちは共感し、エンパワーにつながったのである。ただし、現在生きている人間と女神を同一視して崇めることはない。あくまで女神と人間は別の次元の存在なのである。第三に、ラヴロックのガイア仮説とも交差しながら、地球そのものを女神と同一視している者もいるし、女神は自然界のどこにでもいると汎神論的に理解している者もいる［Eller 1995: 136–139］。第四に、ギリシャ、ローマ、エジプト、メソポタミア、インド、東アジアなど、様々な文化由来の女神が言及され、女神にはいくつもの名前があると考えられる一方で、それらは全く別々の女神ではなく、一人の女神がもつ複数の側面だと考えられている［Eller 1995: 132–135］。さらに、女神は乙女（maiden）／処女（virgin）、母（mother）、老婆（crone）の三相をもつ「三位一体」として理解される。特にキリスト教では邪悪な魔女とされてきた老婆を称賛している点に注目したい。聖母マリアが処女や母として価値を与えられているのに対し、ネガティヴなイメージを付与されてきた高齢の女性を賛美することで、女性は老いとポジティヴに向き合えるようになったからである［Rountree 2004: 147］。

なお、女神運動に限らず、オルタナティヴ・スピリチュアリティの文脈では、超自然的な存在の姿を瞑想中などに「見た」という場合、必ずしも実際に出会ったと考えられているわけではない。想像力を働かせて、「見る」という訓練を繰り返すうちに「見える」ようになるのである。つまり、瞑想等によって、少し意識変容状態に陥っている中で「見ている」のだ。

このような捉え方を念頭に置いたうえで、ジョーンズの主張を見ていく。彼女は、女神とは「超越的で遍在的であるとともに、自分の意識や身体の内部で経験されうる内在的な神的存在」［Jones 2006: 109］であり、「一人の女神が千も万もの異なる名前と姿をもつ」［Jones 2006: 27］と述べているが、ここからは先ほど指摘した、超越的、内在的、汎神論的、そして名前や現れ方は複数あるが、存在としては一つという「多一神教」的捉え方を確認できる。イギリスの女神を志向しつつも、冒頭で記したようにインドの女神を自宅に飾っていたことは、女神は一人だが、いくつもの異なる形で表されるという考え方から理解できよう。

もう一つ重要な点は、彼女が女神を「エネルギー」として理解しているということである。そのため、女神を「見る」とは、先述のように想像力を用いて、エネルギーとしての女神がこの世界に顕現している姿を見ることであり、自らの身体の中で「感じられる」存在としても理解されている。

以上のような女神の捉え方は、女神運動に携わる人々の間では珍しいものではない。続いて、グラストンベリー女神運動の女神体系について、具体的に見ていく。

3－2　女神の輪

ここでは、ジョーンズ独自の女神のコンセプトを、主女神と女神体系の創出に分けて示していく。初めに現在のグラストンベリー女神運動で主女神とされている「アヴァロンの女神（Lady of Avalon）」について見ていく。

ジョーンズは、Lady of Avalon が、アーサー王伝説を女性の視点から書き直したブラッドリーの小説『アヴァロンの霧』の中で、大女神に仕える女司祭の称号とされていることに触れたうえで、後世、女性が女神や女神の生まれ変わりだとされる文化があることを引き合いに出しながら[13]、Lady of Avalon も女神だと主張する[14]［Jones 2006: 4］。かつてアヴァロン島に暮らしていた Lady of Avalon と呼ばれた女性が、後にアヴァロン島の女神になったため、アヴァロンと重なり合うとされてきたグラストンベリーは女神の聖地だというのがジョーンズの主張である。現在では、アヴァロンの女神は当然のごとく主女神とされているが、どのような経緯を辿ってそうなるに至ったのかを、彼女の著書における主女神の取り扱いの変遷から確認していく。

ジョーンズの処女作 *The Goddess in Glastonbury*［1990］には、アヴァロン島が女神の故郷であると漠然と記されているだけで、アヴァロンの女神は登場せず、焦点はむしろギリシャ、中東、ヨーロッパ大陸の女神にある。とりわけ迷宮の話で有名な、ギリシャ神話のアリアドネに魅かれていたことが、自分の出版社の名前を「アリアドネ出版」としたことからも窺える。本章2で述べたように、彼女は長年、女神の神話を題材にした劇の脚本を書きグラストンベリーで上演していたのだが、本書はその過程で収集した神話や考古学の資料をもとに書かれている。

彼女がイギリスの女神に目覚めたきっかけは、マビノギオンというケルト文化が残るウェールズ地方の古い伝承物語だった。それ以来、地中海地域などには残っている女神の神話がイギリスに見当たらないのは忘れられてしまったからだと考え、「復興」を試み始める。一九九二年、彼女はケルト神話に題材をとった劇を上演しているが、この劇と同年に出版された著書の中で初めて、イギリス独自の女神であり、新石器時代のグレート・ブリテン島の大いなる母女神と位置づけた「アナ（Ana）」を登場させている［Jones 2006: 33］。

グラストンベリーの土地の女神として初めて登場するのは、「九人のモーガン（Nine Morgens）」[15]である。九人のモーガンは、十二世紀に編纂された「マーリン物語」というイギリスの伝承集に登場し、アヴァロンに住む九人姉妹、九人の女司祭、妖精女王とされている。この九人をジョーンズは女神と読み替えた［Jones 2006: 32］。女神であるモーガンたちが暮らす島ということで、アヴァロン島と女神のつながりが具体的にイメージされるようになったのである。ジョーンズは一九九〇年代前半から、モーガンたちに「呼ばれ」始め、彼女たちの実在を徐々に信じるようになったと述べているが、実際にそれぞれを個々の女神として捉えるようになっていったのは、一九九四年に九人のモーガンを題材とする劇の脚本を執筆する過程においてだった［Jones 2006: 32］。つまり、「アナ」の場合と同様、伝承に触発されて生まれたこと、脚本の執筆と女神観の深化が共鳴し合っていたことがわかる。

一方の「アヴァロンの女神」との出会いについて、彼女は次のように記述している。

約七年前、はっきりとではなく、輪郭だけだったが、アヴァロンの女神が見え始めるようになった［Jones 2006: 27］。

そして次のようにも述べている。

私たちのもとに初めてアヴァロンの女神がやってくるとき、彼女は（中略）名前のない女神のビジョンにすぎない。〔彼女に仕える〕プリーステスになる旅とは、部分的には彼女を思い出す旅だ［Jones 2006: 17］。

これらの記述からわかることは、神話や伝説からヒントを得て生まれた「アナ」や「九人のモーガン」と同様、「アヴァロンの女神」もジョーンズの想像力から生まれた女神だということである。先述のように、『アヴァロンの霧』からの影響を受けていると考えられるものの、この小説の登場人物を女神に読み替えた点は彼女のオリジナルである。しかし当初はアヴァロンの女神も、複数いる主女神の一人にすぎなかった。

この名前は、二〇〇〇年に出版された著書に初めて出てくるが、そこでは、九人のモーガン全員、またはその一人のモーガン・ラ・フェイ（Morgen la Fay）[16]、ギリシャ神話のアリアドネ、ウェールズ地方のアリアンロッドとともに主女神とされている［Jones 2000: 2, 164］。それが、二〇〇一年の著書になると、アヴァロンの女神とモーガン・ラ・フェイを同格に扱う視点がはっきりと打ち出される一方で、アリアドネとアリアンロッドは後述する季節の女神に「降格」される［Jones 2001a: 37, 190］。そして二〇〇六年の著書では、九人のモーガンも女神とはみなされず、眷属である茶吉尼天、半女神、妖精とされる［Jones 2006: 7］。そして、「アヴァロンの女神」は称号、アヴァロン（Avalon）を逆さ読みしたノラヴァ（Nolava）がこの女神の名前だと決められる［Jones 2006: 78］。こうしてジョーンズの想像力から生まれたアヴァロンの女神が、唯一の主女神として祀られるようになったのである。

続いて、3-3で覗く女神神殿の季節ごとの飾りつけや、第3章で取り上げる儀式を行う際の基礎になっている女神、季節、方角、色、動物などを組み合わせた女神体系の創出について見ていく。

ジョーンズは、一九八九年に劇の脚本を執筆していたとき、ネイティヴ・アメリカンの「まじないの輪」に関心を持ち、イギリス独自のまじないの輪を創ることを試みたと述べている［Jones 1998: 165］。一九九四年の著書の中

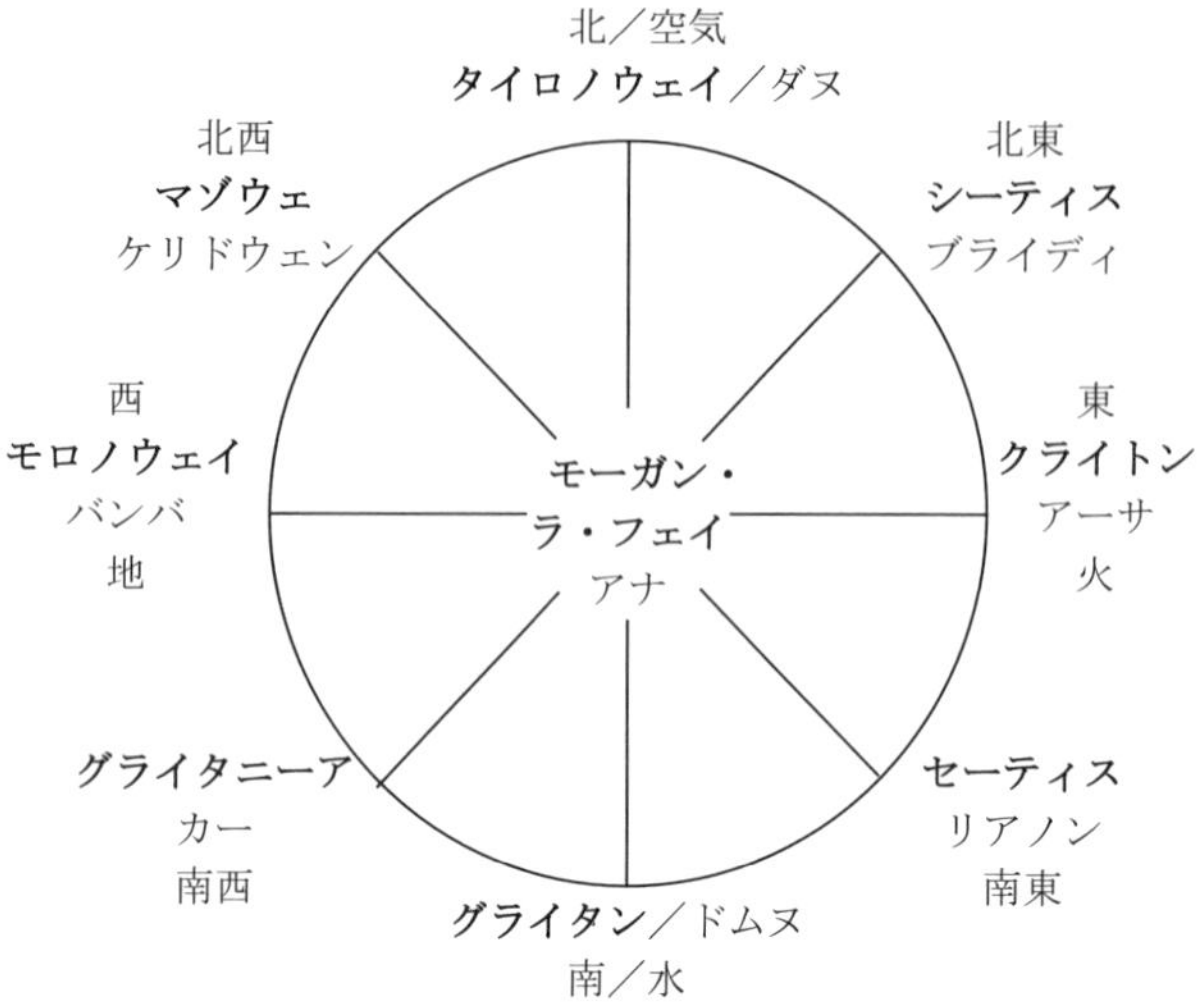

図２－１　アナの輪（[Jones 2000：130] から筆者翻訳）

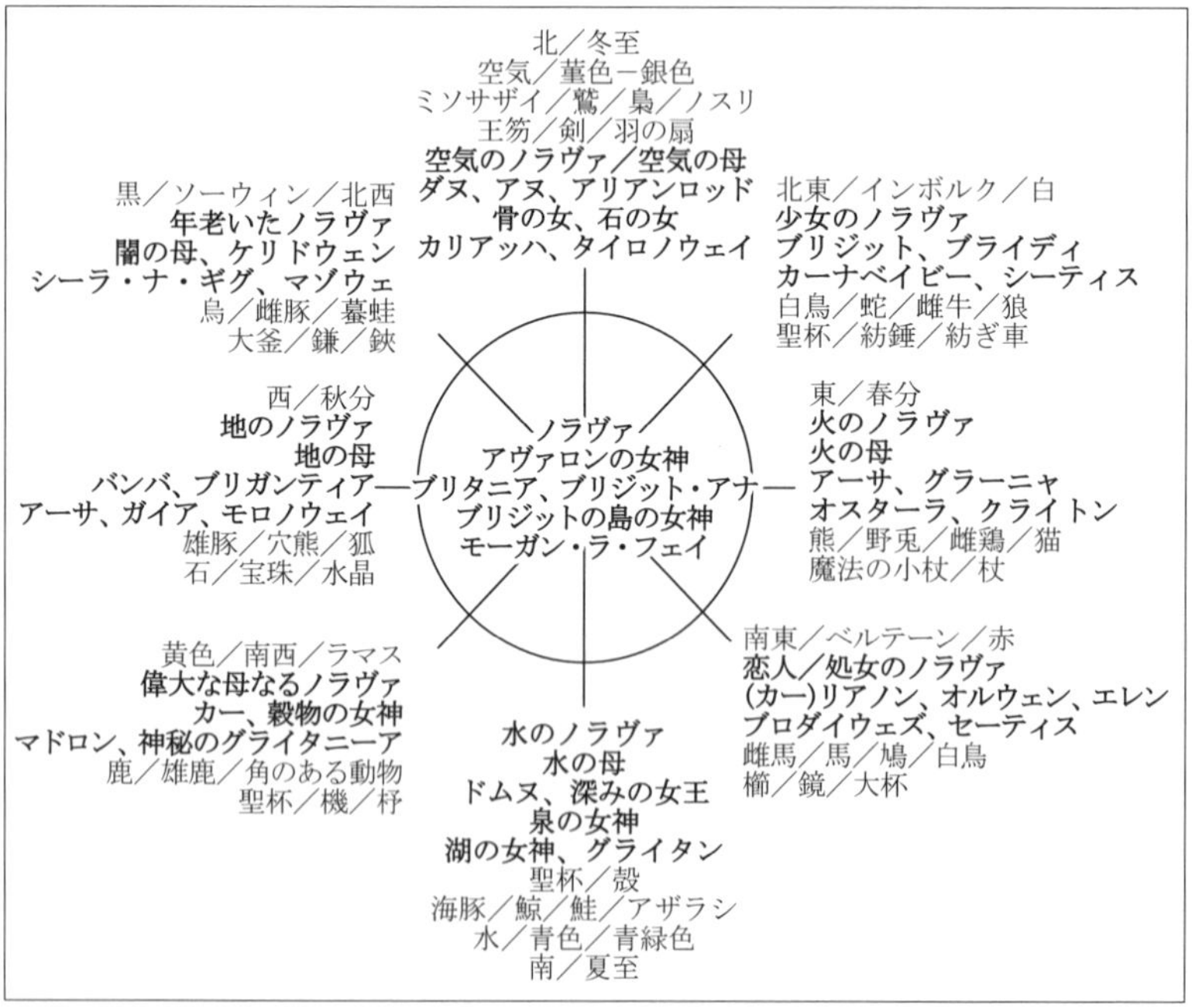

図２－２　ノラヴァ、ブリタニア、９人のモーガンの輪
（[Jones 2006：77] から筆者翻訳）

で初めてその輪が登場するのだが、これは図2－1のように「アナの輪」と呼ばれる。中央にイギリスの大女神とされたアナとモーガン・ラ・フェイが、八つの方角に八人のイギリスの女神と残りの八人のモーガン、ケルト暦の八つの季節が配置され、東西南北に火、地、水、空気が対応させられている。[17]

「アナの輪」は二〇〇一年の著書では、アナの改名に伴い、「ブリジット・アナ／ブリタニアの聖なる輪」と改名され、女神の四相、[18]色、象徴する動物や物が付け加えられ、対応する女神の数も増やされる。そこに本名のノラヴァが加わったのが、図2－2で示した「ノラヴァ、ブリタニア、九人のモーガンの輪」である。それぞれの女神の出典と、そこでの位置づけを明らかにしたのが、次頁の表2－1である。ここからわかるように、ジョーンズの女神体系の「女神」には、サクソンの女神やギリシャ神話の女神、ジョーンズの造語も含まれているが、アイルランドやウェールズの伝説の女神や女性の登場人物が中心である。

この輪に基づく季節の祝祭の様子は第3章で詳しく取り上げるとして、ジョーンズの女神体系がどのように実体化されているかを見るため、グラストンベリー女神運動が町の中心部に開いている「女神神殿」と呼ばれる空間に、ひとまず立ち寄ってみよう。

3－3　女神神殿の空間構成

女神神殿は二〇〇三年にメンディップ郡から「信仰の場所（place of worship）」として認可を受け、二〇〇七年にはNPO団体として認定されている。筆者が二〇〇五～二〇一一年にかけて合計二十二回、ボランティアを意味する「メリッサ」をしながら、訪問者を観察したり、話をしたりしたところであり、以下の記述は、筆者自身の女神神殿での参与観察に基づいている。

表2－1　ノラヴァ、ブリタニア、9人のモーガンの輪（図2－2）にある女神の出典と説明

方角	女神の名前		出　典	出典中での位置づけ、造語の意味
北東	ブリジット	Brigit	ケルト神話、キリスト教の聖女	ケルト神話の女神、キルダエの聖女
	ブライディ	Bridie		ブリジットの別名
	カーナベイビー	Kernababy	造語	赤ん坊のカー
東	アーサ	Artha	造語	侵略の書に登場する Parthalon 族より
	グラーニャ	Grainne	レンスターの書	コーマック・マク・アート王の娘
	オスターラ	Eostre	サクソン系	アングロ＝サクソンのイースターの女神
南東	リアノン	(Le) Rhiannon	マビノギオン	ダヴェド大公の妻で、馬術に優れる
	オルウェン	Olwen	マビノギオン	巨人の娘
	エレン	Elen	マビノギオン	4世紀のケルト系ブリトン人の長の娘？
	ブロダイウェズ	Blodeuwedd	マビノギオン	花からつくりだされた人造人間
南	ドムヌ	Domnu	侵略の書	フォモール神族の女神
	深みの女王	Queen of the Deep	不明（造語？）	ドムヌのこと？
	泉の女神	Lady of the Springs & Wells	マビノギオン	オウァインの妻
	湖の女神	Lady of the Lake	アーサー王伝説	聖剣エクスカリバーの所有者、湖の騎士ラーンスロットの養育者、魔術師マーリンを監禁した女性　など
南西	カー	Ker	侵略の書	ノアの孫娘セザール（Kersair）より
	穀物の女神	Grain Goddess	不明	
	マドロン	Madron	マビノギオン	アヴァラク族の娘
西	バンバ	Banbha	侵略の書	トゥアハ・デ・ダナン神族、アイルランドの地の女神
	ブリガンティア	Brigantia	ケルト神話	ケルトの女神、ブリジットの別名ともされる
	アーサ	Ertha	サクソン系	ドイツ、サクソンの大地の女神
	ガイア	Gaia	ギリシャ神話	大地の女神
北西	闇の母	Dark Mother	不明	
	ケリドウェン	Keridwen	マビノギオン	テジド・グウェルの妻で、魔術の使い手
	シーラ・ナ・ギグ	Sheela na Gig	イギリス各地の彫刻	女陰をあらわにした彫刻
北	ダヌ	Danu	侵略の書、マビノギオン	トゥアハ・デ・ダナン神族の母神
	アヌ	Anu	侵略の書、マビノギオン	ダヌの別名
	アリアンロッド	Arianrhod	マビノギオン	ダヌの娘
	カリアッハ	Cailleach	スコットランドの伝説	スコットランドの冬の女神
	骨の女	Bone Woman	不明	
	石の女	Stone Woman	不明	
中央	ノラヴァ	Nolava	造語	Avalon の逆さ読み
	アヴァロンの女神	Lady of Avalon	小説『アヴァロンの霧』？	
	ブリタニア	Britannia	イギリスの神格化	グレート・ブリテン島の女神
	ブリジット・アナ	Brigit Ana	造語	グレート・ブリテン島の女神
	ブリジットの島の女神	Lady of the Brigit's Isles	造語	グレート・ブリテン島の女神
	モーガン・ラ・フェイ	Morgen la Fey	アーサー王伝説	アーサーの異父姉
	9人のモーガン	Nine Morgens	マーリン物語	アヴァロン島の女司祭、9人姉妹

＊『侵略の書』はアイルランド、『マビノギオン』『レンスターの書』『マーリン物語』はウェールズの伝承物語。

＊ Jones［2001a, 2006］の他、池上［2011］、高平・女神探究会［1998］、ブレキリアン［2011］を参照した。

＊シーティス（Thitis）、クライトン（Cliton）、セーティス（Thetis）、グライタン（Gliten）、グライタニーア（Glitonea）、モロノウェイ（Moronoe）、マゾウェ（Mazoe）、タイロノウェイ（Tyronoe）は、モーガン・ラ・フェイ以外のモーガン。

写真2－1　グラストンベリー・エクスピリエンス。2階に見えるのが女神神殿（2011年9月29日）

町の中心部の、とあるスピリチュアリティ系書店とその隣のセラピーセンターの間の細い通路をくぐり抜けると、そこが第1章4－3で触れた「グラストンベリー・エクスピリエンス」と呼ばれるエリアであり（第1章図1－3参照、写真2－1）、女神神殿もこの一画にある。ここには、中庭を中心に、オルタナティヴ・スピリチュアリティ関係のグッズを扱っている店が二軒[19]、ハーブの店が一軒、そしてベジタリアンカフェのオープンテラスが取り囲み、中庭から奥に通じる通路の先には、パワーストーンの店と秘教思想書のアヴァロン図書館がある。いつもオルタナティヴ・スピリチュアリティに関心がある人々でにぎわっているエリアである。

みしみしと音を立てるハーブ店前の階段を上り、ベランダに上がると、女神神殿の扉がある。特別な事情がないかぎり、毎日、正午から午後四時まで開館している。ちなみに、隣の建物に入っているのが、アヴァロン島協会と『ジ・オラクル』の事務所だ。紫に塗られた壁際の植木鉢は、いつもきれいな花を咲かせている。扉の脇には、女神神殿関係の催し物を知らせる掲示板があり、次のような文章も見られる。

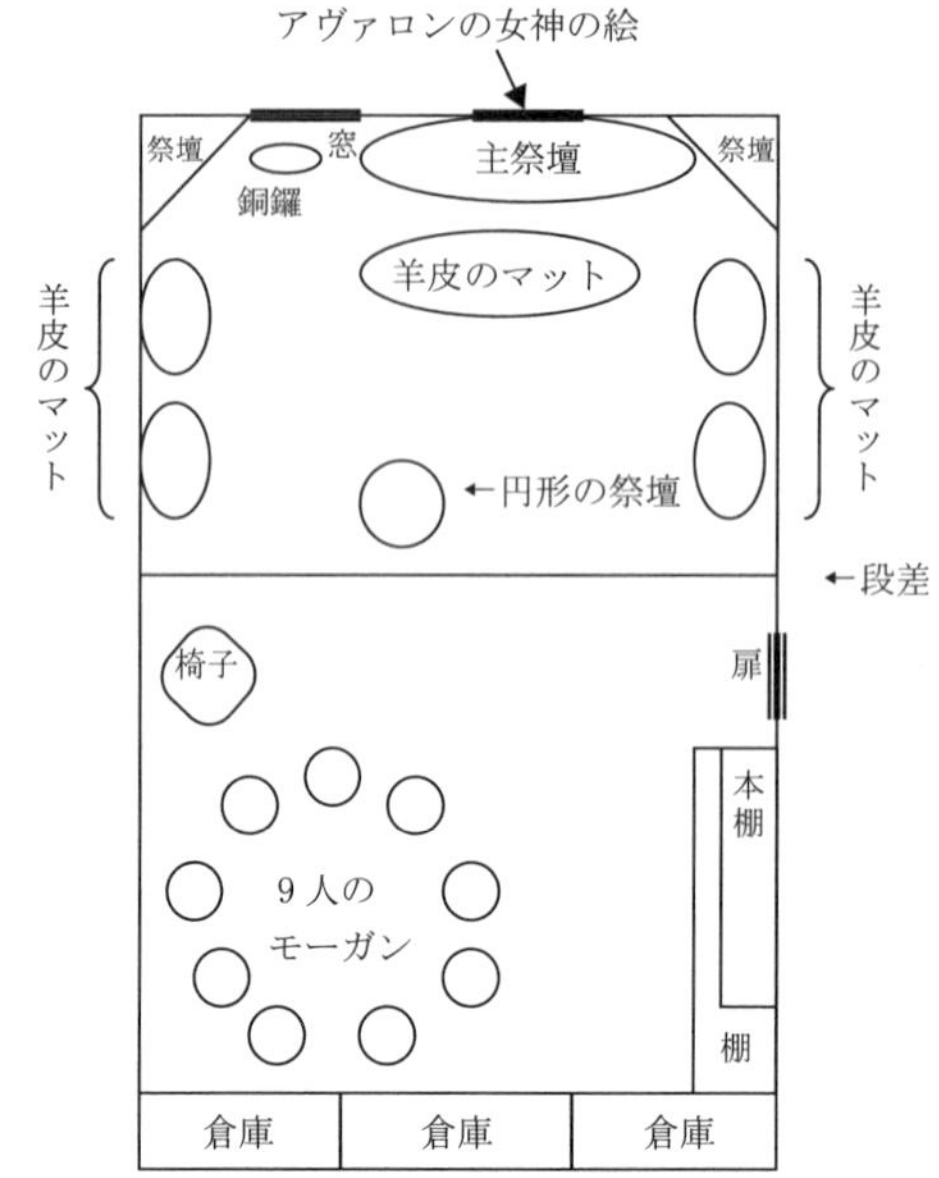

図２－３　女神神殿見取り図

> グラストンベリーの神殿は、信仰の場所として登録されていて、千五百年ぶりにブリテン[20]で造られた女神を崇める神殿だと思われます。私たちの信仰は、地球やそれぞれの季節とも関係しています。季節の輪には八つの祝祭があるので、この神殿はその季節に沿って六週間ごとに変化します。私たちの信仰は、この聖なる島アヴァロンの地形や、私たちの周りに顕れているそのエネルギーと関係しています。神殿はあらゆる人が楽しめる聖なる空間として開いています。（以下略）

扉には靴を脱ぐようにとの掲示があるので、靴を脱いで入り口付近に置く。その理由として、「神殿内は自分の家の寝室のようにくつろぐ場所なので、外を歩いてきた汚い靴は脱ぐことになっているのよ」と説明されたことがある。三十畳ほどの広さの室内の天井は低く、明かりも落としてあるので、薄暗い。どことなく落ち着くような、

写真2－2　ベルテーンの季節の女神神殿の祭壇の全景。中央にアヴァロンの女神を表す絵が見える（2010年5月23日）

ややもすれば眠たくなるような、低音の伸びやかな音楽が流れ、ハーブを焚いた香りも芳しい。壁や絨毯が紫色なのは、紫が「アヴァロンの女神」の色とされているからだ。壁際には、所狭しと並べられた羊皮のマットやカラフルなクッションに腰を落ち着け、絨毯の床に座って静かに瞑想をしている人々の姿が見られる。中高年の女性が多く、ひらひらしたロングスカートをはいている人が目立つ。外の喧騒が嘘のような、静まり返った空間である。なお、見取り図として図2－3も参考にしてほしい。

扉から向かって右側の奥には三つの祭壇がある（写真2－2）。中央の壁には白い角を生やした紫の衣装の女性がこちらに迫ってくるような絵が掛けられているが、彼女こそが主女神「アヴァロンの女神」である。その下の主祭壇には、同じ姿をした「アヴァロンの女神」の人形が置いてある。イメージが同じなのは、ともに『アヴァロンの霧』の中の登場人物に由来しているからだ。人形の隣には太い紫のろうそくと砂盆が二つ見え、脇のかごには来館者が祭壇に捧げられるようにと小さなろう

写真２－３　冬至の床の祭壇。
メロン大の女神は北を向く
（2009年12月21日）

そくが用意されている。花も活けてあり、女神のカードや小さな女神像も何気なく置いてある。また、大変な状況にある関係者の無事を願ったり、亡くなった人を弔ったりするため、その人の写真が飾られることもある。たとえば、筆者の滞在時には、先天性疾患の手術を繰り返し受けていた関係者の子供の写真が飾られていた。また、二〇一一年に東日本大震災が発生した際には筆者の写真が置いてあった。

　主祭壇の右側にある祭壇にも、女神の人形や絵、ろうそくや花が飾られている。主祭壇の左側の祭壇も右側の祭壇と似ているが、その季節の女神の絵が飾られている点が異なっている。祭壇の脇には、感想ノートと寄付金の入れ物、女神神殿のパンフレットが無造作に置かれ、壁際には銅鑼が鎮座している。

　さて足元に目をやると、紫の絨毯の中央に直径六〇センチメートルほどの円形の祭壇がある。中央にはメロンのようにころんとした女神の土像がどんとしつらえられ、その周りをりんごサイズの八体の女神像がかわいらしく取り囲んでいる（写真２－３）。ろうそく、水の入った杯、石と花、乾燥ハーブを調合したインセンスをもくもく焚いている大きなあわび貝の置かれた砂盆があるが、これらはそれぞれ各方角と結びつく要素を象徴している。方角と要素の結びつきや季節ごとの祭壇の模様替えの基盤となっているのが、先ほど説明したジョーンズの女神体系である。

写真2－4　柳の枝でできたモーガン（2006年5月5日）

主祭壇とは反対側、扉を入って左側には、手を広げた九体の等身大の人形が円形に並んでいる（写真2－4）。イギリス人サイズの「等身大」なので、筆者は思わず見上げてしまう。この柳でできた人形こそが「九人のモーガン」である。リラックスしやすいからと、この中に入り、彼女たちにぐるりと取り囲まれての瞑想を好む人もいる。それ以外にも、室内には寄贈された女神の絵や女神像が、ところどころ飾られている。これらの女神の像は、女神そのものではなく、女神とのつながりを助けてくれるものとして理解されている［Jones 2006: 118］。

入ってきた扉の辺りに戻ろう。この脇の壁には、ここが宗教的信仰の場所として登録されたという証明書と、表の掲示板と同じ女神神殿の説明が、ひっそりと飾られている。扉を挟んだ隣の棚には、カードや鞄、ハーブやろうそく、ジョーンズらの著書が、空き間もなくぎっしりと陳列されている（次頁の写真2－5）。これらはすべて売り物である。そこにある名刺は、結婚式や葬式などの人生儀礼を女神運動のやり方で行ってくれる人やアー

写真２－５　にぎやかな物品販売コーナー
（2009年６月25日）

ティストのものである。扉のすぐ脇には、「寄付金」と書かれたどっしりとした鉄製の大釜が置いてある。神殿の鍵の開け閉めと、音楽やインセンス、ろうそくの火の管理、物品の販売に応対するのが、ボランティアのメリッサの仕事である。

このように神殿内部では、アヴァロンの女神の色で高貴な色とされる紫の色調、薄暗い照明、静謐な中に流れるヒーリング・ミュージック、インセンス、触り心地のよいクッションなど、感覚に訴える形で聖なる雰囲気を醸し出していることがわかる。また、日常の世界に近い入り口付近で物品の販売を行う一方で、奥のほうにアヴァロンの女神の祭壇や九人のモーガン人形を設置していること、メリッサは入り口付近では訪問者と会話することもある一方で、奥のほうではリラックスと瞑想の空間ということで積極的には話しかけないことから、部屋の中央の入り口から奥に向かうにしたがって、日常から非日常、俗から聖へと向かうような空間構成になっていることがわかる。それを象徴するのが入り口で脱ぐことになっている靴だろう。外の汚さを神殿内に持ち込まないために脱ぐとされているのに、室外ではなく、物品販売コーナーの前に靴底を床につける形で置く。それは、入り口付近が、聖なる空間とされている奥のほうとは異なり、外から続く俗なる空間とみなされているからだといえる。

女神神殿の説明の仕方についても考えてみる。外の掲示板にあった五文のうち、一番目と三番目は、ジョーンズの考え方に基づく女神神殿についての端的な説明であり、五番目は女神神殿についての自分たちの姿勢の明示である。二番目と四番目は自分たちの信仰についての説明である。二番目の文はネオペイガニズムと女神運動一般に共通する見解だが、「この聖なる島アヴァロンの地形」という表現を含む四番目の文からは、グラストンベリーという土地自体を聖地とみなしている様子が窺える。次にその背景を見ていこう。

3－4　土地との結びつき

この女神運動では、グラストンベリーという大地そのものも、地形的特徴の再解釈と起源神話の創出から女神の聖地とみなされている。そのことが端的に表されているのが、女神カンファレンスのパンフレットである。女神カンファレンスとは、本書の冒頭でその行進の様子を描いたグラストンベリー女神運動の年一回の祭典である。このイベントは、プログラムによると、「グラストンベリーの聖なる地形とアヴァロン島の中に顕現している女神、そしてお互いや私たちを取り巻く世界の中にいる女神に出会うために旅する、五日間の巡礼」である。このように、グラストンベリーの土地そのものに女神の身体が見出されている。

それはジョーンズがグラストンベリーの地形を、母なる女神に見立てたことによる（図2－4）。つまり、トールなど三つの丘をそれぞれ女神の両胸や妊娠中の腹に、二つの細長い丘を両足に見立て、グラストンベリーの町の中心部に当たる部分を足の間とする。その先には、表紙のカバーに写真を載せたブライドの塚と呼ばれる野原があり[21]、それを赤ん坊の女神ブライド（ブリジット）と見立て、赤ん坊が母女神から生まれているとみなした。また、

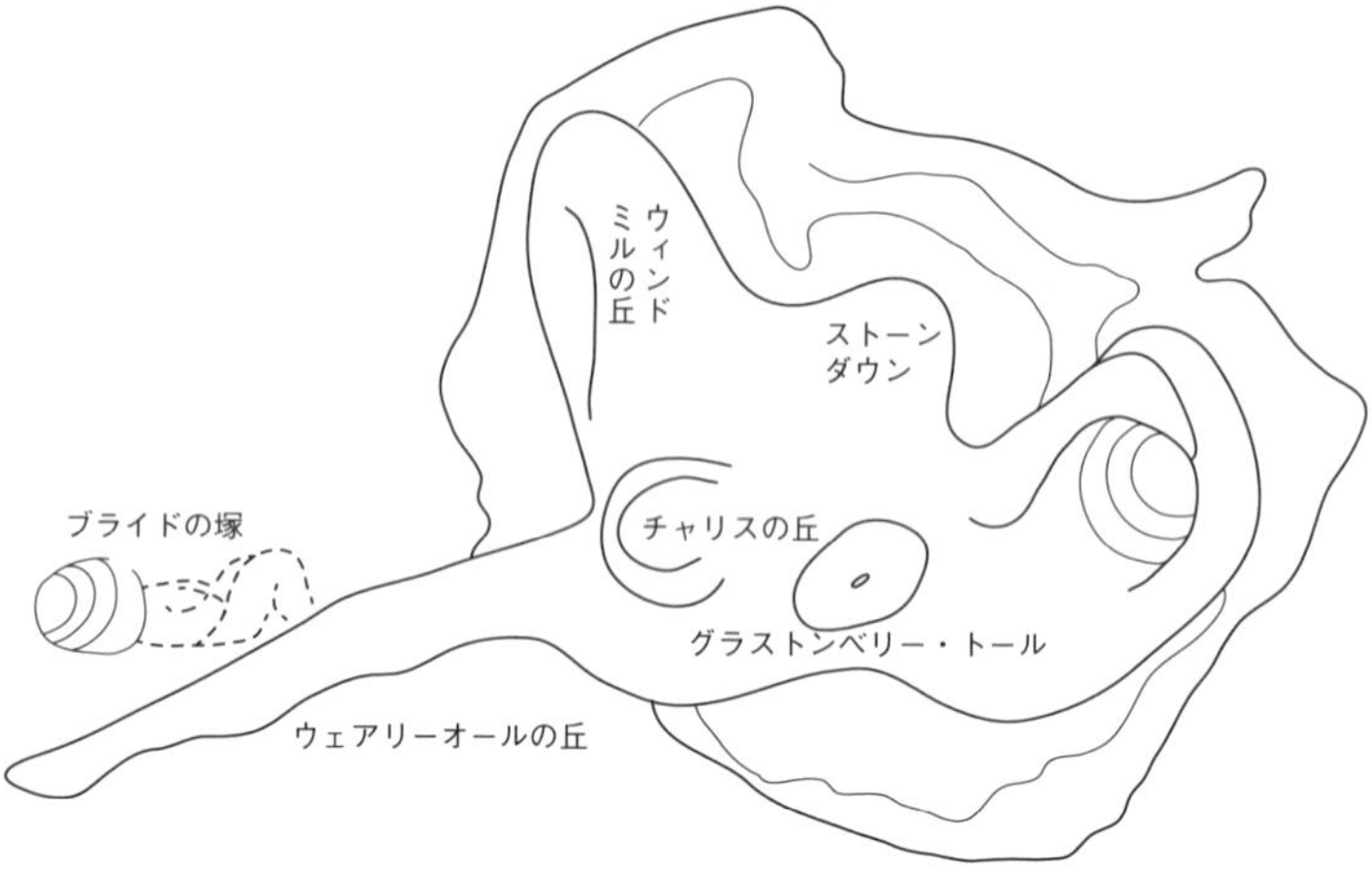

図２－４　グラストンベリーの母なる女神（[Jones 2001a: 125] より筆者翻訳）

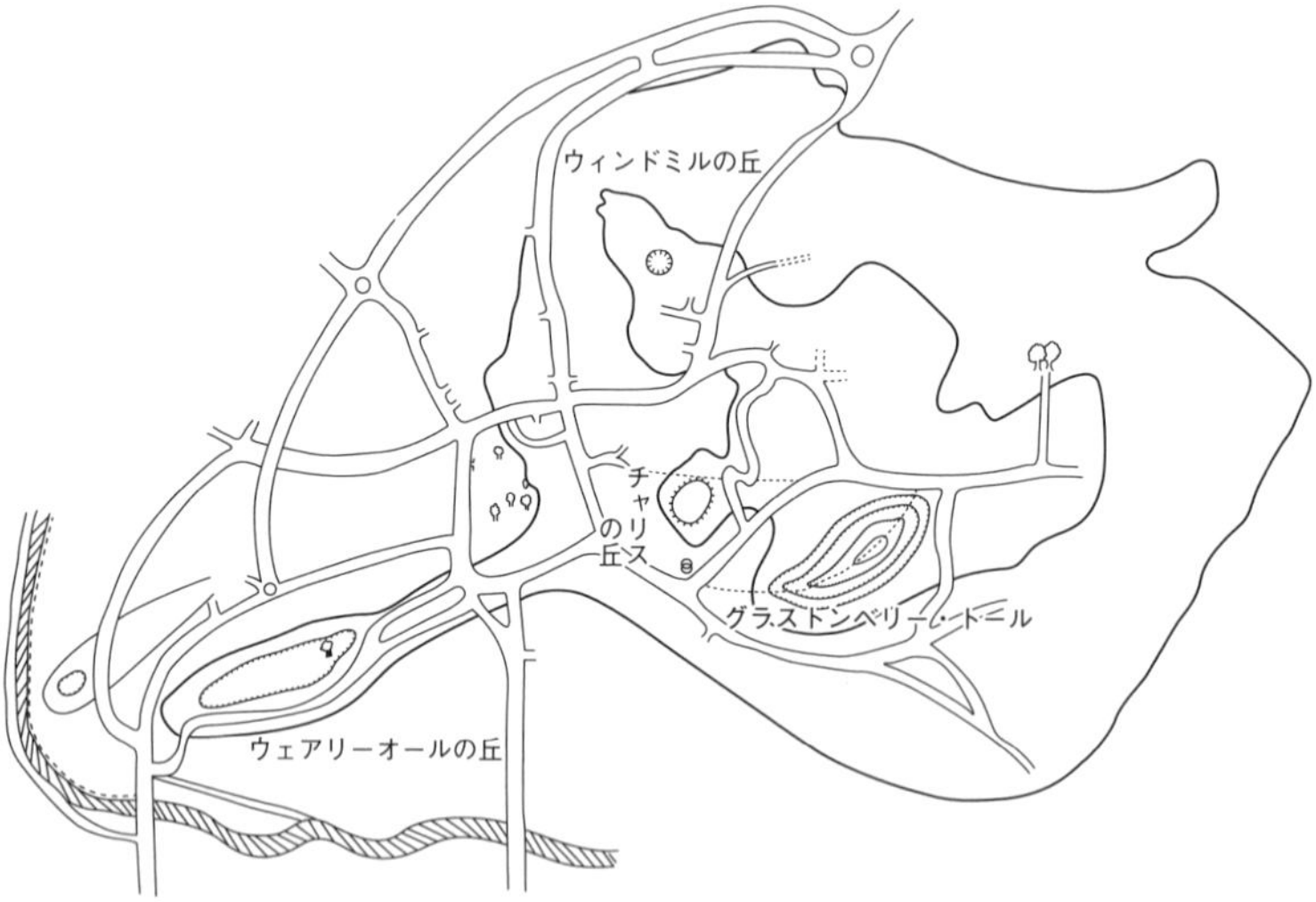

図２－５　グラストンベリーの白鳥に乗った老婆
（[Jones 2000: 17] を一部改変し、筆者翻訳）

乙女の象徴とされる白鳥に、老婆（crone）が乗っているという見方も提示した（図2－5）。ここでは、それぞれの丘が老婆の頭、胸、子宮、白鳥の首とされている。
　女神カンファレンス最終日の行進とは、つまり女神の身体を歩くことだったのである。本書の冒頭で見た行進の続きを、もう少し見てみよう（口絵写真参照）。

　一行はハイ・ストリートを曲がり、その道沿いにあるチャリス・ウェル庭園に入る。列はぱらぱらとばらけながら、円が二つ重なった形の池の周りに集まっていく。少し高いところから見ていると、黄色と金色の衣装のせいで、黄金のリングのようだ。歩き疲れたのか、歌い疲れたのか、だらりとした雰囲気である。やれやれといった感じだ。それでも、全員が到着して一息ついたら、再び女神を称える歌を大きな声で歌い始める。

　　聖なる母よ、私の姉妹よ　美しい娘よ、力ある神よ
　　あなたを賛美して歌おう　あなたへの歌を歌おう
　　私たちの居場所が今、見つかりそうなのだ(22)

疲れからやけになっているのか、もはやがなり立てるような歌声だ。それでもばっと手を広げ、どんと足を踏み鳴らし、気力を見せつける。
　突然、ぴたりと歌がやむ。ジョーンズを見ると、かがんで、両手で池の水を掬っている。そして、その手を厳かに天に掲げ、「私たちの女神からの赤い水。水に祝福を！」と叫び、再び水に手を浸すと、隣の人の額にその水を

つけて「祝福」をする。参加者もそれを真似て、次々と互いを祝福し合う。他人の額に触れることは照れくさいのか、おそるおそるといった感じである。「祝福」されるほうも、少し恥ずかしそうに、目を閉じている。さっきまでの戦士のような勇ましさとはうってかわって、おしとやかな淑女紳士たちである。

続いて、隣のホワイト・スプリングへ。そこでは、ジョーンズが外の給水口からちょろちょろと流れる水を、表紙カバーの裏に鎮座するような柳の女神人形にかけていた。給水口は壁に面しているので、彼女の一挙一動を見逃すまいと、人だかりができていた。

互いを祝福し合うのに使われたチャリス・ウェルの水は、鉄分を豊富に含み、「赤い」とされる。鉄の味がするのは確かだが、赤色かと聞かれれば心許ない。透明のコップに入れて光にかざせば、ほんのり赤みを帯びていると気づく程度だからである。グラストンベリーのオルタナティヴの間では、キリストの血液や女性性、聖杯などと結びつけられているが、ここでは女神からの月経血とされ、その水に触れることで女神からの祝福を得られるとしている。また池は、口絵写真に示したように、円を二つ重ねて、重なった部分が先の尖った楕円形をしている幾何学図形（ヴェシカ・パイシス）を象っており、この形はキリストの象徴とされる魚の形に似ていることから、一般的にはキリストの象徴とみなされる。しかし、彼女たちは女陰の形とみる。これは「月経血」が溢れ出してくるという点でも、矛盾のない解釈になっている。

一方のホワイト・スプリングの水は、カルシウム分が多いため「白い」とされる。こちらはチャリス・ウェルの水よりはっきりせず、光にかざしても白っぽいかもしれないという程度で、カルシウムの味などわかるはずがない。一般的にはキリストの体液、男性性、死の国の妖精王などと結びつけられている。行進の当日に、この水に対する解釈はなかったが、ジョーンズの著書［Jones 2000: 62］によれば、女神の母乳とされている。

以上のような歩くという実践においても、グラストンベリーの土地と女神は結びつけられていく。

女神運動のリーダーはしばしば、女神の視点からの歴史の再解釈を行うが（［アイスラー一九九一］参照）、ジョーンズも行っている。ただし彼女の場合、よく見られるように人類全体の歴史ではなく、イギリスとグラストンベリーに特化した起源神話を提示している。女神の視点からの歴史を再解釈する際に、一般的には考古学上の発見や神話・伝説を取り入れながら、女神からのインスピレーションなどと言いつつ、自らの想像力を交えて提示していく。ジョーンズの場合も、イギリスの起源神話では、十一世紀のアイルランドで編纂されたという『侵略の書』や、新石器時代の考古学の遺物や巨石文化の遺跡を独自に解釈しながら編み出している［Jones 2001a］。しかし、グラストンベリーの起源神話として示されているものは、少し異なる。3－2で説明した女神体系や、先述した町の地形と女神のつながりだけでなく、女神とは直接関係がないグラストンベリーの伝説や歴史に登場するキャラクターが取り入れられているのである。(23)

3－5　女神の聖地「アヴァロン」

以上の記述を踏まえてジョーンズの女神体系の特徴を整理すると、劇の脚本を執筆する過程とも重なっていて創作に近い、伝説や小説の世界や登場人物を流用している、イギリス、特にグラストンベリーまたはアヴァロンと結びついているという三点を挙げることができる。

ジョーンズは、初めはギリシャ神話の女神など、他の女神運動の活動家のように、より幅広い地域の女神に関心を示していたが、自国の古い伝承物語を読んだことをきっかけに、イギリスの女神の探究を始める。神話や伝説を読んだり、キリスト教到来以前の古代遺跡を訪れたりすることで得られたインスピレーションを大切にしつつ、想像の翼を広げながら、自分なりの女神の世界を構築していったのである。これは一般的には「創作」といわれる行為である。1－1で新石器時代のヴィーナス像を古代に女神を崇拝していた社会の証拠とみなす主張を紹介したが、イギリスではそのような女神像でさえローマ帝国時代のものを除き、見つかっていない。インドやチベットのように現在でも女神への信仰が見られるわけではないし、ギリシャやローマのように女神の遺跡もほとんど残っていない。そこで想像力の助けを借りつつ、伝説や小説を流用しつつ、創出していったのである［Jones 2006: 1］。

とりわけ利用されたのが、第1章4－1で触れたケルト伝説の「アヴァロン」という異界である。グラストンベリーが外的な世界、普通の人々の目に見える現実の世界を指すのに対し、それと重なるアヴァロンは個人の内的な世界、神秘的な世界を指しているとされており［Bowman 1993: 59］、「アヴァロン」という言葉は、オルタナティヴ・スピリチュアリティに関心がある欧米人には魅惑的な響きがする。そのため、すでに伝説や小説を通して広く知られていた「アヴァロン」が人々に喚起する神秘的な、それでいて魅かれるようなイメージを借用したのだと思われる。しかし、魔法の島アヴァロンは、ケルト伝説の英雄アーサー王が復活の時を待つ場所とされているように、死者が赴く場所であり、「女神の聖地」ではない。そこで、アヴァロンに固有の「アヴァロンの女神」が創造され、ネイティヴ・アメリカン文化の「まじないの輪」の考え方を下敷きに、主にイギリスの伝説に登場する女神や女性がアヴァロンと結びつけられ、グラストンベリーの地形も女神とみなされることで、女神の聖地「アヴァロン」は生まれたと考えられる。

この女神の聖地「アヴァロン」は、女神カンファレンスや女神神殿においても見い出される。3－4で見た女神カンファレンスのコンセプトの中では、他でもないグラストンベリー／アヴァロンという場所に女神がいるから、その女神を称えるためにこの地で女神カンファレンスを開くという関連性が示されている。3－3で見た女神神殿の掲示の中でも、アヴァロンはこの掲示を読んでいるあなたがいるグラストンベリーであり、女神を崇める女神神殿はそのアヴァロンにおける聖なる空間だとされている。宗教表象の恣意的動員による意味体系の構築をルックマンは「ブリコラージュ」［一九七六：一五二－一五三］と呼ぶが、この女神体系も、グラストンベリーの地形や土地の伝説という宗教資源を再構成したブリコラージュといえる。

しかし、なぜグラストンベリー女神運動は「アヴァロン」を借用する必要があったのだろう。それは、ジョーンズの目的の一つが、イギリスではその痕跡さえ失われているように感じた女神の文化の復興だったからだと思われる［Jones 2006: 259］。アーサー王の伝説と結びつくアヴァロンは、かつてグレート・ブリテン島にあった文化を髣髴とさせる。アヴァロン＝グラストンベリーという既存の解釈に便乗しつつ、グラストンベリーが女神の聖地とされたのである。つまり、グラストンベリー女神運動の女神体系の創出とは、アヴァロン伝説を基軸として他の文化も取り入れつつ、イギリスの古い文化を再創出し、再提示しようとする試みだったといえる。

グラストンベリーの聖性の根拠の一つとして以前から定着していた視点を、自らの体系の中に取り込んでしまったグラストンベリー女神運動を、町に暮らす他のオルタナティヴがどのように捉えているのかについて、最後に簡単に述べておく。オルタナティヴは普通、ある場所を聖地とみなす視点をいくつでも受け入れる。聖性の根拠が多ければ多いほど、その場所の聖地としての価値が高まると考えているからである。そのため、グラストンベリーを女神の聖地とする主張も、グラストンベリーの名声をまた一つ高めてくれるものとして好意的に捉えられることが多い。ただし、「女神の輪」や「季節の女神」などのジョーンズ独自の世界観の詳細に通じた人は少なく、女性の聖性を崇めているといった大雑把な理解に留まっている人が大半である。その一方で、最近グラストンベリー女神運動が外部にも広く知られるようになってきたことを受けて、グラストンベリーを聖地とする視点が「女神の聖地」に固定化されるのではないかと危惧を抱く声も少数ながら聞かれた。

4　穏やかな姿勢

本節では、「穏やかさ」というグラストンベリー女神運動の一つの特徴を示すために、従来の女神運動では「敵」とみなされがちだった男性とキリスト教との関係を見てみよう。

まず、ジョーンズ自身の男性とキリスト教についての考えを著書を引用して確認しておく。彼女は、五千年前から断続的にイギリスにやってきた数々の父権的な文化によって変えられる以前の、「概して平和的でペイガンの女神を愛する社会だったと考えられているもの」[Jones 2006: 5–6] を思い出そうと呼びかける。そして、女神と同じく、女性も邪悪とされ、虐待されてきたため、女神の歴史（herstory）を思い出すには女性のほうが有利とし [Jones 2006: 165]、神的存在のジェンダーと人間のジェンダーを関連づけている。ここでいう「父権的な文化」とは、女神運動においては男性中心的な傾向、ユダヤ教やキリスト教、理論的思考や合理主義といった現代の欧米社会で優勢だったり基盤となっていたりする事象であり、彼女はキリスト教や男性と結びつくものを敵視しているように見える。

しかし、「女神はジェンダーをもとに差別するようなことはしない」[Jones 2006: 194]、「父権制により男性も苦しんでいる」[Jones 2006: 165] と男性への理解を示す。そして、これまで男神のみが崇拝されてきた結果、女性性と男性性のエネルギーのバランスが崩れ、世界中に混沌をもたらしている、男性性に偏ったバランスの是正には女神のみの崇拝が必要だと考えており、バランスが戻れば彼女も両方の神を崇拝すると宣言する［Jones 2006: 191-193］。実際、本人が「キリストが再臨すれば女神の人々（女神運動に携わる人々）は皆、喜んでダンスをする」と話すのを聞いたという人もいる。そのため、女神運動の活動家によって見解が異なる男性の女神運動への参加については、彼女は概して肯定的である。

その一方で、キリスト教については直接的に批判するような記述は見られないが、ある著書の祈りの言葉の項に「女神は古めかしい汝（thee's and thou's）といった言葉は求めない」［Jones 2006: 112］と記している。「汝」は聖書の中に頻繁に出てくる古英語であることを考えると、彼女はキリスト教を「おちょくって[24]」距離を置いているといえる。

以下、男性やキリスト教徒との関係がどのように現れているかを、具体的な事例から示していく。

4-1　男性の受け入れ

グラストンベリー女神運動の一連の活動において、男性が参加を制限される機会はほとんどない［河西二〇〇九］。むしろ男性参加者を歓迎し、この女神運動に男性がいることを強調している。たとえば本書冒頭の女神カンファレンスの行進の場面で、女神を担いで行進していたのは男性だった。これは毎年のことであり、ある著書［Jones 2001a］には一九九九年の女神カンファレンスにおいて、女神を担いでいる男性の写真が掲載されているし、口絵に載せた、二〇〇九年にトールの頂上に女神人形を運び終えた誇らしげな男性陣と女神の写真は、同じ構図のものが翌年のパンフレットに使用されていた。女神カンファレンスなので、女性が中心的な役割を果たすと考えていた二十代の女性参加者（大学院生）は、「象徴である女神を男性が担いでいて、びっくりした」と驚きつつも、「女性だけでなく、男性も女性原理を崇めていて、いいことよね」と肯定的な感想を述べていた。二〇〇六年のカンファレンスで、ジョーンズの左腕であるサラがBBCラジオから受けたインタビューを見てみよう。

これは父権的な宗教ではありませんし、ストライキでもありません。(中略) 男性に対するフェミニスト運動でもありません。女神を崇拝する男性を歓迎します。男性も沢山加わっています。今では、プリーステスだけではなく、プリーストも増えています。すばらしいことですよね。女神崇拝の中には純粋に女性だけというグループもあります。(中略) けれど私たちのはそうではありません。私たちは男性にも女性にもオープンです [BBC homepage]。

彼女は自分たちの女神運動がフェミニズム運動ではないこと、男性を歓迎していることを強調している。サラが繰り返し否定している、「ストライキ」の意味について考えてみる。このとき、筆者たちは夕方に行われる小規模の行進が始まるのを待っていた。英語の strike には、「殴り込み」とか「集中攻撃」という意味もあるので、サラはこれから行われる行進がフェミニストの政治的な行進とは違うという意味で、「ストライキ」ではないと主張したと思われる。BBCは英国を代表するメディアであり、またサラは季節の祝祭の主催者の一人で、ボランティアの調整役でもあり、グラストンベリー女神運動にかなり深く関わっている。そのため、この取材の中でサラが話している内容は、グラストンベリー女神運動の推進者が、外部へ提示したいこの運動の姿を示しているといえる。つまり、グラストンベリー女神運動は男性も歓迎している女神運動であると、外部へ広めようとしている。[25]

女神カンファレンスではそれ以外にも、「女神を愛する男性」を称える儀式が行われたり、男性だけのパフォーマンスがあったりして、男性の参加は熱烈に歓迎されていた。筆者が観察した季節の祝祭二十一回のうち十六回は、女神の呼び出し役（第3章2-3参照）を一人以上の男性が務めていた。また、筆者の観察によると、女神カンファレンスだと参加者の一割程度、季節の祝祭だと一〜四割は男性がいて、男性を見かけないことはなかった。このようにグラストンベリー女神運動では、男性の参加は排除されるのではなく、むしろ参加者が多く集う場面で、その存在が前面に押し出されて、強調されるのである。

4-2　キリスト教徒との「交流」

ここでは、イングランド国教会の会館のグラストンベリー女神運動への売却という出来事をきっかけとして生まれた接触を取り上げて、キリスト教徒とグラストンベリー女神運動の人々の関係を示す。

二〇〇八年六月、町をあるニュースが駆けめぐった。町に二つあるイングランド国教会の一方の聖ベネディクト教会[26]が、所有する会館を、グラストンベリー女神運動の人々、正確にはＮＰＯ団体「女神神殿（ＮＰＯ）」に売却することが決まったというのである。この教会は、イギリスの多くの教会と同様、信徒数の減少とそれに伴う収入の減少に歯止めがかからず、教会の建物自体の維持管理もままならない状況だった[27]。教会の所有していた会館を売却すれば、その維持管理費が将来にわたって必要なくなることもあり、後に「女神会館」と呼ばれることになる、この会館を競売にかけ、それで得た収入を教会の修繕と改築の費用に充てることになった。

それを落札したのが、グラストンベリー女神運動の人々だったのである[28]。しかし売却後、ある問題が発覚する。イングランド国教会では、教会だけでなく、教会の付属物である会館も、キリスト教以外の宗教の実践に利用することを制限する決まりがあり、売却したとしても基本的にはその決まりは適用されることになっていた。女神運動側はそのことを知らずに購入したため、会館内で女神運動の儀式や催し物を何も行えなくなるという事態に直面したのである。そこで、女神運動側と教会側は話し合いを重ねに重ね、どうにか妥協点を見出すことに成功した。話し合いに参加した女神運動側の代表者の一人、サラによると、その過程で、女神運動側は教会の人々に自分たちの信仰が反キリスト教的でないこと、イギリスの伝統を尊重し、自然を崇拝していることを説明したそうである。話し合いの席に立ち会ったこの教会の牧師（四十代男性）は、筆者に次のような話をした。

あの人たちは、僕たちとは全く違った方法で信仰をしている。けれど、実際のところ有害ではない。だから、教会の人たちは、魔女とかドルイドとかそんなのじゃなくて、あの人たちに売ってよかった、って言っていた。今では、両者の間にすばらしい寛容性と理解が生まれているよ。

［二〇一〇年三月九日］

この牧師の男性は、会館の売却直後にグラストンベリーに赴任してきた。赴任前、グラストンベリーではオルタナティヴとキリスト教徒が対立しているという噂を聞かされていたのだが、話し合いを機に、少なくともグラストンベリー女神運動の人々とは、そこまで激しく対立しているわけではないことを知ったといえる。(29)

教会側の代表者の一人だった六十代の元教師の女性も、同様のことを語った。

女神の人々とは、前は何の交流もなかったんだけど、教会の会館を売ったことがきっかけで話をするようになったのよ。どんな人たちなのか、前は訝しがっていたんだけど、話してみたら、変わってるけど、物腰は柔らかいし、穏やかだし、いい人たちだった。

［二〇一〇年七月二十四日］

この女性は聖ベネディクト教会に生まれたときから通っている地元民である。女神運動の人々との接触の結果、グラストンベリー女神運動の人々の印象は、「よくわからない人たち」から「いい人たち」に変化している。生じた印象の変化は、コミュニケーションの成立を契機とした地元民であるキリスト教徒が、オルタナティヴの女神運動の人々に対する理解を深めていった過程ともいえる。

では、もう一方の当事者である女神運動の人々はどうだったのだろうか。あるシンポジウム(30)の席で、先述のサラは教会と話し合いを重ねた末に、この会館を女神運動の実践に使えるようになった話を始めた。

私たちと話すことで、キリスト教の人たちは、私たちが何を崇拝しているのか学びました。それは彼らにとってまさに「なるほど」の瞬間でした。

［二〇一〇年九月四日］

このサラのキリスト教徒に対する姿勢は、自分たちはキリスト教についてもよく知っているからそれ以上学ぶ必要はない、一方のキリスト教徒はキリスト教のことしか知らないのだから女神のことを学ぶ必要があるというもので、いささか傲慢である。このシンポジウムに集まっていたのはオルタナティヴが大半だったので、聴衆にキリスト教徒がいないことを前提に話していたと思われるが、それにしてもキリスト教徒への優越感が感じられる発言である。

確かに女神運動を含め、オルタナティヴ・スピリチュアリティに携わっている人の中には、サラをはじめ、キリスト教の私立学校で教育を受けたり、毎週教会に通っていたりしたような人もいる。イギリスでは、学校教育の中で、国内に信者が多い宗教を中心に、宗教について学ぶ時間が設けられているため、キリスト教のことを全く学ばずに成人する人は稀である。そのため、オルタナティヴはときたま、このように自分たちは相手の信仰をよく知っているが、相手は自分たちの信仰に無知であるというような優越的な態度を見せる。

キリスト教徒はグラストンベリー女神運動の人々を「いい人」と評し、グラストンベリー女神運動の人々はキリスト教徒に対し、小さな優越感を抱く。両者の思いはすれ違っているように見えるが、互いに必要以上に近づかない点は共通している。キリスト教徒側は、他のオルタナティヴよりは女神運動の人々に親近感を抱くが、合同で何かをしようとはしない。女神運動側では、かつての女神運動のようにキリスト教に対してあからさまに敵視することはなく、むしろイベントのときに部屋や物品を借りたりすることもあり、良好な関係を保っている。第1章5では、オルタナティヴと地元民が積極的に関わらないことで共存している様子を示したが、本節で見た関係は、オルタナティヴであるグラストンベリー女神運動の人々と、地元民とオールドカマーが主体のキリスト教徒の関係であり、第1章5で示したのと同様の、共存の傾向が見られたともいえる。

4-3　おとなしい人々

女性を抑圧してきたはずの男性を受け入れ、女性を劣位に置いてきたはずのキリスト教徒に対しては「いい人」と言われてしまうような態度で接する。それはなぜなのだろうか。

まず、男性の受け入れのほうから考えてみる。ジョーンズはそもそも、ジェンダーとしての男性と制度としての父権制を分けて考えたうえで、後者を批判する。つまり、女神を崇拝することは男性の排除を意味するのではなく、むしろ包括的な実践だとしている。グラストンベリー女神運動では、生物としての「男性」ではなく、「男性性」「父権制」といった抽象的なイメージを仮想敵とし、「男性」も取り込んでいたのである。また、キリスト教徒に対しては、心の中の思いとは裏腹に相手に好印象を与える態度をもって接することで、キリスト教の資産をトラブルなく利用している。ぶつかるのではなく、協調しようとする姿勢が現れているといえよう。

しかし、このような戦略的な意図の他に、ジョーンズの関心がかつてのような攻撃的な活動から離れてしまっていることも、より説得的な理由として挙げられる。本章2で述べたように、確かに彼女は以前、グリーナム・コモンで座り込みをするような活動的なフェミニストだった。しかし、グラストンベリー女神活動がまとまりをみせていった一九九〇年代には、プリーステス・トレーニングの開始からも窺えるように、その活動の中心は儀式や瞑想を通したセラピーや自己変容に移行している。

このグラストンベリー女神運動の変化については、女神カンファレンスの変容からも窺い知ることができる。本章2で二〇〇二年にコンセプトが自己内省的なものへと大きく変わったと述べたが、展示会中心の以前の女神カンファレンスには、政治的なフェミニズムの片鱗も見られたようである。そのことを筆者に教えてくれたのは、共通の友人を介して知り合った、グラストンベリーを訪問中のアイルランド人女性（四十代、ヒーラー）だった。昔は女神カンファレンスに参加していたという彼女は、今は興味を失ってしまった理由を次のように語った。

> 私が初めて女神カンファレンスに参加したのは、十四年前（＝一九九六年、第一回）。当時は、女性問題を扱うなど政治的でフェミニズムの傾向が強かった。（中略）でも、パンフレットを見る限り、今は軽くて明るい感じになっていて、アフガニスタンの女性［の置かれた状況］について考えたり、議論したりするような場ではなくなってしまったみたい。変わったのは八年ほど前（＝二〇〇二年）かな。その頃、政治性を求める女神運動家たちは、グラストンベリーの女神カンファレンスを去っていった。
> ［二〇一〇年八月三日］

女神カンファレンスの過去のパンフレットは見つからず、閲覧できなかったため、彼女の発言を裏づけることは難しい。しかし、ジョーンズとそのパートナーが編集していた先述の雑誌『アヴァロン』の一九九八年秋号に、その年の女神カンファレンスに関する記事が掲載されていた。この記事は、ジョーンズと親しく女神カンファレンスの運営にも携わっていた女性が執筆しており、ジョーンズから頼まれて書いたと推測される。そのため、当時の運営側の意向が現れていると思われるので紹介すると、たとえば会場に飾られている芸術作品は「女性を崇める芸術、あなたを崇める芸術」[Carey 1998: 18] と表現されているし、講演についても「女性が話し出す」[Carey 1998: 19] と記されている。つまり、女性のパワーを鼓舞するようなフェミニズムの傾向が窺える。その一方で、このアイルランド人女性が指摘する通り、筆者が関わり始めた二〇〇六年以降、女神カンファレンスの中で政治的な女性問題が取り上げられたことは一度もないし、女性の優位性を認めるような表現が使われたこともなかった。講演やワークショップの内容を見る限りでも、政治的問題より自己成長などスピリチュアルな事柄を重視する傾向にある。ジョーンズは脚本執筆の目的を女神文化の「復興」に変えた後も、フェミニズムの側面からの女神への関心を保持していたが、二〇〇二年以降、宗教的な側面へのウェイトが急速に高まっていったと考えられる。これは、結果的にフェミニズムより、スピリチュアリティの側面から女神に関心をもつ人を魅きつけることになった。[31]

要約すれば、ジョーンズの関心の変容がこの女神運動をおとなしくさせている大きな要因として挙げられるのだ。

5　グラストンベリー女神運動の誕生

最後に、グラストンベリー女神運動をグラストンベリーという地域社会と女神運動の中に位置づけて、どのような性格をもつ女神運動なのか示したい。

初めにここまでの議論を振り返る。1では、女神運動がフェミニズムとネオペイガニズムのせめぎ合いから生まれたこと、特にイギリスの女神運動ではネオペイガニズムとの歴史的な経緯から、魔女という象徴を避けていたことを指摘した。2では、グラストンベリー女神運動の創始者は、社会運動の流れの中から生まれたが、文化的な活動を経て、宗教的な実践を生み出していったことを示した。3と4では、その概要を示したグラストンベリー女神運動とは、「アヴァロン」を中心に創出されたイギリス「固有」の文化を提示する、穏やかな実践だったことを記した。

第1章での議論を参考にしつつ、グラストンベリーという地域社会の文脈にグラストンベリー女神運動を位置づけてみよう。町にある伝説や地形と結びつけて、グラストンベリーを聖地とみなすことは、この町では繰り返し行われてきたことで、グラストンベリー女神運動もそうした試みの一つだったといえる。近年のオルタナティヴ・スピリチュアリティの隆盛に限って考えると、グラストンベリーは自国の文化への回帰の中での「再発見」だったと述べたが、グラストンベリー女神運動は、この「再発見」から生まれた実践の一つだったといえよう。またジョーンズのような高学歴のエリートが都会での収入が良く安定した生活を捨て、グラストンベリーに移住し、創作活動に励むこと、血縁ではなく同様に移住してきた人々の間で人脈を築き、自活する手立てをつくりだすことは、オルタナティヴ移住者としては典型的である。つまり、グラストンベリー女神運動は、グラストンベリーという地域社会でオルタナティヴ・スピリチュアリティが盛んになっていく過程の中で生まれていったといえる。それとともに、男性やキリスト教徒を実際に攻撃するような激しさはもちあわせておらず、瞑想やビジュアリゼーションを行う穏やかな性格をもっていたので、町の中でも受け入れられていったと推測される。

一方、女神運動という点から見ると、イギリスの女神を中心としたグラストンベリー女神運動はイギリスにローカル化された女神運動であること、儀式や神殿を伴い、セラピー的なことを重視しているという意味で、個人の内面に向かう宗教的な側面が強いことの二つの特徴を指摘できる。一つ目だが、女神運動は地中海を中心に、インドやネイティヴ・アメリカンなど全世界の女神を一様に取り入れるグローバルな側面が強かったが、グラストンベリー女神運動は女神体系をグラストンベリー、もしくはアヴァロンと結びつけたり、グラストンベリーの土地自体を女神とみなしたりして、イギリスにローカル化している。二つ目の片鱗は、グラストンベリー女神運動に「魔女」が取り入れられていないことに現れている。魔女の「不在」は、女神運動の変容ではなく、そもそも「魔女」がいなかったというイギリスの女神運動に特有の事情がある。それとともに1で指摘した、女神運動が社会運動から宗教的実践へとその性格を変容させている流れに沿っているとも理解でき、宗教的な側面の強い、新たな女神運動の一端だと考えることができる。つまりグラストンベリー女神運動は、女神運動全体の流れと呼応しつつ、ローカル化という独自性をもって生成したといえる。

以上のことから、グラストンベリー女神運動とは、グラストンベリーという地域社会の中でオルタナティヴ・スピリチュアリティが成長していく流れと、変容しつつある女神運動の流れが交差したところに創造された、イギリスという土地に根ざした、内向きな女神運動として理解できる。

もう少し幅を広げて、欧米で現在見られるオルタナティヴ・スピリチュアリティの中に、女神運動はどのように位置づけられるのか、ここでは二点指摘したい。

一つ目は、運動の主導者の多くが女性という点だ。プティック（Puttick）は、女性が宗教の中でリーダーになるルートとして、①男性創始者の後継者となる、②男女で創設する、③女性が創設する、の三つを示したうえで、数少ない③の事例として、本書が取り上げている女神運動を挙げている［Puttick 1997: 176, 195］。他の多くのオルタナティヴ・スピリチュアリティにおいても女性であることは高く評価されるが、実際に牽引しているのは男性であることも少なくなく、女神運動のように女性が指導的地位にあるものは少ないのである。

二つ目は、思想や実践が明らかに創造されたものという点だ。もともと女神運動は、社会運動を推進していくための基盤として形作られたという経緯をもつ。そのため、神話や伝説、小説を組み合わせて、当人にとって整合性がある思想や実践を創り出している側面がある。これはオルタナティヴ・スピリチュアリティの中でも、仏教やインド系諸教のように、既存の経典や指導者の教えに沿って活動しようとする姿勢とは異なっている。

このように女神運動には、女性中心、創られた伝統という特徴が見られる。

ところで、冒頭のシーンに戻るが、なぜ私は私の答えに対するジョーンズの含み笑いを見て、恐ろしいと感じてしまったのだろうか。その日、フィールドノートを書きながら思い当たった一つの理由は、私はそのとき、ジョーンズがその視線の先にアヴァロンにいる女神たちの姿を見ているように感じてしまったからではないかということだ。それまで知っていたのは、他の人々と協働するシーンで活躍する姿だった。そのような場での彼女は宗教的というより、自分のアイディアを社会の中で実現していく実務的な能力に長けた人、言い換えれば私たちと同じ世俗的な世界にいる人に見えて、少し安心しながらインタビューに臨んだ。しかし、一対一で話をしていく中で、本当はかなり深く内面的世界に入り込んでいるのではないかという印象を受けた。家の中にスピリチュアル・グッズが見当たらなかったことも、グッズというモノに頼らないという点で、かえって彼女がスピリチュアルな人に思えてしまったのだろう。第5章4でも述べるが、私はグラストンベリー女神運動に携わる人々と接していく中で、彼らが神的存在としての女神の実在を、どの程度、真剣に信じているのかわからず、悩まされていた。それだからこそ、静かなその佇まいに女神と交信している様子を感じ取ってしまったジョーンズの姿はなおさら新鮮だったのかもしれない。なお、この点については、第6章2でもう一度考える。

続く第3章から第5章では、ジョーンズの女神の世界にやってきたプリーステスたち、つまり筆者が調査中、親しく付き合ってきた人たちを取り上げていく。

註

（1）アメリカの人数は神秘的伝統を取り扱う雑誌『グノーシス』から、イギリスの人数は、著者とイギリスの歴史学者ロナルド・ハットン（Ronald Hutton）との個人的な会話から引用している［Griffin 2000: 14］。

（2）魔女術令は長い間施行されていなかったが、一九四四年にある女性の霊能的な預言行為に適用され、彼女が投獄されたことで、この法律の存在が明るみに出て、廃止された。

（3）文化的な文脈でのドルイドは、特にアイルランドやウェールズでケルト文化復興の担い手として認識されてきたが、それに加えてこの時期から、第1章2－1で触れた宗教的ドルイドの復興も公になされるようになった［中央大学人文科学研究所二〇〇一、原二〇〇七］。

（4）オリジナルは、Women's International Terrorist Conspiracy from Hell（地獄からやってきた女たちの国際テロリストの企み）。変異形としては、たとえば、Women Infuriated at Taking Care of Hoodlums（不良の世話に激怒する女たち）、Women Incensed at Telephone Company Harrasment（電話会社からの嫌がらせに激昂する女たち）、Women Indentured to Traveler's Corporate Hell（旅行会社の地獄と契約を交わす女たち）［Eller 2000a: 34］。

（5）ディレイ（Daly）に影響されたゴールデンバーグの造語である［Goldenberg 1979: 96］。

（6）ケルト暦に基づく八つの季節の祝祭、新月と満月の夜の祝祭、結婚式、命名式など。儀式の内容は、四つの方角と要素（空気・火・地・水）の呼び出し、ビジュアリゼーション、歌、踊りなど。ネオペイガニズムとほとんど同じだが、一部のネオペイガンのように裸で執り行うことは稀である。
（7）スーザン・B・アンソニーは、十九世紀の女性の選挙権獲得運動の活動家である。
（8）米軍による核燃料搭載ミサイルの配備に反対する女性たちの運動で、一九八一年に始まり、二〇〇〇年まで続いたが、活発に活動が行われていたのは一九八〇年代である［リディントン一九九六］。その様子は当時の日本の新聞でも報じられていた。
（9）町の集会所。第二次世界大戦前は住宅として使われていたようだが、戦時中は米軍の社交クラブとして使われ、その後は隣町の靴会社の倉庫となるが、次第に使われなくなっていった。一九六〇年代後半からヒッピーに不法占拠されたため、町が購入し、一九七七年には移住してきたオルタナティヴを中心に信託団体が設立され、一九八七年には町から買い取った。今でもオルタナティヴ・スピリチュアリティ関係のイベントが多く開かれている場所である。
（10）二〇〇二年以降は五日間、二〇一三年からは六日間と期間は徐々に延びている。また、筆者が調査した二〇〇六年と二〇〇八〜二〇一〇年の四年間の参加人数は、いずれも二百人前後だった。
（11）第3章2参照。
（12）本章3－3参照。
（13）例として、女神タラの化身とされる、チベットに嫁いだ唐の皇女、文成公主や、泉の水・妊娠・血統の蜥蜴女神とされる十七世紀のハワイ王女キア・ワヒニが挙げられている［Jones 2006: 4］。
（14）本書で、Lady of Avalon をグラストンベリー女神運動の文脈で使われるときは「アヴァロンの女神」と訳しているのはそのためである。
（15）ジョーンズによると、九人は Thitis, Cliton, Thetis, Gliten, Glitonea, Moronoe, Mazoe, Tyronoe, Morgen la Fay［Jones 2006: 30］。しかし、九人のモーガンの名称は、これ以外にもあるし、人数も必ずしも九人ではない。
（16）アヴァロン島に暮らすアーサー王の異父姉として、イギリスでは広く知られている。一般的にはモーガン・ル・フェイ（Morgen le Fay）と記すが、フランス語の定冠詞で le は男性形であるため、ジョーンズは女性形の la を使用している。
（17）要素と方角の対応は、ヨーロッパの錬金術やオカルトに由来する。季節、色、道具、神々、時刻、動植物なども付け加えられていることがあり、円ではなく表で表されることもある。具体的な対応のさせ方は、神話や伝説の参照と再解釈、そこからの象徴や音の類似を介しての「連想ゲーム」である［Jones 2001a: 30-35］。たとえば、図2-2で北東に配置されているインボルクという儀式にブリジットを女神として対応させたのは、インボルクが伝統的にブリジットを祝う日だからである。ブリジットには火と若い乙女に関連する伝承があり、ブリジットの語源は火の矢（breo-saigit）で、これは空気を切って飛ぶということで、ブリジットの要素は火と空気だとジョーンズは考えた。さらに、ベルテーンという儀式にまつわる伝説に出てくる「リアノン」が、女神として南東に配置され、伝説からリアノンは情熱的だということで、ジョーンズは火と結びつけ、ブリジットとリアノンの間の東の要素が火とされた。このようにして女神と要素を対応させていった。色や動物については、西は夕日が沈む方向なのでオレンジと茶色としたり、伝説の中でリアノンは馬術の名手とされているので、南東に馬を対応させたりしている。

(18) 乙女／処女、母、老婆という女神の三相に恋人を付け加えたのは、ジョーンズ独自の考え。

(19) 二〇一三年、このうちの一軒が女神神殿（ＮＰＯ）直営の女神グッズの店に変わった。

(20) グラストンベリー女神運動の文脈では、イングランド、スコットランド、ウェールズを含むグレート・ブリテン島のことを指す。

(21) 女神、あるいは聖女ブリジット（ブライド）が住んでいたという伝説がある。

(22) 作詞者と作曲者はともに不詳。

(23) 概要は以下の通り（［Jones 2006: 47-72］を要約）。遥か昔、地球（Ertha）が月との卵を宿す。血が流れて、卵が出てくる。地球は卵を生み続け、血は流れ続ける。それが、現在グラストンベリーにある赤の泉（チャリス・ウェル）である。氷河期に入り、白鳥のノラヴァがブリジットの島（ブリテン島）と名づけた島にあるアヴァロンに着陸。氷をつついたら、赤の泉が噴き出し、氷が融け始める。ノラヴァは眠る。その様子を見て、太陽の女神グラーニャが姿を現し、氷は融け続け、海になる。海の神ノーデンがノラヴァと出会い、二人はセックスをして、ノラヴァは妊娠する。ノーデンは海に還る。インボルクの頃、ノーデンの立ち会いのもと、ノラヴァはブライドの塚の方向に娘を生む。かなりの難産だったが、九人のモーガンと名乗る、九羽の黒カラスに助けられた。ノラヴァの母乳は流れ、白の泉になる。二人は沢山の子供をつくる。年月が経ち、年老いたノラヴァはソーウィンの頃にはトールの下の洞窟にこもるようになる。入り口は息子のグウィン・アップ・ニュッズが守っているが、一年に一回、魂を集めに出かけ、その魂はノラヴァの大釜に入れられて、変容する（ウェールズには、トールの下に妖精王グウィン・アップ・ニュッズがいて、魂を集めているという伝説、ソーウィンの女神とされるケリドウェンと大釜にまつわる伝説がある）。新石器時代になり、女神を愛する人々が巡礼にやってきた。その後、海水面が上がり、アヴァロンは島になった。ノラヴァはアヴァロンの女神、湖の女神として知られるようになる。古代のレイク・ヴィレッジの人々、ドルイド、アリマテアのヨセフとキリスト教徒、アーサー王などもやってくる。父権的宗教の席巻により、ノラヴァは忘れられていく。しかし、人々は気づかなくても、彼女の恩恵を受けている。今、ノラヴァに会いに来る人も増えている。私たちが思い出したから、アヴァロンの女神は蘇った。

(24)「おちょくる」という表現は口語的で、学術書にはふさわしくないとお叱りを受けるかもしれない。しかし、ここで取り上げた著書中の文章表現だけでなく、講演やイベントの場での話し方や振る舞い方を併せて考えても、ジョーンズのキリスト教に対する態度として、この言葉以上にふさわしい日本語表現を筆者は思いつかない。そのため、「不適切」との批判を承知のうえで、あえて使用している。

(25)正式名称は「女神を愛する男性を崇める儀式」で、概要は以下の通り。百四十人ほどの女性が会場であるホールにて、二列になって蛇のような曲線を描いて並ぶ。男性は目を閉じて、女性たちの間を歩いていく。女性は男性の体に触れたり、「あなたはとても美しい」などの言葉を囁いたり、抱きしめたりする。最後に、女性たちが歩き終わった男性たちを取り囲み、「あなたは女神に対してとても美しい」と歌って終わる。

(26)グラストンベリーにはイングランド国教会の建物は二つある。ハイ・ストリートにある大きいほうが聖ジョン教会で、中心から少し奥まったところにあるのが小さいほうの聖ベネディクト教会である。以前はそれぞれの教会に牧師がいたが、一九八〇年代半ば、信者の減少を理由に、後者が前者に吸収される形で、前者の牧師が後者も管轄するようになった。

(27)第1章1－2で述べたように、キリスト教離れが進むイギリスでは、会員数の減少により、教会や会館の維持管理が経済的に難しくなり、売却することは珍しくない。住居として改築される他、イスラームなど勢力を伸ばしつつある宗教の団体が購入するケースも見られる。

(28)この建物の購入額十八万ポンドのうち、十万八千五百ポンドを銀行から借り、残りの七万一千五百ポンドは、ジョーンズとそのパートナーからの四万ポンドをはじめとする個人からの寄付金と、物品やワークショップから女神神殿が得ていた収入で賄った。

(29) この牧師は「教会のサービス中に呪いをかけられたことがある」と言い、黒魔術を行う邪悪な黒魔女の存在を信じているようだった。女神運動もそのような類のものだと考えていたようである。ネオペイガンに言わせれば、彼の「魔女」や「ドルイド」のイメージは、キリスト教徒の偏見そのもののイメージである。筆者の知る限り、「魔女」や「ドルイド」と名乗っている現代のネオペイガンは、そのようなことはしない。黒魔術については、実際に出会ったことはないが、行っている人はいるかもしれない。ただし、彼がグラストンベリーで会ったという「黒魔女」は、グラストンベリーに目立つ精神的な問題を抱えた人ではないかと筆者は個人的には思う。

(30) 二〇一〇年九月四日、グラストンベリーのいろいろな立場の人が集まって議論するというシンポジウムが開かれた。五つのパネルにつき三人ずつが招かれ、そのうちの一つがスピリチュアリティに関するパネルで、サラや第1章5－2で取り上げた合同改革教会の女性信徒がパネリストだった。

(31) これまで発言の機会を与えられてこなかった女性が話し出す、という意味で、フェミニズムでしばしば用いられる表現。

コラム2 スーフィーでいこう！

アルワラサリアラー　モハメディモアラー

一人ぼっちの帰り道、つい口ずさんでしまう、こんなフレーズがある。おまじない？　魔法の言葉？　いや、イスラームの「お経」コーランだ。

グラストンベリー滞在中、私はいろいろな宗教関係のグループに顔を出していた。その一つがスーフィズムだ。スーフィズムは一般的にはイスラームの一つの流れとして捉えられる。オルタナティヴには、自らの精神的な糧になるような言葉を語ってくれる「スピリチュアル・グル」を求める者が少なくないが、スーフィズムの聖職者とでもいうべきシェイク（シャイフ）を、その「グル」とみなし、魅かれていく者がいるのだ。

グラストンベリーの中心部にある菫色のスーフィー・チャリティ・ショップ。窓の外には、エキゾチックな柄のスカーフが無造作に放り込まれたかごが三つほど吊り下げられている。ドアを開けると、シャリンシャリンとドアベルが鳴る。店内は薄暗い。菫色の壁のせいかもしれない。耳慣れない低音のメロディがテンポよく流れている。中東のポップスなのかもしれない。

店内には、古着や擦り切れた文庫本に加え、コーランの書かれた額やイスラームのお守りが置いてある。壁のポスターは、この店の売り上げが、アフリカの子供を支援する事業に使われていると説明している。窓際にはテーブルと椅子が三脚置かれ、天井から灯りでもある地球儀が低くぶら下がっている。

奥の椅子には、黒い布で全身を覆った、異様な雰囲気の西洋人女性が座っている。この服装と、青いアイシャドウで縁取られた目のせいで、怖そうな印象を受ける。少しでも親しくなった人は、その厳しさの中にある優しさに心魅かれるのだが。

スーフィーの女性だけのジッカ
（2009年3月25日）

スーフィー・チャリティ・ショップ
（2014年10月9日）

彼女こそ、この店のオーナーにして、グラストンベリーのスーフィーの取りまとめ役である、スウェーデン出身のレイ（五十代）だ。手前の椅子に座ると、「いらっしゃい。時間はあるの?」と尋ね、いつものように温かいハイビスカスティをとくとくと注いでくれた。

「ちょっと店番しててくれる? 隣のケバブショップに用があるから」

そう言って立ち上がると、外に出て行ってしまった。誰もいない静かな店内。紫色のお茶はかなり酸っぱい。でも、飲みつけるともう一杯ほしくなる。

私がグラストンベリーで出会ったスーフィズムは、北キプロスに住むシェキ・ナーゼム（第1章2-1のシャイフ・ナジームの英語読み）を中心とするナクシャバンディ・ハッカニーヤ教団だ。彼らがイギリス、そしてグラストンベリーに拠点を置いた理由は面白い。

先代のシェイクは亡くなる直前、シェキ・ナーゼムに対し、毎年ラマダーン（断食月）の時期、イギリスに行くように命じた。イギリス王室はムハンマドとモーゼというイスラームとユダヤ両方の聖なる血筋を引いているため、キリスト再臨の際には必ずイギリスを訪れるし、イギリス王室が重要になるというのがその理由である。そこで一九七四年、シェキ・ナーゼムはロンドンを拠点としてヨーロッパでの布教活動を始める。彼はヨーロッパ人がイスラームになじみがないことを考慮して、自分たちの教えがイスラームであることは強調せず、改宗も強制しなかった。この戦略が功を奏したのか、現在、欧米での布教に最も成功した教団といわれている。

グラストンベリーとの関係は一九九九年に始まる。この年、シェキ・ナーゼムは初めてこの町を訪れ、グラストンベリー修道院を見学した。あまり知られてはいないが、この修道院跡の敷地には、キリストの足跡が残っているとされる石がある。イスラームでも預言者の一人とされるキリストの来訪伝説を知ったシェキ・ナーゼムは、「ここはイギリスで最も神聖な場所だ！　イギリスのスピリチュアルな心だ」と叫んだらしい。そして弟子の一人に、グラストンベリーに移住して、スーフィズムを広めるための店を持つように指示した。

この弟子というのが、ハイビスカスティをくれたレイだ。

店に戻ってきたレイは、「ハラール」の肉を注文してきたと言う。グラストンベリーにはハラール、つまりイスラーム法に沿って処理された肉を扱う店がないため、隣でケバブショップを開いているトルコ人に、ときどき購入を頼んでいるそうだ。

「明日のジッカはうちで開くよ。来られる？」

こくんとうなづく。

「スカーフ、忘れずに持っていくね」

「スカーフより、足をどうにかしなさい」と、いつものようにショートパンツを注意される。へへっとごまかして、店を出る。

翌日、私はグラストンベリー郊外の村にあるレイの自宅にいた。ズィクルとも呼ばれるジッカ（zikr）は、コーランや神の名などを繰り返し唱えることである。グラストンベリーでは男女混合の集まりもあるが、平日の昼間に開かれるこのジッカは、女性だけの集まりだ。五人ほどしか来ないときもあるし、十人以上が集まるときもある。

ビスミラヒラマニラヒン
アルハンドゥリラー
ヒラマニラヒマリキヨミディン

初めに車座になって、一時間ほどコーランを唱える。女性ばかりなので、その詠唱はりんりんりんと鳴る鈴のような響きで、クリスタルのような透明感がある。このコーランのきれいな音色が、彼らのグループに足繁く参加するようになった一つ目の理由だ。

詠唱に続いて、中央に置いてあった水差しが回される。フッと息を吹き入れ、次の人に回す。一周回すと、その水をコップについで、一口ずついただく。

「コーランはムハンマドの時代から、どの国の人でも、アラビア語で唱えている。だから、とても神聖で力のある言葉なの。唱えた後の口の中には沢山の天使がいるから、こうやって水の中に入れて、それをいただくんだよ」とレイが説明してくれる。

このグループに通い始めた頃、早くコーランを唱えられるようになりたくて、「紙に書いて」とレイにせがんだことがある。けれど、「その必要はありません。イスラームの国の子供のように、耳から覚えなさい」と断られた。そのときは絶対無理!と思ったが、自分でも驚いたことに、数ヶ月後にはいくつか唱えられるようになっていた。彼女の言う通り、特別な力をもつ言葉なのかもしれないと思った。

さて、このグループが他のオルタナティヴ・スピリチュアリティと大きく異なるのは、常連の参加者にアジアのイスラーム諸国出身の女性が数人いたことだ。「スピリチュアル・グル」を求めるヨーロッパ人とは異なり、彼女たちは自らの育ったイスラーム文化のうち、自分に合うものとして、このグループを選んでいるようだった。

コーランを唱えていた部屋の床に敷かれた布の上に、夥しい量と種類の食事が並べられていく。ビーフカレー、ライス、サモサ、野菜サラダ、チャーハン、キッシュ、クラッカー、みかん、ゼリー、ケーキ……。手作りでおいしそうなもののほとんどは、(私以外の)アジア人女性が持ち寄ったもの。単品や出来合いのものは大抵、ヨーロッパ人女性（と私）が持ってきたもの。取り分けているると、レイがカルダモン入りのコーヒーを台所から持ってきて、一人ずつ注いでくれた。アクセントのある芳しい香りが広がる。

コーランの後は持ち寄った食事とおしゃべりを楽しむ。私が通い続けたもう一つの理由は、このおいしいランチだ。アジア人女性が多いと、食事のバラエティが格段に豊富になるので、ヨーロッパ人女性（と私）はひそかに楽しみにしている。（私以外の）アジア人女性はお互いに料理の腕を競っている節があり、自分が一番称賛されることをひそかに期待する。ランチの後に、午後の礼拝をして帰るのがいつものパターンだ。

この日のランチのとき、レイは来年ハッジに行こうと思っている、と言い出した。ハッジとは聖地メッカへの巡礼で、イスラーム教徒しか行けないとされている。にもかかわらず、彼女は思わぬ提案をした。

「エリコも一緒にどう？」

そう誘われても、イスラーム教徒ではない私には行く資格がない。しかし、レイはそうは考えなかった。

「神（God）を信じている？」

「うん、まぁ」

「ムハンマドは預言者の一人だと認める？」

「うん」

「じゃあ、あなたはムスリム（イスラーム教徒）よ」

「えーっ？　でも私、スカーフしないし、食事の決まりだって何も守っていないよ？」

「聞きなさい。そんなこと、知ってるよ。でも、そういった表面的な規則を守ることが大切ではないでしょう。大体そんなの守っていないムスリムなんて、沢山いる。大事なのは心。心根がよいかどうかでしょう」

「でも、そんなこと言ったら、大抵の人はムスリムなんじゃないの？」

「そうよ、それが何か問題？」

返事に詰まった。彼女の寛容な定義において、私はどうやらムスリムらしい。

この話にはもう少し続きがある。私はグラストンベリーでの滞在を終えた後、イスラエルのエルサレムに行ってみようと思いついた。グラストンベリーが「ニュー・エルサレム」と呼ばれていることを受け、オリジナルに興味をもったのだ。

するとレイは、「エルサレムのある場所にはね、ムスリムしか入れない時間帯があるの。観光客が入れる時間とでは全く雰囲気が違うから、絶対その時間に行きなさい」と勧めるのである。しかし、彼女がいくら私をムスリムだといっても、それは中東では通用しないのではないか？　半信半疑のまま、エルサレムに着いてから、その岩のドームへ行ってみた。入り口には銃を担いだ、怖い顔の男性兵士が三人もいた。


「あの、入りたいんですけど……」

「観光客の時間まで待ちなさい」

「ムスリムは入れるって聞いたんですけど……」

「君がムスリム？」

私の風貌を上から下までじろりと見た兵士たち。

「証明書は？」

ここで、レイのムスリム定義を訴え、教わったコーランを片っ端から唱えてみた。コーランは認めてくれたが、私の言い分には聞く耳をもたず、案の定、相手にされることはなかった。その結果をレイにメールで報告したら、「形式にばかり捕らわれて……」と残念がる返事が返ってきた。


意味も理解しないままにコーランを唱えている自分が、形式ではなく、心が大切と言ってくれたレイの「ムスリム」観に適っているのかは、今でもよくわからない。しかし、暗い夜道を歩くとき、よくないものから守ってくれる気がして、やはり気づけば「アルワラサリアラー」と口ずさんでいるのである。

第 2 部

グラストンベリー女神運動にみられるつながり

Triple Goddess

©Gwen Davies

第3章 排他的な共同性

ある冬の晩、雪がすっかり融けてしまい、滑る心配がなくなった夜道を、私は女神会館に向かって走っていた。寒い。ここ数ヶ月積もっていた雪のせいで、氷の粒が空気中を漂っている気がする。外に出るだけで、骨の芯まで凍ってしまいそうだ。

角を曲がると、会館の前にハーブを燻した煙で清めてもらう順番を待っている、二、三人の短い列が見えた。ぎりぎり間に合いそうだ。

お清めの煙で咳が出そうになるのを押さえながら、会館に入る。そこにはすでに六十人ほどが集まっていて、中央の円い祭壇の周りに車座になっていた。祭壇には紫の太いろうそくが一本と小さなろうそくが八本。灯りはそれだけなので、室内は薄暗い。それでも、目を凝らして見ると、何人かの顔が見分けられた。皆、目を閉じて軽いトランス状態に入っているようだ。

暖房はあるが、薄寒い。コートを着たまま、空いているところに座る。私たちの周りを薄紫の衣装も美しいプリーステスたちが取り囲み、ウーと低い声で唸りながら、楽器を手に共鳴音を奏でている。ぼんやりとした暗がりの中を、音の波がゆらーり、ゆらーりと上下しているかのようだ。お寺の本堂で仏さまと向き合ったときのような、静かな緊張感が張り詰めている。

七時半頃、一人の女性がしずりしずりと正面に出てきて、「みなさん、ようこそ」と厳かに話を始める。彼女から、今夜はみんなで一緒にアヴァロン島へ旅をし、女神に出会うというような説明を受ける。「左手を隣の人の右肩に置きましょう。楽になって。リラックスして。肩の力を抜いて。目を閉じて」。滑らかなその声のままに、人々は瞑想を始めるようだ。その肢体は弛緩していき、低い音の波とおぼろげな暗がりと相まって、ゆらゆらと立ち込める蜃気楼のごとき光景だ。彼女の語りに合わせて、一人ひとりが情景を思い浮かべることで、女神の暮らすアヴァロン島への旅に出る。

空想の中で、私たちは白い霧がかかった湖の岸辺にいた。そこにはぽつんと一艘の小舟が停泊している。バランスをとりながら乗り込むと、湖面を滑るように動き始める。霧が深く、視界は悪い。どこまでも静かな湖。そんな無音の濃い霧の中を、船は行き先を心得ているかのように、すーっとまっすぐに進んでいく。

……。

しばらくすると、霧が少しずつ晴れていき、その向こうにかすかに島が見えてきた。アヴァロン島だ。

「島に到着しました。目を開けてください」。指示に従い、ゆっくりと目を開く。すると、正面のステージから白い靄とともに、「アヴァロンの女神」が姿を現す。紫色のゆったりとした衣を着けて、頭に白い角を生やした「女神」は私たちを見据えながら、短い言葉で力強く語りかけてくる。「自分の人生は自分で選びなさい」、「己自身になりなさい」、「自分を愛しなさい」、「あなたは美しい」

一段落すると、先ほどのプリーステスたちが、火を灯したろうそくを人々に配り始める。一つもらう。これは「アヴァロンの火」だと厳粛に説明される。人々は微動だにせず、口も閉じたままだ。「女神」の合図で一斉にその火をふっと吹き消す。気づいたら、「女神」はステージから姿を消していた。「帰りましょうか」と、初めの女性に促され、一同、再び目を閉じて、霧の深い湖を舟で渡る空想に耽る。

「元の岸辺に戻ってきました」と言われ、目を開く。腕時計を見ると、一時間ほどが過ぎていた。室内に灯りが点され、部屋全体が明るくなる。「旅人」たちは、いつの間にか固くなっていた体をほぐしながら、近くの人たちとひと言ふた言、言葉を交わす。張り詰めていた空気が少しずつ緩んでいくのがわかる。それと同時に忘れていた肌寒さが身に染みてくる。

帰りがけ、出口にいた女性にコインを渡し、軽く挨拶をする。そして、しんしんと冷える中を、足早に家路についた。

【二〇一〇年二月二十七日、アヴァロンの女神に捧げる祝祭】

楽しかったけど、何だかよくわからない儀式だったなというのが、修士課程の頃、グラストンベリー女神運動の儀式に、初めて参加したときの私の率直な感想である。冒頭で示したようなグラストンベリー女神運動の儀式は、予備知識なくただ参加した人々を戸惑わせる。アヴァロン島への往復のため行った、瞑想の中でイメージを創り上げるビジュアリゼーションのやり方や、ジョーンズが扮していた「女神」の正体など、儀式の中での行為や象徴の意味がよくわからないのである。こうした戸惑いは、異文化の儀式に参加する人類学者にとっては当たり前のことであり、それを解きほぐしていくことが人類学者ではないかと怒られるかもしれない。しかし、不特定多数の人が参加する他のオルタナティヴ・スピリチュアリティの集まりでは、大抵、行為や象徴の意味が前もって説明される。そのため、参加者全員がそれらの意味を知っていることを前提として進んでいく、グラストンベリー女神運動の儀式は不親切な気がする。

第2章では、グラストンベリー女神運動がグラストンベリーのオルタナティヴ・スピリチュアリティの発展と、変容していく女神運動がクロスしたところに誕生した、イギリスの女神を中心とする内向的な女神運動であることを示した。続く第3章から第5章では、当事者の織り成す実践に目を向けながら、グラストンベリー女神運動に携わる人々の関係性、つまり、つながりのあり方を明らかにしていきたい。そのための作業として、まずグラストンベリー女神運動にやってくる人を眺め（第3章）、続いて参加者の話に耳を傾け（第4章）、最後に彼らの相互関係の間に分け入る（第5章）。

本章ではまず、グラストンベリー女神運動への関わり方の程度が一様でないことを記述し、儀式の場において「積極的な参加者」と「一時的な参加者」の間に隔たりがつくりだされていることを指摘する。そのうえで、グラストンベリー女神運動が「積極的な参加者」にとって、互いの間に共同性を獲得する場であることを示す。

1　女神運動に携わる人たちの履歴書

初めに、グラストンベリー女神運動への関わり方に見られる三種類のパターン、二〇一〇年時点で積極的に参加していた人たちの属性、および運営のされ方を検討していく。

1－1　関わり方の温度差

「グラストンベリー女神運動に関わる」とは、女神神殿を訪れたり、女神カンファレンスに参加したりすることの他に、儀式や講座などの催し物、そして女神神殿や女神会館の掃除や模様替えなどのボランティアに参加することだといえる。これらの催し物やボランティアには、一部を除いて誰でも参加できる。

講座の中で特に重要なのが、第2章2でも触れたジョーンズの女神についての考え方を体系的に学ぶことができる「プリーステス・トレーニング」である。講座は一年単位だが、三年間で正式に修了する。ただし、二年目、三年目を受講しない人もいる。受講料が一年に八回で八百ポンドかかるうえ、年間を通して、日記をつけたり、女神に関係するものを作ったり、女神に関係する場所を訪れたり、定期的に瞑想をしたりと、課題をこなすのも大変である。一年目修了で「シスター／ブラザー・オヴ・アヴァロン」、二年目修了で「プリーステス／プリースト・オヴ・ゴッデス」、三年目修了で「プリーステス／プリースト・オヴ・アヴァロン」と呼ばれる。ただし1－3でも軽く触れるが、名称の違いがグラストンベリー女神運動内の地位の高さに結びつくわけではない。さらに言うと、実際にはプリーステス・トレーニング一年目を受講中から「プリーステス」と呼ばれることもあり、「プリーステス」という呼称は、プリーステス・トレーニングを受講したかどうかの指標だともいえる(1)。

このような講座があることを踏まえたうえで、グラストンベリー女神運動への関わり方に注目しながら参加者を分類すると、次の三つに分けることができる。

①オルタナティヴ・スピリチュアリティやネオペイガニズムに関心があり、女神神殿を訪れたり、グラストンベリー女神運動の催し物に参加したりする人。しかし、グラストンベリー女神運動自体に特別な関心があるという

わけではなく、プリーステス・トレーニングも受講していない。一度しか関わらない観光客から、ときどきやってくるような観光客および町の住人までいる。以下、「一時的な参加者」と呼ぶ。

②プリーステス・トレーニングの受講者だが、この講座をグラストンベリー女神運動の講座というより、オルタナティヴ・スピリチュアリティのワークショップの一つと捉えている人。多くはグラストンベリーの外に暮らし、プリーステス・トレーニングのとき以外に、グラストンベリー女神運動と直接関わりをもつことは少ない。

③グラストンベリー女神運動の催し物やボランティアに積極的に参加したり、自分でワークショップを開いたりしていて、他の参加者からも名前をよく知られている人。プリーステス・トレーニングを受講したプリーステスが大半だが、あえて受講せずに定期的に関わり続けている人、プリーステスの家族として関わり続けている人もいる。以下、「積極的な参加者」と呼ぶ。

本書の主眼は、グラストンベリーで見られるグラストンベリー女神運動にあるので、ここでは①の「一時的な参加者」と③の「積極的な参加者」を考察の対象としていく。

なお、「プリーステス」を単純に積極的な参加者としなかったのは、プリーステス・トレーニングの受講生でも、女神カンファレンスや季節の祝祭に参加しない人もいるなど、トレーニング以外での関わり方は様々であるし、受講修了後、音信不通になる人もいるからである。その理由は、「プリーステス」とは受講者や講座修了者の呼称にすぎず、それを名乗ることに何の義務もタブーもないからだと考えられる。

さて、③のような積極的な参加者は、グラストンベリー女神運動の特徴を示してくれる人々と考えられる。そこで「積極的な参加者」を特定するため、次の1～3のような選定の基準と方法に基づいて、筆者が滞在していた二

○一〇年の時点での「積極的な参加者」を選定した。なお、調査の全期間を通じて、積極的な参加者の顔ぶれはかなり流動的だった。

1、プリーステス・トレーニングを受講したか。そうでなくても、催し物によく参加したり、女神神殿で定期的にボランティアをしたり、グラストンベリー女神運動の女神体系をプリーステスと同程度、熟知していると考えられるか。

2、ワークショップを開いたり、女神カンファレンスなどのイベントの運営に携わったり、グラストンベリー以外の場所で活動したりして、人々の話題に頻繁にのぼるという形で、その存在がグラストンベリー女神運動の中で広く認識されているか。

3、季節の祝祭や女神カンファレンスなどの、大人数が集まる大規模な催し物によく参加しているか。そうでなくても、メーリングリストやフェイスブックを通じて、他の人々と積極的に交流を図っているか。

上記1～3の基準に従って、筆者が収集した女神カンファレンスや季節の祝祭をはじめとする、大小様々な催し物の参加者の記録から、繰り返し参加している人たちを選び出した。そのうち、調査中筆者が耳にした人々の会話の中で全く話題になっていないうえ、催し物の運営を担っていない人は除外したリストを作成した。

そのうえで、筆者の観察から漏れている人を追加するため、女神神殿のメリッサ用とグラストンベリー在住者用の二つのメーリングリストの登録者を調べた。リストにない人の場合、まずメーリングリストに活発に投稿しているか確認した。次に、女神運動に関わっている人はフェイスブックの利用率が非常に高いことがわかっていたので、フェイスブックの該当者のページを見て、「友達」リストに女神の人々が多数登録されているか、書き込みの具合やアルバムにアップロードされた写真から他の人々との交流があるかどうかを確認した。メーリングリストとフェイスブックの両方から、該当すると思われる人をリストに追加した。

なお、「積極的な参加者」を筆者の判断で選定したのは、プリーステスを網羅したリストのようなものがなかったからである。第5章で取り上げるプリーステスを中心とした集まりである話の共有でさえも参加者は一定していないなど、固定メンバーによる継続的な活動が見られない。オルタナティヴ・スピリチュアリティの集まりにはよくあることだが、グラストンベリー女神運動に関しても、人々は目の前に用意された様々な催し物の「カタログ」の中から、自分に関心があるもの、スケジュールに合うものを選び、参加するという形で関わっている。このように個々人の運動への関わり方は流動的なので、「プリーステスの名簿」は存在せず、その人数はジョーンズすら把握していなかった。また、現在はメーリングリストとフェイスブックを主要な連絡や交流の手段として用いているが、女神神殿のメリッサ用、グラストンベリー在住のプリーステス用、プリーステス・トレーニング受講者用などいくつもあり、そのどれもがグラストンベリー女神運動を代表しているわけではない。そのうえ、積極的に関わらなくなった人でもメーリングリストからわざわざ削除しない場合もあるし、該当するのに登録されていない人もいる。選定の妥当性については問題もあるだろうが、「積極的な参加者」の属性を明らかにする必要もある。苦肉の策ともいえる独自の基準を設けたのは、以上のような理由による。

このような作業の結果、二〇一〇年の時点での積極的な参加者は、ジョーンズも含め百十九人だった。その内訳は、プリーステス八十九人、上記の一人がオランダで始めたプリーステス・トレーニングの受講者（以下、オランダのプリーステス）三人、女神神殿の定期的なメリッサ（ボランティア）などプリーステス以外の関係者六人、プリーステスの家族十三人、その他八人である。なお、オランダのプリーステスは、通常はグラストンベリーのプリーステス・トレーニング受講者と同等に扱われる。また、プリーステス・トレーニング未受講のプリーステスの家族のうち、女神神殿のメリッサをするなど、プリーステスである家族がいなくても、自分から積極的に関わっている人は、「プリーステスの家族」ではなく、「プリーステス以外の関係者」に含めた。

1-2　参加者の横顔

ここでは、性別、同性愛者、年齢、居住地、人種、学歴、収入源、ライフスタイルについて見ていく。このうち、居住地と収入源については、第4章の分析に用いている。

グラストンベリー女神運動の一つの特徴は、第2章4-1で述べたように、女神運動のわりに男性が多いことである。実際、積極的に参加している百十九人中男性が二十人と全体の一六・六%を占めている。ただし、プリーストに限ると、九十二人中八人で八・七%まで下がる。それは、男性はパートナー（配偶者または恋人）ともに、家族として参加している人の割合が高いからだと考えられる。また、プリーストでも先に受講していたパートナーに影響されて、プリーステス・トレーニングの受講を決める男性が少なくなく、自分から積極的に関わろうとする男性は少数派ということを考えても、女性中心の実践であることは否めない。

ラウンツリー［Rountree 2004］は、ニュージーランドの場合、レズビアンが少なくなかったと述べているが、グラストンベリーの場合、三人と少ない。ジョーンズが異性愛者であること、参加者に男性が目立つことから、レズビアンにはこの女神運動があまり魅力的に映らないのだと思われる。なお、男性から女性に転換したトランスジェンダーが一人いた。

表3－1では積極的な参加者を居住地別に分類している。国内では、グラストンベリーとその生活圏内にある町村[2]に暮らす人が四十三人と最も多く、次いで、イングランド南西部地方や南ウェールズなど、日帰り可能な近隣地域（二十五人）、そしてロンドンも含め日帰りは難しい地域になっている。グラストンベリーとその周辺地域、日

表3－1　グラストンベリー女神運動の積極的な参加者の区分と居住地（2010年）

居住地	積極的な参加者の区分	人数（人）	
グラストンベリーと周辺町村	プリーステス	28(2)	43(8)
	オランダのプリーステス	1	
	プリーステス以外の関係者	4(2)	
	プリーステスの家族	7(4)	
	その他[(2)]	3	
近隣地域[(1)]	プリーステス	19(3)	25(6)
	プリーステス以外の関係者	1(1)	
	プリーステスの家族	5(2)	
ロンドン	プリーステス	9(1)	10(1)
	その他[(3)]	1	
それ以外のイギリス	プリーステス	9	13(3)
	プリーステス以外の関係者	1(1)	
	プリーステスの家族	1(1)	
	その他[(4)]	2(1)	
海外	プリーステス	24(2)	28(2)
	オランダのプリーステス	2	
	その他[(5)]	2	
	合　計		119(20)

＊（　）内は男性の数

(1)南西部地方と南ウェールズ。
(2)ジョーンズの古くからの友人たち。
(3)ロンドンに暮らすプリーステスたちとともに、ロンドンでグラストンベリー女神運動の儀式やワークショップを企画運営している女性。
(4)女神カンファレンスとマドロンの日（プリーステスやメリッサの親睦会）の常連の老夫婦。ジョーンズのワークショップ「ブリジット・リトリート」を受講した。その受講修了者は、「プリーステス・オヴ・ブリジット」を名乗ることができ、夫婦もそう名乗ることもある。
(5)１人は第１回女神カンファレンスからほぼ毎年参加し、受付を担当している、カナダ在住の女性。もう１人は、ジョーンズの著書に強い影響を受け、女神神殿やプリーステス・トレーニングなどグラストンベリー女神運動と同様の活動をしているアメリカ在住の女性。

帰りで来られる距離に住む人のほうが来やすいため、活発に活動するのは当然で、そのような人たちの家族の参加率が高いのも頷ける。

海外在住者二十八人の内訳を示すと、言語を同じくするアメリカからの参加者が七人と最も多い（一人はアイルランド人）。ただし、その国の全人口を母数とした割合で考えると、イギリスに比較的近いオランダからの六人が高い。その他、ドイツとスペインがそれぞれ三人（両国一人ずつはイギリス人）、スウェーデンとカナダがそれぞれ二人（カナダの一人はイギリス人）、イタリア、フランス、アルゼンチン、オーストラリア、エジプトがそれぞれ一人となっている（エジプト在住者はハンガリー人）。プリーステス・トレーニングには通信講座も設けられているため、外国人の受講も増えていて、その中にはグラストンベリーと行き来しつつ、母国で積極的に活動している者もいるのだ。

次頁の表3－2は、表3－1で挙げた人々の年齢を全体、プリーステス（オランダのプリーステス含む）、グラストンベリー在住のプリーステスに分けて表したグラフである（年齢不明の一人を除く）。十代のプリーステスがいないのは、プリーステス・トレーニングの最低受講可能年齢が十八歳だからである。また、全体的に十代が少ないのは、直接の会話や、集まりでの歌や踊りなどに参加している様子から、親に無理やり連れて来られているわけではなく、本人も女神に関心があることが観察できた子供たちのみをカウントしたからである。なお十歳未満の幼児や子供は、頻繁に参加していても本人の意思かどうかを確認しづらいと考え、人数には含めていない。

全体としては四十代が一番多く三十八人であり、次いで五十代の二十七人、三十代の二十二人と続き、山型のカーブを描いている。これはオルタナティヴ・スピリチュアリティ一般に見られる傾向である。第4章で見ていくように、特に女神運動では伴侶との離婚や死別など、人生の危機に陥ったとき、女神運動に関わるようになる人が

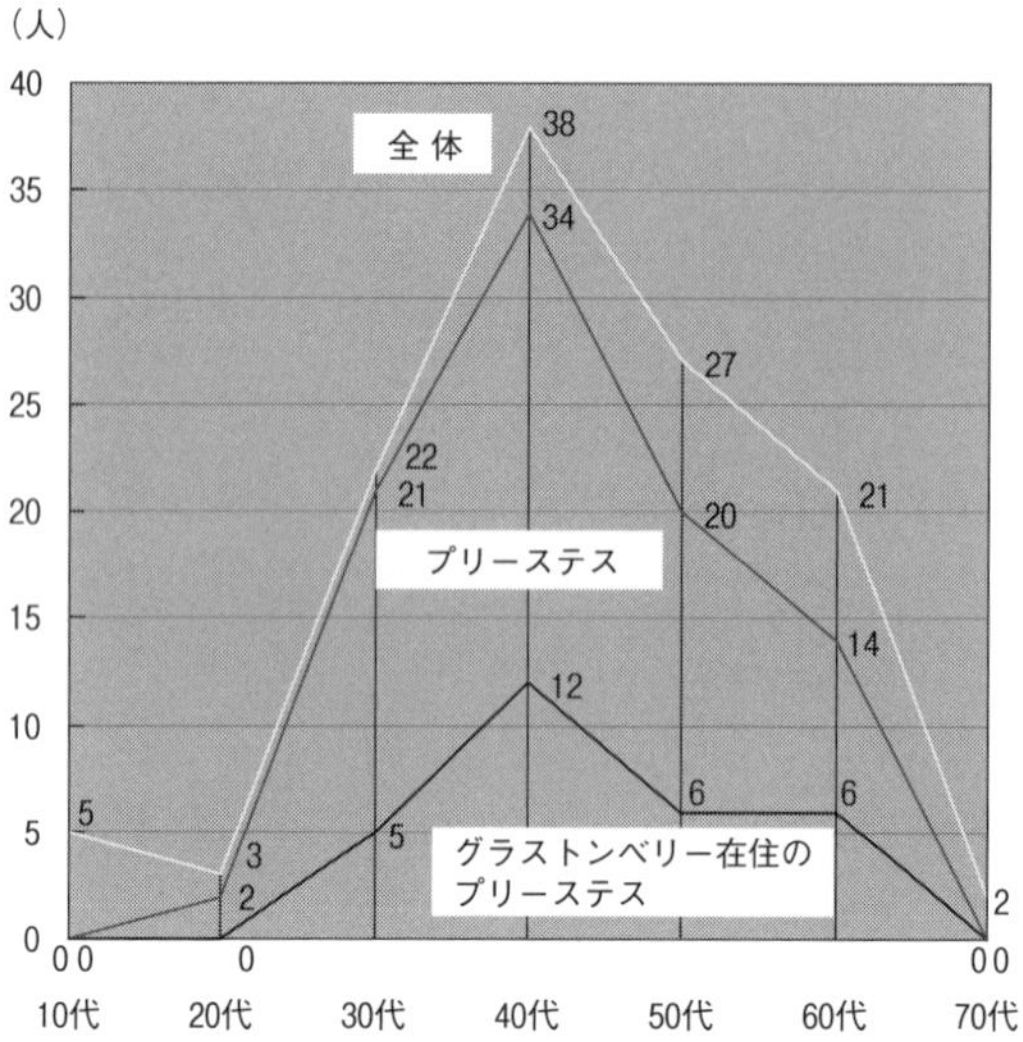

表３－２　2010年のグラストンベリー女神運動の積極的な参加者の年齢分布　（不明の１人を除く118人）

少なくない。そのため、ある程度、人生経験を経た年齢の人が多いのだと思われる。その一方で、六十代以上の人は二十一人と少ない。二〇一〇年時点での六十代の人は、対抗文化運動の中心的な担い手だったベビーブーマー世代である。一般的に六十代の人々の場合、そのとき対抗文化運動に加わったかどうかが、その後オルタナティヴ・スピリチュアリティに関心をもつかどうかと関係しているようだった。プリーステスに限ってみても、積極的な参加者全体と似たようなカーブを描くが、グラストンベリーに暮らすプリーステスは年齢が高めである。これも第４章で見ていくように、子供の有無と年齢、伴侶の有無が、グラストンベリーへの移住と関係しているからだと思われる。

人種は四人以外全員白人である。白人でない四人はいずれもカリブ・アフリカ系女性で、ロンドン在住者が二人、シカゴ在住のアメリカ人が一人、パリに暮らすフランス人が一人である。学歴は、判明した六十四人のうち、博士課程修了四人、修士課程修了七人、大学(3)卒業三十四人、看護学校卒業五人、大学と看護学校卒業四人、大学未進学者十人である。また、学歴不明者のうち、五人は十七歳未満である。つまり、看護学校も含めれば、十八歳以上の百十四人中五十四人と、少なくとも半分程度が高学歴である。階級については、どちらかというと中流階級が多い。

白人、中流階級、高学歴という傾向は、オルタナティヴ・スピリチュアリティの実践者の一般的傾向に一致する。

グラストンベリー女神運動の運営に携わることで給料がもらえることはない。そのため、参加者は現金収入を得るための手立てを探す必要がある。序論3－4で述べたように、収入源の特定は難しかったので、日常のやりとりから特定しやすかった、グラストンベリー在住の関係者三十五人に限って、以下で主な収入源を記す。ただし、ジョーンズとプリーステスの家族は除いてある。

勤め人は看護師二人、法律関係一人、チャリティ一人の四人と少ない。一方の自営業が十一人と他と比べて多いのは、雇用先が少ないグラストンベリーの特徴でもある。逆に考えれば、勤め人はグラストンベリーに引っ越しづらいともいえる。自営業の一番の利点は、休日ではない季節の祝祭の日に休みを取りやすいことだ。自営の中でも衣装製作、ウェブデザイナー、個別指導講師、ドラム講師、庭師（各一人ずつ）といった一般的な仕事だけでなく、セラピスト、占星術師等、霊媒、スピリチュアリティ関係のフリーペーパー編集（セラピスト三人、他は各一人ずつ）といったオルタナティヴ・スピリチュアリティ関係の事柄を収入源としている人が六人と多いのも特徴である。その他、清掃やアイロンがけなど複数のパートのかけもち（二人）、専業主婦（三人）、不動産収入など（二人）、年金生活者（四人。現役時代の職業は看護師、医療関係、軍人など）、不明（一人）である。

それから、給付金受給者が八人もいるのは、給付金を受給しやすいイギリスならではの特徴といえよう。彼らに収入源を尋ねた場合、以前の職業、もしくはほとんど収入にならない、自分がしていることを職業とする傾向があった。この八人の場合、看護師（二人）、アーティスト（一人）、病気療養中（一人）、セラピスト（二人）、専業主婦・母親（一人）、作家・詩人（一人）と名乗っていた。

主な収入源ではない事柄を職業として名乗るのは、給付金の受給を隠すためともいえるが、一般的には良いとされている職業に就いていても、それを隠す人もいる。たとえばグラストンベリーに暮らすプリーステス（四十代女性）は、筆者とのインタビューの中で、職業はヒーラーだと言った。しかし一年ほど経って、認知症を患う高齢者の施設で看護師として勤務していることを知った。筆者がそのことに触れると、彼女は「看護師はみんなヒーラーなのよ〜」と微笑みながら説明した。また、ロンドンに暮らすプリーステス（四十代女性）に仕事を尋ねたとき、それまでとてもにこやかだった表情が急に険しくなり、「何でそんなこと聞くの？」と聞き返された。重ねて尋ねた筆者は、「公務員。でも、そんなことあなたの調査には関係ないでしょう。こういうことには触れないでくれる？」と怒られた。彼女は内務省に務める国家公務員だったのだが、五年後、女神カンファレンスの講演の中で、その職を辞して、スピリチュアルに生きることを宣言し、会場から大喝采を浴びていた。そして、二〇一二年の夏から彼女はカウンセラーとして働き始め、フェイスブックの中でその決断がまた称賛されていた。

彼女たちの言動からは、看護師や公務員など、安定していて良いとされる職業に就いていることを隠したがる様子が窺える。グラストンベリー女神運動に携わる人は、概してオルタナティヴ・スピリチュアリティ関係の職業やクリエイティヴな職業に就くことを切に望んでいる。そのため、それで収入が得られていない場合でも、それ以外に収入源となる安定した仕事に就いている場合でも、憧れている職業に就いているように装う傾向があるものと思われる。

グラストンベリー女神運動では、この女神運動以外のオルタナティヴ・スピリチュアリティに携わることについての規定はない。そのため、積極的な参加者であっても、別のオルタナティヴ・スピリチュアリティに関わることはよくある。他の女神運動やネオペイガニズムのイベントに出かけるだけではなく、第1章2で挙げたような占いやセラピーはもちろん、インド由来の教えや仏教にも、女神という共通点から関心を寄せる人もいる。このように複数の異なる実践を同時に行うことは、オルタナティヴ・スピリチュアリティではよく見られる。

ライフスタイルは、第1章3で示したオルタナティヴの暮らしとほとんど変わらず、外見や家の様子からグラストンベリー女神運動に携わっているとわかるわけではない。ただし、プリーステスの場合、自宅にジョーンズの女神体系に基づいた祭壇が設けられ、ジョーンズの著書をはじめとした女神関係の書籍、CD、絵などを、女神に深く関わらない人より多く所有していた。服装は少し派手目な人が多く、きらきらしたアクセサリーを好む。アーサー王の伝説を題材にした小説『アヴァロンの霧』の登場人物を真似て、額に青い月のタトゥーを入れている人もいる。その他、女神運動では豊満な女性を象った古代のヴィーナス像を称賛する傾向があるため、ふくよかな体型が低く価値づけられていなかった。

1-3　運営の形態

ここで、この女神運動の運営スタイルに触れておく。グラストンベリー女神運動は、第2章で触れたように、女神カンファレンスというイベントや女神神殿という場所、プリーステス・トレーニングという講座やこれから見ていく儀式の開催などを通して拡大していった。二〇一〇年には、最大のイベントである夏の女神カンファレンス（参加費用は予約時期と経済状況により、百四十〜二百八十ポンド）[4]、年八回の季節の祝祭（寄付金のみ）、毎月の新月の日のヒーリング（最低寄付金五ポンド）、不定期に六回実施されたセレモニアル・ヒーリング（最低寄付金十ポンド）の他、冒頭で紹介したアヴァロンの女神に捧げる祝祭（二月、寄付金）、女神神殿に写真があった、障害のある赤ん坊の家族を支援するための募金集めを目的としたバザー（三月）、満月の祝祭と女神の体現（四月、十ポンド）、プリーステス・トレーニング説明会（九月、十ポンド）が一回ずつ開かれた。

運営の形態は少しずつ変化してきたが、二〇〇九年にジョーンズのヒーリング講座の運営主体が女神神殿（NPO）へ移った時点で、一応落ち着いたようである。ただし運営の形態は明文化されていないので、当然組織図もないのだが、女神カンファレンスと女神神殿（NPO）に大きく分かれている。そして、女神神殿（NPO）が、施設である女神神殿や女神会館の運営管理、季節の祝祭など女神カンファレンス以外のイベントの開催、プリーステス・トレーニング、ジョーンズの他のワークショップ、ニュースレターの発行を担っている。しかし実際には、女神カンファレンスの運営担当者と女神神殿（NPO）の理事を務める人は同じ人であることが多い。女神神殿（NPO）の理事は八～九人いるが、ジョーンズの夫以外は全員プリーステスである。女神カンファレンスについては、二〇〇八年からは儀式を創り上げるなど開催の中心的役割を担うセレモニアリストもプリーステスのみが、公募制のメリッサもプリーステスが優先的に選ばれるようになり、その他の運営役もすべてプリーステスである。(5)

誰でもなれる、女神神殿や女神カンファレンスでのボランティアのメリッサ、広く宣伝され誰でも気軽に訪れることができる女神神殿や参加できる季節の祝祭およびワークショップを設けている点で、この女神運動は広く門戸を開いている。また1－1で触れたプリーステス・トレーニング修了の程度や、重要な役職への就任が、内部での地位の高さに結びつくとは考えられていない。関心をもってやってくる人に「改宗」を迫らず参加を容認している点やヒエラルキーが制度化されていない点には、オルタナティヴ・スピリチュアリティの特徴が見られる。しかし、催し物の運営を担う側になるためには、プリーステス・トレーニングを受講する必要がある点、女神神殿や女神カンファレンスの方針、運営担当者の任命など、重要事項の最終的な意思決定はジョーンズにあるという点を考えると、中心部分は非民主的で閉鎖的といえる。このような閉鎖性は、時に外部に開示される。

女神カンファレンスの期間中、会場では女神に関連した商品が販売されるのだが、販売できる人は女神カンファレンス側が選定した女神運動に関わっている人に限られる。そのため、グラストンベリーで店を経営するオルタナティヴの中には不満に思う者もいる。ある店の店主（六十代女性）と話していたとき、筆者が二月にもかかわらず、八月に開かれる女神カンファレンスの出店枠はすべて売れてしまったらしいと話すと、彼女は失笑した。

あの人たちはいつもそう言うのよ。私も販売したいのに、毎年そう言われる。出せた試しがない。あれはね、とても閉鎖的なコミュニティなの。淑女クラブってとこかな。仲間内しか、許さないみたい。
［二〇一〇年二月四日］

町にはグラストンベリー女神運動の内部優先の姿勢を不愉快に思うオルタナティヴもいて、隔たりが生じていることがわかる。

２　季節の祝祭にみる溝と親密さ

本節では、季節の祝祭という儀式の一日の様子の記述を通して、グラストンベリー女神運動への積極的な参加者が、周囲、特に一時的な参加者との間に溝をつくっていることを指摘する。

初めに「季節の祝祭」について説明しよう。ケルト暦に基づくとされる季節の祝祭は、イギリス各地のネオペイガンはもちろんのこと、一部のオルタナティヴ・スピリチュアリティに関心をもつ人の間でも祝われている。季節ごとの自然の変化に敏感になり、自然の移ろいを感じること、自然の美しさやすばらしさを再認識し、その恵みに感謝することが一般的には目的とされる。

祝祭はケルト暦の大晦日とされるソーウィン（十月三十一日）に始まり、ユール／冬至（十二月二十一日／二十二日）、インボルク（二月一日）、オスターラ／春分（三月二十日／二十一日）、ベルテーン（四月三十日）、リーサ／夏至（六月二十一日／二十二日）、ラマス／ルナサ（八月一日）と続き、マボン／秋分（九月二十二日／二十三日）に終わる。ベルテーンはその年の豊穣を祈る「五月祭」として、夏至は最も日が長い日として、ヨーロッパ各地で昔から祝われているし、ソーウィンは、近年アメリカの影響により、イギリスでも「ハローウィン」として親しまれている。ベルテーンやラマスは祝日の時期と重なるし、ラマス、ソーウィン、冬至は学校の休暇と重なるため祝祭への参加者も多く、イベントの数も増える傾向がある。逆にインボルク、春分、秋分は参加者も少なく、地味な傾向がある。人々が参加しやすいよう、週末や祝日などに日程をずらして祝われることもある。

グラストンベリーでも、当日には複数の団体がそれぞれ季節の祝祭を開催するが、その日が平日でも他の地域のように日程をずらすことはない。オルタナティヴ・スピリチュアリティ専門のフリーペーパー、『ジ・オラクル』でも紹介されている、口絵写真にも載せた、日中に開かれるチャリス・ウェル庭園の祝祭と、これから記していく、夜に行われる女神神殿の祝祭の人気が高く、両方に参加する人も少なくない。

二〇〇五年から二〇一一年の断続的なグラストンベリーでの滞在中、筆者はグラストンベリー女神運動の季節の祝祭にて合計二十一回、参与観察を行った。そのうち八回はボランティアのメリッサとして、儀式の手伝いをした。さらにその八回のうち、祝祭当日の打ち合わせには四回、打ち合わせ後の昼食会と散歩には、それぞれ三回、二回と参加した。

2－1　祝祭の準備

続いて、グラストンベリー女神運動の祝祭の準備の様子を見ていく。

そもそも「季節の祝祭」という儀式に決まった形式はなく、用いる道具や象徴物、使用する言葉、進行方法などは、基本的には個人や主催者の自由である。個々人の創意工夫の他に、友達やインターネット、ハウツー本から情報を仕入れ、創出している。創造性を発揮しやすいという実践の自由度の高さは、キリスト教などとは異なる、ネオペイガニズムの魅力の一つとして認識されている。

グラストンベリー女神運動の季節の祝祭は、女神の呼び出し、詩・歌・踊りなどの創作アート、女神と出会う体験に分かれていて、その詳細はジョーンズの女神体系に基づいて毎回新しく創られている。ジョーンズが作成した大まかなアイディアに沿って、企画責任者のサラが原案を作り、祝祭の進行に携わる人々に電子メールで数日前に送信する。それを資料に当日の朝十一時から、女神神殿で一時間半から二時間ほど打ち合わせをする。集まるのは企画責任者の他、女神役と女神の呼び出し役、雑用をこなすメリッサの計十人前後である。歌や踊りの担当者が来ることもあるが、彼らが呼び出し役を兼ねるのは普通のことである。

この呼び出し役とメリッサは、企画責任者が事前にメーリングリストで募集する。呼び出し役を担うのは、一般的には祝祭のやり方を学ぶプリーステス・トレーニング二年目を受講中以降の人で、八～九人必要である。人数が流動的なのは、第2章3－2で示したように、ジョーンズの女神体系では、八つの方角と中央を合わせて九人の女神がいて、希望者が少ないときは、その季節の女神と中央の女神（アヴァロンの女神）を同じ人が呼び出すので八人、希望者が多いときは別の人が呼び出しをするので九人なのである。

グラストンベリーと周辺に暮らすプリーステスは、必要な人数が集まらないときに企画責任者から直接頼まれたり、当日予定されていた呼び出し役の都合が悪くなったときには代役を務めたり、急遽、遠方に暮らすプリーステスが祝祭に来ることになり、呼び出し役を希望した場合、その役を譲ったりする。つまり、呼び出し役は遠方のプリーステスに優先的に割り当てられるとはいえ、グラストンベリーと周辺在住者が務めることが多く、彼らは柔軟に対応することが期待されている。

打ち合わせは、近況報告を兼ねた話の共有から始まり、これが一時間以上続くこともある。その際に、女神の呼び出しに慣れていないプリーステスがその不安を口にし、先輩のプリーステスがアドバイスをする場面も見られたが、大半は季節の祝祭とは無関係の話が続く。その詳細は第5章で取り上げる。その後に、三十分から一時間、実際の打ち合わせが行われる。そこでは小道具の置き場所や祝祭後の片づけ、配布物をいつ、どこで、誰が配るかなど、祝祭をスムーズに進めていくための確認が行われる。たとえば二〇一〇年の春分の祝祭では、春分の象徴としてのたまごを象った紙を配り、参加者に願い事を書いてもらい、中央に置くたまご形の大きな箱（写真3－1）に入れることになったのだが、その大きな「たまご」を祝祭の後どうするかが議論された。女神会館の裏庭に埋める案が出されたが、「たまご」が大きすぎるうえ、「たまご」の埋葬のようだということで、却下された。トールに持っていく案も出たが、結局は、中身の紙「たまご」を燃やし、灰だけを裏庭に埋めることになった。

また、参加者をいかに効果的に祝祭に巻き込むかという演出効果も盛んに話し合われる。たとえば、雰囲気を保つため、祝祭の中で女神を呼び出した後の途中入場は断ろうという提案がされたり、祝祭の中で静粛な部分と盛り上げる部分について確認しながら、歌や詩を入れるタイミングを考え直したりしていた。他にも、女神を呼び出す際、参加者を集中させやすい呼び出し役のフォーメーションや、女神を体現する女神役の効果的な登場方法について話し合った。

写真３－１　話し合いで話題になっていた「たまご」（2010年３月20日）

打ち合わせの後、町のカフェで一時からともに昼食をとり、その後二時か二時半頃から「散歩」をする。これは、ジョーンズの女神体系の中で、その季節と結びつけられた方角に行き、大地を歩きながら、その方角や季節と心的な結びつきを強め、祝祭の成功を祈ることが目的と説明される。しかし、昼食までしか参加しないプリーステスも少なくないし、天候が悪くて参加希望者がおらず中止されることもあった。

ここでは二〇一〇年の春分の日の事例から、その散歩の様子を見ていこう。なお、参加人数は十二人（女性十一人、男性一人）で、筆者以外は全員プリーステスだった。

春分の方角は東であるが、その日はやや南東にあたるトールに向かった。筆者はその理由を尋ねたが、他の参加者は自分が東に向かっていないことに気づいていなかった。その日、サラの代理で企画責任者を務めていたジョーに尋ねてみる。「大体東だから構わないよ」。こう大らかに答える彼女はなかなか大柄だ。普段は教師をしているそうだ。

写真３－２　春分のお散歩（2010年３月20日）

春分といっても、まだだいぶ寒さが残っているのだが、日差しの柔らかさに春を感じる。友達の噂話をしたりしながら、みんなで歩調を合わせてトールに向かった。しかし、麓に着いてからはおしゃべりをやめ、それぞれのペースで頂上へ上った（写真３－２）。

舗装されていない散策路を黙々と上っていく。ときどきは立ち止まって、遠くのほうを見やりながら、瞑想をする。「一心不乱」という言葉がぴったりの、その集中した表情を見ていると、声をかけるのも憚られる。筆者は一番に頂上に着き、みんなの到着を待っていた。到着してからも、誰一人ぺちゃくちゃと雑談をすることはなく、自然の息吹を感じているのか、深呼吸をしながら眼下の平原を見晴らしたり、目を閉じて風を受けながら瞑想したりしていた。

最後の一人が上り終え、全員の息が落ち着いてきた頃、小さな輪を作った。手をつなぎ、目を閉じて、それぞれが心の中で女神に今夜の祝祭の成功を祈る。一人が「女神の呼び出しの練習をしよう」と言い出す。季節の女神の名前を思い出せず、そのことをからかわれて、照れ笑いする人もいて、本番よりもカジュアルな雰囲気である。それから、今夜踊るダンスとそのときに歌う替え歌を練習した。ダンスのステップは合わないし、歌はメロディが外れているし、全くもって適当な具合だが、その分それぞれがユーモラスにおどけてみせるので、げらげらと笑いすぎてお腹が痛くなった。しばらくして小雨がぱらついてきたため、早足で町に戻った。

この散歩の規範は緩やかである。先ほど述べたように、参加しない人もいるし、散歩自体中止されることもある。行き先の方角は厳密にはその季節と合っていないし、初めはおしゃべりをしていて緊張感がない。その一方で、儀式前の儀礼的行為と見ることもできる。なぜならトールの上では、簡単な形式ではあるが全員で儀礼的な行為を行っているし、ユーモアには溢れているが祝祭の練習と関係のない話題は出ていない。

トールは、ジョーンズの視点ではグラストンベリーに横たわる女神の左の乳房とされているし、一般的にもアヴァロンへの入り口とか、本当の自分に出会える迷宮など、非常に特別視されている場所である。筆者は当初、正確でない方角のところへ行って、果たして効果があるのか気になっていた。しかし、トールという場所がいつもアヴァロンや女神とのつながりを連想させるなど、プリーステスたちを特別な気持ちにさせてくれること、第2章3－4で述べたように、グラストンベリーの町そのものが、女神の聖地とみなされていることを考えると、そこを歩く散歩という行為にはその場での感覚的な経験や、トールやグラストンベリーから浮かび上がるイメージを共有することで、連帯感を高め、祝祭への気分を盛り上げていく効果があると考えられる。

四時過ぎに解散してからは、一度自宅や宿に戻り、衣装の準備をしたり夕食を食べたりする。

写真3－3　インボルクの祝祭の直前の様子（2010年2月1日）

2－2　女神会館の空間構成

会場である女神会館に向かい、設営を行うのは六時半頃。このとき、メリッサは音響や照明のタイミングなど、最終確認を行う。女神の呼び出し役たちは七時頃からホールの中央に円陣をつくり、立ったまま瞑想を始める（写真3－3）。

彼らが儀式への集中力を高めていく間、この会館の室内をめぐってみよう。

第2章4－2で、手に入れるまでの一部始終を記した女神会館は、中心部を少し入った通りにある。アヴァロンの女神の色、菫色の建物だ（写真3－4）。図3－1のように、日常を思わせるトイレや台所は扉で区切られた別空間になっている。ホール自体は百人も入れば互いに肩を寄せ合い、百五十人ならすし詰め状態になってしまうぐらいの広さで、ジョーンズの女神体系に合わせた女神の絵と祭壇でぐるりと囲まれている。どちらを向いても、女神の姿が見えるというわけだ。

正面のステージには等身大より大きい柳製の女神の座像が堂々と鎮座し、こちらが南の方向なので、水をテーマにした祭壇がしつらえてある（次頁の写真3－5）。ステージから向かっ

写真3－4　女神会館の外観（2009年6月16日）

て右手の東の方角には火、左手の西の方角には地、入り口横の北側には空気をテーマにした祭壇がそれぞれしつらえてある（次頁の写真3－6、3－7、3－8）。八方角それぞれの天井からぶら下がっている女神の絵は、あるプリーステスがプリーステス・トレーニング中にインスピレーションを得て描いたものである。これは、女神神殿の正面左の祭壇に飾られていた、季節ごとに架け替えられる季節の女神の絵のコピーである。

祝祭の日には、中央の床に円い布や円い台を用意して、

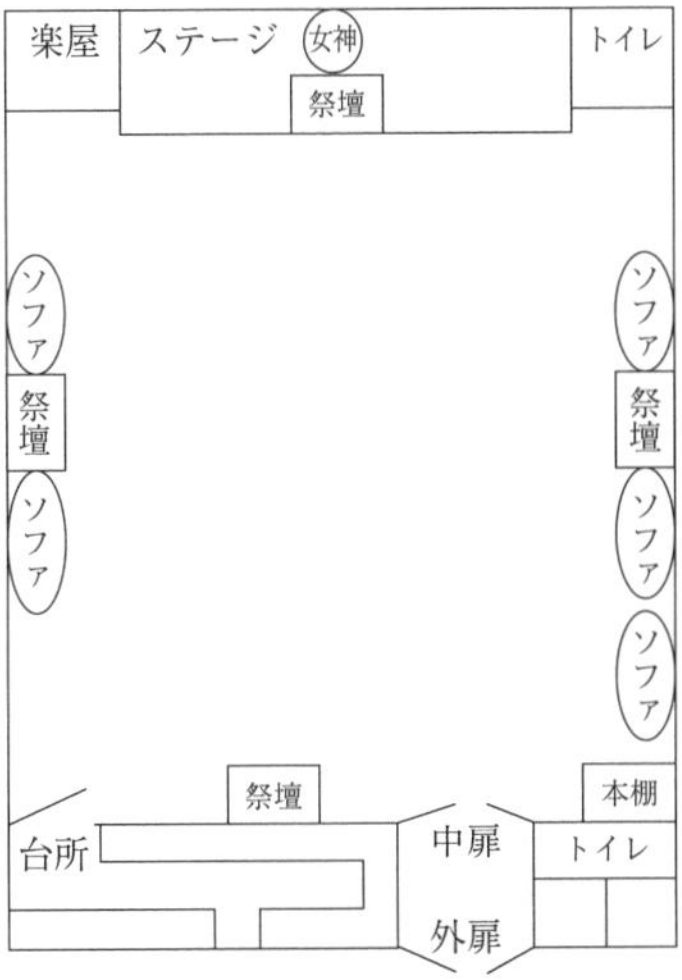

図3－1　普段の女神会館見取り図

写真3-5　女神会館の正面の女神とその前のインボルクの水の祭壇。水盆が置いてある（二〇一〇年二月一日）

写真3-6　火を表すろうそくを中央に据えたインボルクの火の祭壇（二〇一〇年二月一日）

写真３－７　大地を表す草の見えるインボルクの地の祭壇（二〇一〇年二月一日）

写真３－８　空気を表す羽根やインセンスのあるインボルクの空気の祭壇（二〇一〇年二月一日）

祭壇が創られる。壁際にはソファに加えて、椅子も並べられ、床には羊皮の敷物やクッションが敷き詰められる。入館時には、靴を脱ぐのが原則である。しかし、絨毯が敷いてある女神神殿とは異なり、女神会館の床は板張りで、冬には冷える。そのため、寒い季節など、靴を履いたまま入館してよいときもある。原則の適用が女神神殿より曖昧なのは、女神会館は女神神殿とは異なり、催し物などに使う実用的な場所として位置づけられ、崇拝の場所とはみなされていないからだと考えられる。

2-3 インボルクの祝祭

さて、いよいよ季節の祝祭の始まりである。本節では、女神神殿（ＮＰＯ）が主催した二〇一〇年二月一日のインボルクの祝祭の様子を詳しく見ていき、女神を通して、「アヴァロン」という世界が立ち現されていくことを指摘する。

七時半、「ようこそ、ようこそ女神神殿の祝祭へ！」(6) というきっぱりとしたサラの声が会場に響き渡る。声楽学校仕込みのその声に、九十人ほどいた参加者のおしゃべりはぴたりと止み、会場はしんと静まり返る。中央では、九人の呼び出し役のプリーステスたちが、相も変わらず立ったまま瞑想を続けている。ジョーンズの女神体系にあるインボルクの色を意識して、全員、白い花輪をかぶり、白を基調とした衣装に、緑のショールを羽織ったり、腰に巻いたりしている。円陣の中央には、何やら黒い布をかぶせられたかたまりが気配を隠しながら据えられている。

司会進行役のサラから、いつものように携帯電話の電源を切ること、写真撮影は禁止であることが伝えられていく。そして、この夜七時半から、先天性の障害をもって生まれてきた、あるプリーステスの子供の手術が行われることが告げられる。女神神殿の祭壇にあった写真の子供だ。この子の手術の成功を祈って、赤ん坊とその家族、外科医たちに対してしばらく黙禱した。「女神を呼び出しますので、皆さん起立してください」。サラの力強い声に背中を押されるように、ホールを埋めた参加者は、隣の人に肩をぶつけないよう気を遣いながら、ぞろぞろと立ち上がる。

ジョーンズの女神体系に位置づけられた九人の女神たちは、その季節の女神から時計回りで一人ずつ順番に呼ばれ、最後にアヴァロンの女神が呼ばれる(7)。つまり、女神の呼び出しの順番は祝祭ごとに一人ずつずれていくが、女神と季節の対応は変わらない。呼び出しでは、その季節と方角の女神の名前を呼び、その特徴を褒め称え、来てほしいと頼む。

では、インボルクの女神ブライディ（ブリジット）が呼び出される場面を見てみよう。

数歩後ろに下がったのは、プリーステスのマリカだ。「女陰マッサージ」と銘打ったワークショップを開くなど、セクシュアリティに関する大胆な発言や行動が、女神運動の内外でしばしば物議を醸している彼女は、小顔で目が大きく、間違いなく美人だ。「皆さん、私と一緒に北東を向いてください」と両手を挙げて、力強く告げる。ホール全体に広がった参加者も両手の平を軽く上向きに挙げて、隣の人にぶつからないようにしながら、時計回りにくるりと回って北東の方角を向く。マリカによる呼び出しが始まる。

万歳、そしてようこそ、ブライディ。

すばらしい乙女。

私たちは、あなたを呼び出します。ようこそ。

ここに来て、あなたの聖なる空間の中で私たちに加わってください。

(中略)

北東のノラヴァよ、来てください。来て、私たちに加わってください。息を吸うことであなたを感じ、私の体に取り入れます(ここで参加者も大きく息を吸い込む)。今、ここに私たちと一緒にいてください。

万歳、そしてようこそ、ブライディ。


全員で復唱する。「万歳、そしてようこそ、ブライディ」「彼女を連れて、中央に向き直ってください」とマリカが言い、参加者は互いに周囲を気遣いながら、時計回りにくるりと中央に向き直る。

呼び出しの言葉の詳細は、その場で湧き上がってくる言葉を使うことが望ましいとされているので、決まった言葉は存在しない。この後に残りの七人の女神とアヴァロンの女神も、他のプリーステスたちから同様に呼び出される。アーサ、リアノン、ドムヌ、カー、バンバ、ケリドウェン、ダヌ、とジョーンズによる女神の輪(図2-1、図2-2参照)に沿って時計回りに呼び出されるのである。その度に参加者はそちらの方角を向き、プリーステスと一緒に女神を歓迎し、中央に向き直る。筆者はグラストンベリー女神運動に関わり始めた頃、周りの人たちはスムーズにできているのに、自分だけこの動作の意味もやり方もよくわかっていないような気がして気後れし、まごつきながら、見よう見まねでこなしていた。

それから、参加者が「女神」に出会えるような時間が設けられる。その方法は毎回異なるのだが、このときは着席の指示の後、以下のような感じでブライディと「出会った」。

皆が座った頃合いを見計らって、メリッサとしてボランティアをしていた筆者は、予め指示されていたように、灯りを消す。薄暗くなる室内。そこにサラの抑えた声が聞こえてくる、「光を持ってくるようにブライディの子供たちを呼ぼう」。誰彼ともなく、「ブライディ、ブライディ」と囁き始める。そこに、そろそろと入場してきたのは、ろうそくを持った子供たち。先頭はプリーステスのソフィーの十六歳になる孫娘だ。見目麗しい彼女は、四方の祭壇のろうそくに火を点けていく。その後からはマリカの娘や息子など、十人ほどの子供たちが続く。子供たちは中央のプリーステスの輪の中に座り、この晩、手術を受けている赤ん坊のために、ブライディを称える歌を歌う。もう一度、その場に腰を下ろしている全員で歌う。

ジョーンズの女神体系では、インボルクの女神ブライディは女性の幼年期を表すとされているので、ブライディは子供と結びつけられるのである。また、この日祝っている季節インボルクは、イギリスでは冬が終わり、春が始まる、つまり重苦しい闇夜から解放され、光の恵みが刻一刻と感じられるようになる季節である。そのため、こういった台詞が出てくるのである。話を祝祭の場に戻そう。

それから再び、「ブライディ」「ブライディ」と口々に囁く。すると、部屋の中心でプリーステスたちが取り囲んでいた謎めいた黒い布のかたまりが、もぞもぞと動き出す。ゆっくりと体を起こし、姿を現したのは、布をかぶって小さく丸まっていた「ブライディ」。

「私の子供たちが沢山いて、嬉しい」という声からすると、扮しているのはアマチュア歌手のプリーステス、ソフィーのようだ。妖とした容貌の彼女が、実は優秀な霊媒だと知らされたときには、やはりと合点がいったものだ。立ち上がった彼女は、次々と短い言葉を発していく。

「暗闇の中でずっと待っていた。だから出て来られて嬉しい」（「暗闇」とは黒い布で待っていたこと）

「まだ若いのだから、あまり多くのことを知らない」（六十代の彼女がそう言ったため、笑い声が起こり、ブライディはもう一度「若いのよ!!」とやけ気味に強調。再び笑い声）

「冬は暗い。でも明るいのよ。雪は白く明るかったでしょう、本当に暗い時期でも」（数週間前に降った大雪のことを思い出してか、また笑い声が起こる）

「共有しましょう」

「内部で私を感じられますか？　そうよ、そうよ、何か言わないとだめよ」と言われ、みんなで「そうです、そうです」と声を上げる。

「もう一度笑いなさい」

「新年を始めましょう」

「お互いの愛し方を知っていたら、物事は易しいのよ」

「みんなで愛しましょう。私たちはみな一人の人間、一緒になればすごい大きな存在」

「愛があれば、すべてを変えられる」

「私のためにそうしてくれました、だって私はあなただから」

「違うことができる」

「あなたたちはみんな私の人々」

「私の白鳥を見たかしら？　私は白鳥ではないけれど」と言って、衣装の下についている白いひらひらを、ひらひらと振る。（このパーツは白鳥の羽を表しているらしい）

「今日皆さんを呼んだのは、とても特別な日だから」

「私たちはあなたの中に場所が必要です。私を呼んでくれる？　私に何か新しいことをしてくれる？」

「大好きよ、大好きよ、大好きよ」

「一緒にできるわ」

「美しい女性を見てごらんなさい」（誰を指すのかは不明）

そして「歌を歌いましょう」と言うと、黒髪を長く垂らした女性（六十代）が立ち上がって、ブリジットの歌を歌い始める。

炎立つ矢から生まれたブリジット、私たちの女神
神性の炎、暗闇から導いておくれ

その透き通るような歌声に、ソフィーの扮するブライディは「千の天使の声だわ」と褒め称え、続いてこの歌を全員で歌う。

写真３－９
ブライディ・クロス作り
（2010年２月１日）

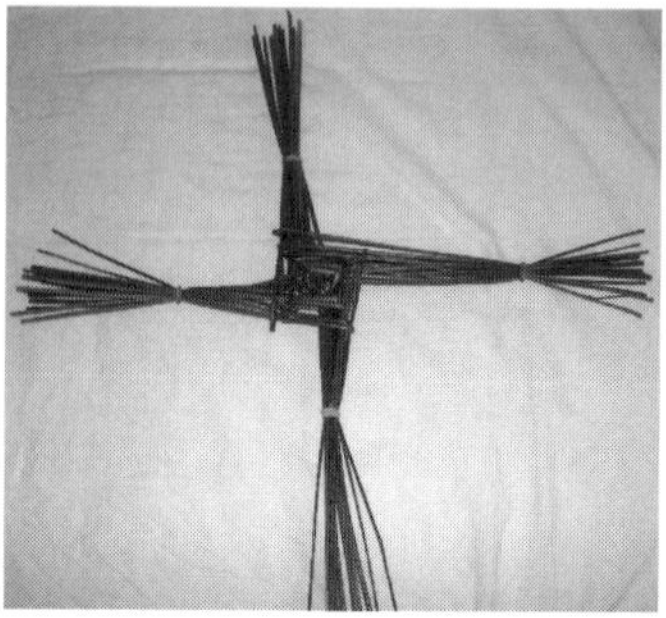

写真３－10
完成したブライディ・クロス
（2010年２月１日）

ブライディは詩を聞きたいと言い出す。サラが「マリカの詩がございます」と言い、マリカは立ち上がって、インボルクをテーマにした自作の詩を朗読する。この間、ブライディは部屋の中央で衣装の羽を手でひらひらさせながら、くる〜りくる〜りと回っている。朗読が終わると、それを褒めたうえで、「もっとほしい！」と駄々っ子のようにねだる。サラの紹介で、プリーステスのエマ、ソフィーの孫娘、プリーステスのリズが次々と立ち上がって、インボルクやブリジットをテーマにした詩を朗読し、その度にブライディは幼児のような声で褒める。

別のプリーステスのホリーが立ち上がり、遠慮がちに、「ブライディ、ブライディ・クロスを作ろうと思うんだけど」と提案し、そうすることになる。ホリーが作り方を説明し、フロアに藁と輪ゴムが回される。

ブライディ・クロスは、一般的にはブリジット・クロスと呼ばれる、草で編んだイギリスの藁細工である（写真３－９、３－10）。このように、その季節にちなんだものを作る以外に、歌や踊りといった、参加者が体を動かして楽しむ時間は、必ず設けられている。四苦八苦しながら藁を編んでいると、合唱隊がステージの手前に出てきて、ソフィーの作詞・作曲したかわいらしいブライディの歌を歌い始める。

ブライディ、火の乙女、源の女神
私の心を満たしておくれ、私の魂を満たしておくれ
見えるようにして、知っているようにして、あなたを真に愛せるようにして
見えるようにして、知っているようにして、あなたは姿を現しつつある
白鳥、蛇、狼、牛のスピリット、ブライディは自分のパワーのすべてを私たちのもとに持ってきてくれる
ケルト十字と紡ぎ車を通した、変化のパワーと癒しのパワー
インスピレーションの女神、癒しの手を持った女神、称賛の女神
聖なる土地の君主たる女王(8)

作業の手を止めた人々の視線の一部が、ステージのほうへとそそがれる。このような女神を称える歌は、必ず何曲かは歌われる。歌に合わせて、プリーステスのメルなど、五人の女性たちが、幼女をイメージさせる軽やかで弾むようなステップの踊りを披露する。その踊りに誘われるように、ブライディ・クロスを作り終わった人々は立ち上がって、歌に合わせながら楽しそうに体でリズムを取り始める。

ひとしきり踊った後、床に腰を落ち着け、休憩していると、ブライディからの贈り物として、この女神のシンボルの一つとされる大麦で作られたカップケーキが配られる。軽く動いてすっかりリラックスした様子の大人たちの間をぬって、子供たちはそれぞれ手に持った少し大き目のカップケーキを、ひとつかみずつちぎって渡していく。その間に、ブライディ役のソフィーは元の布の中に戻ってしまった。祝祭は最終段階に入る。

プリーステスたちが初めのように中央に集まり始める。九人が円形に並んだことを確認すると、マリカは参加者に起立を促し、「皆さん、私と一緒に北東を向いてください」と両手を挙げて、力強く告げる。参加者も両手の平を軽く上向きに挙げて、時計回りにくるりと回って北東の方角を向く。マリカは初めと同様に、ブライディを称える言葉や今夜の祝祭の成功を感謝する言葉を発していく。「ありがとう、そしてあなたの神殿にそのままいてください、ブライディ」という最後の言葉に続いて、参加者も復唱し、時計回りに中央に向き直る。他のプリーステスたちも、初めと同じ順番で女神たちにお礼を伝える。

参加者に座るように促した後、サラから女神神殿のヒーリングなどの各イベント、プリーステスから自分が主催するワークショップやツアーのお知らせが続く。最後にサラが子供の手術の成功を知らせる連絡が母親からあったと告げ、その場に安堵のため息がいくつも聞こえた。

終わったのは九時半頃。「女神神殿は皆さんからの寄付だけで成り立っています」とサラが言う。筆者もプリーステスのホリーに促され、小さなかごを持って参加者の間を回ったり、帰りかける人を出口で待ち伏せたりして寄付金を集める。

祝祭後、大抵の人々は久しぶりに会った友人たちとのおしゃべりに夢中になっている。自分や家族の近況について話したり、友人や新しい恋人を紹介したり、頼みたかった用事をお願いしたり。めくるめくおしゃべりは、会館がすっかりきれいになり、閉館の準備が整うまで続いた。

以上の記述を整理すると、季節の祝祭ではアヴァロンにいるとされる女神が、次の三つの行為を通して「演出」されている。一つ目は女神たちの呼び出しである。グラストンベリー＝アヴァロンという理解から、女神たちは女神会館にすでにいるが、彼女らの注意を祝祭に向けさせるため、呼びかけるのである。これは呼び出し役の言葉だけでなく、参加者がそのエネルギーを吸い込み、中心へくるりと向き直ることでなされるとされる。二つ目は女神の体現で、参加者は女神と「出会った」という体験をすることになっている。女神からの言葉は、一般的な格言めいていて女神とは関係のないものが多いが、若さの強調や白鳥への言及は、白鳥と乙女をシンボルとするブライディ、つまり女神と関係しているといえる。三つ目は女神を称える詩や歌、踊りである。女神の名前を繰り返したり、呼びかけたり、身体で表現したりすることで、目には見えない女神がその場にいるかのような臨場感がもたらされる。

これらの三点の女神の「演出」により、女神の島「アヴァロン」の存在がリアルなものとして、その場に現出されていく。しかし、このような「演出効果」は、必ずしもすべての参加者に理解されているわけではない。

２－４　祝祭に集まる人々

ここでは、季節の祝祭に見られた、グラストンベリー女神運動の積極的な参加者とその他の一時的な参加者との関係について考えてみる。

そのために、まず参加者の概要を説明する。その日が休日かどうかや当日の天候の良し悪しにも左右されるが、筆者が参加した二十一回では、祝祭の運営に携わる者も含め、八十~百五十人がやってきて、そのうち男性は一~四割だった。小学生や乳幼児を連れてくる人も少なくなかった。積極的な参加者は全参加者のうち、二~三割である。プリーステスを中心とする前者はこのイベントを「グラストンベリー女神運動の季節の祝祭」と認識し、どのようなことが行われるか理解しており、定期的に参加する傾向がある。互いに知り合いであるケースも少なくなく、季節の祝祭への参加が友達との定期的な交流の場になっている。一時的な参加者の大半は、本章1-1の繰り返しになるが、『ジ・オラクル』等で知ってやってきた普段は女神運動と関わりのない観光客であり、その他に季節の祝祭のみときどき加わるグラストンベリーの住人がいる。一時的な参加者は普通、女神神殿が主催しているとか、どのようなスタイルで行われるかということは重視しておらず、単に「グラストンベリーで開かれている季節の祝祭」の一つとみなして、参加している。

グラストンベリー女神運動になじみが薄い後者のような人々がいるのに、儀式の前や最中に、祝祭の中で見られるシンボリズムや、2-3で指摘した三点の行為の意味、呼び出される女神などは全く説明されない。冒頭で挙げた儀式でも、イメージを想像しながら瞑想するビジュアリゼーションのやり方も説明されていなかった。そのため、時に後者のような人々は筆者が当初感じたような戸惑いを覚える。「部外者」に対して儀式の意味が説明されないのは普通のことかもしれないが、グラストンベリーで見られる他のオルタナティヴ・スピリチュアリティの催し物や儀式では、なじみのない人が参加していることを前提として説明があることが多いので、期待している分、余計に戸惑いは大きい。

また、祝祭の前後に、積極的な参加者は談笑をして旧交を温めているのだが、その様子は一時的な参加者が話しかけることをためらってしまうほどに親しげであり、両者の間にコミュニケーションは生まれにくい。グラストンベリーの他の催し物のように、見知らぬ人から声をかけられることは稀で、筆者は当初、場違いなところに来たのではないかという気になり、少々居心地が悪かった。

加えて、積極的な参加者と一時的な参加者が受ける待遇には微妙な違いが見られる。それは次のような形で表れている。まず、壁際に用意された椅子には、高齢者や肥満体型の人など床に座るのが難しい人が優先して座れるのだが、該当する積極的な参加者は、予め「予約席」と書かれた紙を椅子に貼り、よい席を確保している。裏を返せば、一時的な参加者からすれば、会場に入ったときにはすでに椅子の多くが予約済みで、普通は床に座ることになる。また、積極的な参加者は台所やステージの裏に入り、私物を置くことが暗黙の了解となっている。その利点はたとえば靴の見つけやすさである。入館の際、建物の入り口で靴を脱ぐこともあるのだが、靴箱はないため、山のように靴が積み重なっていき、帰る際、自分の靴を見つけるのはひと苦労である。しかし、台所やステージの裏に確保しておけば、難なく見つけられるし汚れない。それから、祝祭の後、軽食を伴っての誕生会などが開かれることもある。そのようなときには一時的な参加者が帰るのを急かさずに、何事もないように装って待ち、彼らがいなくなってから入り口を閉め切り、パーティを始める。一時的な参加者が知らないところで、こんなふうに、こっそりと秘密が存在しているのである。

つまり、グラストンベリー女神運動は、季節の祝祭を『ジ・オラクル』で宣伝し、公に参加を募るなど一見オープンだが、儀式の説明をしない、仲間内だけで親しげな様子を見せる、待遇が異なるといった形で、儀式の前後、最中を通して、積極的な参加者と一時的な参加者との間に見えにくい形で隔たりを生んでいる。

このような周囲との溝は儀式の場だけではなく、準備段階から見られたともいえる。祝祭の運営に関わる人々、つまり積極的な参加者の中でも、特に積極的に関わっている人々は、本章2－1で見てきたように、季節の祝祭の日、その準備のため、ほぼ一日拘束される。そのため、チャリス・ウェルをはじめ、町で他に開かれているイベントに参加することは難しい。実際、筆者はグラストンベリー女神運動の季節の祝祭の打ち合わせに行かなかったときには、他のイベントに参加していたのだが、そのような場ではいろいろな場面で知り合った友人を沢山見かけるのに、女神関係の友人を見かけたことがほとんどなかった。つまり、グラストンベリー女神運動に積極的に関わろうとすればするほど、それ以外の町の活動から隔てられていく。

3　隔たりを伴う共同性

ここまで季節の祝祭の日に、グラストンベリー女神運動の積極的な参加者とそれ以外の人々の間に溝が生じている様子をみてきた。ここでは、このような隔たりが生じていた背景を考察する。

祝祭の日、積極的な参加者との間に溝が生じた相手は二種類ある。一方の相手である町の住人や来ている観光客と、運営を担った積極的な参加者は、空間的に隔てられていた。彼らは当日グラストンベリーで行われていた他の季節の祝祭に参加する代わりに、朝から女神神殿にこもって打ち合わせをし、昼食をともにし、散歩に出かけていた。その結果、得られたものは何か。それはともに過ごす時間である。筆者自身の経験を振り返ると、たとえばチャリス・ウェルの祝祭は、普通十〜三十分程度で終わるうえ、百人以上も来ているので、顔見知りの人に会釈したり、立ち話を少ししたりするのがせいぜいだった。しかし、グラストンベリー女神運動の打ち合わせ、および昼食会と散歩に行けば、雑談の時間が豊富にあったので、積極的な参加者とより長い時間を一緒に過ごすことができたし、いろいろと話をすることができた。ただし、この場合は、溝が生じた相手は数えきれないほど多く、打ち合わせに参加する積極的な参加者の数も限られていた。

もう一方の相手である、同じ空間と時間を共有していた、一回だけ、またはときどき季節の祝祭にやってくる一時的な参加者との隔たりは、よりはっきりと現れている。本章2－4で指摘したように、積極的な参加者と一時的な参加者は、同じ儀式に参加しているにもかかわらず、祝祭中にもその前後にも分け隔てられていた。これは、儀式の説明がない、秘密裏に待遇が異なる、コミュニケーションが生じにくいなどの行為によって生み出されていた。このことは何を意味しているのだろうか。

一つ考えられるのは、このような隔たりは意図的につくられた、つまり積極的な参加者が、自分たちと「部外者」である一時的な参加者との間に意識的に溝をつくって、主体性を維持しようとしていたということである。女神の呼び出しの場面で見たように、儀式中はその場に参加しているすべての人々に同じようなパフォーマンスをすることを暗黙のうちに求める。そして、パフォーマンスに協力しない人、つまり儀式に積極的に加わらず、遠巻きに眺めているような人には、気づいたプリーステスがそっと近づき、短い言葉をかけて、参加を促す。このようなパフォーマンスの「強制」は、一時的な参加者から主体性を奪われて、積極的な参加者が「見世物」になることを防ごうとしているからだと見ることもできる。パフォーマンスをせずにその場にいるという行為は、パフォーマンスをしている人たちを「観察する」ことにつながる。「観察する」一時的な参加者は、「女神運動」という奇妙な宗教的実践を分析し、積極的な参加者にとっては必ずしも望ましくない考察をめぐらす可能性がある。そのとき、「観察される」積極的な参加者は、自分たちの行動の理解に関する主体性を「観察している」人々に奪われてしまう。その一方で、一時的な参加者にパフォーマンスを強制することは、積極的な参加者の主体性の発揮につながる。そうして積極的な参加者が儀式において、主体性を保持することを可能にする。

しかし、隔たりの存在はこれだけでは説明できない。なぜなら、それならば観られないように自分たち以外の人々を締め出して、儀式をすればよいからである。積極的な参加者の一時的な参加者に対する主体性の維持は、副次的に生じているにすぎない。

それよりも季節の祝祭が、積極的な参加者にとって、互いの連帯感を高め、共同性を生み出す場だから、結果的に一時的な参加者との間に隔たりが生じているとは考えられないだろうか。

本章の冒頭のアヴァロンの女神に捧げる祝祭や2で描いた季節の祝祭では、女神会館という室内に非日常の世界としての「アヴァロン」を創り出した。これはグリーンウッド（Greenwood）の調査した魔女たちが信じているファンタジーとしての異界（Otherworld）に似ている。彼女は、魔女たちは想像力の中で異界に行くが、異界の存在を真剣に信じていると言う［Greenwood 2000a］。しかし、筆者は季節の祝祭の場で、積極的な参加者がアヴァロンや女神の存在を完全に信じていたかどうかは疑わしいと思った。

なぜなら、季節の祝祭の準備のときに盛んに話し合われていたのは、劇の準備でもするかのような演出効果であった。また、女神を呼び出した後、実際にその場にいるかどうかを確認する行為は行われず、呼び出しという行為自体が、女神がその場にいるという事態を成就させていた。さらに、祝祭中も真剣な面持ちではあるものの、女神からの言葉を聞いて、エクスタシーや興奮のあまり倒れるような人、そのような状態に陥っているような人は皆無であり、皆ただ淡々とその様子を静かに観ていたのである。つまり、プリーステス・トレーニングなどを通して、儀式を養成している世界観を理解している積極的な参加者は、異界「アヴァロン」の存在を信じるというより、ともに創り出しているという意識の共有を求めていたと考えられる。そのため、パフォーマンスに参加しないという、その場の一体感をぶち壊すような行為は咎められたと理解できる。

疑わしく思った理由はもう一つある。祝祭の後、よく「どうだった?」ではなく、「楽しかった?」と声をかけられたことである。また、祝祭の感想を尋ねても、「出会った」はずの女神に触れる人はおらず、祝祭の雰囲気やわいわいしながらアクティヴィティを楽しんだこと、久しぶりに友達と会えて嬉しかったことばかりが返事として返ってきた。ケルト暦の季節ごとに実施される催し物は“ceremony”と呼ばれる。本書では、この催し物の雰囲気に合わせて、基本的には「祝祭」と訳しているが、“ceremony”はラテン語のcaerimonia（宗教的崇拝）に由来し、「儀式」「式典」とも訳される。そのため、筆者は当初、人々がもっと荘厳な心持ちで、女神との神秘的な体験を期待して季節の祝祭に臨んでいると考えていたので、楽しむことを前提とするような質問の仕方や女神とはあまり関係のない点への評価に、私の目も点になったものだ(9)。

季節の祝祭に見られた隔たりは、積極的な参加者が主体性を保持するために演出しているようにも見えるが、実際には意図して生まれたものではない。彼らが「アヴァロン」の創出を共有したり、おしゃべりをしたり、秘密をもったりして、内部での連帯感を高めていった結果として、一時的な参加者は必然的に排除され、溝が生じていたのである。このことは、本節の初めに検討した祝祭の準備に関しても、長い時間を一緒に過ごしたという点で当てはまる。そもそも積極的な参加者であるプリーステスが優先的に扱われるという運営形態も同様の理由から、閉鎖的になっているといえる。グラストンベリー女神運動に見られる排他性は、意識的につくられたというより、積極的な参加者が共同性を求めた結果、生じたのである。

ところで積極的な参加者は、毎日をグラストンベリー女神運動の関係者とともに過ごしているわけではないが、フェイスブックやメーリングリストを通じて、頻繁に交流している。しかし、それでもなお、このような共同性を必要としているのはなぜなのだろうか。それを明らかにするため、次章ではプリーステスたちの声に耳を傾けたい。

註

（1）ジョーンズは、「プリーステス」は女性も男性も含んでいて、男性を指したいときだけ「プリースト」を用いると述べている［Jones 2006: 12］。これは集合名詞として用いられる英単語の中には、"men" のように男性形の名詞が男性も女性も含むことがあるという、言葉における男性優位性をひっくり返した試みといえる。このような試みは、言語の中に潜む男性中心性を暴き出し、女性を肯定するような新しい言葉を構築していったディレイ（Daly）の影響を受けていると思われる（［Daly 1978］参照）。本書でも、プリーステスは男女をともに指す言葉として用い、男性のみを指す場合はプリーストと記している。

（2）具体的にはミア、ストリート、ボルトンズバラ、シェプトン・マレット。

（3）イギリスの場合、College は日本の高校のような位置づけなので含めず、University のみを含めたが、アメリカの場合は College も含めた。また、日本の放送大学にあたる通信制の開放大学も含めた。イギリスの公立学校教員免許取得課程（ＰＧＣＥ）は大学院に設けられているが、修士号を取得するわけではないので、大学に含めた。

（4）「最低寄付金（minimum donation）」とは、最低の額を示した寄付金のことである。寄付なのに金額が指定されるのは腑に落ちないが、主催者は利益を受け取らず、全額を機関なりプロジェクトに寄付するという形でしばしば行われる。ただし、筆者が観察した限り、示された額を寄付するかどうかは、寄付金を入れる状況によって大きく異なっていた。つまり衆人環視の状況の場合、示された額を入れるが、誰も見ていない場合、寄付しない人も少なくなかった。

（5）プリーステス・トレーニング受講者を優遇したり、第2章3-2で示したようなアヴァロンの女神を中心に据えたりする傾向は、二〇〇七年に女神神殿をＮＰＯ団体に登録した頃から顕著になった。女神神殿で長年メリッサをしている七十代の男性は、この当時、携わっていた人々のうち半数ほどは新しい方針に納得できず、この女神運動を去っていったと話す。

（6）この儀式は女神会館で行われているが、主催が女神神殿（ＮＰＯ）なので、「女神神殿」という言葉が使用されている。

（７）これは、「サークルを開く」という言葉で表現される。一般のネオペイガニズムでは、どの祝祭でも、東、南、西、北の順に方角のスピリットを呼ぶし、「サークルを掃く（cast）」と表現することが多い。グラストンベリー女神運動とネオペイガニズムの大きな違いの一つである。

（８）作詞・作曲 Sally Pullinger.

（９）「おちょくる」同様、「目が点になる」という表現も、学術書にはふさわしくないかもしれない。しかし、儀礼後の会話の中での、問いかけに対する相手からの返答に対して、筆者の目は大きく開かれ、丸くなった。自分のこの身体的な反応を表す表現としては、この慣用句が最も近いので、ここでも再び「不適切」と批判されることを承知のうえで、使用している。

コラム3　ドルイドになっちゃった？

角笛の音が聞こえる。強く長く伸びるその響きが、白み始めた空に染み渡る。

「朝日だよ。出ておいで」

そう言って、猫背をさらにかがめたエリザベス（六十代女性）は、風を避けて塔の中に縮こまっていた私を外に連れ出した。本当だ。東の地平線に太陽が頭をのぞかせている。誰かがまた、角笛を吹いている。吹きぬける風に乗って、滑らかな響きが辺り一面に広がっていく。

二〇〇六年の秋分の日。私は白いローブを着て、町の郊外の丘、トールの頂上にいた。イギリスの九月は結構肌寒い。しかも、この日の朝は、いつにも増して頂上の風が強かった。

「儀式に参加したい人はこちらへ」

私たちは風にあおられないよう、声のほうへ移動する。女性が六人、男性が十人、子供が三人。大半は白いローブを着ている。強風には慣れているのか、寒そうな素振りは見せない。

口絵写真にも登場している彼らはドルイド。繰り返しになるが、現在のイギリス人の直接の先祖とされる人々の到来以前から、この地に暮らしていたケルト系の人々の信仰、ドルイド教の神官のことである。近世に至るまでの実態については、ここでは割愛し、現在、ドルイドと呼ばれる人々について簡単に説明しておこう。

十八世紀末にケルト文化が再評価されるようになって以来、ケルト文化に由来する「ドルイド」にも関心が寄せられてきた。今の「ドルイド」は、大きく「文化的ドルイド」と「宗教的ドルイド」に分けられる。文化的ドルイドは、ケルト文化、とりわけウェールズ文化の継承者のことを指し、ゆえにキリスト教徒も多い。ドルイド教の神官は詩歌をよくしたという理解からドルイドと称し、文学、歌、詩などに携わっている。それに対し、宗教的ドルイドはドルイド教を信仰として実践する、ネオペイガンである。本書中のドルイドとは、こちらの宗教的ドルイドのことである。女性より男性が若干多い。

ネオペイガニズムは自然崇拝を特徴とするが、中でもドルイドにはその傾向が強い。自然とのつながりを重視し、太陽や樹木など、自然をそのままに崇める。たとえば、冒頭で紹介したのは昼夜の長さが等しくなる秋分を祝う儀式なのだが、その前に特別な朝の日の出を称えている。より自然を感じられるよう、儀式は普通、屋外で行われるため、そこそこの体力も必要だ。その際には白いローブを着用する者が多い。

「ドルイド教がイギリスで初めて、宗教として認められた！」

二〇一〇年十月、こんなニュースがネオペイガンの間を駆けめぐった。ドルイド教の一団体が、政府から慈善団体として認められたのである。イギリスでは税制上の問題で、宗教団体はすべて慈善団体の形をとっている。そのため、ある宗教の一団体が慈善団体と認定されたら、その宗教は公式に宗教と認められたと理解される。つまり、ドルイドはネオペイガニズムの中では、一般社会でもそれなりに認められた信仰なのである。その一方で、メディアによく取り上げられる、あるドルイドが飲酒問題を抱えているため、一般人のドルイドに対するイメージは必ずしも良いわけではない。

ドルイドの多くは全国的な団体に属して、各地のドルイドと交流を図る一方で、地元の小さなドルイド団体にも属している。前者の場合、ある程度の組織化もされ継続しやすいが、後者は代表の個人的事情により、離合集散を繰り返しやすい。たとえばグラストンベリーの場合、二〇〇六年には三つの団体があった。互いのメンバーは重なり合い、代表者同士の仲も良かったが、二〇一〇年末までには、いずれも活動を停止してしまった。グラストンベリー女神運動が活気を呈していく一方で、ドルイドの活動が停滞する状況は寂しい。そう思ってしまうのは、自分がかつてドルイドに叙階してもらったためである。それは次のような儀式だった。

冒頭の朝の数日前、つまり日本に帰国する直前の二〇〇六年九月のこと。グラストンベリーのドルイド団体の一つの代表者ケリー（五十代男性）から電話がかかってきた。詳細は聞き取れなかったが、ドルイドの儀式に誘われたらしい。二時開始とのことで、当日指定された場所に行ってみたところ、白いローブを着た十五人ぐらいがおしゃべりをしたり、太鼓の音に合わせて踊ったりしていた。冒頭の儀式にいた背の高いエリザベスも、夫とともに来ていた。

しばらくすると、灰色の髪を肩まで伸ばした痩身のケリーがやってくる。そして自分が着ているのと同じような、古いシーツでできた白いローブと革のベルトを私に見せながら、「今日は君がドルイドに叙階される日だ」とまじめな顔で言う。意味がよくわからず、きょとんとしていると、「このあいだ電話で言っただろう。後で君の叙階をするんだ」とやや苛立って言う。このときになって、電話の内容をようやく理解した。

やがて、町の別のドルイド団の代表者デボラ（五十代女性）がやってくる。胸をそらすように堂々と前に進み出ると、その小さな姿が少し大きくなったように見える。

「本日、『暁のドルイド団』を改め、『アヴァロンのドルイド団』になります。（中略）皆さんの参加を歓迎します」

そう彼女が叫ぶと、さっきより人数の増えていた白いローブの人々から歓声が上がる。デボラに先導されて着いたトールの麓の野原には、五十人ほどが集まった。秋なのに虫の音は聞こえないが、最近雨が少ないせいか、乾いた草のにおいが、地面からゆらゆら立ち込めている。

みんなで一つの輪になる。その中心に出てきた女性（四十代）が、東の方向を向き、参加者もそちらに体を向ける。彼女は黒い皮の鞘に収められた剣を頭上に掲げながら、「東を呼ぶ。東に平和はあるか？」と尋ねる。「東に平和はある」と全員で応える。同じように南、西、北にも平和があることを確認し、「それがずっと続きますように」と全員で唱える。中央の女性は「これで、四方向に平和があるということだ」と宣言し、再び頭上に剣をかざして上に平和を、地面に剣を突き刺して下に平和を呼んだ。ドルイドの儀式では、よくこんなふうに平和を確認する。

彼女が輪に戻ると、参加者全員で東を向き、両手を挙げる。東の方角にいる人が、「東の主、空気のスピリッ

東西南北の平和を確認する（2009年6月14日）

ト、……万歳、ようこそ」と東の主を呼ぶ。南、西、北の主も次々と呼び出される。この「サークルを開く」という行為で、儀式の始まりを公式に宣言するのだ。

再びデボラが中央に現れ、今日の集まりの目的を説明する。『暁のドルイド団』の人数が増えすぎて統制が取れなくなったため、『アヴァロンのドルイド団』という新しい団体に再編するらしい。新しい団体に入りたい人は中央に集まるようにと言われ、三分の二ほどの人々が進み出る。そしてアウェン（Awen）、つまりドルイド教の聖なる言葉「アー、エー、オー」を全員で三回、低く唱えた。

その後に、杯に入ったミード（蜂蜜酒）が回ってくる。これは蜂蜜を発酵させた酒で、ドルイドに好まれる酒である。そのうちにギターを弾く人が出てきて、音楽に合わせて歌や踊りが始まる。みるみるうちに、音楽の輪やおしゃべりの輪がいくつも生まれていく。

二十分ほどして「サークルを閉じる」、つまり儀式を終えることになり、初めのように一つの輪に戻る。ケリーがどんぐりを全員に配り始める。どんぐりはドルイドが大切に思っているオークの木の実である。しかしその象徴的意味よりも、この日儀式をした場であるグラストンベリーで集めた物を各々が持ち帰ることで、このときに生まれた一体感を覚えておこうとのことだった。

配り終えるまでの間、エリザベスとおしゃべりをしていた私は突如、ケリーに呼び出される。

「もうすぐ日本に帰るエリコのドルイドへの叙階をします」

事態が飲み込めず、一瞬固まってしまったが、エリザベスに促され中央に進み出る。言われるがまま、ケリーの前でひざまずく。彼は剣を私の左肩に載せる。「ドルイドとして、つねに真実を述べることを誓いますか?」と聞かれる。とりあえず「はい」と言う。続いてケリーは右肩に剣を載せ、同じ質問を繰り返す。同じように答える。最後に頭に載せると、再度尋ねられる。一言「はい」と答える。

その後、デボラの孫娘に差し出された白いローブと革のベルトを身につける。先ほど見せられたものだ。私は輪の中を一周して、みんなに「ありがとう!」と大きく手を振る。みんな手を振り返してくれる。

ケリーがこちらにやってくる。「どうだい、ドルイドになった気分は?」「最高だよ! ありがとう」と返す。「でも、君は今、ドルイド見習いであり、次に会った機会に一ランクあげて、正式なドルイドになる。だから、絶対にまたグラストンベリーにやってこいよ」と言われる。

その後、何度かグラストンベリーに戻ったが、『アヴァロンのドルイド団』は活動を休止しており、再開されることはなかった。そのため、私はドルイド見習いのままである。

しかし、私がドルイドと名乗ることに問題はないのだろうか。女神運動や魔女術の場合でも同じだが、ある程度の規模の団体から認めてもらうためには、その団体が定めた基準をクリアする必要があろう。しかし、小さな団体ならば代表者が認めればそれでよいとされているし、個人で活動する者が勝手に名乗っても咎める権利は誰ももたない。つまり名乗る、名乗らないは、周囲ではなく、個人の裁量に任されているところがある。そのため、私が初対面のドルイドに「ドルイドです」と言っても、怪訝な顔をされることはなく、むしろ「よろしく、シスター!」というような、フレンドリーな挨拶が返ってくるのだった。

さて、ドルイドの多くは海外の「伝統文化」に関心をもっている。彼らは自分たちの「伝統文化」であるケルト文化はすでに失われたとして、その復興の手がかりが他の地域の「伝統文化」にあると考えるのだ。北米のネイティヴ・アメリカンやオーストラリアのアボリジニへの関心が高い。日本の神道に対し、同じ自然崇拝的なアニミズムとして共感をもっている者もいる。

日本文化への関心から、ドルイドとして生きることを決めた人がいる。グラストンベリーの三つ目のドルイド団体の代表で、冒頭に登場するエリザベスの夫アンディ（六十代）だ。夫妻に初めて会ったのは、彼が主催するムート（ネオペイガニズムについて語り合うパブでの集まり）の場だった。小柄で毛むくじゃらのひげが目立つアンディは、私が日本人と知るや否や「今、武士道はどうなんだ?」と尋ねてきた。私は「古臭い感じがする」と答えた。実は彼、常々日本には今でも武士道精神が息づいているというようなことを仲間たちに語っていたらしい。それなのに日本から来た私がこう答えたものだから、周りの人たちはどっと笑い、エリザベスは「若い子は知らないわよねぇ」と茶々を入れた。

しかし数日後、自宅に招待されて後悔した。アンディは筋金入りの日本文化愛好家だったのだ。居間には日本人形を飾り、日本製の小刀を宝物とし、木工細工の腕を生かして庭に茶室や太鼓橋を造ってしまっていたのだ！

彼は子供時代から、柔道に親しんできた柔道家だった。

「自分より大きな相手を倒せちまうんだから、小柄な僕にはぴったりだった。柔道のおかげで自分に自信をもつことができて、ぐれずにすんだんだ」

この柔道愛が日本の精神文化、ひいては神道への関心につながっていく。

「でも僕がいくら日本文化を好きになったって、日本人にはなれない。だから、イギリスで神道にあたるものを探した。それがドルイドだった」

体調の優れないアンディも、造園業が忙しいケリーも、夫を亡くしたデボラも、活動を再開しそうな様子は今のところない。しかしその日に備えて、いただいたローブはたんすの中に大切にしまってある。

第4章 移住という選択肢

女神、女神って言うけど、何でグラストンベリーが女神の聖地なわけ？　キャシー・ジョーンズの本、読んだことあるけど、モーガン・ル・フェイって、あれ、ただの妖精だろ？　妖精は女神じゃないよ。『アヴァロンの霧』とかいう小説に出てくるだけだろ？　聖書やコーランとは違って、創作された物語の中の登場人物を信仰するなんて理解できない。馬鹿げてるとしか思えないんだけど。

二〇〇九年の女神カンファレンスが終わった夏のある日、私は偶然知り合った、地元出身のコンサルタントの男性（四十代）とカフェで話をしていた。女神カンファレンスがどういうものなのか尋ねられ、ジョーンズの始めた女神運動の説明をひと通りしたところ、冒頭のような返事が返ってきたのだった。

「そんなことないよ！」と反論したくなる人もいるかもしれない。しかし、そう感じたあなたはおそらく少数派で、大半の読者の方は、すでにこの男性と同じような感想をお持ちになっているのだと思う。確かに、第2章で見てきたように、グラストンベリー女神運動の世界観は、伝説や小説を材料に、ジョーンズ特製のスパイスを加えたファンタジーである。それは否定しない。しかし、人々がある信仰に携わり、継続する要因を知るには、創作物であろうとなかろうと、書物に記された「教義」だけではなく、儀式などの実践や実践者の生き方に迫る必要があるのではないか。前章では、儀式の場の分析から、周囲と隔たりをつくってしまう排他的ともいえる共同性が見られることを指摘した。本章では、彼らがそういった場を必要としている背景を探るため、個々のプリーステスのライフストーリーに立ち入る。特にグラストンベリーへの移住についての考え方を、グラストンベリー女神運動に関わることになったきっかけとともに明らかにしていく。

第3章1‐1で示したグラストンベリー女神運動の参加者の分類の中で、①の一時的な参加者から③の積極的な参加者に移動する、つまりこの女神運動により深く関わるようになるとは、グラストンベリー女神運動の催し物に頻繁に参加するようになることであり、自身が催し物の運営側に回ることだといえる。それを容易にする一つの要因は、グラストンベリーやその周辺に居住することである。

二〇一〇年の時点でのグラストンベリー女神運動の催し物等の運営担当者(1)三十九人のうち、グラストンベリーと周辺在住者は二十五人、それ以外は十四人で、前者の割合が高いことがわかる。グラストンベリーと周辺在住者は、筆者が観察した二十一回の季節の祝祭で女神の呼び出し役を務めた人のうち、個人を特定できた百四十八人中九十一人と六割以上を占めている(2)。筆者が参加した四回（二〇〇六年、二〇〇八年、二〇〇九年、二〇一〇年）の女神カンファレンスで運営側にいたのは、百十二人中五十二人と半分以下だが、一年に一度の大祭典であるため、より広い範囲から、より多くの人数が来ることを考えると、この割合は高いといえる。なお人数はいずれも、のべ数である。

ここでカウントした人は、少なくともその時点では、積極的な参加者であった人々である。このデータから、積極的な参加者はグラストンベリーとその周辺に暮らしている傾向が窺える。近くに住んでいるから積極的に活動しやすいともいえるが、積極的に関わりたいから移住してきたとも考えられる。引っ越しとは、それまでの人間関係や仕事など、生活のすべてをがらりと変えてしまう可能性をもつ人生の一大事である。二〇一〇年の時点でのグラストンベリー在住の積極的な参加者は、移住者を母親にもつ十代の女性を除き、全員がその一大事を経験している(3)。これらのことを考慮すれば、移住とグラストンベリー女神運動への積極的な参加には、何らかの因果関係があると予想される。

そこで本章では、グラストンベリーに移住してきた積極的な参加者のうち、プリーステスたちから聞き取ったライフストーリーに基づいて、彼らがグラストンベリー女神運動と出会い、グラストンベリーに移住してきたプロセス、および移住後の生活の様子を探っていく。特に彼らがグラストンベリーへの移住に何を期待していたのか、なぜそのように考えるに至ったのかという移住を決めた背景と、移住後の暮らしの捉え方に焦点を当て、先に移住していた人々の存在が果たす役割について検討する。そのうえで、第3章で明らかにした共同性を生み出した背景を考える。

分析に入る前に、被調査者の語りを資料とするときに生じるであろう問題と、本書での対処方法を述べておく。その危険性とは、語りの信頼性である。オルタナティヴ・スピリチュアリティの実践者を研究対象とする場合、第3章1－2でも少し触れたが、自分を「神秘化」して提示する傾向があるので、注意する必要がある。たとえば、本章で取り上げるリズは、グラストンベリーへの引っ越しの理由について、積極的な参加者の集まりの場では、聞こえてきた女神からの声に従ったからだと説明したが、後日、筆者が確認したところ、「うん、まぁ……、でも、それより庭のためよ！」と言い切り、庭仕事への熱い思いを語った。つまり、語りをすべて真剣なものとして捉え、語りのみを分析することは、被調査者が提示したがっている世界へと誘導され、客観的な分析を難しくする恐れがある。そのため本章では、筆者自身のインフォーマントとの日常生活での接触を通じた観察も併せて分析していく。なお、プリーステスのうち、詳しい話を聞いたのは十六人である。そのうち二〇〇九年以降に引っ越してきた五人を選んだのは、筆者の調査時期と重なり、引っ越してからの変化の様子を観察しやすかったからである。比較のため、引っ越さない人、引っ越せない人、出て行った人も一人ずつ取り上げている。

1　グラストンベリー住宅事情

グラストンベリーへの移住を考えるにあたって、移住を比較的容易にしている、イギリスとグラストンベリーの住宅事情について説明しておく。

まず、イギリスでは一般的に不動産の価格が年数を経たからといって下がらない。イギリスの住宅は石造りであるうえ、地震もほとんどない国なので、住宅の耐用年数が長く、資産価値が失われにくい。そのため、地域や立地条件、そして景気にも左右はされるが、持ち家を売れば、新たな資金なしで、同じようなグレードの住宅を手に入れることが可能である。

そのうえ、第1章で述べたように、大規模な商業施設など不動産業者の売り出しの目玉となる魅力に乏しいグラストンベリーでは、住宅の値段がそれほど高くない。筆者の大家へイゼルが、二〇一一年四月に3ＬＤＫの自宅を売却した際の売値は、約二十三万ポンドだった。そのため、都会やその郊外の持ち家を売却して移ってくる場合、グラストンベリーは新たに家を購入しやすいところである。

それから、イギリスではシェアハウスという居住形態が普及している。シェアハウスをすれば、複雑な賃貸契約を結んだり、公共料金を契約したりする必要はなく、家主に家賃を渡すだけで済む。家具つきの部屋に住むことも可能で、住宅を購入するだけの資金力がなくても、その日のうちから生活を始められる。特にグラストンベリーの場合、観光客の少ない冬場には、B&Bが客室をシェアハウスと同等の料金設定で貸し出すため、比較的部屋を見つけやすい。

つまり、収入面さえクリアできれば、グラストンベリーという町は移住しやすいところといえる。しかし、第1章1-2と3-3でも説明したように、失業率が全国平均より高いグラストンベリーにあって、地元で良い条件の雇用先を見つけることは容易ではない。

2　プリーステスたちの移住談

グラストンベリーへの移住によって、移住前より良い仕事を得られる可能性はまずない。それなのに、なぜ移住は誘発されるのだろうか。本節では、プリーステスたちに移住を決断させた、またはさせない、できない背景に留意しつつ、八人の事例を見ていく。なお、引っ越したプリーステスの事例として挙げている初めの五人については、グラストンベリー女神運動にやってくるのがどのような人物であるかを提示するという意味でも、やや詳しく見ていく。その中でも初めのエマのような背景をもっている人はよく耳にしたため、彼女のことはかなり詳しく取り上げている。後の三人はグラストンベリーに移住しない選択肢を中心に見ていく。八人中、六人が女性である点、全員中高年である点は、事例に偏りがあるように見えるが、第3章1-2で記したように、そもそもプリーステスには女性と中高年が多い。また、［　］内にはインタビューをした日づけを示したが、その日以外に交わした会話から得たデータも用いている。

2-1　夫の死後、引っ越したエマ（五十代、元事務員、西ミッドランド地方出身）［二〇一〇年六月八日］

「あら、うちの隣に住んでいたの?」。二〇〇九年の秋口から、互いに顔見知りであったエマと、初めて話をしたのは十二月に入ってからだった。この年の秋から彼女が筆者の隣家のB&Bに暮らしていたことを、そのときに知った。つややかな黒髪が印象的だったが、近くで話すと、マスカラの効果もあり、その目がかなり大きいことに気づく。裾の長いスカートをひらりとさせながら、B&Bのゲートをくぐる優雅な姿もよく覚えている。

○ネオペイガニズムへの違和感

エマは宗教に関心がない両親のもとに育ったため、キリスト教には親しみがなかった。その一方で、夫ともども、ストーンサークルなどの巨石文化に関心があり、遺跡をよく二人で訪れていた。また、ともにネオペイガニズムにも関わりをもっていた。

魔女術に関わってみたこともあるけど、私には合わないと思ってやめた。〔イングランド南西部の〕エイブベリーのオープンなドルイドの儀式に参加したこともあって、ドルイドのほうが魔女よりは親近感をもてたかな。夫は積極的に参加したがったんだけど、私は遠慮したかった。

彼女は魔女術やドルイド教といった主流のネオペイガニズムに関心を寄せてはいたものの、呪文や参加者の服装、祭壇や室内の装飾のおどろおどろしさから、彼らの儀式のあり方になじめず、深くは関わり合ってこなかった。どちらかと言えば、関心がある夫に付き合っていたにすぎなかった。

○グラストンベリーとの出会い

ネオペイガニズムの実践より、イギリス各地の巨石文化の遺跡めぐりを楽しんでいたエマが、グラストンベリーを訪れることになったきっかけは、アーサー王伝説愛好家の兄だった。夫妻が度々、イングランド南西部を訪れていることを知った兄は、アーサー王とアヴァロン島の伝説の地であるグラストンベリーを訪れることを勧めたのである。そこまでアーサー王の伝説に興味がなかったエマだったが、夫と近くの遺跡を訪れた帰り道、グラストンベリーに立ち寄った。一九九九年のことだった。

夫と二人でトールに上って頂上からの景色を見たとき、二人で「故郷にやってきた」と思った。

エマ夫妻をグラストンベリーに誘ったのは伝説だったが、強く魅きつけたのは景観だった。真っ平らのサマーセット平原の中に立つトールからは、イギリスの原風景としてイギリス人が懐かしさを感じる、緑の草原を三六〇度のパノラマで見晴らせる。こうして、グラストンベリーに魅了された夫婦は、その後も度々足を運ぶようになる。

○グラストンベリー女神運動との出会い

三回目か四回目の訪問のとき、夫妻はふと女神神殿を覗いてみた。

女神神殿があることは知ってたよ。でも、それまでは、女神はどこにでもいるんだから、私たちには女神神殿なんていらないと思っていた。けれど、初めて行ったときに、「うわぁ、素敵な場所だなぁ」って思った。それから、二人で季節の祝祭にできるだけ参加するようになったんだ。でも、それ以外では、ろうそくを買って、自宅で使ったりするぐらいだった。

初めは訝しがっていたものの、女神神殿への訪問をきっかけとして、夫妻はグラストンベリー女神運動に関わるようになっていった。儀式の雰囲気にどこかしっくりこないものを感じていた魔女術とは異なり、美しく飾られた女神神殿とそこが主催する薄気味悪さを排除した季節の祝祭には心魅かれたのである。オルタナティヴ・スピリチュアリティに関心をもつ観光客が行きやすいところにある女神神殿との出会いと訪問は、グラストンベリーへのリピーターとなっていた二人にとって、ある意味、必然だったともいえる。しかし、この段階ではまだ「一時的な参加者」にすぎなかった。故郷の町に暮らしつつ、ときどきグラストンベリーにやってきて、女神神殿を訪れ、季節の祝祭に参加するという生活に満足していたエマには、その生活を変える理由がなかったのである。

○夫の急死とグラストンベリー女神運動への急傾倒

そんな彼女の人生が一変したのは二〇〇六年七月のことだった。夫が急死したのである。

世界がひっくり返るほどのショックだったわよ。（中略）それまでに何度か女神の季節の祝祭に参加していたから、夫が亡くなったとき、アヴァロンの女神が彼をアヴァロン島に連れていったんだと思った。アヴァロン島は死者の島でもあるわけだから、あの人はあそこに行ったんだって。

彼女は夫を火葬した。かつてはキリスト教の考え方に基づき、土葬が主流だったイギリスだが、現在では火葬を選ぶ人が増えてきている。火葬にすれば、土葬に必要な墓地の取得費用がいらないだけでなく、遺灰の取り扱いに決まりがないため、故人との思い出の場所などに自由に撒けるからである。そのときに、何らかの形で宗教的な儀式をすることを希望する遺族は多い。エマの場合、キリスト教風の葬儀には気が進まなかったため、知り合いになっていたジョーンズを通して、そのような儀式を執り行う仕事をしているプリーステスのサラを紹介され、儀式を終えた(4)。

アヴァロン島は死者が復活の時を待つところという概念は、ケルトの伝説に由来する、一般的なものである。その一方で、女神と結びつけるのは、グラストンベリー女神運動に固有である。つまり、夫の死を前者だけでなく、後者のアヴァロンの女神とも結びつけ、葬儀という人生儀礼をグラストンベリー女神運動のプリーステスに託したエマは、この頃には季節の祝祭に繰り返し参加することにより、「一時的な参加者」でありながら、グラストンベリー女神運動の考え方を部分的に内面化しつつあったことがわかる。夫の葬儀をきっかけに、ジョーンズ以外のプリーステスとも知り合ったエマは、より一層グラストンベリー女神運動の世界に足を踏み入れていくことになる。

夫の葬儀の翌年、女神カンファレンスに初めて参加する。その年のカンファレンスのテーマは老いと死だったため(5)、夫を急に失った悲しみにくれていた彼女には、自分の心境にしっくりくるものがあり、参加を決めたのだった。

その年の十月からプリーステス・トレーニングを始めたのだが、その理由については、「女神に呼ばれたから」としか語らなかった。しかし、それまで六年あまり、グラストンベリー女神運動と関わり続けていたのに、一時的な参加者の状態を脱しなかったエマが、夫を亡くしてから女神カンファレンスに参加するだけでなく、プリーステス・トレーニングまで始めたことを考えれば、夫の死がその引き金になったことは容易に推測できよう。

彼女は部分的に内面化していたグラストンベリー女神運動の世界観の中で夫の死を理解したと先ほど述べた。しかし逆に言えば、夫の死が納得いく形で説明されたので、以後、この女神運動に傾倒していったとも考えられる。

○グラストンベリーへの移住

プリーステス・トレーニングはエマに新しい人間関係をもたらした。年に八回、「いつも同じメンバーで集中的に顔を合わせるから、深く親しい関係を築けている」と感じるようになったのである。次第にグラストンベリーへの移住まで考え始めるようになり、二〇〇九年九月にとうとうグラストンベリーにやってくる。

四人の子育てに忙しかったし、夫ととても仲が良かったから、故郷には友達も少なかった。だから、夫が亡くなってから、女神の姉妹兄弟（sisters and brothers）が沢山いるグラストンベリーに引っ越してきたかったの。

ここでは、親しい人の少ない故郷と対比させて、グラストンベリーが気心の知れた仲間のいる場所として語られている。

なお、彼女がグラストンベリーに引っ越すことができた現実的な要因として、夫を亡くし、子供も独立していたため、家族に対する義務感がなかったこと、仕事をしなくても、失業者用給付金というイギリスの制度を利用できたことを指摘しておきたい。ある程度の貯金もあったエマは、給付金と合わせれば困らないだけの収入を得られるボランティアを見つけたとき、事務員の職を辞し、グラストンベリーに引っ越してきているからだ。

○グラストンベリーでの暮らし

しかし、期待を込めてやってきたグラストンベリー生活は順風満帆ではなかった。第5章でも触れるが、筆者が観察した限り、彼女はいつも居住スタイルに悩み続けていた。家族以外の人と暮らしたことがなかった彼女にとって、五十代になって初めて経験したシェアハウスでの暮らしは気疲れするものだった。その一方で、夫が死ぬまでやはり経験したことのなかった一人暮らしも物寂しく感じていた。子供たちの訪問を期待するものの、交通費がかかるので、思っていたほど来てくれなかった。しかし、故郷に戻って子供たちと同居することにも気は進まなかった。

グラストンベリーに戻ってきて、〔大手スーパーの〕モリソンズでの買い物中に〔プリーステスの〕ローズに会ったとき、すごく嬉しかった。今ではこっちのほうが戻るべき場所という気がする。

とある集まりの場で話したように、自分が故郷に帰っても、家族以外に親しい人がいないため、疎外感を覚え、早くグラストンベリーに帰りたくなってしまうのだった。

エマは、新たな人生を歩み出した母親の変化に戸惑う娘たちと不和になったり、新しくできた恋人と別れたりと、移住後も新たに苦しみを抱えていった。それでもインタビューのときには、町での暮らしを「挑戦的」と語り、後悔している素振りもなく、「前は孤独だったけど、今は女神の仲間たちが助けてくれる」というふうに強い口調で語った。

○イメージの変遷

エマのグラストンベリーに対するイメージは、グラストンベリーと出会って以来、どのように変化していったのだろうか。当初は、グラストンベリー女神運動という親しみをもてる活動が繰り広げられている、時折、非日常性を楽しむ場所にすぎなかった。しかし、夫の死をきっかけとして、プリーステス・トレーニングを受講し、グラストンベリー女神運動の人々と親しくなっていくにつれ、自分にとってかけがえのない人々が沢山暮らしている場所となっていく。そのような人々との出会いは、夫の死という苦しみから解放されていく過程でもあったと考えられる。その人たちの存在こそ、やがてエマに移住を決意させた。移住後、新たな苦しみが降りかかってきても、それを「挑戦」と捉え、逃げるのではなく、挑もうとする。グラストンベリーを自分を支えてくれる仲間がいる自分の居場所と見る、移住前からのプラスのイメージは揺るがないのである。

2-2　離婚後に引っ越したカリン（四十代、法律事務所勤務、オランダ出身）［二〇一〇年七月十八日］

二〇〇八年にオランダの女神カンファレンスに参加したとき、主催者の一人でお世話になったのが、オランダ人のカリンだった。背が高く、手足もすらりと長いので、立ち居振る舞いが様になる女性だ。心優しい彼女がグラストンベリーに引っ越してきて、隣人になるとは、そのときには夢にも思わなかった。

○カトリックからネオペイガン、そしてプリーステスへ

カリンはオランダで生まれ育ち、弁護士をしていた。カトリックとして育てられ、ずっとカトリック教会で積極的に活動していた。しかし二〇〇一年頃、ネオペイガニズムと出会い、中東地域発祥のキリスト教とは異なり、ヨーロッパの古い文化や自然環境に由来する要素が見い出せるところに親しみを感じた。プリーステス・トレーニングのことも聞いていたが、まずはネオペイガニズム一般の知識を得ようと、二〇〇二年からネオペイガニズムの通信講座を受講した。

二〇〇二年に参加した音楽の祭典、グラストンベリー・フェスティヴァルの場で、グラストンベリー女神カンファレンスのチラシを見つけ、翌年の二〇〇三年夏に一人で参加した。そのときのことを彼女はインタビューの中でとても嬉しそうに語った。

女神カンファレンスでは、〔開会式の場で〕キャシー〔・ジョーンズ〕がみんなにどの国から来ているかを尋ねるでしょう。そのときに私がオランダ人であることを知って、他のオランダ人女性たちが自己紹介をしに来てくれて、その人たち全員と今でも交流が続いている。

その後、「受講のときが来た」と思い、秋からオランダのプリーステス・トレーニングを始めた。第3章1－1で触れた、オランダ人プリーステスによる講座である。それまでも存在は知っていたが、受講に踏み出せなかったプリーステス・トレーニングを始めたのは、女神カンファレンスの儀式や講演、ワークショップを通して、グラストンベリー女神運動の概要がつかめたこと、携わっているプリーステスたちと実際に出会ったからだといえる。プ

リーステス・トレーニング受講中も、ライフワークとしてきた教会での活動を続けてきたが、二〇〇六年春に受講を修了したとき、教会での活動をやめ、オランダの女神神殿や女神カンファレンスの運営に専念するようになった。

カリンは宗教的な実践としてはネオペイガニズムに魅かれつつも、社会的な活動としてカトリック教会との関係も続けていた。プリーステス・トレーニングの修了をきっかけに、キリスト教を離れたのは、女神運動での活動が忙しくなっただけではなく、その頃には女神運動の世界観がキリスト教のそれに取って代わっていたからだと思われる。

○離婚とグラストンベリーへの移住

オランダで精力的に活動していたカリンが、グラストンベリーに移住し、プリーステスがよく滞在することから、「プリーステス・ハウス」の愛称で知られていた、筆者の隣家のB＆Bに住むようになったのは、二〇〇九年三月のことだった。その直接の引き金になったのは、夫との離婚である。二〇〇七年、突然、夫から好きな女性ができたから、別れてほしいと告げられ、熟慮の末、その年のうちに離婚した。「離婚したとき、プリーステスの視点から、グラストンベリーに来たかった。引っ張られたの」と言うので、筆者は、「誰に？　アヴァロンの女神に？」と尋ねると、カリンは曖昧に笑って頷くだけで、それ以上は話そうとせず、話題を変えてしまった。

カリンがグラストンベリーへの移住を決めたのは、突発的なことではなかった。オランダにはない青々とした野原などの自然を求めて、毎年のように家族でイギリスを訪れていて、一家でイギリスへの移住を考えたこともあった。また、彼女は女神カンファレンスやワークショップを通じて、グラストンベリーのプリーステス・トレーニング受講者とも親しい関係を築いていた。そのうえ、離婚の数ヶ月後にグラストンベリーを訪れたときに知り合った男性と、遠距離恋愛を続けていた。移住を決断させたのは彼かと尋ねると、「女神が先、彼はその次」と笑って答えた。そして、仕事をやめて、学生になっていた子供たちも置いて、引っ越してきた。

景観、アヴァロンという土地、私はただここにいたかった。ここは故郷だって感じる。私はいつも、オランダは父の土地、イギリスは母の土地だって考えていた。オランダは合理的な土地だけど、イギリスはもっと歴史やストーンヘンジなどの古代文化に触れ合っている。二〇〇六年二月にグラストンベリーに来たとき、グラストンベリーが私の魂にとても近づいて、とても強い感情が湧き出てきた。

「オランダは父の土地、イギリスは母の土地」という表現は、それぞれ、かつて信仰していたキリスト教と、現在関わっている女神運動を対比しているようにも思える。そのことを踏まえても、この言葉からは、カリンがイギリス、特にグラストンベリーの土地と精神的な結びつきを感じているのは明らかである。イギリスのどこでもよいのなら、職探しに苦労する、グラストンベリーのような田舎に住む必要はないからだ。

イギリスへの移住という選択肢は、つねにカリンの頭の中にあった。しかし、それが現実味を帯びたのは、夫から離婚を切り出されたときだった。彼女の場合、子供は十分に成長していたし、貯金もあったし、弁護士という資格もあったことからイギリスでの就職も難しくないと思われた。そこで、プリーステスの友達が多く暮らしていて、自らの恋人もいるグラストンベリーへの移住が促されたといえる。

○グラストンベリーでの暮らし

しかし、筆者が「いろいろと期待していたと思うけれど、グラストンベリーに引っ越してきてからはどう？」と尋ねると、「まさに、グラストンベリー・エクスピリエンスよ！」と言う。「グラストンベリー・エクスピリエンス」とは、物質的な豊かさではなく、精神的な幸せを優先して生きようと胸を弾ませてグラストンベリーに引っ越してきたものの、現実の厳しさに直面し、強い精神的ダメージを受ける体験を指すグラストンベリー特有の言い回しである。筆者がインタビューをした頃、カリンはようやく仕事を見つけ、Ｂ＆Ｂを出て友達と家を借りて暮らし始めるなど、やっと生活が落ち着いてきた時期だった。しかし、半年以上仕事が見つからず、経済的な不安を感じていたし、家族、特に子供たちと離れて暮らすことも辛かった。また、引っ越してきた当初はしばらくしたら恋人と同棲すると思っていたのに、それも実現しなかった。そんな状況を「ここにいるのは挑戦だった」と語った。

○イメージの変遷

カリンのグラストンベリーに対するイメージはどのように変化していったのだろうか。オランダ人の彼女にとって、イギリスはオランダにはない豊かな自然のある国としてイメージされていた。グラストンベリーも、当初は憧れのイギリスにある田舎町の一つとしてみなされていたと考えられる。その後、女神運動と出会い、関わっていくうちに、グラストンベリーはイギリスの一つの田舎町から、グラストンベリー女神運動の町として認識されていくようになる。離婚したとき、グラストンベリーへの移住が決断されたのも、恋人とグラストンベリー女神運動を通じて知り合った人々が暮らすところとして、親しみがあったからである。つまりエマと同様、理想郷のようにイメージされていた。しかし、引っ越してからは、求人の少なさや恋人との関係に悩み、落ち込む。グラストンベリーの別の側面を見たともいえる。だからと言って、町そのものに失望するわけではなく、「グラストンベリー・エクスピリエンス」という表現を用いて、移住後には必然的にそのようなことが試される場所として理解しようとしたといえる。

2-3 再婚して、引っ越してきたスーとトム（スー…三十代、西ミッドランド地方出身、トム…四十代、北西部地方出身。ともに元看護師だが、インタビュー時はどちらも給付金受給者）［二〇一〇年九月二十日］

「もし構わなければ、一緒にメリッサをしてもいいかな」と恰幅のよいトムに尋ねられたのは、二〇〇九年二月に筆者が女神神殿でメリッサをしていたときだった。この日は折角、車でグラストンベリーにやってきたので、したいと言うのだ。そんな彼の申し出を、筆者は奇妙に思ったものだ。というのも、メリッサの仕事とは基本的にはその場にいるだけなので、二人も必要ないし、女神神殿にただいたければ、妙に目立つ行動をしない限り、誰も咎めないからだ。しかし、トムのあまりの真剣な表情に押されて了承すると、「ありがとう、僕にとって、ここでメリッサをすることは、とても大切なことなんだ」と恍惚味を帯びた声で感謝された。物々しい話し方をするトムが、ジョーク好きと知るのは、もう少し先のことだ。

その後、筆者はトムや、その妻のスーと子供たちとも町でよく出くわしていた。体格のよいスーは、その風貌に似つかわしく、落ち着いたしゃべり方をする女性だった。一家は二〇一〇年七月に引っ越してきた。筆者は生活が少し落ち着いたと思われた九月に、夫婦一緒にインタビューを行った。

○ネオペイガニズムへの関心とグラストンベリー女神運動との出会い（スーの場合）

スーはキリスト教徒として育てられたが、いつも何かが足りないと感じていた。二十代に入った頃、ネオペイガニズムに出会う。キリスト教にはなかった、身の回りにある樹木や花々、動物、そして水や空気といった自然にあるものを崇拝しているところに魅かれ、十五年ほどグループで実践していた。グラストンベリー女神運動を知ったのは二〇〇三年頃。グラストンベリーで何かすることはないかとネットサーフィンをしていて、プリーステス・トレーニングを見つけ、「なぜか引き寄せられたの。プリーステス・トレーニングをしなくてはと思った」。運命を感じたのである。そこでグラストンベリーに行き、女神神殿の様子を覗いたり、ジョーンズに電子メールを送ったりしていた。しかし、当時の夫は子供の面倒を見てくれるような人ではなかったので、受講は難しかった。

○キリスト教徒からネオペイガンへ（トムの場合）

一方のトムもキリスト教徒の家庭で育ったが、自分の意志で福音主義的なキリスト教を熱心に信仰し、教会にもまめに通っていた。

けれど、審判、罪の概念、排他的な信仰、罰、何かをしでかした人への地獄落ちを宣言するところなんかが好きになれなかったんだ。ペイガニズムに魅かれたのは、自然と調和し、季節の変化を尊ぶから。より良い人間としてではなく、ありのままの自分を受け入れてくれるからなんだ。

この語りからは、トムがネオペイガニズムに魅かれたのは、スーと同様、自然崇拝を基盤としている点であったことがわかる。しかし、それだけではなく、道徳的な正しさが求められていると感じたキリスト教とは異なり、そのままの自分を認めてくれるという点にもあった。

こうしてトムもキリスト教を離れ、二〇〇七年から、一人でネオペイガンとしての道を歩み始めていた。

○再婚とプリーステス・トレーニングの開始

その後、トムは死別、スーは離婚の形で、それぞれ配偶者を失い、二人は二〇〇八年に再婚する。互いにティーンエイジャーの娘を連れて、家族四人での出発だった。トムからの支援を受け、スーはその年、ついにプリーステス・トレーニングを始めた。

トムはそれまでグラストンベリー女神運動のことは全く知らなかったが、スーに付き合って季節の祝祭に参加したり、女神神殿でボランティアをしたりして関わりを深めていくうちに、その内容に関心をもち、翌年から受講を始めた。

二人はプリーステス・トレーニングの開始と、以前の配偶者との別れを結びつけて語りはしなかった。ただし、夫妻へのインタビューは二人一緒に実施したため、関係していたとしても、語りづらかったと考えられる。なお、トムのほうはプリーステス・トレーニングの最中に亡くなった前妻との関係を辿り直したという経験を女神神殿のニュースレターに綴っていたことがあり、少なからず関係していたと思われる。

○グラストンベリーへの頻繁な訪問

二人はグラストンベリーから車で二時間ほど離れた都市に住んでいたにもかかわらず、季節の祝祭はもちろん、それ以外のときにも頻繁にグラストンベリーを訪れ、女神神殿でメリッサをしたり、催し物に参加したりしていた。たとえば、二〇〇九年のクリスマスの日、女神神殿で二人は仲睦まじそうにメリッサをしていたので、筆者はクリスマスなのに、と思わず絶句してしまった。

子供たちとは、夜に一緒にご馳走を食べるからいいのよ。私たちには、クリスマスよりこっちのほうが大事なの。この日にメリッサをできて、名誉に思ってる。

イギリス人の家庭では、キリスト教徒でなくてもクリスマスの時期は家族と一緒に過ごすのが一般的である。特にクリスマスの日には、昼下がりからご馳走を食べるのが習慣となっているので、子供を置いて昼間に外出するという二人の行動は、イギリス人のクリスマスの常識からはかなり外れている。そのためスーのこの穏やかな語りからは、クリスマスというキリスト教の行事を否定し、家族よりグラストンベリー女神運動を優先させる夫妻の姿勢が窺える。

○グラストンベリーへの移住と新しい生活

インタビューの中で引っ越しの理由を尋ねたとき、二人は口を揃えて、「こっちのほうが、友達が多いから」と即答した。スーとその娘は結婚を機にトムの家に移ったので、スーは知り合いも少なく寂しい思いをしていたし、スーの娘もその街にまだ友達も少なく、未練はなかった。(6)トムの娘が中学を卒業する年だったことも、移住を容易にした。夫妻の移住は、トムが亡妻とともに暮らしていた街というスーにとっては人間関係を築くうえでいささか不利な場所での暮らしをやめ、二人に共通の友達がいる場所で、心機一転、新しい生活を始めようとしたのだと理解できる。そのうえ、二人はもともと看護師だったが、再婚の前後からともに疾患を抱えるようになり、一家は障害者用給付金で生活していたため、職探しの心配はなかったのである。

移住後、スーは女神神殿（ＮＰＯ）の理事に就任し、友人と共同でワークショップを始めた。夫婦揃って女神神殿のヒーリングの運営担当者となり、清掃などグラストンベリー・エクスピリエンス内を管理する職を得た(7)。その一方で移住前には、メーリングリストの中で、グラストンベリーに住んでいたら、もっと頻繁に集まりに参加できるのにと嘆いていたにもかかわらず、インタビューのときに「思っていたより忙しい。選択肢を考えて、あらゆることにボランティアをしないように気をつけている」とスーは話していた。実際、移住前の熱の入った姿勢とは異なり、女神神殿のメリッサは決まった日時にするだけで、急なキャンセルの代理に入ることはなかったし、その年のクリスマスは一日中、家族水入らずで過ごしていた。

○イメージの変遷

夫妻のグラストンベリーに対するイメージはどのように変化したのだろう。スーの場合、グラストンベリーでできる何かを探していたというところから、グラストンベリー女神運動と関わる前から、ここがオルタナティヴ・スピリチュアリティで有名な町だという一般的なイメージはもっていたといえる。しかし、プリーステス・トレーニングを見つけたときから、グラストンベリー女神運動のある町として、より具体的に意識されるようになったと思われる。トムの場合、そんなスーを通して、グラストンベリーについて知っていったため、グラストンベリーは初めからグラストンベリー女神運動と結びついていた。夫婦揃って関わるようになったため、町は次第に再婚した二人にとっての共通の友人がいる場所となり、移住先として選択されるに至る。しかし、クリスマスのメリッサの例からもわかるように、移住後は、移住前のように家族を犠牲にしてまで関わっているわけではないことから、仲間たちのいる場所ではありつつも、現実的な生活の場として捉えられるようになったと考えられる。

2-4　周辺の町から引っ越したリズ（四十代、自宅での個別指導教師、南東部地方出身）［二〇一〇年十二月十五日］

二〇〇八年の夏に初めて女神神殿で話をしたとき、リズはグラストンベリーから車で二十分ほど離れたグラストンベリー周辺の町に暮らしていた。オレンジがかった髪を肩まで伸ばし、少し早口でしゃべる彼女はウサギのようにかわいい。グラストンベリーには引っ越してこないのかと尋ねた筆者に対し、「うーん、今のとこは満足かな。グラストンベリーにはいろいろなエネルギーがあるし、少し離れているぐらいがちょうどいいのよ」と答えた。ここでいう「いろいろなエネルギー」とは、グラストンベリーにいる酔っ払いや浮浪者など、好ましくない人々が醸し出している雰囲気を指すときの比喩である。こう話していたにもかかわらず、二〇一〇年一月に引っ越してきた。

○キリスト教への違和感とグラストンベリー女神運動との出会い

リズはイングランド国教徒として育てられ、教会にも通い、長い間「女神運動のような事柄に関わったら地獄に落ちると思っていた」。その反面、唯一の神という概念やキリスト教徒以外は救われないとか、生前の行いが死後に裁かれるという考え方になじめず、違和感も抱いていた。そこでドルイド教や魔女術といった、ネオペイガニズムの本を読んでみたが、反キリスト教色が強い気がして、どちらも好きになれなかった。

そんな彼女がグラストンベリー女神運動を初めて知ったのは一九九八年。当時暮らしていた町で偶然女神カンファレンスのチラシを見つけ、興味をもったのだが、そのときにはわざわざ出かけて行くには遠すぎる距離に思えた。それほど心魅かれなかったのである。実はグラストンベリーを初めて訪れたのは学生時代のことで、近くまで来たとき、ついでに立ち寄ったのだが、特別に興味を魅かれることはなかった。

○親族の死とグラストンベリー女神運動への関心の再燃

その後、サマーセット州に夫とともに移る。本当は自然がより豊かなウェールズ地方に住みたかったのだが、仕事が見つからなかった。そんなとき、サマーセット州で夫の仕事が見つかり、ロンドン郊外よりはウェールズに近いからと引っ越したのだった。つまり、このときはグラストンベリー女神運動を理由に引っ越したわけではなかった。しかし、この引っ越しは結果的にグラストンベリー女神運動への積極的な参加につながっていく。

女神神殿に足繁く通うようになったのは、母親と大おばを亡くした二〇〇六年のことだった。相次いだ女性親族の死が、母と娘の結びつきといった母系の血筋にフォーカスし、そのつながりの称賛と探究を奨励する女神運動への興味に火を点けたのである。女神カンファレンスに、メリッサとして初めて参加したのは二〇〇八年。当時はもう教会からは足が遠のいていて無宗教だったのだが、女神運動のような事柄を恐れる気持ちは残っていて、反キリスト教的なことをしているのではないかと泣きそうだった。

しかし、同時にグラストンベリー女神運動の世界観をもっと知りたいという思いを抑えきれず、翌年から衝動的にプリーステス・トレーニングの受講を開始する。講座の内容に合点がいく一方で、講座の受講そのものが反キリスト教的に感じられ、地獄へ落ちるのではないかという恐怖との苦闘は続いた。「でも結局、女神運動は私に合っていた。沢山の素敵な女性に出会うことで、罪悪感も和らいでいった」と語ったように、女神運動への恐怖心を取り除いてくれたのは、実践そのものによる何らかの効果というより、そこで出会ったプリーステスたちだった。

○グラストンベリーへの移住

リズとその夫がごく近所の町に暮らしていたにもかかわらず、わざわざグラストンベリーに引っ越してきたのは、エマやカリンとは異なる理由だった。夫婦は野菜作りや樹木の剪定など園芸や農作業が趣味だったのだが、当時暮らしていた家の庭は狭く、広い庭のある家に引っ越すことを考え始めていた。そんなとき、グラストンベリーに適当な物件が見つかったので、引っ越してきたのである。しかし、庭のためだけならここでなくてもよいはずだがと筆者が尋ねると、リズは女神神殿に通うのに便利だから引っ越すならここがよかったと答え、グラストンベリーにこだわる様子も見せた。

○家を喪失したことによる悲嘆と喪失からの立ち直り

ところが、彼女はすぐに引っ越しを後悔し始める。

前の家はものすごく素敵な家で、本当は手放したくなかった。すべて夫と二人で内装を手がけたんだ。私たちには子供がいないから、家が子供のようなものなの。けれどこの話をしても、［プリーステス・トレーニング講師の］ヘレンもキャシー［・ジョーンズ］もたかが家じゃないって、理解してくれなかった。（中略）私は間違っていたんじゃないかって何度思ったことか。

グラストンベリーの家が自宅だと思えるようになったのは、筆者がインタビューをしていた、引っ越してから一年が経とうとする十二月に入ってのことだった。そのときには、プリーステス・トレーニングや女神カンファレンスに来る人を相手にB&Bもできるし、庭をイベントにも貸し出せるし、野菜も果物も作れるしと、グラストンベリーに暮らすことを前向きに捉える発言も聞かれた。

秋にね、キャシーから来年のカンファレンスでセレモニアリストをやらないかって誘われた。女神運動で重要な役割を果たすために、私はここにいるのかもしれない。

彼女はごく近距離での移動だったので、転職の必要がなく収入面での心配もなかった。しかし、家を手放した悲しみから引っ越しを悔やみ、結果的に他のプリーステスとの間にしこりを感じたりもしていた。しかし、セレモニアリストに選ばれたのである。セレモニアリストとは、女神カンファレンスの中で儀式を担当する最も重要な役割で、ジョーンズを含め九人しかいない。彼らは半年以上にわたって、外部に情報が漏れないよう、内密に会合を重ね、本番に向けた準備をしていく。町に暮らすことと重要な役職に選出されたことを関連づけたこの発言からは、結局はグラストンベリー女神運動の人々の中に自分を位置づけることで、自分がグラストンベリーにいる存在意義を見出したといえよう。

○イメージの変遷

リズのグラストンベリーに対するイメージの変化を辿ってみよう。グラストンベリーのことは長い間知ってはいたが、意識の外に置かれたままであった。意識するようになったのは、女性親族の死をきっかけとして、グラストンベリー女神運動に関わるようになってからであった。引っ越しの際にも女神神殿があることを考慮しており、グラストンベリー女神運動の活動が行われている場所としてみなすようになったといえる。だからといって、当初は居住地としてイメージするには至らなかった。周辺の町に暮らしていたため、住む必要性を特に感じず、「通う場所」とみていたのである。グラストンベリーは、新たな住環境が必要になったとき、その候補地の一つとして選択されたにすぎず、この町からずっと離れたところに住んでいたら、引っ越してこなかったかもしれない。移住直前のリズはグラストンベリーを、グラストンベリー女神運動の町であると同時に、自分と夫の趣味を実現させてくれる場所として捉えていた。しかし、比較的短期間で決めた移住だったので、移住後に拙速な決断を激しく後悔している。グラストンベリーに購入した新居から気持ちが遠のき、それがグラストンベリーそのもののイメージの悪化につながっている。しかし、結局はグラストンベリー女神運動での使命を果たす場所としてみなす形で、気持ちを落ち着けたといえる。

2-5　ロンドン暮らしに満足しているパメラ

（四十代、専業主婦、アメリカ出身、ロンドン在住）［二〇一一年一月二十日］

二〇一一年一月、帰国のためロンドンに赴いた筆者は、イギリス最後の一日を、二〇一〇年の女神カンファレンスで親しくなったパメラと過ごし、話を聞かせてもらった。

黒い髪を長く伸ばし、いつも黒っぽい服を着ている彼女は魔女のようだった。そのため母国で魔女術に関わっていたと聞いても、妙に納得してしまった。

○渡英とグラストンベリー女神運動との関わり方

二〇〇二年、イギリス人男性との再婚を機に、二人の娘と渡英した彼女は、ロンドンでもネオペイガニズムの集まりを探した。その一つがロンドンに暮らすプリーステスが開いている集まりで、彼女の主催する季節の祝祭などに定期的に加わるようになった。その流れで二〇〇六年からプリーステス・トレーニングの受講を始める。受講修了後も、女神カンファレンスや季節の祝祭への参加、メーリングリストを通して、グラストンベリー女神運動の人々と関わりを継続している。

○引っ越さないという選択とグラストンベリーのイメージ

しかし、グラストンベリーに引っ越すつもりはないと言う。

グラストンベリーは私にとって、家から遠くの故郷（Home away home）なの。あそこでのポリティクスには関わりたくない。それに、下の子は引っ越してもいいと言うけれど、上の子は引っ越したくないのよ。私としても、グラストンベリーには、日中、堂々と麻薬を吸っている人も多いし、娘たちには良い環境ではないと思う。私はロンドンが好きだし、住むのはここがいいの。

パメラはグラストンベリーを自分の還るべき「故郷」というイメージで捉えている。しかし、そのような理想郷としての姿だけをグラストンベリーに投影しているわけではない。町には麻薬中毒に代表されるような、よくない問題があることをはっきりと認識している。またロンドンで働く夫はパメラの女神の実践を理解してくれるが、参加することはない。そのため、引っ越そうとすれば、夫との間に問題が生じることは容易に想像がつき、家族や収入といった面からも移住は難しい。そのため「故郷」であるグラストンベリーに住むという選択には至らないと考えられる。さらに言うと、住まないことで、グラストンベリーが抱える現実的な問題に目をつむり、自分が抱いている理想的なグラストンベリーの姿を保っているともいえる。ときどき、女神の友人に会いに行く非日常の場所で十分なのである。

２－６　引っ越せないマーラ

（六十代、給付金受給者、西ミッドランド出身、西ミッドランド在住）〔二〇一〇年十二月二十二日〕

ふんわりとした真っ白な髪の毛の下にいつも穏やかな微笑みを絶やさないマーラから、ある季節の祝祭の後に、「お金がないから、今夜は車の中で寝るわ」と言われたとき、筆者は心配になった。背が高く、大柄とはいえ、高齢の女性が一人きりで車中で一晩を過ごすことは危険な気がしたのだ。それに、こんな人にはいつも、町に暮らすプリーステスの誰かが、「うちに泊まったら？」と声をかけるのに、このときは会話を聞いていたはずの周囲にいた人の誰もが、聞かなかったふりをしていたのにも驚いた。

その数ヶ月後の冬至の頃、再びグラストンベリーを訪れていたマーラと筆者は話をしていて、クリスマスの過ごし方についての話題になった。

性転換してから家族とうまくいかなくなってしまったから、今年も一人かな。本当は友達が沢山いるグラストンベリーで過ごしたいんだけど、今泊まっているB&Bもクリスマスには閉まってしまうし。また大雪が降っ

て、道路が封鎖されてしまえばいいのにって本気で思う。(8)

そして、「私がトランスジェンダーだって知っているでしょ?」と聞かれ、反射的に頷きはしたものの、本当は知らなかった筆者は内心仰天していた。そして、あの日誰も彼女に一晩のベッドを提供しなかった意味、人々が何となく彼女を避けている理由をぼんやりと理解できた気がした。そして彼女は、ぽつりぽつりと自分の半生について語り始めた。

○トランスジェンダーとしての苦しみとグラストンベリー女神運動との出会い

マーラは三歳の頃から自分の性に違和感をもっていた。結婚すれば、自分の性への違和感はなくなるかと思い、結婚して五人の子供をもうけたが、女性になりたいという思いは消えず、結局は離婚した。二〇〇二年に性転換手術をしたのだが、その年に結婚した長男から式への参加を断られ、大きなショックを受けた。さらにその他の子供たちからも避けられるようになり、近くに住む実兄とは連絡は取っているものの、会う機会はめっきり少なくなった。ただし、マーラと家族の関係が良好ではなかったのは、性転換したからだけではなかったようだ。彼女は物質的な豊かさへの執着が低く、稼ぐことへの関心が薄かったので、父親として期待される、子供への経済的援助を十分にしてこなかったようである。

マーラは神話や伝説に登場する女神より、ブリジットやマグダラのマリアといったキリスト教における「聖なる」女性に親近感を抱いていた。ブリジットやマグダラのマリアは、女神運動ではキリスト教の中の「女神」として扱われるのだが、マーラの関心の由来は彼女の過去にあるように思える。マーラはかつて、イングランド国教会の聖職者を養成する神学校に通っていたのだ。しかし最終学年のとき、女性教師を認めるか否かの論争が起こり、このときは否決された。女性という性を聖職者には不適当とみなしたこの決議が、女性になりたいと願い続けてきた自分の存在を否定された気がして、卒業を待たずに退学した。

一九九七年頃、グラストンベリーにやってきて、偶然女神のイベントを見つける。そこでかつて、神学生だった頃に否定されたと感じた女性の性を肯定している様子を目の当たりにし、これこそ自分の求めていたものではないかと胸を躍らせ、それ以来儀式やワークショップにときどき参加するようになっていた。神学校で見い出せなかったものを見つけたのである。性転換手術を受けた年、それをきっかけに初めて女神カンファレンスに参加し、身体的に女性であることに慣れてきた二〇一〇年からプリーステス・トレーニングも始めた。

○叶わないグラストンベリーへの引っ越しとグラストンベリーのイメージ

マーラは、「本当はグラストンベリーに住みたい、プリーステスたちと一緒にいたい。でも、低所得者用住宅に暮らしているから、簡単に引っ越せないの」と寂しそうに言う。2-3で取り上げた、若く子供もいるスーやトムとは異なり、六十代で無職のトランスジェンダーであるマーラは、大家から信用を得づらく、家を借りにくい。そのため公営の低所得者用住宅以外に暮らせる可能性が低く、引っ越しは難しい(9)。それでも、家族から疎外されていると感じる彼女は、エマやカリンのようにグラストンベリーに暮らすことを望んでいたが、筆者が観察していた限り、他のプリーステスたちは冒頭のように、マーラとは微妙に距離を置いて接していた。そのため、実際に移住したところで、苦しみが解消されるのかはわからない。それでも、マーラのグラストンベリーへの期待は高く、ここにいられさえすれば、一人ではないと考えている。グラストンベリーは彼女にとって、周縁化された自分を受け入れてくれる人々がいる場所だとイメージされているのである。

2-7　町に戻りたくないハリー（六十代、アルバイト、西ミッドランド出身、ブリストル在住）

［二〇〇六年七月四日（グラストンベリー）、二〇〇八年六月二十三日（ブダペスト）］

「退職したから、女神神殿でしょっちゅうボランティアできるんだ」。そう言って、二〇〇五年、筆者に女神神殿のメリッサの仕事について教えてくれたのがハリーである。当時はまだ五十代だったが、真っ白な髪と皮膚に刻まれた皺が、実年齢より上に見せていた。夏は短パンで過ごし、腰にはタロットの入った巾着を下げていた彼は、筆者の知る限り最も奇妙な男性の一人で、本人もそう思われることを喜んでいるようだった。本書冒頭の「はじめに」でイギリスはもはやキリスト教の国ではないと宣言したのは、このハリーである。

彼はその頃、頻繁にメリッサをし、季節の祝祭でも何らかの役割をこなす、最も活躍しているプリーストとして知られていた。プリーステス・トレーニングの講師でもあったので、数多くのプリーステスから慕われていた。

○グラストンベリー女神運動との出会い

ハリーは一九九〇年代後半に妻とグラストンベリーに移住してきた。その理由は、この女性と別れたこともあり、はっきりとは語らなかった。

二〇〇〇年頃、ジョーンズと知り合いになっていた妻が、次いでハリーもプリーステス・トレーニングを受講する。彼は、男性による女神崇拝について、（男）神（God）を崇めている女性（キリスト教女性信者の意味）は沢山いるのだから、男性が女神を崇めても構わないと考えており、「人は皆、女性から生まれたのだから、女神は男性も受け入れてくれると思うよ」と語る。そして女神運動の魅力としては、かつて関心をもっていた仏教とは異なり、イングランド的である点、そして女性のセクシュアリティを肯定する主張が、自分自身の女性に対する見方や女性との経験と合致している点を挙げる。修了した頃、受講生の増加に従い、自分とともにトレーニングを手伝ってくれる講師を探していたジョーンズから頼まれ、講師を務めることになった。

○イギリスを去り、ハンガリーへ

二〇〇五年、あるハンガリー人女性がプリーステス・トレーニングを受講する。この年、彼女は母国で女神カンファレンスを開催し、ハリーも講演を頼まれてブダペストを訪れた。

その後、二〇〇六年末に彼はグラストンベリーを離れ、このハンガリー人女性が始めたプリーステス・トレーニングの手伝いを名目に、ハンガリーの首都ブダペストに移住した。筆者が二〇〇八年にブダペストで再会したときには、移住の理由を「イナンナに呼ばれたからだ」と説明し、そのままイナンナについて熱く語るという形で話を逸らされてしまった。しかし、ブダペストでの会話の端々やその後筆者がグラストンベリーで再会した他のプリーステスの噂話では、ハリーは妻との関係がうまくいっておらず、またジョーンズとも女神神殿の運営方法やプリーステス・トレーニングのやり方をめぐって確執が生じていたらしい。このような人間関係のこじれが、グラストンベリーを離れた背景にあったようだった。

筆者が二〇〇八年六月にブダペストで再会したときは、ハンガリーの女神運動の活動を手伝ったり、英語が母語というだけで英語講師のアルバイトの仕事を得られたりしていて、ブダペスト生活は順調そうだった。その後、ハンガリー人女性と同棲を始め、二〇〇八年秋頃の筆者とのメッセンジャーでは、イギリスに帰国するつもりはないと言い切っていた。

○イギリスへの帰国と現在のグラストンベリーのイメージ

そのため、二〇〇九年の冬至の日、グラストンベリーで彼に出くわしたときには驚いた。聞けば、ブダペストで失業し、経済的に立ち行かなくなったため、帰国してグラストンベリーから車で四十分ほどの都市、ブリストルに暮らし始めたのだった。子供たちとは長年音信不通で、近くに住むという選択肢はなかった。

その年の夏、筆者はハリーと偶然出会い、共通の友達二人を交じえて世間話をしていた。そのときグラストンベリーには戻らないのかと尋ねた。

もうポリティクスは沢山なんだ。今はブリストルに住んで働き、ときどきグラストンベリーに遊びに来る。そうやって、距離を置いてる。（中略）時間があるときにふらりとやってきて、友達に会えれば話すし、会えなければ早く帰る。昔みたいに、プリースト・オヴ・ア～ヴァロン（大袈裟に手を上げて、広げる仕草）とかはしない。

ハリーの場合、ジョーンズや妻といった女神運動の人々との関係悪化に伴い、町を去った。グラストンベリーでも実は妻の収入に頼りつつ暮らしていたのだが、ブダペストでは言葉も通じず、見つけた仕事も不安定なもので、帰国を余儀なくされた。しかし、グラストンベリーを再び居住地として選ぶことはなかった。

「プリースト・オヴ・ア～ヴァロン」と言ったときの、どこかの大神官を思わせるような仰々しい仕草からは、かつての自分のように季節の祝祭などの場で中心的に活動している人々のやり方を権威主義的と皮肉ることで、暗に彼らを批判したいという思いが汲み取れる。町を去って以来、ハリーにとってグラストンベリーは、いざこざに屈した苦い思い出の場所なのである。その一方で、友達との再会を期待する発言からは、グラストンベリー女神運動に関わるすべての人々を避けているわけではないことがわかる。

３　在住プリーステスの求心力

引っ越してきた五人は、拒否しがたい理由によって引っ越しを余儀なくされたわけではなく、自分自身の意志で能動的に引っ越しを選択している。

イギリス人にとって家族の増減など、人生の節目に引っ越すことは珍しいことではない。なぜなら、家が石造りなので、家そのものを建て替えるという発想がなく、代わりに自分のライフスタイルに合ったサイズの家に移動するからである。２－４で見てきたリズは、まさしくこれに当てはまる。また、本章１で指摘したように、住宅の資産価値が目減りしないので、住み替えが容易で、移住しやすいという事情もある。だから、ライフスタイルの変化に応じて移住すること自体はイギリス的だといえる。

とはいえ、女神運動の人々は、仲間がいるという理由でグラストンベリーにこだわって移住している。この女神運動ではグラストンベリーを女神の聖地とみなしているため、そこに神殿が設けられ、そこでイベントが開かれ、関心がある人が集まってくる。そのため、グラストンベリー女神運動により深く携わりたい人々が、次々と引き寄せられていく。しかし、彼らがグラストンベリーに住むことに魅力を感じるのは、神殿やワークショップといったハード面だけではない。本節では、このようなプリーステスたちのグラストンベリーに引っ越すという選択を促した要因と、町での暮らしの捉え方について検討する。

初めに、引っ越してきたエマとカリン、引っ越すつもりのないパメラ、引っ越すことができないマーラの事例を見ていく。

死別と離婚という違いはあるが、配偶者を失ったことに起因する孤独感が移住の決断につながったという点で、エマとカリンの事例はよく似ている。

失った夫に代わって親しく付き合える人々を求めて引っ越してきたエマの事例は、グラストンベリーに移住してくるプリーステスの最も典型的なものである。彼女はかつて、生まれ育った町で、夫とともに、つつましやかだが小さな幸せに満足しながら生活していたが、夫の死によってこの生活は破綻してしまった。グラストンベリーへの移住は、悲しみを契機とした人生の転換だったといえる。あるとき、エマは現在の自分を「仮面を外して、新しい自分と向き合っている」と評したが、夫を亡くし、グラストンベリー女神運動に携わるようになっていった月日は、まさに今までの人間関係から自分を引き剥がし、「姉妹兄弟」という言葉に象徴される、擬似家族的な新しい人間関係に埋め込む作業の中で自己変容を経ていくプロセスだったと考えられる。

カリンの場合、エマのようにグラストンベリー女神運動で出会った人々だけが理由ではなく、グラストンベリー在住の恋人も引き金にはなっていた。その背景には、グラストンベリーでプリーステス・トレーニングを受講しなかったことがあると思われる。しかし、グラストンベリーと特別な結びつきを感じていたこと、グラストンベリー女神運動を通して培った人脈から住居を見つけていることを考えると、この女神運動の人々の存在も移住に関係していたといえる。

この二人が移住してきた背景と、家族との不和から孤独を感じているマーラが移住を望む背景もよく似ている。マーラもまた、自分を受け入れてくれると感じている人々の近くで暮らしたいのである。しかし、エマやカリンとは異なり、高齢でトランスジェンダーであるうえ、十分な貯金も仕事のスキルもなく、低所得者用住宅以外に暮らすことが難しいという状況が、マーラの移住を難しくさせている。

エマ、カリン、マーラの三人は、喪失した家族に代わるものを、個人的な誰かというより、グラストンベリーに暮らすプリーステスやメリッサをはじめとする積極的な参加者たちの集合体に求めているといえる。スープの冷めない距離に住んで、彼らと家族のように親しく付き合える日々を送りたい、そんなつながりへの思いが移住を望む背景にあった。

パメラはどうか。彼女はグラストンベリーに暮らす友人たちとよく連絡を取り、しばしば出かけて催し物にも参加している。しかし、インタビューの時点では移住するつもりは全くなかった。この状況は、配偶者を失う前のエマやカリンと似ている。エマやカリンは季節の祝祭やワークショップに参加するだけの一時的な参加者だった一方で、パメラはプリーステス・トレーニングを終えている積極的な参加者という違いはあるが、いずれもときどきのグラストンベリー訪問に満足していて、移住は選択肢に入っていない／いなかったという点で類似している。パメラは主婦だが、イギリス人の夫とも正式に結婚しているので、イギリスでの就労は許可されている。つまり、経済的に自立することは可能で、実際少し前まで法律事務所に専門職員として勤めていた。途中までは似たような生き方を辿っていたエマやカリンとパメラの現在が異なるのは、家庭生活だと考えられる。パメラは夫との仲が良好であるうえ、子供たちがまだ中高生と幼く、家族との別居は選択肢にないのである。かといって、家族全員での移住も、夫の仕事や子供の学校のことを考えると難しい。家庭生活が円満だから、グラストンベリーに引っ越す必要がないのである。と同時に、家族が原因で引っ越せないのである。

以上の四つの事例からは、グラストンベリーに引っ越すという選択の背景には、家族関係、特にパートナーとの関係における孤独感や満足感が影響していることがわかる。家族との関係を良好と感じていれば、引っ越しが選択肢とならない。しかし関係が危うくなると、プリーステスらとの関係を望むようになる。グラストンベリーの近くに暮らしていれば集まりに参加しやすく、町に住む積極的な参加者と一緒にいる機会も増えるし、グラストンベリーを訪れる積極的な参加者とも会いやすくなる。そのために、引っ越しが選択肢の中に入ってくる。

しかし、マーラの事例からは、家族という足枷からの「解放」という条件がクリアされても、収入面の問題がクリアされなければ、実際の移住に至ることは難しいことがわかる。貯金がある、年金をもらえる、障害者認定を受けている、仕事を見つけるだけのスキルを備えている、など収入のめどがなくては、生活できないからである。このように経済の状況も引っ越しの足枷となっている。

次に、エマとカリンとは逆のケース、つまり再婚を機に引っ越してきたスーとトムの夫妻の事例を検討する。スーとトムも、エマとカリンと同様に積極的な参加者と近くにいることを求めて移住してきたが、一人になって寂しいからという理由ではなかった。新しい生活を始めるにあたって二人のうち一方の人間関係が出来上がっている場所ではなく、二人ともが人間関係のうえで寂しさを感じずに済むところとして選ばれたのである。そのため、喪失感という点では異なるが、両方が孤独を感じずに済む、居心地のよいつながりを求めてという点で、エマやカリンのケースと同じだといえる。

また、同じく夫と子供がいるパメラとスーを比較すると、パメラとは異なり、スーは夫からも子供からも理解を得られたから、グラストンベリーに引っ越してくることができたといえる。それから、同じく給付金で生活しているが引っ越せないマーラと夫妻のケースと比較してみると、二組の移住の可否に差が出たのは、子供の有無と給付金の種類が影響していたと思われる。イギリスでは未成年の子供がいると、それだけ受給金額は加算される。また子供がいて、病気で働けないスーとトムと、高齢で仕事がなくトランスジェンダーのマーラでは、社会的な信用度も異なり、家の賃貸契約を結ぶ際に差が出てしまう。スーとトムのケースでも、家族からの理解と収入の条件がクリアされた点が移住に影響していたといえる。

　しかし、グラストンベリーへの移住は町に暮らす積極的な参加者の存在のみによって促されるわけではない。続いて、引っ越し先の一つの候補地として、周辺の町からグラストンベリーに移住してきたリズの事例を検討する。

　リズもパメラと同様、夫との仲はよかった。そのうえ、グラストンベリーへのイメージは必ずしもよくなく、近くの町に暮らしていたこともあり、パメラと同じく引っ越すつもりはなかった。家を住み替える必要が生じたとき、グラストンベリーが移住先として浮上したにすぎない。それは、グラストンベリー女神運動に関わっていたので、他の町に住むならグラストンベリーのほうが好ましいという程度の理由だった。リズの場合、そもそも近くの町に住んでいたので、エマやマーラのようにプリーステスたちと近くにいたくて引っ越したわけではなかった。実際、エマやカリン、スーやトムのように、移住前後で催し物への参加の度合いや人間関係が変わることはなかった。移住前後で仕事を変える必要もなく、言ってみれば「お手軽な」引っ越しだった。

　しかし、それこそが移住後にリズが引っ越しを後悔した理由だったと考えられる。エマやカリンは移住後に大きな困難にぶちあたっても、それを「挑戦」と捉え、落ち込みはしても、その困難に立ち向かい、引っ越してきたことを後悔していなかった。エマに至っては、降りかかってきた困難を乗り越えるために、町に暮らす積極的な参加者を必要だと感じ、彼らの存在意義を一層かみしめていた。それに対し、リズは引っ越しそのものを激しく後悔した。エマとカリンは子供とも離れて、故郷から遠く離れた町に一人で移住するということに大きな決意をもって臨んだのに対し、リズは近所ということもあって、気軽に引っ越してきてしまったからだろう。その一方で、この後悔はグラストンベリー女神運動の人々の間に居場所を見つけることで、解消されている。リズは、グラストンベリー女神運動の人々の存在によって引っ越してきたわけではないが、彼らの存在がグラストンベリーを去らなかった要因の一つだといえる。

最後に、グラストンベリーを去り、戻ってこなかったハリーの事例を検討する。彼が町を去ったのは、プリーステスである妻やジョーンズと不仲になったことが理由だった。夫婦揃ってプリーステスとして町に暮らすことは、グラストンベリー女神運動の中で共通の友人関係を結ぶことができるという利点があるが、夫婦関係が破綻したとき、より深く関わっていたほうは残る一方で、そうでないほうは居心地が悪くなり、町を去るケースが少なくない。ハリーの場合も、妻はジョーンズの古くからの友人であったうえ、ジョーンズと彼自身の関係も悪化したので、町を出て行ってしまった。ハリーの場合、失った人々がグラストンベリー在住のプリーステスであったため、エマやカリンのように、その代わりを町に暮らす積極的な参加者に求めることは難しかったのである。イギリスへの帰国後、グラストンベリーに戻らないのは、都市のほうが仕事を見つけやすいという経済的な事情だけではない。「ポリティクスはもう沢山だ」と述べているように、そこは人間関係のごたごたを思い起こさせる場所であり、人間関係の煩わしさから逃れようとしているといえる。この理由は、グラストンベリーのネガティヴな側面をあえて避けようとしているパメラの事例に似ている。マーラ同様、家族と疎遠なハリーだが、友達もいるのに戻ろうとしないのは、過去の体験がハリーを町から遠ざけていると考えられる。

エマやカリン、スーとトム、マーラの事例からは、町とその周辺に暮らすグラストンベリー女神運動の積極的な参加者たちは、個々人というよりその集合体そのものが、町に暮らすことを夢みさせる要因になり、それ以外の場所に暮らす積極的な参加者を、町に引き寄せる求心力になりうることがわかる（具体的な個人より集合体がイメージされている背景は、結論１で考察を加えている）。また、リズやエマの事例からは、移住してきた在住者にとっても、他の在住者の存在が日々の生活の中で生じてくる葛藤を解消する手助けになっていて、町に引き留める要因になっているといえる。しかし、ハリーの事例からは、関係が破綻すれば町を出て行く要因にもなるという意味で、放出させる力ももっていることがわかる。女神神殿に通い始める、プリーステス・トレーニングを始めるなど、グラストンベリー女神運動に関わり始めるきっかけは、各自の内面的な変化に左右されやすいため、開始の決断は一人でするかもしれないが、移住に関してはプリーステスをはじめとする在住の積極的な参加者の存在が大きく影響しているのである。

ところでなぜ彼らは、新たに親しく付き合う相手として、グラストンベリー在住のグラストンベリー女神運動の人々を選んだのだろう。そのヒントは、プリーステス・トレーニングについてのエマのコメント、「いつも同じメンバーで集中的に顔を合わせるから、深く親しい関係を築けている」にあると思われる。プリーステス・トレーニングをはじめとしたこの女神運動の講座では、五〜十五人ぐらいの少数の同じ顔ぶれで、一〜四日間を集中的に過ごす。その中では、瞑想やビジュアリゼーション、自分の人生の出来事の意味づけなどを講師や他の参加者たちと共同して行い、その体験を共有することで自らへの理解を深め、新しい自己を再発見していく。女神カンファレンスのワークショップも、時間が三〜四時間と短いことを除けば、内容や雰囲気は同様である。このような閉鎖的で濃密な場で自分を曝け出していくことにより、特定の誰かというより、そこにいる全員との間に認識や感覚の共有を基盤とした共同性が誘発されやすく、他では得られないようなつながりの感覚が強まっていくと思われる。そのために、グラストンベリー女神運動の人々の存在が、旧友や近所、親戚よりも大きくなっていて、選択されたと考えられる。この観点からいうと、第3章で見た儀式とは、不特定多数の人がいるため濃密ではないものの、プリーステス・トレーニングやワークショップと同様、同じ場で共通の行為をしているという意識から生じた共同性に由来するつながりの感覚を、積極的な参加者たちが互いに確認していたといえる。

グラストンベリー女神運動の積極的な参加者たちにとって、グラストンベリーに住むとは、そこにいることで他の積極的な参加者たちとの精神的なつながりを感じられる身体的な近接性を与える場、人と人との「共在」［Urry 2002］の場に加わる機会を増やすことなのである。そのような場が求められる背景には、親しい人を失ったという喪失感、孤独感からの脱却、断続的に降りかかる困難の解消があり、それらは当事者にとって人生を変えてしまうような葛藤や日常的な悩み、苦しみに由来する。

しかし、移住者の日常生活を観察してみると、人と人との親しい関係を理想的に語る言葉に矛盾するような行動も見られる。そこで次章では、移住者たちが集まる話の共有の場に焦点を当て、彼らの「つながり」の特徴を分析してみたい。

註

（1）セレモニアリスト（女神カンファレンスの儀式担当者）九人、そのサポート役九人、女神神殿（NPO）の理事十人、女神神殿のボランティア・コーディネイター一人、プリーステス・トレーニング講師二人、ニュースレター発行担当一人、ウェブサイト担当一人、季節の祝祭企画責任者一人、新月のヒーリング責任者二人、セレモニアル・ヒーリングの責任者一人、マドロンの日（定期的な寄付者、積極的な参加者、その家族が親睦を深める日）一人、女神神殿模様替え責任者一人。

（２）儀式ごとの積極的な参加者の参加の有無についても調べたが、毎回百人程度参加しているため、見落としの可能性があり、参加者一覧のデータは割愛している。
（３）該当者四十二人の出身地方の内訳は、南西部地方（四人）、ロンドン（十人）、南東部地方（五人）、西ミッドランド地方（四人）、ヨークシャーとハンバー地方（二人）、北西部地方（一人）、北東部地方（二人）、ウェールズ（一人）、スコットランド（一人）、イギリス国籍の海外出身者（二人。マルタとアルゼンチン＆フランス）、外国籍の海外出身者（三人。アメリカ、オランダ、チェコ）、不明（七人）である。
（４）二〇〇六年に調査をしていたとき、筆者はサラからある葬儀の手伝いをしてほしいという電話を、その当日の朝に受けた。しかし他の調査で出かけていたため、留守番電話のメッセージに気づいたのは夕方で、手伝うことはできなかった。その四年後、エマにインタビューをしている中で、そのときの葬儀がエマの夫のものだったことを知り、驚きを隠せなかった。
（５）この当時、女神カンファレンスは処女、恋人、母、老婆という女性の四相を一年ごとにテーマとしていて、二〇〇七年はその最後の年だった。
（６）トムの娘は、トムの亡くなった妻ではなく、その前に結婚していた女性の娘。筆者は彼女とも親しかったが、親がいなくても一人で季節の祝祭に参加するぐらい、女神の人々になじんでいたし、実際グラストンベリーでの生活は楽しそうだった。
（７）第１章４‐３でも述べたが、グラストンベリー・エクスピリエンスを管理している信託団体は、一時期ジョーンズと活発に活動していたテイラーが立ち上げたもの。この団体にはジョーンズも関わっていたし、長年彼女の夫マイクが代表を務めていたため、管理の職には女神運動の関係者が就くことが多い。
（８）この数日前、イギリスでは記録的な大雪が降った。空港が閉鎖されただけでなく、電車も路線バスも運行を取りやめ、道路も一部封鎖された。そのため政府から、緊急時以外は出かけないようにとの勧告が出された。
（９）給付金受給者の多くが暮らす公営住宅。異なる地域の低所得者住宅に暮らす人同士が、互いの住宅を交換するという形でしか引っ越すことができない。ただし、この交換制度でグラストンベリー周辺に引っ越してきたオルタナティヴもいて、不可能ではない。
（10）シュメール神話に登場する豊饒の女神。イナンナは姉エレシュキガルが治める冥界に下るのだが、その途中に通過する七つの門で、身に着けているものを一つずつ剝ぎ取られていき、最後には全裸になる、そして彼女の来訪を忌々しく思っていた姉に捕らえられるという話で知られる。ハリーはブダペストでイナンナに呼ばれる経験をしたことを移住の理由の一つとして語ったが、古代メソポタミアの女神とハンガリーをつなぐ根拠の明確な説明はなかったし、筆者も関連書を調べたり、友人に尋ねたりしたが、見つからなかった。そのため、ブダペストを移住先に選んだ理由は、イナンナより、知り合いがいたことのほうが大きかったと思う。

コラム4　魔女に会いたい！

魔女になりたい！　そういう人は、結構沢山いると思う。私もその一人だ。

物語の世界でなく、中世のヨーロッパでもなく、この二十一世紀に「魔女」を名乗る人たちがいることを知ったのは、大学院に入ってすぐのことだった。指導教員の授業で『女性と精神世界（原題 Women and Spirituality）』というドキュメンタリーを見たのだ。この中に登場する魔女たちの生きる世界は、『魔女の宅急便』や『ハリー・ポッター』の世界とはだいぶ異なっていた。現代科学の法則に反するような技は出てこない。もちろん、ホウキで空も飛ばない。そこで見たのは、今の社会を男性中心的と捉え、そこに行き詰まりを感じ、新しい秩序を求めて女神を崇める人たちだった。要するに、本書のメイン・トピックである女神運動がテーマだった。

しかし当時、私は二種類の「魔女」がいることをよくわかっていなかった。女神運動の実践者の中にも魔女を名乗る人はいるが、実際は、主流のネオペイガニズムの流れを汲む魔女のほうがポピュラーである。修士課程の予備調査に行く前、インターネットで見つけた魔女のイベントやグループの多くは、後者のほうだった（以下、「魔女」とは後者を指す）。ロンドンを中心とした予備調査の前半では、魔女たちの集まりにいくつか参加した。しかし、広いロンドンの中に集住地区があるわけではなく、儀式やワークショップの際に集まっているだけで、文化人類学に必要とされる「フィールド」がなかった。また、その後に出会ったグラストンベリーに一目惚れしたこともあり、それ以来、魔女の調査は行っていない。

とはいえ、イギリスに魔女と名乗る人、呼ばれる人がいることは事実である。そこで、以下では二〇〇五年にインタビューをした二人の魔女を紹介してみたい。なお、二人とも女性だが、英語のｗｉｔｃｈは女性に限定される単語ではない。女性が多いが、男性もいることを付け

魔女のイベントの閉会の儀式（2006年7月22日）

加えておく。

☆リンダさん

（二〇〇五年十一月二日インタビュー。当時四十代）

リンダが暮らす村は、路線バスが通らないほどの田舎にある。なぜそんな辺鄙なところに暮らす魔女を知ったのかというと、彼女が自分のカヴン（魔女のグループ）をインターネットで公開していたからである。活動を公にしたがらない魔女が多い中で、彼女がそうしているのはなぜか。実は、リンダはネオペイガンの世界では有名な魔女作家なのだ。だから魔女であることを隠す必要はない。むしろオープンにしたほうが本の売り上げも伸びるというわけだ。

思い切ってメールを送ってみたところ、季節の祝祭の一つ、ソーウィンの儀式の見学を快く承知してくれた。そこでロンドンからはるばる出かけて行ったのだが、駅に迎えに来てくれたリンダは開口一番、すまなそうにこう言った。「儀式、昨日終わってしまったの」

話はこうだ。彼女のカヴンには、彼女も含め、幼い子供を持つメンバーが少なくない。儀式を行う晩は子供を

魔女のイベントでの物品販売（2005年10月23日）

預けてくるため、その都合で日程はよく変更されてしまう。「連絡とろうとしたんだけど、あまりに急だったから……。帰る?」。しかし、その晩は遅くなるからと自宅に泊めてもらう予定だったため、宿をとっておらず、やはり一晩泊めていただくことになった。どっしりとしているリンダは、魔女というより肝っ玉母ちゃんという言葉が似合いそうだった。私たちと同じような服を着ていたこともあって、親しみやすい雰囲気の女性だった。

自宅では、音響と照明の仕事をしているご主人と八歳の息子さんが待っていた。ひょろりとしているご主人も魔女だが、妻ほど熱心に活動はしていないようだった。二人の息子は金髪の巻き毛と笑顔が天使のようにかわいらしく、ポケモンと遊戯王とハリー・ポッターが大好きらしい。この子を寝かしつけてから、リンダはインタビューに応じてくれた。

彼女は多くのイギリス人と同じく、キリスト教徒の家庭に生まれ育ったそうだ。兄は牧師だが、リンダの魔女の実践はキリスト教とやり方は違うがよいものと考え、理解を示している。魔女として生きることになるきっかけはかなり早く、十四歳のときに訪れた。

筆者が購入した、魔女のダイアリーと薬草の本

「(コーンウォール州の)ボスカーソー村に行ったとき、たまたま魔女術博物館を見つけたの。中の展示物を見ているうちに、自分は魔女だって気づいた」

自分が関心をもっていることは、魔女術と呼ばれていることを知ったのである。このように、信仰の始まりを「改宗」ではなく、「気づいた」と表現するのは、ネオペイガンにはよくあることだ。

現在、リンダの実践している魔女術はウィッカ(第2章1-1参照)、その中でもアレキサンダー派に分類される。書籍ではカヴンの人数は十三人と説明されることが多いが、実際には人数にこだわらない人も多く、彼女のカヴンの場合、男女合わせて八人のメンバーがいる。夫婦以外のメンバーの仕事は、弁護士、看護師、ソーシャルワーカー、シェフ、個人商店主、コール・センター勤務者だそうだ。

なお、子供時代から現在に至るまでの信仰の経歴は、当時の私のインタビューのスキルが未熟だったため、確認できていない。しかし、ウィッカといえば儀式を重視するイメージが強かった私には、以下のように彼女が魔法(magic)と称して、一般的にはヘッジウィッチの領域とされるハーブや呪文（spell）にも携わっていることは発見だった。

「旅行に行く人がいれば、その人のアクセサリーを借りて、道中の安全を願う呪文を込めて、『魔法のアクセサリー』にして返すの。体調がよくない人や大切な仕事を控えている人には、回復や成功を願う呪文を込めた、石鹼やろうそくを渡すこともあるよ」

植物の順調な生育を願って、その土地に癒しの呪文をかけることもあると言う。効果のほどを尋ねたところ、「うちの庭でやったときは大成功したんだけど、雑草まで生えてきちゃって」と笑った。いずれも仕事ではなく、ボランティアとしてやっているそうだ。

しかし、こんな小さな村で魔女として生きていくことに、不都合はないのだろうか。

「うちの子が通っていた幼稚園はキリスト教系だったから、ハローウィンの仮装に魔女や魔法使いはダメという変な決まりがあった。でも、今の小学校は〔ネオ〕ペイガニズムに理解があるわね」「いずれにしても、この地域で〔ネオ〕ペイガニズムはあまりポピュラーではないわね。たとえば隣村の郵便局の局長は魔女で、局内で魔女グッズを売っているんだけど、地元の人の多くはこの店を避けて、別の村の郵便局を利用している」

気をつけて聞いていると、彼女は「魔女」と「ペイガニズム」という言葉を巧みに使い分けしている。ドルイドなども含み、より一般的な「ペイガニズム」は理解されても、ヨーロッパ社会において長い間、邪悪なイメージを植えつけられてきた「魔女」はなかなか受け入れられないようである。

さて、多様な人種が暮らすロンドンのような都会のほうが、魔女としては生きやすい。それなのに、リンダが田舎で暮らす理由の一つは、息子のためかもしれない、実はイギリス人には我が子を都会の公立学校には通わせたがらない人が少なくない。学力レベルが低いと不安に思い、わざわざ田舎に引っ越す者もいるほどである。リンダは魔女として生きることと母親の役割を果たすこと、両方のバランスをとりながら暮らしている。息子をかわいがる彼女の姿を見て、そんなことを感じた。

☆ジェーンさん

（二〇〇五年十一月二十八日インタビュー。当時四十代）

もう一人はグラストンベリーの魔女グッズ店の店員ジェーンだ。髪は黒く、いつも黒い服を着ていて、いかにも魔女という感じがする。仲間内では薬草のスペシャリストとして知られており、魔女としての実践に理解がある、シェフの夫と暮らしている。店に遊びに行くたびに、出身地域のアクセントの強い英語を「わかりにくくてごめんね」と謝ってくれるのだが、私には文末を少し長く伸ばし、高く跳ねるように話す、彼女の話し方が何だか格好よく聞こえた。

「魔女術にはバランスが大事なの。でもグループですると、バランスを保つのが難しくて、妥協する必要が出てくる。だから私は一人でしたい」

そういう彼女は自他ともに認めるヘッジウィッチだ。しかし、ヘッジウィッチになった特別のきっかけはないと言う。幼い頃に両親が離婚した彼女は、母方の祖母に育てられた。この祖母がヘッジウィッチだったのだ。自分のしていることは、祖母の真似をして薬草や呪文を使っているだけ、と謙遜する。祖母が魔女としての実践を妹、つまりジェーンの大叔母以外の人に話さなかったという話は、映画化もされた『西の魔女が死んだ』を髣髴とさせる。彼女の祖母が若かった頃は、まだ魔女術令が廃止されていなかったこととも関係していそうだ。

その祖母直伝の知識に加え、近頃簡単に手に入るようになった魔女の薬草の本を参考にして調合するわけである。リンダと同様、材料費以外は取らないというが、どちらもボランティア精神に溢れているからだけではなく、医療行為を行うための資格をもたないから取れないのだろう。

グラストンベリーは田舎だが、魔女として暮らしやすい町らしい。

「出身地では魔女だって名乗れる雰囲気ではなかった。グラストンベリーだったら、変わった人が多いから、魔女といっても誰も気にしないけどね」

二人に限らず魔女を名乗る人たちと話をして気づくのは、まず「魔女術」という言葉を、イギリスの伝統的な文化や信仰を表すものとみなしている人が少なくないことだ。逆に言うと、民間に伝わる文化や信仰を「魔女術」の一語にまとめてしまっているようでもある。

また、イギリスでは魔女に対するスティグマがいまだ

ロンドンの新名所：キングス・クロス駅で
ハリー・ポッターになろう！
（2014年12月15日）

に根強いことにも気づく。ドルイド教も魔女術も実践している人の中には、「周りの人にドルイドとは言えるけど、魔女であることは黙っているんだ」という人も少なくない。それでも、『ハリー・ポッター』など魔女を題材にした物語の成功が、魔女のイメージ・アップにつながっていると考えている人も多い。しかし、現実世界で活動している魔女と物語に登場する魔女が混同され、前者に対する誤解を生む原因にもなっており、魔女たちの悩みの種でもある。

大阪のUSJでは『ハリー・ポッター』をテーマにしたエリアがオープンし、イギリスでも映画のロケ地が公開されて好評を博している。そう聞くと、昔の魔女への憧れを思い出し、中断したままの魔女の調査に、もう一度取り組んでみようかなと思ったりもしている。

第5章 つながりへの希求と忌避

修士課程の頃、プリーステスたちは、雑談には気軽に応じてくれるのに、自分の話となると、はぐらかしてばかりだった。困っていた私を、大家のヘイゼルは「女神運動にやってくる人たちは、離婚などの辛い経験をしている人が多いから、若いあなたには話したくないのかも」と言って慰めてくれた。そう言ったいつも陽気なヘイゼルが自らの離婚に至るまでの悲しい経験を語ってくれたのは、博士課程の調査を終えて帰国する前日のことだった。この滞在時には、少し年を重ねたせいか、今しがた見てきたように聞くことに成功した人もいた。それでも時折、煙に巻くような言葉で誤魔化されてしまうこともあった。けれど彼らもまた、お互いのプライベートをそれほど知らない、または無関心を装っているようだということも少しずつわかってきた。第4章で述べたように、孤独感から逃れたりするために、体験や意識を共有できる人々を求める一方で、あえて個人主義的でもあろうとするこの矛盾は何なのだろうと思った。もう一つ不思議だったのが、私がよくおしゃべりをしていたスーフィーやキリスト教徒が集まりの場でアッラーやキリストなどの話をよくしていたのに比べて、プリーステスたちが集まりの場では女神の話をあまりしないこと、そればかりか女神の存在を気軽に捉えているような様子がしばしば見受けられたことだった。

第4章では、グラストンベリー女神運動の積極的な参加者の集合体における対面的な関係への期待が、プリーステスたちに移住を促したり、定住を継続させたりしていると指摘した。本章では、筆者の調査時にグラストンベリーに暮らしていたプリーステスを主な対象として、彼らがそこまでして求めていた「つながり」がどのような特徴をもっているのかを、日常生活の参与観察をもとに検討する。初めに、この人たちが自分たちの集合体を表すときによく用いる「コミュニティ」という言葉を民俗用語として注目し、日常的にも第3章で確認した排他的な共同性が見られることを示す。続いて、日常的な実践の事例として、彼らの集まりの中で頻繁に行われる「話の共有」[1]における話の内容と、話の共有とパーティという、二つの異なる集まりの継続性の違いを分析する。その後に、「女神」という存在が果たす役割について検討する。これらをもとに、彼らのつながりのあり方を考察する。

1　「コミュニティ」の二つの使われ方

プリーステスたちは「コミュニティ」という言葉にポジティヴな意味を込めて、頻繁に使用する。その指す対象は文脈によって少しずつ異なるが、大きく分けて自分たち以外の人々を含む包摂的な意味と、自分たちだけの集合体という閉鎖的な意味で使われていた。なお、以下の事例の傍点は筆者が挿入したもので、「コミュニティ」はすべて単数形（community）で使われていた。

女神会館が開館した頃に、メーリングリストで回ってきた次のような連絡の中の「コミュニティ」は、「隣人」と同義であり、自分たち以外の町の人々のことを指していると考えられる。

【事例1　サラからの女神会館でのイベントのお知らせ】

十一月二十九日の十時半から十二時半、女神会館にてコーヒー・モーニング[2]を開きます。会館周辺のコミュニティの隣人を招待する予定です。

［二〇〇八年十一月九日、メーリングリスト］

形容詞的に使われている、次の二つの「コミュニティ」はどうだろうか。

【事例2　季節の祝祭の場所変更に関するジョーンズからの連絡】

女神神殿が手狭になったので、アセンブリー・ルームで三回祝祭を行いました（秋分、ソーウィン、冬至）。アセンブリー・ルームを使うと、コミュニティの季節の祝祭を創り出せますが、神殿を使うと、女神神殿の季節の祝祭を創り出せ、それが私たちのしたいことです。ですから、再び女神神殿で行うことにします。

［二〇〇七年二月三日、女神神殿のメリッサ連絡帳より抜粋］

【事例3　暗月の集い[3]のクレアの発言】

エマが「季節の祝祭はいつも公開でやっているけれど、プライベートでもやりたいわよね」と提案する。クレアはそれに賛同した後で、スーとトムが開いた「地球への祈禱の日（Earth Vigil Day）」について、「全く逆だけど、とてもコミュニティな感じですごくよかった」と言った。

［二〇一〇年十一月六日、メル宅にて］

事例2は、女神神殿というグラストンベリー女神運動が借りているプライベートな空間での季節の祝祭と対比させて、アセンブリー・ルームという公共の空間での季節の祝祭を「コミュニティ」と形容しているため、公に開かれたという意味に近い。事例3も、プライベートでやりたいというエマの発言を受けて、クレアは「全く逆」と形容しているので、一般に広く門戸を開いているという意味で使われているといえる。

しかし、プリーステス・トレーニングの説明会のとき、講師のヘレンが発した「コミュニティ」の範囲はこの三つの事例とは異なる。

【事例4　プリーステス・トレーニング講師のヘレンの発言】

一生の友人ができた、コミュニティを見つけたという生徒さんが沢山います。［二〇一〇年九月五日、女神会館にて］

プリーステス・トレーニングの受講によって得られる「コミュニティ」とは、すなわちプリーステスをはじめとするグラストンベリー女神運動に携わる人々のことだと考えられる。

本章2と3で取り上げるポトラック・サパーが始まるきっかけとなった集まりで、ジョーンズはこの集まりの趣旨を次のように説明した。

【事例5　ジョーンズからのある提案】

今日は、グラストンベリーに女神コミュニティをつくるためにはどうすればいいかを話し合うために集まってもらったの。（中略）プリーステスとメリッサとそのパートナーでコミュニティをつくっていこう。

［二〇一〇年十一月十一日、ジョーンズ宅にて］

「女神コミュニティ」とは、これからつくっていくもので、まだ存在しないのだから、事例1～3の「コミュニティ」とは明らかに異なる。そして、後の発言からは、ここで想定されている「コミュニティ」に含まれる対象が、プリーステスとメリッサとそのパートナーとして具体的に示されている。

この約一年後の「マドロンの日」という集まりの日、集まったグラストンベリー女神運動の積極的な参加者の和気あいあいとした雰囲気を見て、傍らにいたプリーステスに、ジョーンズは満足した表情で次のように言った。

【事例6　人々の雰囲気に対するジョーンズの感想】

今までは装置みたいだったけれど、去年からのコミュニティの感じはすごくいいよね。（中略）コミュニティとは、一緒にいること。

［二〇一〇年十月十日、女神会館にて］

初めの「コミュニティ」は、非人間的で無機的な「装置」の逆で、人間らしい、温かみがあるという意味が込められていると思われる。また、次の「コミュニティ」は「一緒にいること」と定義づけているが、プリーステスやメリッサの楽しそうな様子を見てこのように発言しているわけだから、一緒にいる相手は誰でもよいわけではない。この日は、定期的な寄付者、プリーステスやメリッサ、およびその家族といった積極的な参加者が親睦を深めるため、限定された人々で集まった。つまり、この内輪の集まりに来る資格のあるグラストンベリー女神運動の人々を意味していると考えられる。

こちらの、限定的な意味での「コミュニティ」という言葉が最も象徴的に使われていたのが次の事例である。

【事例7　季節の祝祭の打ち合わせ前の話の共有[4]におけるサラの発言】

話し終えた参加者の数人が悩みを抱えた状況にあることを受けて、サラは女神神殿の外のハイ・ストリートの方向をちらっと見やりながら、「ハイ・ストリートを歩いている人たちはこのようなすばらしいコミュニティをもっていないが、自分たちにはあることを感謝しよう」と言い、両隣の二人に片手ずつを差し出す。そうして、互いに手をつないで一つの輪を作り、しばらくの間瞑想していた。

［二〇一〇年九月二十二日、女神神殿にて］

ここでは、胸襟を開いて深い話ができるような仲間を持たないグラストンベリーへの訪問者と、自分たちとの間に境界線を引きながら、第3章の儀式の分析を通して見てきたような、自分たちのつながりを再確認しているといえる。

以上の事例から、グラストンベリー女神運動において「コミュニティ」という言葉は、時に外集団を含む人々全体を指し、時に内集団を指す言葉として使われていることがわかる。イギリスにおいて「コミュニティ」は一般的に良い感じがする言葉であることを踏まえれば［Bulmer 1987: 26–27］、後者の意味で用いているとき、この単語を発することで、自分たちの育んできた親密な関係性を外に向かってアピールしている、または参加者の間で再確認していると考えられる。その一方で、前者の意味でも使用することで、自分たちの集合体が外に向かって開かれていることを提示し、確認しているともいえる。第3章では、儀式の場が一般に開かれているようで、そうではないことを指摘したが、この「コミュニティ」という言葉の使い方からは、それ以外の日常の場面でも同様の傾向が見られると思われる。これ以降、検討の対象とするのは、後者の意味で用いられている「コミュニティ」と呼ばれる人々の集まりである。

グラストンベリー女神運動の集まりに行くと、よく「話の共有から始めましょう」と言われる。本節では、まず分析の主眼となるこの話の共有について説明する。続いて具体的な事例を検討し、話の共有が必要とされている理由を考える。

2　プリーステスたちの話の共有

2-1　話の共有とは

「話の共有」とは、複数の人々が順番に自分が現在、置かれた状況やそのときの気持ち、それに対する自分の解釈を語ることである。参加者は互いの顔が見えるように車座になって、一人ずつ話をする。制限時間はなく、沈黙が少し続いたら、終了と受け取られる。一人の人が話す間、他の参加者が口を挟むことは基本的にはないが、話し終わってから、自らの類似の経験を語ったり、優しい口調でアドバイスをしたりすることもある。ただし、「あなたのせいじゃない」「焦らないで」など、話者を全面的に肯定し、気持ちを軽くするようなコメントが多く、話者を咎めないことが暗黙の了解になっていた。

女神運動以外のオルタナティヴ・スピリチュアリティの実践の場でも話の共有は行われるが、グラストンベリー女神運動では、プリーステス・トレーニング中、季節の祝祭の打ち合わせの前など、頻繁に行われている。誰とも目を合わせずに、ぼんやりしながら、言葉を選びつつ話す人もいるし、さばさばとテンポのよい口調で話す人もいる。しゃべり方は話し手の性格だけではなく、そのときの話の内容や話し手の気分によるところも大きかったように思う。聞き手は話し手を注視しており、上の空とか退屈そうな様子の人はいなかった。話の間、大げさなジェスチャーをする人は見られなかったし、身体接触もほぼ見られなかった。静寂な空気の中、中座する人も身動きする人もほとんどおらず、淡々と話が進んでいった。

このような「話の共有」は、一九七〇年代に一部のフェミニストが取り入れた意識覚醒グループの実践に由来している。エラー（Eller）は、その基本的なやり方を次のように記している。

その晩の議論のトピックを選び、五〜十五人の女性が車座になって、順番にトピックについて話す。話している間、他の女性から遮られたり、非難されたり、称賛されたりすることはなく、全員が思い浮かんだことを自由に発言できるようにした［Eller 2000a: 27］。

第2章2で述べたように、ジョーンズは一九八〇年代に意識覚醒グループを主催しているので、その手法を取り入れたのだと思われる。

2－2　雑談の場

筆者が参与観察をした話の共有の場は、季節の祝祭の打ち合わせの前、ジョーンズが発案したプリーステス限定のポトラック・サパー、あるプリーステスが始めた女性限定の暗月の集いの三種類で、合わせて十四回参加した。それぞれの集まりがグラストンベリー女神運動の中でどのように位置づけられていたかは次節で検討するが、それぞれの共有の場における雰囲気は、個々に分析する必要が感じられるほどには変わらなかった。次頁の表5－1は、

表5－1　話の共有の参加状況

年	2009	2010	2010	2010	2009	2010	2010	2010	2010	2010	2010	2010	2010	2011	2010	2010	2010	2010
月日	12/21	3/20	9/22	10/31	11/26	1/12	1/26	2/9	5/17	10/11	10/7	11/6	12/5	1/4	6/3	9/1	9/28	11/3
	季節の祝祭打ち合わせ				ポトラック・サパー						暗月の集い				活動共有サークル			
	冬至	春分	秋分	ソーウィン														
プリーステス																		
1 キャシー・ジョーンズ	◎																	
7 サラ	●		◎	◎	◎	◎	◎	◎	◎	◎								
16 ヘレン					●	●												
3 エマ	●	●	●	●	●	●	●	●	●	●	●	●	●	●	●	●	●	
4 カリン						●	●	●						●	◎	◎	◎	◎
21 リズ	●	●	●			●	●								●		●	
20 メル			●			●		●			◎	◎	◎	◎			●	●
9 シーラ					●		●		●									
プリーステスA					●													
22 ローズ	●		●			●				●					●			
プリーステスB		●				●	●				●						●	
プリーステスC		●			●		●			●								
プリーステスD		◎	●				●											
13 トム	●		●	●														
10 スー	●		●															
プリーステスE												●	●	●				
プリーステスF														●				
プリーステスG											●		●	●				
プリーステスH													●					
プリーステスI	●																	
プリーステスJ					●													
5 クレア		●	●									●	●	●				
プリーストK		●	●															
プリーステスL				●	●													
プリーステスM	●																	
19 マリカ		●																
8 ジョー		●																
プリーステスN		●																
6 コリン			●															
17 ホリー				●														
プリーステスO				●														
プリーステスP												●						
プリーステス以外(ともにメリッサ)																		
メリッサ(女)Q										●								
メリッサ(男)R	●			●														
筆者	●	●	●	●	●	●	●	●	●	●	●	●	●	●	●	●	●	●
プリーステスの家族																		
リズの夫						●	●										●	
サラの恋人							●											
カリンの恋人																	●	●
積極的な参加者以外																		
プリーステスS																	●	
PTのみの参加者					●													
PTのみの参加者							●											
PTのみの参加者									●									
PTのみの参加者												●						
PTのみの参加者													●					
クレアの友人														●				
全参加者	11	11	12	8	10	10	12	5	5	6	5	7	8	9	5	3	9	4
在住者：非居住者	6:5	6:5	9:3	4:4	7:3	10:0	11:1	5:0	4:1	6:0	5:0	4:3	6:2	8:1	5:0	3:0	9:0	4:0
在住者の占める割合	59.5%				89.6%						79.3%				100%			
平均参加人数	10.5人				8.0人						7.25人				5.25人			
全体の平均参加人数	7.8人																	

＊ ◎は主催者、●は参加者。　＊ [網掛け]はそのときのグラストンベリー在住者。
＊ PT＝プリーステス・トレーニング。　＊名前の前の番号は「登場人物一覧」に対応。
＊ 本文中に登場した人とその関係者は名前を、それ以外はプリーステスか、メリッサか、PTのみの参加者かを記した。

３－１で触れる活動共有サークルも含め、筆者が参加したときの参加者の参加状況、それぞれの集まりの参加人数、グラストンベリーおよび周辺在住者と非在住者の人数、在住者の占める割合、平均参加人数を整理したものである（打ち合わせ前の場にいた、ジョーンズの依頼で参加していた女性カメラマンは数に含めていない）。ここからわかるように、参加の割合は筆者も含めたグラストンベリー在住者が百十二人と、非在住者の二十八人より高くなっている。ただし、その後に打ち合わせがある季節の祝祭の日は在住者の割合が五九・五％と最も低く、より広範囲から人が集まっていた。また、夜に開催されるポトラック・サパーと暗月の集いのほうが、午前中に開かれる季節の祝祭の打ち合わせの前より、心情を吐露するような話がされやすかった。季節の祝祭の打ち合わせの前は一～一・五時間、それ以外は二～三時間だった。参加人数は三～十二人で、平均で七・八人が参加していた。

なお、このような場では、しばしば自分の思いや体験が赤裸々に語られるので、調査には有意義だった。しかし、集まりの性質上、レコーダーの使用はもちろん、メモを取ることも憚られた。そのため、その場でのやりとりをできるだけ記憶し、帰宅後ノートに再現した。

それでは、どのようなことが話されているのか、具体的に見ていこう。なお、本節で名前が登場する人物は、全員がプリーステス・トレーニングを受講したプリーステスである。

（a）女神

冒頭で記したように、話の共有の場において、女神と直接関わった経験に関する話を筆者はほぼ耳にすることはなかった。その一方で、ときどき聞かれたのが、ジョーンズの女神体系の中にそれぞれ性格をもって位置づけられた女神になぞらえて、自分の置かれた状況を説明する場面である。

【事例1　比喩的な女神の利用】

年金の受給資格を得てから、グラストンベリーの近郊に引っ越してきた六十代のシーラは、ロンドンに暮らす娘の子供の世話と、ヒーラーとしての活動に忙しい日々を送っている女性だ。彼女はある農場の離れを借りて住んでいるが、大家一家との関係が最近ぎくしゃくしている。それがストレスになっていて、引っ越しを考えていると話す。「そのうえ、以前付き合っていた男が、ストーカーみたいな行為を繰り返してきて。本当にストレス」。（中略）しかも、十二月に元夫が亡くなったため、遺言書の処理のため、ロンドンとの往復を繰り返していて忙しいと話す。「〔前回集まったときから〕いろいろなことが起こって、感情的にもいろいろあった時期だった」と疲れた顔で話すシーラに対し、サラが「これはすごくリアノンの時期だわ、ケリドウェンとは全く逆」と言う。すると、シーラは強く頷き、その後繰り返し、「今はリアノンの時期だから、こういうことが起こるんだ」というように、この表現を用いていた。

［二〇一〇年五月十七日、ポトラック・サパー］

ここで登場するリアノンは、グラストンベリー女神運動の中では、女性の人生でいうと、少女から母親になる間の、恋愛を楽しむ時期を表す女神とされている。逆にケリドウェンはシーラのような老年期の女性を象徴し、静かで動きが少ないとされる。本来であれば、その時期に入っているはずの静かなケリドウェンとは正反対の情熱的なリアノンを、激しい感情的な起伏を経験したシーラの状況を喩えるのに、サラは用いたのである。ただし、ここでの話題の主役は女神ではなく、あくまで話し手本人であり、女神はその話の中で比喩として利用されているにすぎない。

他に、祝祭での女神の呼び出しの相談がなされることもある。

【事例2　活動の打ち合わせ】

プリーステス・トレーニング三年目のソニアは、デリケートでおとなしそうな三十代の主婦だ。その彼女が話を始めた。「祝祭で女神の呼び出しをするのは初めてだから緊張しています。どういうふうに呼んだらいいのですか?」と不安そうに尋ねると、その日の企画責任者で教師のジョーが、「基本的には初めに、『私と一緒に、その方向を向いてください』と言って、女神に関連する言葉を言って、最後に『吸い込んで、万歳、そしてようこそ、彼女を連れて、中央に向き直ってください』と言えばいいんだよ」と優しくアドバイスをする。ソニアは緊張した面持ちでメモを取りながら、声に出して練習を始める。呼び出しに慣れている他の人たちは、温かい目で見守っている。最後に、女神カンファレンスでセレモニアリスト（儀式担当者）を何年も務めるマリカが、「呼び出しの言葉は覚えるものじゃないの。その場で湧き上がってきた言葉を言えばいいんだよ」ときつく、しかし母親のように温かく言う。ソニアはその声に反応して、ぱっと顔を上げるが、すぐに再びうつむいて考え込んでしまった。

［二〇一〇年三月二十日、春分の祝祭の打ち合わせ前］

その他の女神の言葉が出てくる場面でも、プリーステス・トレーニングや女神カンファレンスなどの具体的な活動の打ち合わせに関する話題であり、話題の中心は女神ではなかった。

なお、女神と直接関わった経験についての考察は、本章4で行う。

（b）確認・連絡事項

しばしばあったのが、グラストンベリー女神運動の活動の中で気になっていたことを確認したり、連絡事項を伝達したりする場面である。

【事例3　サラへの報告事項】

二十代のローズは、「今日の女神神殿でのメリッサのとき、明かりのスイッチが見つからず、つけっ放しにしてきてしまった」と、おとなしそうな風貌からは想像できない、低く力強い声で言う。（中略）女神神殿の管理者であるサラは美しい顔をややしかめつつ、スイッチの場所を伝える。ローズは頷き、「次回からは気をつけるね」と言い、別の話を始める。

［二〇一〇年一月十二日、ポトラック・サパー］

【事例4　サラへの伝達事項】

プリーステス・トレーニングの講師をしている六十代のヘレンが、「教会の〔クリスマスツリー展示会の〕ツリーの飾りつけに使った飾り、どうすればいいかなぁ」と尋ねる。サラは、「来年の女神神殿の冬至の時期の飾りつけに使えるように、女神神殿の屋根裏にしまっておこう」と提案する。

［二〇一〇年一月十二日、ポトラック・サパー］

こういった些細なことは、話の共有の中ではなく、その前後に個人的に確認されることもある。また、電話や電子メール等で個人的に確認することもあり、おそらくローズもヘレンも、この日サラに会わなければ、そうしていただろう。これらは、普段は電話や電子メールといった一対一のコミュニケーションの中での話題が、複数の人々が集う場にたまたま持ち込まれた事例だといえる。

（c）近況報告

話の共有の場の話題の大半は近況報告である。クリスマスを家族と過ごした、ダイエットを始めたなど、自分の最近の行為やそれに対する自分の意見など、軽いものが多い。しかし、もう少し深刻な話を聞かされることもある。

【事例5　クレアの苦境】

クレアは夫からいきなり離婚したいと言われたと言う。そして、十七歳の娘が変な男と付き合い出して、困っていると話し出す。

この男は喧嘩したからって、真夜中に、携帯電話の電波も通じないようなところに娘を置き去りにするような人なのよ。〔娘のことが心配で〕すごく怖かった。しかも、この人の影響で、うちの子、カレッジに行かなくなっちゃって、そのせいで給付金の額が大幅に減らされた(5)。週六十ポンドで一家三人食べさせていかなくちゃならないのよ。そんなの、無理に決まってる。今、冷蔵庫には食べ物が何もないような状態で、どうしたらいいのかわからなくて、ただ途方に暮れている。

そう言うなり、クレアは泣き出してしまう。（中略）彼女は二十年近く介護士の仕事をしていたが、絵を描くことに専念するため、今は職には就いていないと話す。

感性も創造する力も失くしてしまった。人からは、ファンタジー・ワールドであるグラストンベリーに行くのはやめるように言われたけど、そんなことはできるわけないでしょう。

その言葉に、その場にいた何人もが真剣な表情で頷く。クレアと仲がよいエマは、友人の傍らに移動し、彼女をずっと抱きしめていた。打ち合わせの後にはいつもみんなでカフェで昼食をとるのだが、クレアはサラに「今日はランチのお金もないの」と伝える。すると、サラは「心配しなくていいから」と慰め、実際クレアの分まで払っていた。

［二〇一〇年九月二十二日、秋分の祝祭の打ち合わせ前］

このときのクレアは、娘の非行と生活費の枯渇という危機的状況に瀕し、そのことで頭がいっぱいになっていた。しかし、彼女の発言からは、自分の状況への同情を期待する思惑も汲み取れる。たとえば、グラストンベリーに行くことをやめるのは無理、という言葉からは、やめるように言った相手に賛成しない自分を肯定してほしい、相手への反発の気持ちを共有してほしいという思いが込められていると考えられる。実際、彼女は一同から同情を得ることに成功している。また、経済状況を話すことで、懸案事項だったその日の昼食代に対する解決策を誰かが提示してくれることを期待する意図も読み取れる。話の共有の場で、身体接触が見られるのは珍しいのだが、このときにはクレアの話にエマが身体的に反応する様子が観察された。

これほど深刻な話でなく、いわゆる愚痴も聞かされる。

【事例6　リズの愚痴】

第4章2－4で見たように、夫とグラストンベリーに引っ越してきたリズは、夫婦二人で引っ越してきた家の内装工事に取り組んでいた。

あの人ったら、毎日毎日、家の改装のことでいろいろと言ってくるのよ。今日だって、朝起きた途端、「君のことは大好きだよ。それで、バスルームの配管のことなんだけど、……にしたほうがいいと思うんだけど」なんて言ってきて。退屈な先生が家にいるみたい。

［二〇一〇年三月二十日、春分の祝祭の打ち合わせ前］

このように、リズが夫のことをまくし立てるのは、いつものことである。そのため、このときもみんな苦笑しながら聞いていた。

また第4章2－1でも述べたが、筆者の記憶にある限り、エマはいつも居住スタイルのことで悩んでいた。引っ越してきた当初、彼女は筆者の隣のB&Bに部屋を長期契約していた。

【事例7　エマのぼやき】

自分の空間がほしい、私だけの空間が。今のところは、みんなとてもいい人たちだけど、台所も共同、冷蔵庫も共同。私だけのものでない。プライバシーが必要なの。これでは、子供たちも呼べない。

［二〇一〇年二月九日、ポトラック・サパー］

彼女は観光シーズンを迎える前に、B&Bを出なくてはならず、単身用アパートを探していた。しかし、適当な物件が見つからず、後述するプリーステスのメルと別の女性と三人で、シェアハウスをすることになった。ところが引っ越した数日後、希望通りのアパートが見つかり、一週間後にはそのアパートに移り、念願の一人暮らしを始めた。久しぶりの一人暮らしは、プライバシーも確保でき、楽しいはずだったが、彼女は間もなく孤独感に悩まされるようになる。特に子供や友達がよくやってきた夏の休暇シーズンを過ぎると、その思いはますます強くなっていった。

一人でいるのがすごく嫌で、とても寂しい。外を一人で歩くのはいいんだけど、室内に一人でいるのが耐えられない。（中略）この間、〔プリーストの友人である〕コリンが泊まりに来てくれたとき、家にいるのが自分一人でないということが、すごく嬉しかった。だから、私は一人が嫌なんだなって改めて気づいたの。

ため息をつきながらこのように語るエマに対して、サラはメルたちとのシェアハウスをすぐに解消したことをあげて、「けれどシェアハウスも嫌だったんでしょう？　あのときはプライバシーが必要なんだって言ってたわよ」と優しく尋ねた。エマは、「そうだけど……、今の家は眺めがあまりよくないのも嫌。だからとにかく引っ越したいのよ」と繰り返す。

［二〇一〇年十月十一日、ポトラック・サパー］

エマは、他人と暮らすのはプライバシーが確保できないので嫌なのだが、一人暮らしも寂しくて嫌だと言うのだ。それに対してサラのようにコメントする人もいるが、エマが聞く耳をもつ様子はない。おそらくエマは、クレアのように同情を求めているわけではない。心の中のもやもやを、ただ吐き出してしまいたかった、より端的に言えば、リズのように愚痴りたかったのだろう。

このような場では、一つの話がきっかけになって、他の人もそれに自分の類似の体験を重ね合わせることで、相手の体験に近づこうとする様子も見られた。

【事例8　孤独な一人暮らし】

暗月の集まりの初回、一人のプリーステスが、自分の空間がほしくて一人暮らしを選んだが、長く暗い冬を一人で過ごすのは辛いので、冬になる前に誰かとシェアハウスするつもりだと語った。それに、いつも住居のことで悩んでいるエマも同意した。

私も自分の空間がほしくて一人暮らしを選んだけれど、今は誰かと一緒に暮らしたい。グラストンベリーには沢山の独り身の女性がいて、みんな一人ぼっちは嫌だって言っているのに、一人で暮らしているのよね。

［二〇一〇年十月七日、暗月の集まり］

これは自分と同じ悩みを抱えている人の話を聞いて、その意見に重ね合わせる形で、相手を肯定し、自分の悩みを吐き出しているといえる。

先述のローズは音楽活動をしているのだが、あるとき、次のような話をした。

【事例9　パートナーとの距離感の必要性】

同居している彼氏がここ数日、家にいないから、自分の時間が取れて嬉しい。彼も私と同じで、家で音楽を書いている時間が長いから一緒に家にいることが多くて。彼のことは愛しているけど、ずっと一緒だと自分のことができない。自分の空間が必要なのよね。

これを受けて、いつも夫の愚痴をこぼすリズが「私も〇〇（夫）は好きだけど、ずっと一緒にいるなんて、絶対無理無理！」と強く同意する。さらに、その日ロンドンから訪れていたプリーストのコリンが、かつて妻と一緒にあるプロジェクトに参加したことがあったが、仕事も生活も一緒というのは大変すぎて、それ以来一緒に働くのはやめようと決めたと話す。

［二〇一〇年九月二十二日、秋分の祝祭の打ち合わせ前］

ここでは、恋人と一緒にいることが辛かったが別居しているのも辛いと悩むローズに対し、配偶者との間に同様の問題が生じたことのあるリズとコリンが自分の体験を明かしつつ、恋人と別居している現在のローズの状況を肯定するような方向に話を持っていって、「同情」している。

特にのろけ話などの明るい話題より、ここで取り上げた話のような辛い体験に対して、より多くのコメントが寄せられたり、相槌を打たれたりする様子が確認された。たとえば筆者は、話の共有の場では、いつも季節の変わり目に家具を動かすといった些細な話をしていたのだが、その場でコメントをもらえたことは一度もなかった。あるとき、翌週に搭乗予定の飛行機のキャンセルをその朝に知り大慌てだったこと、日本に送った船便が予定日を大幅に過ぎても着かなくて不安だったことを話したら、サラから「あなたがそういうことを話してくれたの、初めてだね。嬉しいよ」と言われた。コメントらしいコメントをしてもらえたのは、このときが初めてだった。

話の共有の場で話されることの大半は、（c）の近況報告であり、事例5のクレアのように助けを必要とする深刻な話もたまにはあるものの、その多くは事例6のリズや事例7のエマのように、わざわざ集まって話す必要があるとは思えない雑談である。しかし当人たちにとっては悩みであり、聞いてもらいたいのである。これは、他者の苦しみの語りを共有するという形でのつながりの構築を目指しているともいえる。

しかし、実はグラストンベリー女神運動では、グラストンベリーに住んでいたとしても、こういったことを話せる場があまりない。たとえばキリスト教では、週一回はミサのために集まり、その後はお茶を飲みつつ、おしゃべりをする機会が設けられている。またグラストンベリーではカトリック教会とイングランド国教会のみだが、教会の建物もほぼ毎日開いており、特にイングランド国教会のほうは町の高齢者の団欒の場と化している。また、あるスーフィズムのグループの場合、週に一回、コーランを唱え、ランチをともにする集まりがある。そのうえ、町の中にチャリティ・ショップを開いているので、特別な用事がなくても、ふらりと立ち寄ることができ、筆者もよく立ち寄っては、スーフィーの人々とおしゃべりを楽しんでいた。それに引き換え、グラストンベリー女神運動の場合、女神神殿という日常的に立ち寄れる場所はあるが、第2章3－3で覗いたように、基本的には一人での瞑想の場で雑談をできる雰囲気ではない。また、第3章で見た季節の祝祭は年八回しか開かれない。プリーステス・トレーニングやワークショップもあるが、機会も期間も限られている。つまり、ポトラック・サパーが始まるまで、日頃何となく集える場所や機会、そこに行けば友達とおしゃべりが楽しめる「たまり場」のような時間と空間が、極端に少なかったのである。

ただし昔からイギリスでは、どんな小さな村にも、必ずパブと教会があり、パブは男性、教会は女性の社交場だといわれていた(6)。話の共有に参加していた人の大半が女性であったことと併せて考えると、女性が女神運動という宗教的実践の場を利用しておしゃべりをするという状況は、ある意味イギリスの伝統だといえよう。

第4章では、グラストンベリーに移住してきたプリーステスは、一緒にいることで生まれるつながりを殊更に求めていることが多いと指摘した。しかしグラストンベリーに住むことだけでは、これは満たされない。そのため、機会の少なさを補うために、話を共有するという名目のもと、あえて集まる機会をつくっていたと考えられる。

3　適度な距離感を求めて

2では、ともに過ごす時間をつくるため、話の共有が必要とされていたと指摘した。ここで注意しなくてはならないのは、このような場で「共有」されている話の大半は、話の重ね合わせが見られた事例8のエマや事例9のローズのような、自らも同様の苦しみを抱えていることによる体験の共有というより、事例5から事例7のような相手の苦況を知っただけという、語りの共有であるという点である。佐藤［二〇〇二］の調査したニューヨークのエイズのセルフヘルプグループや、ローレス［Lawless 1993］の調査したアメリカ中西部の女性聖職者のランチの会では、当事者以外には理解されにくい問題を抱えた人々が、その問題を共有することで、関係は親密化し、集まりはよく継続していた。また、自らの慢性的な病の苦しみからの解放を求めて、イギリスで超越瞑想やレイキやヨーガを実践していたギャレット［Garrett 2001］は、これらの実践は自己を高める目的だけではなく、他の実践者と身体的な苦しみの体験を共有することにより、実践者たちが互いに結びつけられていくと指摘している。このように、自分の弱さを曝け出すことで他者との共同性が新しく構築されていくという様子は、断酒会においても見出されている［葛西二〇〇二］。しかし、グラストンベリー女神運動の話の共有の場で共有されていたのは、エマやローズのような体験の共有であっても、アルコール依存症やエイズ、女性聖職者であることなど、その苦しみを抱えた当事者以外には理解してもらいがたい苦悩の体験や、超越瞑想などの身体的な体験というより、ずっと軽い悩みやちょっとした愚痴である。そのため、話を共有することの必要性は、これらの人々より低そうである。

このことを踏まえて、本節では話を共有することを目的としたポトラック・サパーと暗月の集いの始まりと終焉について取り上げ、彼らが望むグラストンベリー女神運動の積極的な参加者とのつながりについて考えてみたい。

3-1　続かないポトラック・サパーと暗月の集い

二〇〇九年一月、筆者は博士課程の調査のため、グラストンベリーに戻ったものの、女神運動の活動が低調化し、ほとほと困り果てていた。二〇〇六年にはあった新月や満月の儀式やワークショップがなくなり、人々の相互作用を観察できる機会は、季節の祝祭に限られてしまっていた。正直に言って、女神運動を博士論文の主な対象にすることは諦めかけていた。そんな筆者の目をもう一度、女神に向けさせてくれたのが、本節で取り上げるポトラック・サパーだったのである。

この集まりに参加するきっかけをつくってくれたのは、筆者のことを修士課程の調査の頃から何かと気にかけてくれていたサラだった。彼女の仕草や話し方にどことなく気品を感じるのは、上流階級に生まれついたという出自のためだろう。しかし家庭的な愛情とは無縁の子供時代を送り、成人後は家族から離れて自活する道を選んだ。その後もパートナーとなった男性に苦労させられ続けた過去があり、家族と離れて暮らす筆者に人一倍優しかった。

二〇〇六年の調査時には、彼女がコーディネーターを務める女神神殿でよくメリッサをしていたのだが、二〇〇九年に再訪してからは足が遠のいていた(7)。そんなある日、筆者は道で偶然出くわしたサラから、「今度の水曜日、七時半から、キャシー（・ジョーンズ）の家でプリーステスとメリッサの仲を深める集まりがあるからおいで」と誘われる。この連絡はメーリングリストでも流れていたので、「わかった、たぶん行くね」と曖昧な返事をしたところ、少し険しい表情になり、「あなたのためになるから、絶対に来なさい」と念を押された。水曜日の晩、ジョーンズ宅には二十二人のプリーステスが集まった。持ち寄った夕食を楽しみ、知り合い同士が歓談していたところ、ジョーンズは静かにするように言い、集まりの趣旨を説明し始めた。

最近、プリーステス・トレーニングをきっかけとしてグラストンベリーに引っ越してくるプリーステスが増えてきたよね。だから、グラストンベリーに女神コミュニティをつくるにはどうすればいいか話し合おう。

グラストンベリーに引っ越してきたものの、女神の友達と会う機会があまりないので、孤独を感じる人も少なくない。だから、医者や庭師などを紹介しあうといった支援体制を整えようとのことだった。いくつかの案が検討されたが、まずは月に二回、女神会館で夕食を持ち寄りながら、お互いの「グラストンベリー体験」を共有する集まり「ポトラック・サパー」を開こうと提案される。「プリーステスとメリッサとそのパートナーとで、コミュニティをつくっていこう」とジョーンズが宣言し、その晩はお開きになった。

ポトラック・サパーを担当したのは、ジョーンズの有能な左腕であるサラだった。半月後の女神会館での第一回の集まりには十人もの人が集まり、夕食を食べながら、各自順番に、今考えていること、感じていることを思いのままに語った。

ところが、初めの頃こそ十人ほど集まっていたものの、前掲の表5-1のように参加人数は徐々に減っていった。

二月後半からは二〜三人しか来ずに、その場でキャンセルされることが続き、やがてサラはメーリングリストを通じて、前もって参加の意志を確認し、二人以下だと事前にキャンセルするようになった。二月九日以降、同年の十二月までの間にポトラック・サパーは九回企画されたが、開催までこぎつけたのは五月と十月のわずか二回であった（二月、六月、九月、十一月、十二月は各一回、三月は二回キャンセル）。来なくなった人たちに筆者がその理由を尋ねてみると、「その日は水彩画のレッスンがあった」、「夜は子供の個別指導の仕事をしている」、「ワークショップで、疲れてしまった」というように、習い事や仕事、家事や育児で忙しいとか、疲れたからという返事が返ってきた。このように人が集まらない状況を、大学生の子供たちをオランダに残して移住してきたカリンは憂い、その理由はポトラック・サパーの内容にあるのではないかと考えていた。

私、ポトラック・サパーに行く度に不安な気分になる。すごく落ち込んでしまう。何でだろうって思っていたんだけど、それはみんなの悩みを聞いて、自分の番には自分のそういうことを明かすからだと思うんだよね。それで、すごく疲れて、憂鬱になる。

これは、二〇一〇年二月の半ば頃、カリンがメーリングリストに流したメッセージである。悩みを吐露しあうことが、プリーステスの足をポトラック・サパーから遠ざけていると考えた彼女は、メッセージの中で、話を共有するポトラック・サパーは一ヶ月に一回にして、もう一回は各プリーステスを各自の特技の講師として招き、それをみんなで楽しむという集まりを開いてはどうかと提案していた。

この提案に対し、賛成するプリーステスもいた。しかし、ジョーンズとサラはこの提案を快く思わず、話の共有を含むポトラック・サパーの必要性を主張し、それとは別にカリンが活動を始めることを勧めた。これ以降もポトラック・サパーは活性化せず、キャンセルが相次いだ。三月九日の集まりも、サラの急病のためカリンと筆者しか来ず、キャンセルになった。その晩、カリンから再びメーリングリストにメッセージが流れてきた。

この集まりはもう必要ないの？　みんなうまくやってて、キャシー〔・ジョーンズ〕とサラがセッティングしてくれたこういう集まりは、もういらないの？（中略）前に私が提案したみたいに、二回に一回は何かするほうがよくない？　個人的には、大変な思いをしているときに定期的に集まって、話や特技を共有して、楽しい時間を過ごして、お互いに助け合うのはいい考えだと思うんだ。

結局、カリンの提案した話の共有はせずに「何かをする」活動共有サークル(8)と、ポトラック・サパーが毎月一回ずつ開かれることになった。しかし、どちらの集まりも、それほど多くの人が集まることはなかった。主催者以外には、女神のあらゆる集まりへの常連メンバーであるエマと筆者に、数人が加わることもある程度だった。

ポトラック・サパーが下火になった頃、類似の集まりが始まった。この暗月の集いは、ジョーンズではなく、一人のプリーステスの発案で始まった。発案者のメルによると、これから満月に向かう暗月、つまり新月の夜は「エネルギー」が増大し始める時なので、月を象徴の一つとする女性には特に意味のある夜であること(9)、ネイティヴ・アメリカンの文化をはじめ、月経の時期に女性が隔離される伝統をもつ文化は多く、そんなとき女性は日常の雑事から離れて、月経小屋に行き、同じ境遇の女性と自分を曝け出すような深い話をしていたことから、毎月この夜に開催することが決まった。

メルは芸術活動、特に踊りに長けていて、自ら創作したダンスを季節の祝祭で披露したり、女神運動とは別に仲間を募り、現代風にアレンジしたモリス・ダンス（イングランドの伝統的な踊り）の踊り手として地元のイベントに出演したりしていた。彼女はこの当時、プリーステス・トレーニングの一年目を終え、二年目を始めようとしていた。プリーステス・トレーニング二年目では、他の人を巻き込んで女神と関係した活動をすることが求められるため、その準備の意味もあり、この集まりを企画したのだった。二〇一〇年九月、カリンが始めた活動共有サークルの特別版として開かれたパブでの夕食会の場で、メルは自分の考えを参加者に伝え、集まりの連絡はグラストンベリー在住者専用のメーリングリストにも流され、十月の暗月の夜から始まった。

この集まりはメルの自宅で七時半から開かれた。ポトラック・サパーとは異なり、初めに全員で手をつないで女神を呼んだり、軽く瞑想をしたり、ハーブを焚いて清めたりするなど、簡単な儀式めいたことも行われた夜もあった。基本的にはプリーステスとメリッサしか参加できない閉鎖的なグループだったが、メンバーはその都度、異なっていた。メルの提案で、この一ヶ月の近況と次の一ヶ月の抱負について話し、抱負は彼女が記録し、翌月の集まりのときに達成具合を確認することが決まった。

参加人数を見ると、前掲の表5－1に示したように、当初はポトラック・サパーより盛況だった。その理由として、両方に参加していたエマは「女神会館は広すぎて寒い。ここなら暖炉もあって、家庭的で心地よい」と居心地のよさを挙げていた。ハーブティーをいただいたり、手作りのケーキが振る舞われたりすることもあり、筆者も毎回心地よいひとときを過ごしていた。筆者は帰国に伴い、二〇一一年一月までの四回しか参加できなかったのだが、その間にメルのプリーステス・トレーニング二年目の活動のためだけではなく、継続していこうという話になり、実際、その後のプリーステスたちとの電子メールやメーリングリストのメッセージを読む限り、三月までは順調に継続している様子だった。しかし、五月頃から徐々に様子が変わっていった。

筆者が最後に参加した一月の集まりのとき、メルは毎回自分の家で開くことは負担だから、他の参加者との交代制にしたいと話していた。しかし手を挙げた人は少なく、帰国後にメーリングリストでのやりとりを見る限り、五月頃からはその人たちも渋るようになっていた。また、暗月の夜に集まることに意味があったはずなのに、都合をつけやすいよう、それ以外の夜に開催する提案がされたり、メルが別の用事を入れて欠席したりするようになった。休暇で出かけてしまう人が増え一般的に人が集まりにくい夏になると、集まりの提案すらなされなくなり、筆者が補足調査のために再訪した二〇一一年九月には完全に消滅していた。

翌年五月、この集まりは「女性の暗月の儀式」と改名されて、再開された。しかし、話の共有が主な目的ではなく、呼吸法やダンスも組み込んだセラピーのようなもので、十ポンドと有料になっていた。また、個人宅ではなく女神会館で開かれるうえ、プリーステスとメリッサに限らず、誰でも参加可能だった。つまり、プリーステスとメリッサを中心としたプライベートな話の共有の場から、自己成長を目指すオープンなワークショップという異なる性質の集まりに変貌したのである。

季節の祝祭前の打ち合わせなど、グラストンベリー女神運動の活動全体で話の共有がなくなったわけではないが、話を共有することだけを目的とする集まりだった、ポトラック・サパーも暗月の集いもなくなった。このことは何を意味しているのだろう。

ポトラック・サパーでは、「話の共有」をして、プリーステスたちが集まる機会の少なさを補おうとしたが、徐々に人が集まらなくなった。筆者の調査期間中、積極的に参加し続けたのは、主催者のサラとエマと筆者だけだった。他のプリーステスが来なかったのは、筆者に語ったように、忙しかったり、疲れていたりしたのかもしれない。しかし、多忙や疲労というのは、何かを断りたいときに頻繁に使われる「言い訳」である。そのため、プリーステスたちの集まりへの不参加を、それだけに求めることはできない。

その日の集まりの終わりがけ、片づけをしながらカリンは「もっと沢山の人が来ればいいのになぁ」と、活動共有サークルやポトラック・サパーに人が集まらないことをぼやいていた。それに対してメルは、「誰が来るかわからないから、みんな安心って気がしないんじゃないかなぁ」と小さく返事をした。カリンは、「でも、来るのは見知らぬ人ではなくて、プリーステスでしょう」と憮然とした様子で応えた。

［二〇一〇年十一月三日、活動共有サークル］

このメルの発言からは、話の共有には気が進まない様子が窺える。プライベートなことをそれほど他人に話したくなさそうなのである。メルの発言そのものには納得していないカリンも、先述したメーリングリストの中で、人の辛い話を聞くと落ち込むと言い、話の共有をそれほど望んでいない様子も見せる。当初は人が集まっていた暗月の集いも人が集まらなくなり、この形態での集まりは終了した。

この一連の経過からわかるのは、要するに、プリーステスたちはともに過ごすことは求めていても、話の共有そのものをそれほど必要としていなかった、つまり、頻繁に話を共有して、関係性を深めていくつもりはなかったということである。さらに、カリンが提案した話を共有しない活動共有サークルも続かなかったこと、女神会館での活動ではなくパブでの夕食会（二〇一〇年九月二十八日）には九人と活動共有サークルの集まりの中で最も多くの人数が参加したこと、暗月の集いの評価された点の一つが女神会館ではなく自宅で開かれていたことを考えると、プリーステスたちは女神運動らしさのある枠組み、言い換えればスピリチュアルな香りのする雰囲気の中で頻繁に会うことを、それほど望んでいなかったと考えられる。話の共有だけでなく、感情を強く揺さぶるような深い体験や意識の共有は、ときどき儀式やワークショップで味わえればよかったのである。

次に、パーティ、つまりグラストンベリー女神運動らしさの枠外で開かれる、より気軽に時間と空間を共有する集まりを取り上げ、この人たちがつくりだしたつながりの特徴について、さらに考えていく。

3-2 女神不在のパーティ

ポトラック・サパーが始まった頃から、個々人が誕生日や新居お披露目のパーティなど私的な集まりに、グラストンベリー女神運動に関わる人々をメーリングリストを通じて招待することが増えていった。類似の集まりはそれ以前にもあったが、それらはジョーンズが企画して開かれるものだった。また、個人的に特定の人を招待するようなパーティは以前から開かれていたが、メーリングリストというツールを用いて、そこに登録されているすべての者を個人が招待する形での集まりが増えていったのである。二〇〇九年十二月〜二〇一一年一月の間で、そのような集まりは少なくとも九件開かれた。そのうち、筆者が参加した五件の参加人数は表5-2の通りで、積極的な参加者の平均参加人数は十五・六人である。3-1で取り上げたポトラック・サパーが八人、活動共有サークルが五・二五人、暗月の集いが七・二五人だったことを考えると、パーティに参加する人数のほうが圧倒的に多い。筆者が帰国して以降、パーティの開催はますます盛んになり、誕生日や新居お披露目パーティ、結婚式や赤ん坊の命名式など、現在に至るまで、個人が様々なパーティを主催している様子を、メーリングリストやフェイスブックから確認している。

表5－2　パーティへの参加人数

イベント（主役名）	年月日	積極的な参加者の参加人数（人）(1)	全参加人数（人）
新居お披露目（リズ）	2010年1月17日	12　(12：0)	46(2)
新居お披露目（サラ）	2010年10月2日	25　(19：6)	36
誕生日会（カリン）	2010年6月4日	9　(8：1)	22(3)
誕生日会（エマ）	2010年11月19日	17　(15：2)	18
大晦日（サラ）	2010年12月31日	15　(14：1)	18

(1)筆者はメリッサをしていたため、積極的な参加者の1人としてカウントしている。またカッコ内の数は、順にグラストンベリー在住者と非在住者の人数。
(2)主催のリズ夫婦が、アマチュアの楽団や隣近所も招いて盛大に開いたため、女神運動の積極的な参加者以外の参加人数が相対的に多くなっている。
(3)グラストンベリーを訪問中のエマの家族4人が参加したため、女神運動の積極的な参加者以外の参加人数が相対的に多くなっている。

誕生日パーティは、町のパブやカフェの一部を貸し切って行われることもあったが、新居お披露目や大晦日の場合は自宅で行われていた。その場合、ゲストは食べ物や飲み物を持ち寄るのが普通である。主催者はやってくる人数を事前には全く把握しておらず、参加者も好きなときに来て、好きなときに帰るといった具合である。女神運動と関係ない人も参加するが、表5－2のように女神運動の積極的な参加者、そのうち特にグラストンベリー在住者が大半を占めることが多い。たとえば二〇一〇年の大晦日の夜にサラの家で開かれたパーティには十八人がやってきたが、サラの恋人の姪などを除く十五人は、プリーステスなどの積極的な参加者だった。しかしこの晩、筆者は彼らの女神への関心のなさに驚かされることになる。

到着して間もなく、筆者は女神に祈ったり、今年一年のお礼をしたりするのかサラに尋ねた。彼女はまさかという顔をして、にやりと笑い、「今日は女神は忘れなさい」と言った。この発言に一瞬耳を疑ったが、ぽかんと開いた口から声が出る前に、サラは呼び鈴を鳴らしたゲストに応対するためにいなくなってしまった。

ビュッフェ形式の食事を終え、居間で雑談を楽しんでいた九時過ぎ、サラの恋人がテレビの傍で家庭用カラオケの準備を始める。目を見開いて驚く筆者の顔を面白そうに見ながら、「イギリスでは年越しのカラオケが伝統なんだよ」と説明し、過去に英語圏でヒットした歌百曲が入ったカラオケ用DVDをセットした。先ほどからソファの上でずっとじゃれあっていたエマとクレアが、酔っ払っているのか、けらけら笑いながら前へ飛び出し、マイクを握りしめ、熱唱を始める。テーブルのほうでその様子を見ている人々は、リズムを取りながらさびの部分を一緒に口ずさんだり、雑談を続けたり、猫と戯れたり、おつまみを口に放り込んだりと自由にくつろいでいる。熱唱中の二人の隣で、くねくねと踊り始める人も出てくる。

カラオケ発祥の国から来たということで筆者にもマイクが渡される。しかし、リストを見ても知っている歌がほとんどない。そこで、「アカペラで女神の歌でも歌おうか……」と小声で提案してみるものの、筆者の声に気づいた人は渋い顔をするだけで、その場は白けてしまった。すると、見兼ねたサラが一緒に歌おうと、筆者が知っていた唯一の曲「マンマ・ミーア」をリクエストし、手を取ってくれた。

参加者の大半がグラストンベリー女神運動を通じて知り合ったのに、この場では「女神」は話題にならなかったどころか、場の雰囲気にそぐわない、避けられる話題になっていたのである。

ポトラック・サパーや暗月の集いがなくなっても、プリーステス・トレーニングや季節の祝祭の打ち合わせなど様々な場面で話の共有は続いているので、話の共有はまだ必要とされているし、ポトラック・サパーや暗月の集いは、短命に終わったグラストンベリー女神運動の集まりにすぎなかったともいえる。しかし、それでも互いの近況を話し合う集まりが廃れる一方で楽しいパーティには人が集まるという傾向からは、彼らがプライベートに踏み込んだ話、特に苦しみの語りの共有をわざわざしたりすることをつねに望んでいるわけではなく、時には心の距離を置いて、ともにある時間を同じ空間で楽しく過ごすことを求めているといえる。それがよく示されているのが、3-1で提示した苦しみの語りの共有を拒否するカリンのメーリングリストへのメッセージや、話の共有に消極的なメルの発言である。2-2の事例7と事例8で見た一人暮らしとシェアハウスの間で揺れるエマの葛藤も、同様に説明できる。寂しいから一人は嫌だが、プライバシーを曝け出すような共同生活も嫌で、友達や子供と、ときどき楽しく過ごすことが最も望ましいのである。一緒にいることは望んでも、過度にプライバシーを共有し合うことで生まれるような深いレベルでのつながりは、つねには求められていないのである。

ただし、このような集まりがこの時期育まれたのは、逆説的だが「ポトラック・サパー」のおかげだと考えられる。グラストンベリー女神運動には、すでにいる人たちに対して新しく加わりたい人が自己紹介するような場がなかった。ポトラック・サパーという「核」ができたことで、プリーステス同士のコミュニケーションを活性化する新たな機会が生まれた。半ば強制的に話をすることで、互いの信頼感が生まれ、そこからジョーンズ主導という上からではなく、自発的な形での集まりが生じていったと考えられる。そのため、パーティなどで自発的に集まる機会が増えると、話の共有というやや重たいことだけを核に集まるような場は、役目を終えたと理解できるのである。

4　女神の役割

さて、ここまで筆者は、女神運動について、実践者の活動を中心にあれこれ取り上げてきたわけだが、肝心の「女神」の実在を彼らが信じていないのではないかと思わせるような記述をしてきた。第3章では儀式の際に女神を「演出」していることに意識的だと述べたし、第4章のエマ（2-1）やカリン（2-2）、ハリー（2-7）の事例の中では、女神は筆者から答えたくないことを聞かれたときに、うやむやにしてしまうための手段として使われていたかのように書いた。本章でも集まりの中で女神はほとんど話題にならないことを示した。その他、以下のように女神をイメージのレベルで捉えているのではないかと思わせる様子も観察された。

二〇〇九年の女神カンファレンスのステージで、筆者は「アマテラス・ダンス」を踊る羽目になった。その年のテーマが「火の女神」だったため、太陽の女神として有名な日本の天照大神の踊りを、日本人の筆者に踊ってほしいとジョーンズから頼まれたからである。もちろん、筆者に日本舞踊の経験などない。小学校で習った地元の盆踊りを辛うじて踊れる程度である。しかも、筆者が神道や神話の研究者や神楽などの民俗芸能関係者、宝塚歌劇団などに連絡を取り調べたところ、そのような踊りは存在していなかった。しかしジョーンズは筆者に、それならば創作してほしいと頼んだ。「西洋にいる私たちにはなじみがないから、日本のドレスを着て、日本の伝統的な音楽を使ってね。私たちには、そういうのがとてもすばらしく、特別なのよ」と言い添えて。そこで、筆者は周囲のイギリス人に、日本の踊りのイメージを尋ねたうえで、図書館で借りた雅楽のＣＤをＢＧＭに使い、地元の盆踊りと動画サイトの日本舞踊の映像を参考に適当に振りつけを創って、千円という安物の浴衣を着て踊った。日本の家族からは失笑されたが、女神カンファレンスの本番では好評を博し、筆者に天照大神が乗り移っていたようだったと言う人までいて驚かされた。筆者はこのとき、もちろん嬉しかったが、日本人が日本の女神の名前を冠した踊りを踊っているというだけで評価されるという事実に対し、そんなに気軽に女神を扱っていいのかと戸惑いも覚えたのだった。

しかしながら、彼らが女神の存在を全く信じていないとか、軽々しく捉えていると断言したいわけではない。言いたいのは、超越的であれ、内在的であれ、何であれ、「女神」の存在が、この人たちをまとめあげる継続的な求心力にはなりえていないのではないかということである。実は調査中、彼らと話をしている中で、女神と対峙しているのかもしれないと感じた実践は二つあった。

一つは、瞑想を通しての女神との一対一での対話である。サラへのインタビューの際、日常における女神との関わり方を尋ねると、「家にも〔職場の〕クリニックにも祭壇をしつらえていて、毎日女神に祈ったり、季節ごとに祭壇を変えたりしている」と答えた。何を祈るのか尋ねると、具合の悪い友人の回復といった具体的なことを祈ることもあるが、何かを迷っているときに女神に相談することもあり、そうして答えが得られることもあると話してくれた。

リズも似たような話をしてくれたことがある。女神との会話は、人間同士の会話のように一つひとつの言葉で成立するというより、文章が直接心の中に響いてくるものであり、メッセージとして示されることもある、と説明し、次のような経験を語った。

〔自分が始めようとしていた〕講座にしっくりくる名前を思いつかなくて、ある日道を歩いていたときに、女神に名前を示してくださいと頼んだんだ。その瞬間、次に目の前を通った車に書いてある単語にしようという考えが浮かんだの。次に来た車には「発見（Discovery）」とあったので、これを講座名に決めたんだけど、変な名前じゃなくてよかった。それは、女神がいつも自分のことを見てくれているからだって考えている。

サラとリズは、いずれもプリーステス・トレーニングを三年目まで受講したプリーステスなのだが、一人でいるときの瞑想のような状態の中で女神と対話することは、プリーステス・トレーニング三年目の経験に基づいていると思われる。三年目では、毎日一〜三回、一回二十五〜四十五分、瞑想を通して「アヴァロン島」に赴き、「アヴァロンの女神」と対話するという、ビジュアリゼーションの一種である訓練を九ヶ月間続けることが求められる。この体験については、エマが「三年目は、アヴァロンの女神との一対一の経験ね。すごく深い経験をした、みんな自分がすごく変わると言っている」と興奮気味に話している場面に立ち会ったことがある。このように、プリーステスたちはアヴァロンの女神との長期にわたる一対一の対話を通して、本当の自分を発見できたなど、自己の変容の経験を熱っぽく語る。そしてそのような場面は、このような発言を誘発しそうな儀式の前後や集まりの場で交わされる会話に限らず、道端での立ち話の中でもしばしば観察される。その一方で、このような発言は、話者が自分の体験をただ語るに終始し、会話がそれ以上に弾んでいく様子は見られなかった。

もう一つの実践は、女神の体現（embodiment）である。第3章の季節の祝祭の中に、プリーステスが女神を体現している、つまり女神役を務めている様子を描写した。女神の体現とは、女神のエネルギーを身体の内部で感じ、催眠状態において、この女神からの言葉を伝えることとされている。リズはインタビューの中で女神を体現するときの感覚について、言葉を探すようにしながら、以下のように語った。

私自身はすごく小さくなって、ベッドの中にとんとんと押し込まれたみたいになるの。小さなリズがいるのよ。女神を招いて、自分の中を通すの。（中略）催眠状態みたいな感じ。自分の一部は何が起こっているのかわかっているんだ。車の後部座席に座っているけど、運転はしない、そんな感じ。（中略）女神に降伏する感覚よ。女神から解放されるとき、愛する人がいなくなった気がする。

筆者が女神役を観察していた限りでも、女神の体現は、憑依というより、リズ本人も言っているように、意識のある催眠状態と理解してもよさそうだった。そのような状態で、自分の身体の内部で、自分とは別の存在として女神と出会っているといえる。

ここで挙げた人々の語りに出てくる「女神」は、声をかけたり、招いたりできるわけだから、ただのシンボルではなく、ある種の実体的な存在として認識されているといえる。

それでは、女神に見守られている、自分の中に女神がいる、そう感じることが自己成長やエンパワーメントにつながるとよくいわれているのだが、具体的にはどういうことなのだろう。リズは自分の講座の受講生の話をしてくれた。

彼女は六十代で、結婚して以来、ご主人に自分の言いたいことを言う勇気がなかったの。でも自分の中には女神がいる、自分は女神なのだと知って、初めてご主人が望んだけど、彼女は気が進まなかったことに「私はしたくない」ってはっきり言えたと喜んでいた。

プリーステスたちは女神との対峙を通して自分を見つめ直し、それによりアイデンティティの構築を図るなどしているのかもしれない。しかしいずれにしても、このような体験は個人の瞑想や催眠といった意識の中で生じている、つまり女神とプリーステスの一対一の関係という、究極に個人的な関係である。そのため、本人と女神の二者関係に回収されてしまい、他の人々とともに体験したり、語り合ったりすることができない。女神との経験は語られることが稀である一方で、文章の形で綴られるほうが多いのだが、相互行為を伴いやすい語るという手段より、一方向的な書くという手段を好むことは、他者の介入を拒否しているともいえる。女神との体験を語らないのは、つねには話の共有が好まれなかったことと同様に、互いの心の距離感を保持するためとも考えられよう。

第2章1－3ではグラストンベリー女神運動の創始者ジョーンズが、女神を超越的、内在的、汎神論的、多一神教的と、様々な形で理解していると述べた。では、プリーステスたちは「女神」という存在をどのように考えているのだろうか。

リズはインタビューのとき、プリーステス・トレーニングの受講を始める前に、「頭の中で音楽が流れ続けるように、小さな声が『プリーステス・トレーニングを始めなさい』と囁き出して、止まらなくなってしまう」という体験をしたが、「その声が女神の声だったのか、自分の一部だったのかは今でもわからない」とも述べている。リズがこの体験をしたのは、プリーステス・トレーニングを受講する前だが、三年目を終えた後の筆者とのインタビュー時にもこの体験を女神からの声と確信するには至らず、自分の心の声にすぎなかったのかもしれないと疑問を捨てきれずにいる。当事者自身からも、女神の存在について疑問を呈するような発言が聞かれたということは、彼らが女神を、ひいては女神を中心とした信仰の世界をどのように捉えればよいのか、つねに自問しているという可能性も捨てきれない。

この件について本書ではこれ以上の言及は避け、「女神」という存在は、第3章の最後に触れたようにプリーステス・トレーニング受講や女神神殿訪問の形で、人々をグラストンベリー女神運動に引き寄せるきっかけにはなっていても、継続的につなぎ止める力になりえていないと記すに留めておく。それはつまり、グラストンベリー女神運動の凝集力は女神ではなく、そこに加わる人にあるということである。

5　つながりのあり方

最後に、彼らのつながりについて検討する。

第3章と第4章で明らかにしたように、グラストンベリーに暮らすプリーステスをはじめとするグラストンベリー女神運動の積極的な参加者は、互いに時間と空間をともにし、体験や理解を共有しあって得られるような、共同性からもたらされるつながりの感覚を期待している。本章2で見た話の共有は、ともにいる機会を提供していたと考えられる。しかし、続く3で示したように、彼らはいつも「苦しみ」の語りを分かち合ったり、一緒に女神に対して何かをしたりしたいわけではない。感情を強く揺さぶられるような話や神秘的な体験をすることより、むしろ楽しい体験を分かち合うなどの軽いこと、ただ一緒にいることを求めているといえる。以下では、やや抽象的にグラストンベリー女神運動に携わる人々の間に見られる「つながり」とはどのようなものなのか考えてみたい。

第4章と本章で見てきたような、配偶者との別れや家族との不安定な関係を、苦しみの体験と捉えているプリーステスがかなり多かったのは事実である。このような話は、筆者が個人的に申し込んだインタビューの中でより、話の共有の集まりにおいて明かされることが多かったため、具体的にどれぐらいの割合のプリーステスが、そのような体験をもっているのかはわからない。

しかし、ここで注目すべきは、自分たちを「傷ついた存在」として捉えている人が多いという事実だろう。自己を、破壊された人間関係に傷ついた「不完全な自分」と認識し、苦しみを抱えた自分をそのまま許容してくれる他者、つまりグラストンベリー女神運動の仲間たちと関わっていく。このような行為を通して、抱えてしまった傷を癒そうとする。[10] そして積極的に他者にも苦しみを明かすことを求め、その共有もまた、つながりを育む源として活用する。しかし、手を差し出した他者、手を差し伸べてくれる他者との境界をなくして、相手と一体化してしまうことはない。他者との関わりを差し控えて、他者に入り込みすぎないことで、相手もまた、もっている苦しみから自分が受けるダメージを最小限に抑えようとする。

町に暮らすグラストンベリー女神運動に集っている個人は、自分の抱える寂しさや悲しみといった苦しみから解放されるため、親密な関係性を殊更に求める。その意味で、彼らのつながりのあり方は他者依存的である。その一方で、自分が傷つきすぎないように、一定の距離を保とうともするわがままな側面ももつ。彼らが織り成す集合体は、第4章で見たように、人と人との共在［Urry 2002］の中で他者を求めながらも、時に回避しようとする、矛盾を孕んだ駆け引きの中で成り立っているのである。

註

（1） 本書では、"sharing"を「話の共有」と訳している。この単語は、直訳すれば「共有」または「共有すること」だが、「話の共有」と意訳したのは、「共有」や「共有すること」では、普通名詞として用いている単語と紛らわしくなるからである。そこで、個々人の語りが集まりでは重視されている側面に注目し、「話の共有」とした。

（2） コーヒーとビスケットを販売して、くつろいでもらうという資金集めの方法。イギリスでは、教会がよく催している。

（3） 本章3－1参照。

（4） 本章2－2参照。

（5） イギリスでは、十六歳未満の子供の親は必然的に、子供用の給付金の受給対象となる。十六歳から十九歳の子供の親も、子供が認可された全日制の学校に通っていれば申請資格をもつが、学生でなければ対象から外される。

（6）女性のパブへの進出は最近のことである。今でもグラストンベリーのような田舎のパブに集まるのは、ほとんどが男性のみか、男女のグループである。女性だけで飲んでいるグループの大半は、外国人観光客である。

（7）理由の一つは、煙でハーブを燻すインセンスが推奨されたことだった。筆者は煙を吸うと咳が止まらなくなるため、担当のときには焚いていなかった。インセンスは必須ではないのだが、訪問者の中にはインセンスを希望する人もいて、焚かないことを申し訳なく思い、ボランティアを控えていた。また、この頃から女神神殿内での雑談が難しくなり、観察以上の調査が難しくなったこと、女神運動以外の研究テーマを探していたことも理由である。

（8）筆者の滞在中に行われた活動は、ダンス、歌、詩の創作、パブでの夕食会、マッサージである。

（9）女神運動やネオペイガニズムに限らず、ヨーロッパの多くの国々では、月を女性、太陽を男性に結びつける。

（10）ムーディ［Moody 1974］は、アメリカの悪魔崇拝教会における儀式がこのようなプロセスを持つことを指摘しているし、女神運動でも同様の指摘がされている［Raphael 1996: 201; Rountree 2004: 7］。フェミニスト魔女たちの小さなグループの中で、ヒーリングを目的とする儀式が開かれた事例も報告されているが［Harris 2005: 258-261］、筆者の調査対象では、公に開かれたワークショップはあったものの、個人的な儀式は観察されなかった。

コラム5　グラストンベリーも歩けば、何かに当たる？

ここでは本文とこれまでのコラムに書ききれなかった、グラストンベリーでのエピソードを、ある日の町の散歩で出会った人々との思い出という形式で紹介してみたい。

＊　＊　＊

町の中心部の広場にはかつて、妖精グッズの店があった。この店のカウンターには、先がぴんと尖った耳のような商品が売られている。素材はプラスチックに見えるが、どうやらただのプラスチックではないらしい。

「それをつければ、あなたもホビットになれるよ」

そう言った六十代の女性店主は、少し得意気に白髪交じりの自分の髪をかきあげた。その尖った「耳」を指差しながら、「私のは本物だけどね」と真剣な表情。この「ホビット」が中つ国（ミドルアース）に帰ってしまったのか、残念ながら閉店してしまった。

妖精の店の隣の麻専門店で試食会をやっていると聞いて、立ち寄ってみる。店に入った途端、小柄で童顔の店長（四十代男性）から、いきなりハグされる。グラストンベリー・フェスティヴァルのときと同じ。アマの勧めるフリー・ハグ運動だ。

さてこのお店、一見したところ、エコ・フレンドリーな品物を扱っているように見えるが、実は麻薬の原料として敵視されている大麻の有用性を示すため、洋服や布、お茶や建材、燃料など、ありとあらゆる大麻製品を展示販売している。その一環として、栄養価抜群という大麻の実を使った食べ物の試食会がときどき開かれるのだ。

渡されたのは、大麻の実を甘味料兼つなぎとしてペースト状にしたドライフルーツに練り込み、カカオやココナッツをフレーバーとして加え、一口サイズのボール状に丸めてあるお菓子。ぽんと口の中に放り込み、噛むとさくっと割れる。ほんのり甘くてさっくりしているけれど、ところどころに大麻の実のざらざらした粗い感触もある。砂糖不使用のヘルシー・スイーツとして売れそうだ。大麻の実への偏見をクリアできればの話だが。

余談だが、麻薬としての大麻は天然ハーブなので、科学的に合成された睡眠薬や鎮痛剤よりずっと安全と主張する人もいる。

さて、外の広場からはアンデスかどこか南米の音楽が聞こえてくる。しかしそこで演奏している人々は、なぜか北米のネイティヴ・アメリカンの民族衣装を着ている。聴衆は……、気の毒にもほとんどいない。

「変でしょ。あの人たち、北米のインディアンの格好をしたほうがうけると思っているのよ。自分たちの伝統衣装を着てくれたほうがよっぽど好感度上がるのにねぇ」

この様子を見ていた、あるイギリス人（四十代女性）は苦笑する。

広場を後にし、ハイ・ストリートを上がっていく。この前、ドルイドのアンディのムートで会った、崩れた感じの年齢不詳の男性が立っている。気づかれないよう、顔をそむけて通り過ぎようとしたが、「おい」と呼び止められる。しぶしぶ「こんにちは」と答える。

「この前、会ったよな？　どこに住んでんだ？」

「グラストンベリー。あなたはどこに住んでるの？」

「俺は、家なんかには住まねぇよ」

「ん？　じゃあ、どこに？」

「屋外さ。いいか、今の家の中ってのは危ねぇんだ。電気の線が至るところに張りめぐらされてるだろ。だから、いつも微弱な電波がいっぱいで、体によくねぇんだよ。だから俺は外で暮らしてんだ」

この話をヘイゼルにしたところ、体に悪くてもいいから、家に住みたいと言った。同感だ。

なおもハイ・ストリートを上っていくと、さっきからシャボン玉を吹きながら、通りを行き来している男性（年齢不詳）とすれ違う。彼の行為を気にする様子の通行人はいない。しかし、私はどうしても気になり、声をかけてみる。

「こんにちは、何をされているんですか？」

「空気を浄化してんだよ」

「シャボン玉で？」

「そうよ、シャボン玉には浄化作用があんだよ」

シャボン玉の液は石鹸液であることを思い出し、妙に納得してしまう。


ハイ・ストリートを上りきったところに、大麻吸引器の専門店がある。薬草の調査をしていた一時期、町のある薬草医に電話をかけたところ、番号を間違えてこの店にかけてしまい、店長の男性（年齢不詳）と、とんちんかんな会話を交わしてしまったことがある。

「ハーブを扱っていらっしゃると聞いたのですが」

「あー、まぁそうだよ」

「ハーブとヒーリングに興味がある大学院生です。よかったら、話を聞かせてもらえませんか？」

「まぁ、うちで扱ってるのは、リラックスできるハーブといえばそうだけど」

私は彼を薬草医と思い込み、店長は私を麻薬を買いたい客と勘違いしたまま会話していたのだ。なおこの三日後、折角なので店を訪れたところ、ドレッドヘアの店長は、違法ではないハーブと大麻吸引器しか扱っていないと強調していた。その前歯は溶けかけていた。


天気が良いので、トールに行ってみた。

丘を上る途中、上半身裸の男性（年齢不詳）が下りてきた。両手を上げて、前後にひらひらさせ、くるくるとまわりながらである。足元はしっかりしているし、目も泳いでいないから、酔っ払いでもラリっているわけでもなさそうだ。

「ヘーイ、いい天気だねぇ」

「そうですね、寒くないんですか？」

私も含め、周りの人はみんな長袖だ。

「空を見てごらん。こんなにいい天気なんだよ。寒いもんか！　良い一日を～」

私の後ろからやってきた二人連れのうちの一人が言う。

「あれだけご機嫌になれるなんて、幸せなやつだね」

私はトールを越え、その向こうの古いオークの大樹を目指して歩き続けた。広い野原を超え、辿り着いた小川の畔には、大きなりんごの木が生えていた。なぜか服が

ゴグとマゴグと呼ばれる雌雄のオークの古木（2009年３月25日）

かけてあった。天女の羽衣？

そのとき、目の前に現れたのは……、天女とは程遠い全身毛むくじゃらの男だった。片手に持ったりんごをむしゃむしゃ食べている。まさか、クロマニョン人？　まずい、タイムスリップした？　クロマニョン人って何万年前の人だっけ？　それを思い出す前に、謎の「原始人」が話しかけてきた。「ハーイ！」

普通にイギリス人だったらしい。ほっとして返事をする。

「こんにちは、いいお天気ですね」

「そうだよね、だからそこの小川で洗濯していたんだ」

そう言って、さっき見つけた服を指差す。そうか、と納得し、一安心したのも束の間。本人をよく見ると、先ほどは長い体毛に目が奪われて気づかなかったが、素っ裸だった。

失礼にならない程度に目をそらしつつ、「お洗濯にはいい日ですよね。ところでここで何をされているんですか？」と会話を続ける。

「何って、自然のすばらしさを、全身で感じているのさ！」

無料でビーガン・カレーを配布中（2011年９月21日）

そう言って、両手を広げる。

「ここで暮らしているんですか？」

「そうさ、水はそこから汲んでくればいいし、食べ物は……」

と言って、先ほどのりんごの木を見上げた。そして、りんごの芯をぽいと投げ捨てると、親切にもオークの木までの行き方を教えてくれた。

町のハイ・ストリートに戻ると、教会の前には人だかりができ、「フリー・フード！」と叫ぶ声が聞こえてきた。雨上がりの土のような香辛料の匂いが漂ってくる。エプロンをかけた四人の人たちが、机の上に置かれた大きな鍋やボウルから食べ物をよそっている。人々は順序よく並び、一人ずつ皿を受け取っていく。

ホームレス向けと勘違いしている住人もいるが、これはシェキナシュラムというB＆Bのオーナーで、インドのクリシュナ神に帰依している男性の信仰実践の一環なのだ。人に振る舞うことで自分にも返ってくるという考えから、週に一度、百人分の食べ物を無料で配っているのである。だから、折りたたみ式の机の上には、アマなどのインド人グルの写真が置いてある。雨でも雪でも続けている姿には頭が下がる。

メニューは大抵、カレー、サラダ、ごはん、果物中心のデザートの四品。カレーの中身が毎週異なるのは、定期市で有機野菜を売る男性から、売れ残った野菜を割安で一括購入しているためだ。また、オーナーの信条から、ビーガン料理（動物由来の食品を一切使わない食事）と決まっている。たとえば、ある日のメニューは玄米、カレー（カブ、グリーンピース、トマト、ナス、ダル豆）、サラダ（ニンジン、ホウレン草、ビートルーツ、レタス、キュウリ、ミニトマト）、デザート（バナナ、ブドウ、イチゴ、パイナップル、ヨーグルト）。カレーはさらり、ではなく、どろりとしている。大抵、草と土を思わせる味と匂いがする。それは、香辛料のためばかりではなく、材料の野菜と豆が上等で味が濃いからだと思う。四品は一枚の紙皿に一緒くたによそわれる。多くの人は気にせず、全部をぐちゃっと混ぜて食べている。胃袋に入れば同じである。

＊　＊　＊

最後に、グラストンベリーの変化を見つめ続けてきた、ある五十代の地元民の女性（画廊経営、町の名士一族出身）のコメントを紹介したい。

一九九〇年代には、グラストンベリーを極端に神秘化する人が沢山いた。あるとき、イエスに会いたいって言う女性が来た。その頃、町には「イエス」と名乗る人が三人いたから、どのイエスに会いたいの？って聞いたな。他にも、〔キリストが使った〕聖杯はどこで見られるのかとか。（中略）こんな変なことを聞く人は、最近では減ったわね。

グラストンベリーも昔に比べれば、まともになりつつあるということです。

第3部

フィールドにおける、あなたと私の向き合い方

Strength
©Gwen Davies

第6章　フィールドワーカーを迎えて

これまでは私たちヨーロッパ人が他の地域の人々のことを調査していたけれど、これからは私たちだって調査されるべきよね。そうでないと不公平だもの。

二〇〇六年の夏のある昼下がり、友達（五十代女性、専業主婦）と散歩をしていたことがあった。彼女は、私が文化人類学を専攻していて、その中でもイギリス人を調査対象にしていることを知ると、にっこりと微笑んで、こんな返事を返してくれた。

その二年後の同じく夏のある日、用事があって、アヴァロン島協会の事務所に仕事中のヘイゼルを訪ねたとき、事務所を共有しているマイクは私にこんな言葉をかけてくれた。

調査はどう？　僕たちは君の研究にとても興味があるんだ、ブリテン人はあまり調査されないからね。日本人である君が、僕らを調査してくれて嬉しいよ。

この二人のように、私はグラストンベリーに暮らしている間、幾度となくインフォーマントから自分たちを調査していることを歓迎されたり、感謝されたりしていた。もちろん、第3章で示したように、ありとあらゆることを調べられたがっているわけではなかったし、序論1－3で述べたようにスポークスマンになってほしいという思いもあっただろう。しかし、イギリス人である自分たちが調査されているという状況にあることを面白がっているように私には思えた。フィールドワークを行うという行為は、被調査者の生活を乱し、迷惑になるかもしれないので、フィールドワーカーはその点をよく考えなくてはならないということは知っていたものの、被調査者が調査されたがるという話は聞いたことがなかったので、彼らの好意と積極性を嬉しく思う反面、戸惑いもしていた。

これまでの章とは少し趣の異なっている第6章では、ここまで提示してきたエピソードのうち、筆者とインフォーマントの関係が行動の中に現れているものを取り出し、それぞれが互いに対してどのような立ち位置をとっているのかという視点から改めて分析し直す。それにより、これまで時折顔を覗かせてきたものの、考察の対象からは除かれてきた「調査者」である筆者をインフォーマントたちの中に関係づけていく。それは鳥瞰図を目指して飛び回っていた筆者を、衆人環視を余儀なくされる地上に引きずりおろす作業である。そのうえで、ヨーロッパを文化人類学の対象とすることの意味を考えていく。

1　一人の参加者としての調査者

初めに、話の共有の場や季節の祝祭で筆者が置かれた状況について振り返ってみよう。

第5章2－2では、ある日の話の共有の場で、荷物の到着の遅れを不安に思っていたこと、飛行機のキャンセルでパニックになっていたことを話したとき、ついにその場にふさわしい話をしたと認められたエピソードを記した。ここからわかるのは、それまでの筆者は、話の共有の場でインフォーマントたちが期待する行動をとっていなかったということである。その背景を考えてみる。

筆者はこの話の共有の場には、できるだけ調査者としての役割を意識するように心がけながら参加していた。集まりの特性上、筆者も話をすることが避けられない状況ではあったが、筆者が加わることでインフォーマントたちの自然なやりとりを阻害したくない、このようなやりとりを耳にできる貴重な時間を自分の話で浪費したくないという思いから、それまでは室内の家具の移動といった、ごく短い話しかしてこなかった。しかし、実はインフォーマントたちは、そのような筆者の一歩引いた態度を物足りないと不満に感じていたのである。彼らはおそらく、筆者に調査者ではなく、その場の一員として自分たちと同じような姿勢で集まりに臨み、話をすることを求めていたのだろう。プリーステスたちは筆者を自分たちと同じ地平に位置づけていたのに対し、筆者は調査者と被調査者という立場を保とうとしていたため、齟齬が生じていたのである。このエピソードの後、筆者は相手からの反応を引き出せるようにと、できるだけネガティヴな話をするように心がけるようになった。

第3章で考察した季節の祝祭の場でも、「調査する」こと自体は特に問題視されなかったが、「調査者」として特別な扱いを受けることはなかった。筆者は時には歌や踊りに加わらず、儀式の一部始終を外から自由な立場で観察していたかったし、写真やビデオの撮影を続けていたかった。しかし、「調査者」だからといって、例外は認められなかった。

ここで注意しておきたいのは、儀式の撮影という行為自体に何らかのタブーが存在していたわけではないことである。女神カンファレンスでは毎年、季節の祝祭では二〇一〇年以降、ジョーンズから頼まれたプロのカメラマンによる撮影が行われていた。(1) つまり、第3章3での、積極的な参加者と一時的な参加者の間に隔たりが生じ、結果的に一時的な参加者の「見世物」になることを防いでいるという指摘と重なるが、筆者に認められなかったのは、撮影という行為ではなく、調査者という観察に終始するような立場に立つことだったと理解できる。一人の参加者として、他の人々と同じように振る舞ったうえで「観る」ことは特に問題とはされなかったが、あからさまに異なる立場から、その場にいることは良しとされない。「調査する」には彼らと同じ地平に立たなくてはならなかったのだ。

2　能動的な被調査者

続いて序論3－3で触れた、インタビューの相手からおごってもらったという行為と第2章の終わりに触れたジョーンズから逆に質問された場面をどのように解釈できるか考えてみる。その後に、類似の新しいエピソードも一つ紹介したい。

本書の中ではとりたてて記さなかったが、カフェなどでのインタビューの際、筆者はほとんど毎回、インタビューをお願いした相手にお茶代を支払ってもらっていた。(2) もちろん、初めからそうしてもらおうと目論んでいたわけではない。しかしインタビュー後に会計を済ませるとき、相手のほうがさっと支払ってしまい、差し出したお金を受け取ってもらえなかったり、予め筆者が払うと何度言っても、「いいから」と押し切られたりしてしまうのである。これはインフォーマントの立場から考えると、自分には特に利益にならないことのために呼び出され、時間を割いてあげた相手に対して、「おごる」という行為であり、奇妙に思える。しかし、このとき彼らは、これとは別の論理で行動していたと思われる。それはいわゆる長幼の序と経済状況である。

まず年齢だが、オルタナティヴ・スピリチュアリティの実践者には中高年の人が多いことを反映して、インタビュー相手は全員、その当時の筆者より年上であった。そのため、年下の筆者には一ポンドから二ポンドぐらいの紅茶（もしくはコーヒー）一杯ぐらいはおごってあげようという雰囲気があった。また彼らは、筆者が経済的に厳しい状況にあると思っている節があった。なぜなら、彼らには学生は多額の学資ローンを抱えているというイメージがあり、また自分たちの国は物価が高いと認識していた。そのため、学生なのに極東の国からわざわざやってきて、高物価に苦しんでいるだろう、だから少しぐらいなら払ってあげようじゃないかというわけである。そうはいっても、お金を払って飲み物を購入し、時間を楽しむカフェなどの飲食施設に赴く行為が、イギリスでは誰にとっても特別ではないこと、さらにイギリスと日本の経済格差がほとんどないことから、このような状況が自然発生的に誘発されたと思われる。

大家のヘイゼルやルビーなど身近にいた人から、そういう親切には素直に甘えたほうがよいとアドバイスされたこともあり、筆者も感謝しつつ、この好意を受け取ることにしていた。しかし、この「おごる」という行為は、インタビューを頼んだ筆者に対して、ただ一方的にインタビューされるという受動的な立場に甘んじるのではなく、年齢と経済の面で自分のほうが優位にあることを自ら働きかける行為だったと理解することもできよう。

もう一点、ジョーンズとの場面についても考えてみよう。筆者は彼女からグラストンベリーについての考え方を聞かれたとき、その答えに対して含み笑いで返されて恐ろしくなったと、第2章の終わりに書いた。彼女に限らず、グラストンベリーに来るまでの経緯やスピリチュアリティについての考え方を伺っていた相手から、筆者自身は同じ質問に関してどのように考えているのか、逆に質問攻めに遭うことは少なくなかった。

インタビューしてきている相手、つまり筆者に対して、自分がされたのと同じ質問を投げ返せるという状況はやや特異的である。なぜなら、相手が自分と同様の経験をもっていることを前提としたときに生まれてくるからである。確かに、酒井［二〇一二］がインタビューをした北アイルランドの紛争体験者や、佐藤［二〇〇二］が調査をしたアメリカのエイズ患者と比べれば、グラストンベリー訪問やオルタナティヴ・スピリチュアリティの体験は、自らの判断で経験できるため、該当者はより広範囲に及び、筆者にそのような体験があると思われても別に不思議ではない。

自分も質問しているのだから、相手が知りたいことに答えるのは礼儀だと思い、質問には正直に答えようとしていたのだが、時には戸惑いを覚えさせられた。というのも、相手の断定的な口ぶりや表情から、自分たちと同様の経験をしてきたかどうか、精査されているような気がしてしまったのだ。ジョーンズにインタビューをしたあの日の帰り際、笑っていたその目は、こう語っているようにも思えた。

あなたはスピリチュアリティのことなんてわかっていない。表面しか見ていない。それなのによく調査なんてしているわね。

その瞬間、筆者は調査者としての自信を喪失し、自分の立場の不安定さを認めざるをえなくなり、人を瞬時にそういった状況に追い込むことができる相手を恐ろしく感じてしまったのだと思う。つまり、オルタナティヴ・スピリチュアリティに関する調査というやや限定された状況で生じた、被調査者からの「インタビュー」という行為は、積極的に質問することで、カフェでの支払いと同様、能動的な調査者と受動的な被調査者という関係を逆転する試みだったといえる。

ここで、二〇〇六年の秋分の祝祭における似たようなエピソードを紹介したい（[河西二〇〇八、二〇一一] 参照）。これは筆者が修士課程のフィールドワークを終え、グラストンベリーを去る一週間ほど前に開かれたものだった。第3章2のように、祝祭は順調に進行していき、ソフィーと彼女の友達による女神の歌の合唱が終わった。時間的にもそろそろ女神に別れを告げる頃かと、メモを取る手を止め、腕時計に目をやろうとしたその時だった。

中央に出てきたサラが、「もうすぐ一人のメリッサが家に帰ることになりました」と言いながら、参加者の中にいた筆者のほうを向いて、手招きしたのである。突然のことに驚き、慌てて手にしていたメモ帳をバッグにしまい、しずしずと中央に出て行く。サラは「この小さなエリコは神殿のためにとても素敵なエネルギーを注いでくれました。私たちはそれをとても嬉しく思います」と言って、優しく筆者を抱きしめてくれた。会場のみんなが笑顔で拍手をしてくれる。「いつ帰るの？」という声が上がり、「来週の土曜日」と答える。ジョーンズも私をきつく抱きしめてくれた。何か一言お礼を言わなくてはと思ったが、突然のことに言葉が見つからず、「ありがとう！」とだけ言って、参加者の輪の中に戻った。

この事例は一見、微笑ましいものに映るかもしれない。しかし、見方を変えれば、参加者を観察している最中に、筆者は突然、調査者としての立場を剝奪され、完全な参加者という立場に移ることを暴力的に要求されている。しかもそれだけでは済まされず、全参加者から逆に観られる立場に移行させられている。ここでもインフォーマントからの働きかけにより、調査者としての筆者と被調査者としてのインフォーマントの関係はひっくり返っているのである。

3　エスニシティとの結びつき

最後に、筆者が「日本人」であることを求められた事例を見てみよう。

その代表は第5章4で触れたアマテラス・ダンスだろう。詳しい検討に入る前に、これが生まれた背景を説明しておく。日本の太陽の女神として、女神運動に携わる人々の間でよく知られている天照大神にまつわる踊りを、火の女神がテーマであった年の女神カンファレンスのプログラムに組み込もうとジョーンズが思いついたのは、日本人である筆者がたまたま身近にいたためだと推測される。実は依頼されたのは、その前年の女神カンファレンスの直後だった。この年の女神カンファレンスでの閉会の儀式の際に、ビデオカメラを回していたという行為をジョーンズからきつく咎められ、そのお叱りとセットで頼まれたのである。彼女の機嫌を損ねては調査を継続できなくなることは明らかで、断ることは不可能だった。つまりアマテラス・ダンスが生まれた要因の一つは、インフォーマントでもあったグラストンベリー女神運動の創始者が、筆者が調査したい人々に対して多大な影響力をもっていた、すなわち調査の生殺与奪の権を握っていたため、この女神運動に関わり続けたい筆者との関係がそもそも対等ではなかったことだといえる。

さて、筆者は踊りを創作することになったのだが、ここで興味深く感じるのは、イベントのテーマに関係する「火」や「太陽」ではなく、「日本らしさ」がその踊りに求められた点である。日本らしいかどうかは女神カンファレンスの主旨とはそもそも無関係のはずである。それにもかかわらず、イベントにやってくる欧米人がイメージする日本の踊りに合致するようなパフォーマンスを披露することが期待されたのである。その結果、このパフォーマンスは鑑賞していた欧米人から「日本らしい」とみなされた。

しかし同時に筆者自身も「真正な」日本の踊りの習得に励むのではなく、裏でこっそり相手のもつイメージに合う踊りを創ろうとしていた。これは、日本人なのだから、日本の女神にまつわる踊りが可能なはずという相手からの一方的な決めつけに対する、ささやかな抵抗だったといえよう。

アマテラス・ダンスと同じような構図は、同じ第５章３－２で取り上げたサラの家でのパーティのカラオケの場面にも見出せる。日本発祥の娯楽機器で楽しんでいたとき、その機器が発明されたのと同じ国から来たという連想により、筆者はその機器を用いて、場の盛り上げに一役買うことを求められた。その場には歌わなかった人もいて、筆者もそのうちの一人でありたかったのだが、日本人だからという理由で断りにくい状況が生み出され、インフォーマントの顔を立て、求めに応じてしまったのである。その一方で、カラオケではなくアカペラで歌おうとした試みは、失敗はしたものの、出身国が同じという共通点だけで生じた、応じたくない要求への小さな抵抗だったといえる。

この二つの事例で筆者は、インフォーマントから日本と結びつけた実践を求められている。これは互いのエスニシティの違いを明確にしていく方向に向かう行為である。筆者はこの差異の表出の回避まではいかないが、相手の求めにストレートに応じない形で、ささやかながらも逆らおうとしている。しかし、全体としてみると、相手の機嫌を損ねたくない、ひいては調査を成就させたいとの思いから、結局はインフォーマントの要求を受け入れ、エスニシティの違いが意識化される状況を生み出すことになった。

4　調査者と被調査者の境界の曖昧さ

ここまで見てきた調査の場における筆者とインフォーマントのとった立場を整理したうえで、両者の関係を考えてみよう。

まずインフォーマントの立場である。1の事例では、調査者という特別な立場ではなく、自分たちと同じ一参加者であることを求めた。2の事例では、ずっとインタビューされるとか観られるという受動的な立場に固定化されることを拒み、時に受動と能動の立場を逆転させた。3の事例では、自分たちの抱いている日本から連想させられるイメージと結びつくような行動を筆者に期待し、結果としてエスニシティの違いが表面化した。一方の筆者はこの三つのすべての場合で、調査を円滑に進めるために相手と良好な関係を築きたいという思いから、紆余曲折はあれど彼らの求めを最終的には受け入れている。つまり調査の場において、筆者は少なくとも当初は、「調査者」として「調査」していることを念頭に、自分のインフォーマントたちに対峙しようとしていた。

しかし、筆者が思い描いていたこの調査者と被調査者の関係は、実際どれほどのリアリティをもって、その場に存在していたのだろうか。というのも、インフォーマントたちは調査者と被調査者という関係を、実はそれほど意識していなかったのではないかと思われるからである。一人のインフォーマントの立場に立って、筆者との接触を考えてみよう。彼女または彼にとって、筆者という人間は自分の生活の中に突然登場してきた見知らぬ他者である。しかしそういう人物に遭遇することは、少なくともグラストンベリーで生活している限り珍しくはない。調査者に出会いやすいといっているわけではない。観光客が多く、オルタナティヴ移住者の入れ替わりが激しいグラストンべリーでは、自分と同じくオルタナティヴ・スピリチュアリティに関心をもつ「他者」という存在は珍しくないのである。ワークショップやイベント、ひいては道端といった日々の生活の中でこのような人々と出会う機会は頻繁で、接触を繰り返すうちに親しくなっていく。つまり、インフォーマントは自分の生活のひとこまとして筆者と接触し、この行為を筆者は「調査」として解釈していたと考えられるのである。

第2章の冒頭に立ち戻ってみよう。ジョーンズは確かにインタビューに応じてくれた。しかしそれは女神カンファレンスの準備の片手間にである。第4章2－3で取り上げたスーとトムのインタビューの場合も、実は毎週恒例のカフェでのランチタイムの席にお相伴しながらだった。季節の祝祭の場を考えてみても、筆者にとってそこで行為する人々は被調査者だが、たとえば企画責任者のサラは、その場にいる筆者をいつも一人の手伝いのメリッサとして捉えていたはずである。

つまり筆者は、自分の「調査」の中に彼らとの接触を組み込んでいたが、彼らもまた筆者との接触を筆者以外の人々との接触と同様に、自分の生活の中に組み込んでいたのである。本章の冒頭でインフォーマントたちが調査されていることを歓迎する、感謝すると記したが、これは自分たちが調査されていると口に出すことで、被調査者としての受動的な立場にあることを回避し、「調査」という行為に応じている自分の能動的な行為として、筆者との接触を自分の生活の中に位置づけ直していたと解釈することもできる。だからこそ、筆者との関係性の中で、筆者が調査者であることが垣間見えてしまうような特権的な立場に立つこと、もしくは立ち続けることに、インフォーマントは不快感を示し、その代わりに相互交渉的であろうとしたのである。

しかし、被調査者が調査者を調査にやってきた者として位置づけずに受け入れるという関係性は、筆者の調査に特異的に生じたわけではない。続いては、オルタナティヴ・スピリチュアリティは調査者自身が当事者になりやすい研究対象である点に注目して、その理由を説明していく。

オルタナティヴ・スピリチュアリティは、文化人類学が伝統的に研究の対象としてきたような、ある土地と結びついた文化、そこに生まれついた人のみが背負うことができるとみなされるような文化ではない。対象が人間である点は共通しているが、個人が後天的に自らの意志で選択できるものなので、調査者自身も実践に共感し、当事者意識をもつことが十分に可能である。そうした調査者は、調査の際に部外者性をそれほど意識させられなくなるので、被調査者との間にあるとされる境界が崩れていきやすい。このような状況は、新興宗教やオタク文化などの調査においても生じているだろう。

だとすれば、オルタナティヴ・スピリチュアリティに限らず、当事者性をもって行われる研究の調査では、「調査者」と「被調査者」という区分は大半の被調査者には認識されておらず、調査者の意識の中だけに存在していると思われる。自分の生活の中に「調査者」がやってきても、被調査者は自分たちの論理で日々を暮らしている。そんな暮らしの中の行為の一部が、調査者にとっては「調査」に応じてもらっていることになるのだ。つまりそこにあるのは、一つの場における二者、あるいは複数の個人が、互いに観る／観られる、利用する／利用されるといった相互作用的な関係である。このような調査の場における調査者は、フィールドというタペストリーを生み出す特権的な織り手ではなく、他の被調査者と同様、タペストリーを構成する織り目の一つにすぎない。

さらに付け加えると、本章で提示した事例におけるインフォーマントと筆者は、ただ同じ時をともに過ごした共時間モードの中だけにいたわけではない。両者の間には「ツっこみ関係」［田中二〇一二：一二五］が見られるのだ。以下、田中［二〇一二］を参考にして、ここでいう「ツっこみ関係」について説明した後に、本章の事例を改めて分析し、自己と他者の関係について考える。

文化人類学の調査において、フィールドという現場でデータを収集する際には、被調査者の主張や行為が調査者の「常識」と照らし合わせていかに非合理的であろうと、通常はとりあえずそのまま受け入れる。これは異時間主義のモード、つまり一歩引いたところで被調査者を理解しようとする態度だといえる。このような態度は他者に寛容なようでいて、実は相手の他者化と紙一重であり、最終的にはこの他者像が民族誌の執筆を通して固定化されていく。田中はこの一連の流れの中に、「フーコー的権力の実践」［二〇一一：一二四］を見る。フィールドの人々を「尊重」し、被調査者たちの発言や行動への個人的意見を差し控えることが、結果的にフーコー的な権力の発現につながっていると言うのである。

このように、調査者から被調査者への一方的な「尊重」の態度から、対等な相互理解の状況へとひとこま進めるのに必要なのは、他者への寛容さより、他者との積極的な議論である。しかしそれは、長期のフィールドワークに基づく互いの信頼関係がなくては生まれない。そのような自己と他者の関係に基づく一歩踏み込んだ関係が、「ツッこみ関係」なのである。以上を踏まえて、本章の事例をもう一度振り返ろう。

本章1の話の共有の事例では、筆者は当初、インフォーマントたちのやりとりを遮らないよう、控え目な態度をとっていたと記した。その後、彼女たちの話の輪の中に積極的に入っていったことで、それまでの関係性は崩れ、筆者はインフォーマントたちに真剣に対峙させられることになった。しかしその一方で、1の季節の祝祭の撮影の事例と2のインタビューおよび季節の祝祭中に筆者が呼び出された事例は、インフォーマントの側が筆者に「ツっこ」んでいると理解できる。3の日本人であることを求められた二つの事例は、より複雑である。インフォーマントのほうが、筆者に日本人であることに起因する「ツッこみ」をしかけ、筆者はそれに応える形で、不発に終わったものの、「ツッこみ」返そうとしているからである。

文化相対主義的な応対の仕方を超えた、こうした「ツっこみ」の瞬間は、調査者と被調査者が長期間にわたる接触を経て、相互の関係がより自然なものに変容していった結果、生まれたのである。これは調査者にとって、調査者と被調査者の関係を超えた、他者との出会いの瞬間である。そして、こうした瞬間が繰り返されることで、他者と向き合っている自己という存在への省察が促される。そこから生まれた新たな自己が改めて他者と向き合ったとき、調査者と被調査者という枠組みを超えた、個人対個人という境界のない関係に移行できるのではないだろうか。

5　ヨーロッパ人類学という免罪符

続いて、ヨーロッパを文化人類学の研究対象とする意義について考える。初めに欧米人と非欧米人ということを意識しつつ、本章を振り返ってみよう。

本章1における催し物の場で同じ立場に立つことを求められた状況と、2におけるインタビューの場でインフォーマントからの積極的な働きかけによる能動と受動の逆転現象が生じたのは、調査者が欧米人か否かとは関係がなく、オルタナティヴ・スピリチュアリティを研究する際に現れうる状況である。序論2－2で取り上げたプリンス（Prince）やイヴァクヒヴ（Ivakhiv）は、被調査者との類似性から被調査者の中に隠れてしまいやすかったとしたが、より正確には「隠れた」のではなく、一人の参加者としてその場にいるために「隠れざるをえなかった」と解釈できる。その一方で、3で検討した〝エキゾチックな他者〟として見られる、言い換えれば異文化への好奇心から接近されるような状況は、欧米圏以外の調査でも、外見や文化を全く異にする調査者であれば生じていると思われる。

しかし、外見や文化が異なるからといって、フィールドにおいて調査者であることが殊更に意識されるわけではない。かといって、外国人であることが全く意識されないわけでもない。これらの観点から、改めて筆者とインフォーマントの間に生まれていた関係を考え直してみる。

調査にやってきた筆者を自分と同じ事柄に関心がある人とみなすことで、親近感が湧き、自分たちがつねには従属的な立場にはないことを確認したり、示したりすることによって安心感が生まれる。それらにより、筆者を前にしても、調査者としてというより、友達として受け入れやすい雰囲気がつくりだされていたといえる。その背景には1や2で挙げたような、共通のアイデンティティに基づく集合体の調査者であれば、欧米人でも当てはまりそうな状況もあった。その一方で、序論2－2で見た酒井［二〇一二］を参考にするならば、本章3で見たように、筆者が欧米人でなかったことも関係していたと思う。

つまり物珍しさから、目の前に現れた筆者に対するハードルが下がり、ラポールが形成されやすくなっていた可能性があるということである。本章の冒頭でも示したが、インフォーマントたちは、今まで調査する側であり、調査の対象から外れていた自分たちが調査されているという状況、つまりは逆転の構図を殊更に面白がり、快感を覚えている。だから日本からやってきた筆者に興味を抱き、話をすることを承諾する。調査されているという状況を自分自身も楽しみつつ、調査に協力してくれるのである。それが第2章の冒頭のシーンで、グラストンベリーの好きなところを聞かれた筆者が、「人」と答えたことにつながっていったのだと思う。

このような被調査者との「良好」なラポールの形成は、調査者にとって利点のように聞こえるかもしれない。しかし相手が調査ではなくプライベートな楽しみを目的として近づいてくる場合、被調査者の「友情」の網の目に絡みとられ、調査にかけられる時間を失っていく危険を孕んでいる。良好なラポールのおかげで、インタビューや参与観察が容易になるかもしれないが、良好な関係を保つため、被調査者を喜ばせようと、たとえばアマテラス・ダンスを創作し、練習に励む羽目に陥る。このように本来、調査とは関係がない事柄に多くの時間を費やす、つまり、調査の質を高めるため、調査の量的な時間が減っていくというジレンマを経験するのである。文化的背景が異なる者同士が出会うことによって生まれる、このラポールとジレンマは、フィールドワーカーであれば、誰もが多かれ少なかれ経験していることだろう。

以上のような調査者と被調査者の関係を踏まえて、ヨーロッパを文化人類学において研究する意義について、筆者なりの考えを述べておく。

序論2－2では、先行研究が指摘してきたヨーロッパ研究の意義として、ヨーロッパという地域と科学的合理性など欧米発祥の価値観の相対化を挙げた。その一方で、イギリス人被調査者に対し、従属的な地位に置かれた状況に自らの有利さを見出した酒井［二〇一二］の事例から、この相対化の試みは必ずしも成功していないことを指摘した。それでは、ヨーロッパのマジョリティの白人を対象とするヨーロッパ人類学とは一体何なのだろうか。

欧米人の被調査者という文脈で考えれば、これまで欧米人調査者と非欧米人被調査者の間で成立していたであろう、異文化の接触に由来する良好なラポールを非欧米人調査者も享受できるようになったといえる。しかしそれだけではなく、筆者は「免罪符」の役割を果たしていると考える。かつて「未開の民族」と位置づけてきた人々の調査と同じ手法で、非欧米人が欧米人を調査するという行為は、「未開の民族」と欧米人を同等に扱うという点において、政治や経済の分野における国力の強弱を背景に調査を行っていた、一昔前の文化人類学に対する免罪符だといえる。しかし、文化人類学という学問が欧米で成立し、ローカル化していったとはいえ世界のどの地域の文化人類学もその影響を免れ得なかったことを考えれば、ヨーロッパ人類学とは文化人類学という学問全体の十字架を背負っているともいえる。そして、この免罪符は決して過去の文化人類学に対してのみ、貼りつけられているわけではない。今でも欧米のマジョリティの白人以外の調査を行うときには、民族の政治経済の力の違いに由来する調査者と被調査者の権力関係についてしばしば指摘されている。それに対して、ヨーロッパ人類学という分野が存在していることで、文化人類学は欧米を研究対象から外していないと反論することが可能になる。この点でも、現在の文化人類学的調査の免罪符になっているのである。

註

（1）　筆者の調査時点で、撮影した映像の利用目的を知っているプリーステスは少なかった。サラの話では、カメラマン自身にプロダクションに持ち込んで販売してもらい、それによって女神運動を広めようというジョーンズの計画があるらしい。しかし、この企画は本書の執筆段階ではまだ実現に動いておらず、詳細は不明である。

（2）　一度だけ筆者が支払ったことがある。相手は五十代の男性で、資本主義社会からの脱却を目指して、金銭をなるべく使わずに生きようとしている人だった。

コラム6 トールに上ろう！

グラストンベリーの町の外れには、トールと呼ばれる丘がある。口絵写真にあるように少々ゆがんだ円錐の形をしている。ケルト語で「丘」を意味するトールのてっぺんには、上がほんの少しすぼまった四角柱の塔。平坦なサマーセット平原にあって、ひときわ異彩を放っている。ここでは、その姿を目にした者に、不思議と強い印象を与え続けているトールのミステリーに迫ってみたい。

＊　＊　＊

頂上へと続く坂を一歩ずつ上っていく。ところどころにある階段は、高さも大きさも不揃いなのでかえって歩きにくい。雨がよく降るせいか、草や土に混じって、水のにおいがプーンと漂ってくる。

この散策路の周りの野原には、羊が放牧されている。大きい羊と小さい羊、全部で三十頭はいるようだ。もこもこした白い毛並みは、よく降る雨のせいか少し汚れている。お尻をぷるぷるふるわせて、むしゃむしゃ草を食べている。

私の左右に広がるのは、絵葉書のように青々とした平原だ。平原とはいっても、横長に延びた低い丘がいくつか見え、ぽつぽつと大木も立ち、畑や溜め池もあるのだが。濃緑、深緑、青緑、黄緑、浅葱色、萌黄色。できる限り沢山の、青と緑の色の名前を思い出したくなる。そんな風景の中を、遠く海峡から駆け抜けてきた風が、荒々しく丘に打ちつける。

上るにつれて、視界がどんどん広がっていく。頂上の塔もだんだん大きくなってくる。下から見えた印象より、ずいぶん大きいようだ。

頂上にて、目の前にそびえる塔に触ってみる。茶色を帯びたグレーの石をこすると、砂がぽろぽろとこぼれ落ちてきた。見上げると、あちらこちらが白く劣化している。正面の等身大の石像は、七つのうち二つしか残っていない。その二つもそれぞれ膝から下、首から下しか残っていない。

この塔は正式には「聖マイケル塔」という。イングランドの守護聖人、聖ジョージと同じく龍退治で知られる、大天使聖ミカエルの名に由来する。「マイケル」は「ミカエル」の英語読みだ。二十世紀に考古学の調査が行われ、この塔とトールの来歴はだいぶわかってきている。

トールの頂上には、かつて小さな修道院があった。遅くとも十世紀にはグラストンベリー修道院の別院として、修道士たちが暮らしていたことは確かなようだ。しかしそれ以前、五世紀末から六世紀初頭にかけての砦らしきものの跡も見つかっている。

十二世紀半ばのある僧侶が、それを裏づけるような記録を残している。六世紀初め、アーサー王がサマーセット一帯の支配者を攻めたところ、この領主はアーサーの妻を誘拐し、トールに閉じ込めたというのである。もちろんアーサー王の実在が立証されていない以上、この記録の真偽のほどは定かではない。しかしこの時期、この地の覇権をめぐる何らかの争いがあったと推測すれば、トールが砦として使われていたとしても不思議ではない。

トールの上の修道院の本格的な建設は十世紀から始まった。これは、グラストンベリー修道院がアーサー王やアリマテアのヨセフの伝説を武器に、経済力をつけ始めた時期と重なる。財政的余裕ができたのだろう、縦二キロメートル、横一キロメートルほどの広さがあった。しかしながら、一二七五年、サマーセット一帯を襲った大地震により、この修道院は倒壊してしまう。再建されたのは、その五十年後。元の建物の三分の一程度だったが、聖人の像、彩色タイル、ステンドグラスなどの装飾が美しかったらしい。

この建物の隣に、現在も残る塔が造られたのは一三六〇年代。麓から上がってきた正面の上部に、今もどうにか残っているレリーフは、秤を持つ聖ミカエル、そして牛の乳搾りをする聖ブリジットだ。キリスト教徒にもオルタナティヴにも人気が高いこのアイルランドの聖女には、一時期、グラストンベリーに暮らしていたという伝説が残っている。その上の胴体のみ残っている聖人の像は、グラストンベリーの修道院長だった聖ダンスタン。もう一体の聖ミカエルの像は足しか残っていないが、おかげで天敵である龍を踏みつけているシーンを、今でも目にすることができる。

この塔は凄惨な絞首刑の場として使われたこともある。ヘンリー八世の宗教改革によって全国の修道院が閉鎖されたとき、グラストンベリー修道院の修道院長は無残に処刑された。八十歳という高齢にもかかわらず、ここトールの頂上まで引きずられ、二人の修道士とともに塔から首吊りにされたのである。しかし処刑はそれだけでは終わらなかった。院長の遺体は頭部を落とされ、四つ裂きにされた胴体はグラストンベリー周辺の四つの町に、頭部は修道院の門があったところに埋められたそうである。その後、トールや修道院の辺りでは、彼の幽霊が出るという噂が絶えなかったようだ。閉鎖後は年金をもらって暮らしていた修道院長もいた中で、ここまでの仕打ちをされたのは、王がグラストンベリー修道院の財力と精神的な影響力を恐れていたからだといわれている。

トールの上の小さな修道院もグラストンベリー修道院とともに閉鎖され、塔を残して破壊されてしまい、今では跡形もない。

その塔の中に入ってみる。どれぐらい高いのだろうと見上げると、青空がまぶしい。遠くからでは気づかないが、天井がないのだ。壊れたまま、放置されているのかもしれない。だから、風よけにはなっても、雨宿りはできない。

「ここの入り口は別世界への扉といわれているんだよ」

塔の中で会った人にそう教えられる。扉のなくなった入り口に両手を広げて立ってみる。びゅーん、びゅんびゅんびゅん。風と風がこすれあって、獣の咆哮を轟かせている。砂が舞い上がり、思わず目を閉じてしまう。髪の毛があおられている。スカートがばさばさ音を立てている。行く手を阻む私に、風が体当たりしてくる。

髪とスカートが落ち着くのを待って、目を開ける。が、残念ながらそこは別世界ではなかった。代わりに見えたのは、町を温かな橙色の光で包みながら、地平線に沈もうとしている夕日だった。農家の人が迎えにきたのか、いつの間にか羊はいなくなっていた。

＊　＊　＊

北側の野原からトールを見てみる。水平方向にいくつ

迷宮かもしれない、トールの段々（2010年３月２日）

かの段が入っていることに気づく。でこぼこしていて、なんだか不恰好だ。

この段丘、ちょっとした論争の的になってきた。あるとき、三次元の迷宮の形をしていると指摘する人が現れたのだ。

迷宮（labyrinth）と迷路（maze）。名前も形も似ているが、別物である。迷路には幾通りもの進み方がある。『ハリー・ポッターと炎のゴブレット』にも登場してくるように、イギリスでは生け垣で造られたものをよく見かける。一方の迷宮は一本道だ。ギリシャ神話には英雄テセウスに退治されるミノタウロスという怪物が出てくるが、この怪物が閉じ込められていたのが、宮殿の地下迷宮だった（このときテセウスを助けたのがアリアドネ、女神運動を始めた頃のジョーンズが魅かれていた人物である）。

普段歩く散策路ではなく、麓からトールを取り巻く段丘を形作る小道が、一本道の迷宮を立体的に表しているというのである。この小道に沿って進んでいけば、トールをぐるぐる七周した果てに頂上に辿り着くというのだ。

誰もがこの説に納得しているわけではない。段丘は農業用に造られたのではないか、牛の放牧により自然にできたのではないか、砦の跡かもしれない、と反論がなされる。しかし、迷宮説を信じる人々は、日の当たる南側だけでなく北側にもある、家畜の仕業にしては段が深すぎるところがある、通常、砦に見られる土手と溝がない、などと反論し返している。

迷宮を歩くことは自分の心の深遠な部分に向き合うことと、中心（頂上）に着いたとき新しい自分に出会える。そう信じ、瞑想をしながら小道を歩いている人がときどきいる。本書で取り上げたプリーステスたちも、プリーステス・トレーニングの二年目に必須課題として取り組む。片道にかかるのは約四時間。そのため、普通は行きと帰りは別々の日に歩く。

「今日、トールの迷宮に入った。出てくるのは明日だから、心はまだ迷宮にあるの」

ある夜の友達の誕生日パーティの場で、こう話すプリーステスに会ったことがある。

六十代と思しき彼女は、すごく特別な体験をしたと、だいぶ興奮していた。内的な経験だから詳しくは秘密とのことだったが、四時間も一心不乱に歩き続ければ、身体も脳も疲労困憊し、日常では味わえない体験をしてしまっても不思議ではない気がする。

＊　＊　＊

もう一つ、オルタナティヴの意見が一致しない地点がある。第1章4-3で触れたレイラインの交差地点だ。古代人は地中を流れる目に見えないエネルギーの存在を感じとっていて、そのエネルギーのラインに沿って、信仰上重要な地点を設けたり、施設を造ったりしたと考えた人がいた。この直線、レイラインは世界中にあり、交差地点のエネルギーは特に高いとされている。

グラストンベリーでは、聖マイケルラインと聖メアリーラインが交差するとされているのだが、町の中のどこで交差するのか、人によって主張が異なる。主な候補地は三ヶ所、修道院、チャリス・ウェル、そしてトールだ。

二本のラインは他にどんなところを通っているのだろうか。聖マイケルラインはイングランドの最も南西にあるコーンウォール州の聖マイケル山から、グラストンベリーの近くにあるバロウ・ブリッジ、続いてグラストンベリーを通り、イングランド東部ノーフォーク州のホプトンに抜ける。聖メアリーラインはグラストンベリーから、ウィルトシャー州の環状列石ストーンヘンジを通って、大聖堂で知られるイングランド南東部のカンタベリーへと向かう。

それぞれに言い分はあるのだろうが、聖マイケルラインは、そもそもその直線上に大天使聖ミカエルの名を冠した、信仰上重要な地点があったから、こう名づけられたはずだ。そういうわけで、私としてはやはり聖ミカエル塔を有するトールに軍配を上げたくなってしまう。

トールの麓には、ホワイト・スプリングと呼ばれる場所がある。レンガ造りに青く塗られたドアが目立つ建物だ。その向かいのチャリス・ウェル庭園が、信託団体に管理され一年中落ち着いた雰囲気を保っている様子と比べると、粗野な印象を否めない。建物が老朽化しているばかりではない。トールに降り注いだ雨が染み出てくるので、薄暗い内部はいつも床が水浸しで、冷気が立ち込めているのである。

ここの主といわれてきたのがグウィン・アップ・ニュッズ（Gwyn ap Nudd）、ウェールズの神話で妖精王、そして地下世界の王とされる神だ。ソーウィン（十月三十一日）からベルテーン（四月三十日）の間を治める冬の王でもある。このグウィン・アップ・ニュッズは死者の魂を地下世界に連れ戻すため、ソーウィンの夜、そして嵐の夜、町の中を駆けめぐっているらしい。そのためこの地域では、こんな晩に、人の叫び声と犬の吠える声が聞こえたら、それはグウィン・アップ・ニュッズと彼の猟犬の仕業と考えられていたようだ。

最近では、この伝説と先ほどのレイラインの話を合わせて、死者の魂はレイラインに乗って、グウィン・アップ・ニュッズのもとに集められるという説も生まれている。その他にもトールを世界軸とみなす視点や、円錐形のトールは天からのエネルギーを地上に流し、大地からのエネルギーを空に放っているという見解もある。

「天への埋葬（sky burial）が行われていたのよ」

トールの頂上で会った人にそう聞かされたことがある。

日本語では、インドやチベットで行われている「鳥葬」と訳されることもあるけれど、「天への埋葬」という直訳からは、遺体をそのまま宇宙に放ってしまうような印象を受ける。トールからのUFO目撃情報も結構あるのだが、もしかしたら誰かを迎えに来ているのかもしれない。

そうでなくても、これだけ特殊なことがいろいろといわれている場所ならば、宇宙人が気になって、少し寄り道したくなったのだとしても驚かない。

そんなトールで不思議な体験をしたという人がときどきいる。一年に二回はグラストンベリーを訪れている、キャサリンという薬草医（四十代女性）もその一人だ。所属するドルイドのグループの夏至と冬至の儀式に参加するため、やってくるのである。ある年、いつものように夏至の儀式のため、トールに上ったキャサリンに少し困ったことが起こった。

「ケータイが動かなくなっちゃったの。まぁ、ここはエネルギーの力が強いグラストンベリーだから、そういうことがあっても驚かないけどね」

この話を、町を訪れていたある日本人女性（二十代）にしたことがある。

「そういうこと、やっぱりあるんだ。実は私のも壊れちゃったんだよね」

トールのエネルギー、侮ることなかれ。

＊　＊　＊

航空写真で空からトールを見てみる。私には貝の形のマドレーヌのようにしか見えない。しかし想像力を働かせ、この一帯の地形に空にある黄道十二星座を見出した人々がいる。

初めに気づいたのはジョン・ディー（John Dee）、エリザベス一世のお抱え占星術師といわれる人物だ。修道院の閉鎖によりグラストンベリーが衰退していた時期ではあったが、彼は神秘的な視点から、この町に関心を寄せていた数少ない一人だったらしい。

この「グラストンベリー十二星座（Glastonbury Zodiac）」を広く世間に知らせたのは、カナダで画家として活躍することになる女性である。その中でグラストンベリーは水瓶座に当たり、オルタナティヴを引き寄

ホワイト・スプリングを囲む煉瓦の建物（2008年8月2日）

せてきたと第1章4－3で説明した。

しかしグラストンベリーに関する解説書をよく読むと、トールとその周辺の地形は水瓶ではなく不死鳥を表していると書いてある。なぜ水瓶と不死鳥が結びつくのだろう。そこにはアーサー王伝説、特に聖杯探索のくだりが絡んでいる。

水瓶と聖杯はどちらも水を入れる容器である。そしてアーサー王伝説の中で、聖杯探索に成功する一人、パーシヴァル卿は不死鳥の性質をもつとされている。つまり、水瓶―聖杯―パーシヴァル卿―不死鳥という連想ゲーム的解釈で結びつけられるのである。

ただしこのロジック、町のオルタナティヴにはあまり知られていない。自分たちが愛する町のシンボルを聖化する根拠が一つでも多ければ、それだけ誇らしい気分になれる。細かい理屈はいらないのだ。

＊　＊　＊

「結局のところ、あなたは何か不思議な体験をしたことがあるんですか？」。ここまで述べてきたような話をすると、苛立ちを隠せないように、そう質問してくる人がいる。
最後に記すのは、超常現象の体験ではないが、グラストンベリーはアヴァロン島と重なり合っているのかもしれないと体感した、ある夜の出来事である。

その晩、私はホワイト・スプリングのソーウィンの祝祭に参加していた（前頁の写真参照）。儀式は方角の主や要素を呼び出すだけの簡素なもので、その後のパーティのほうがメインのようだった。ボランティアが持ち寄ったケーキやスープが無料で振る舞われ、おしゃべりを楽しむといった感じだ。子供も含めて百人以上が集まって、内部はごった返していた。

楽しい雰囲気ではあったが、人が多かったせいもあり、三十分もすると、もういいかという気分になってしまった。外に出たところの小さなテラスには、たばこを吸っている人たちがいた。この辺りにいつもいる、やさぐれた中高年の男たちだ。

「見てごらん、もうすぐ満月だよ」

男たちの中の一人がまっすぐ指差す先には、ほんの少し欠けた月が暗い空に輝いていた。

突然、トールに上ってみようかという気になった。朝日を見るため、早朝に上ったことはあったけれど、夜はまだない。幸い、入り口はホワイト・スプリングに近い。

「お休みなさい」

そう言ってここを後にした私は、トールを上り始めた。普通に歩けば、頂上まで二十分もあれば着くはずだ。他に上っている人はいなかった。物音はしないが、そういうときに聞こえてくる、横に伸びるノイズのような、あの音がしぃーと響いていた。

月の光が足元をはっきりと照らし出してくれた。風もやんでいる。冷気が顔を下から上へとなでていく。けれど、コートが温かいので、かえって心地よく感じる。

いつものペースで上りきる。しかし、そこにも人や生き物の気配は感じられなかった。その分、空気やその湿り気が、夜の気配を忍ばせながら、自分にまとわりついていることを感じる。きらいではない時間帯だ。耳を澄ますと、さぁーという、低い風の音がかすかに聞こえてくる。

そのとき、頂上から見えた光景には虚を衝かれた。

一瞬、自分がどこに立っているのかわからなくなった。

眼下に広がっていたのは、巨大な闇だった。

考えてみれば当たり前のことだが、月の明るい夜だったので、頂上に着くまで気がつかなかったのだ。真下にあるはずの野原とその間を通っている道の区別がつかない。それどころか、空と地上の境界もはっきりしない。一面、墨で黒く塗りつぶされてしまったようだ。地上の私たちは、雲がなければどこにいても明るい月を見やることができるのに、月の光は地上を普く照らすほどには明るくないのだ。

しばらくしてから、辺りを見回してみる。すると、上ってきた方向の向こうに、小さくてんてんてんと一直線上に並んでいる灯りが見えた。暗闇に目が慣れてきたようだった。中心部から少し外れたその辺りには、両脇に家が立ち並ぶ一本の道路がある。その道路の街灯のようだった。そこから右側は町なので、もう一度よく見てみると、いくつかの灯りが目に映った。しかし、野原に当たる左側には、いくら目を凝らしても何も見えなかった。そこは見ているのも怖くなるほど、ただただ真っ暗で、吸い込まれそうな闇とはこういうことかと思った。しかし時折、その間の細い道を、ライトをつけた自家用車がすーっと横切っていった。昔からそこにあった闇を照らす一筋の光。

そんなことを考えながら眺めていると、何だか自分がアヴァロン島にいるような気がしてきた。街灯は海岸線を照らし出し、真っ暗な野原は夜の海。自家用車のライトは航海に出る船の灯りのように見えてきたのだ。夜の港を近くの島、アヴァロン島から見下ろしている気分である。

本当の自分を見つけた感じも、生まれ変わった感じもしなかった。けれど、電灯という光がなかった時代、夜のトールに佇んでいた人たちは、それこそ真っ暗な海に浮かぶ孤島にいるような気がして、深い孤独、もしくは他者からの解放感を感じていたのかもしれない、と思った。

＊　＊　＊

グラストンベリーの町外れから、人々の想像力を、昔からずっとかきたててきたトール。今日も明日もこれからも、私たちの日常に、ミスティカルなインスピレーションをもたらし続けてくれるのだろう。

結　論

本書では、グラストンベリー女神運動を事例に、現代のイギリスにおいて、オルタナティヴ・スピリチュアリティに携わっていくとはどういうことなのか考えることを第一の目的としてきた。最終章となる本章では、第1章から第5章の記述に基づいて、序論で提起した問題を検討していく。その後に、第二の目的であった、民族誌を書くことについて、第6章の記述をもとに考察を深めたい。

1　現代のイギリスにおけるオルタナティヴ・スピリチュアリティ

初めに、序論1での議論を振り返ってみよう。第二次世界大戦後の世界、とりわけ欧米における宗教の状況は、「世俗化」という言葉をキーワードに論じられてきた。ヨーロッパ、特にイギリスを中心として、近代化に伴って社会における宗教の重要性が低下していくという世俗化論が一九六〇~七〇年代にもてはやされた。その一方で、このような現象は制度や組織をもつ形での宗教への関心が低下しているにすぎないとして、世俗化論を否定する視点も出てきた。

本書が対象とした「オルタナティヴ・スピリチュアリティ」は、キリスト教の教会組織のような制度や絶対的な神の概念をもつ形での宗教現象ではなかったため、単なる娯楽として扱われ、世俗化の象徴のようにみなされることもあった。しかし、宗教を個人の内面に属するものと捉えれば、オルタナティヴ・スピリチュアリティも宗教現象の現代的なあり方だといえる。

これまでの研究においてオルタナティヴ・スピリチュアリティは、伝統宗教や主流社会とは相容れないアンチテーゼとして描かれてきた。たとえば、伝統宗教からの進化として論じる研究では、組織や制度に縛られている伝統宗教への関心が薄れる一方で、実践や信仰体系に関して実践者個人の自由度が高いオルタナティヴ・スピリチュアリティへの関心が高まっていることを強調する。また、主流社会の補完という視点からすると、主流社会では失われたが、人々が必要としている事柄、特に人と人とのつながりを提供する契機になっていると指摘されてきた。

擬似宗教とか、くだらないこととして、オルタナティヴ・スピリチュアリティを等閑視するのではなく、宗教現象として議論するようになったことは、現代の欧米社会における宗教のあり方を考えるうえで大きな功績だったと思う。そのうえで筆者は、これまでの議論には、伝統宗教や主流社会への抵抗として描いていることと、理想的に提示していることという二つの問題があることを指摘した。このような問題が生じたのは、オルタナティヴ・スピリチュアリティの調査が、「イデオロギー」が提示されやすい宗教的行為や著作物を中心に調査されてきたためと思われる。そのため伝統宗教や主流社会といった既存の価値観や社会との差異を強調し、これらへのアンチテーゼとして位置づけがちだったのである。

このような先行研究の問題点を踏まえて筆者は、宗教的な領域以外にも目を向け、一つの実践を全体の中に位置づけたうえで、ミクロな視点から見ていくことを提案した。具体的には、ある女神運動が創出され、発展していくプロセスを、イギリス社会の変動を意識しつつ地域社会と女神運動の流れの中で捉えていくことを目指した。それから、理想的に提示することを避けるため、当事者の日常的な生活にも注目した。

もう一度、各章の議論を振り返ってみよう。イギリスのオルタナティヴ・スピリチュアリティの生成と変容の過程の提示をテーマとした第1章では、現在、オルタナティヴ・スピリチュアリティが盛んな町として有名なグラストンベリーを事例として、この町にオルタナティヴ・スピリチュアリティが受け入れられていったプロセスを、町の歴史やイギリスという国の政治や経済の側面と併せて明らかにしていった。直接の起源が一九六〇年代の対抗文化運動にあったという点では、オルタナティヴ・スピリチュアリティの先行研究が指摘してきたような、「抵抗」という側面ももっていたといえないこともない。しかし、グラストンベリーにおいて成長していく過程では、グラストンベリーのもつ古い時代のイギリスとの結びつきを想起される点が評価され、さらにイギリスの政治や経済の変容、受給しやすい給付金といった国家の制度と連動していたことを示した。そのうえで、イギリスにおける移民の増加に対する反応である可能性についても述べた。宗教以外の領域に目を向けたことで、オルタナティヴ・スピリチュアリティがイギリスの主流社会に抵抗するより、むしろ活用したり、防衛的な役割を担ったりしていることを指摘できた。

続く第2章では、オルタナティヴ・スピリチュアリティの一つである女神運動に注目し、ある女神運動が生まれ発展していったプロセスを、グラストンベリーという地域社会とイギリスの女神運動の文脈から明らかにした。そして、女神運動が現在に至るまで一貫してフェミニズムの傾向を保持し、伝統宗教や主流社会の規範や価値観に「抵抗」しているわけではなく、個人の内面を重視する穏やかな宗教的な実践へと変化していることを指摘したうえで、グラストンベリー女神運動とは、この女神運動の流れと第1章で見たグラストンベリーのオルタナティヴ・

スピリチュアリティが成長していったプロセスが交差したところに誕生した、イギリスにローカル化された、内向きの女神運動であることを明らかにした。

第3章から第5章では、儀式の場の観察と実践者へのインタビューだけでなく、実践者の日常生活の観察も踏まえつつ、理想視されてきた彼らの人間関係の特徴をミクロな視点から検討しようとした。第3章では、一見オープンなグラストンベリー女神運動の排他性を、儀式の観察から明らかにした。そしてその隔たりが生じたのは、儀式という場が、グラストンベリー女神運動に積極的に参加している人々がその場に一緒にいて共通の体験をすることで、共同性の感覚を生み出す場であったからではないかと述べた。

第4章では、積極的な参加者のグラストンベリーへの移住を題材として、彼らが引っ越そうとする背景について考えた。引っ越しを可能にするかどうかには、家族と収入源の状況が大きく影響を与えていた。しかし、引っ越しを促す背景には、親しい人を失ったという悲しみや孤独感、そして生活を一新したいという願望があった。そのために、対面的な交流を繰り返すことで共同性が生じやすく、つながりの感覚を得やすいグラストンベリー女神運動の人々の集合体を求めていたことを指摘した。そして、在住者の集合体の存在が移住に影響していることを述べた。これまでの女神運動やネオペイガニズムの研究でも、その実践者が親しい人間関係を失い、新しい関係性を女神運動やネオペイガニズムの他の実践者たちに求めるということが指摘されてきた［Berger 1999; Orion 1994; Pike 2001］。第4章で取り上げた人々の中でも、夫などの家族を失ったゆえに移住してきた／移住を希望している人々の事例、家庭生活が円満ゆえに移住を希望しない人の事例は、この指摘に当てはまると考えられる。しかし、移住後に、もしくは移住後にも、在住者の集合体の存在に救われている人々の事例からは、失った人間関係を補うためでなくても、女神運動における関係性が、内面の苦しみの解消のため必要とされることもあるとわかる。さらに、一度女神運動内での親しい関係性を失った人の事例からは、在住者の集合体は好ましいだけではなく、葛藤をもたらす両義的な性質を帯びてくることもわかる。

さらに第5章では話の共有に注目し、彼らが自分の抱えた苦しみを解消するために、人と人とのつながりを希求している一方で、そのつながりを時には忌避しているというわがままな側面ももっていることを明らかにした。心の中を曝け出して語り合うことや、感情を激しく揺さぶられるような体験は、求めてはいるが、それらを共有してつながりを深めていくことをいつも必要としているわけではない。むしろそこで得られた新しい友達と少し心の距離を置きながら、パーティなどを楽しみたいのである。

以上のように、本研究では宗教的な事柄が実践される儀式や催し物、実践者の著作物以外の普段の生活にも目を向けて、女神運動において親密な関係がつねには望まれていないこと、時には避けられていたことを明らかにした。繰り返しになるが、第3章から第5章では、共同性を求めつつも避けてしまう、深いレベルでの語りや体験の共有とともに場の共有から生じる軽いレベルでの楽しみに重点を置く、といった形でのつながりのあり方を提示した。以下ではこの点について、序論1－4での親族研究と差異あるつながりと共同性の議論を踏まえつつ、より一般的な視点から考えてみる。

序論1－2では、ネオペイガンたちがしばしば互いを親族名称で呼び合うという先行研究に触れたが［Berger 1999; Orion 1994; Pike 2001］、第4章2－1で取り上げたエマをはじめとする人々も、グラストンベリー女神運動の仲間たちのことを「姉妹兄弟」と呼んでいた。一般的に、配偶者を除く家族は自分で選択するものではなく、所与のものとして与えられる。それゆえに、生物学的な血縁関係の間柄にある人と人との間には強い絆があると考えられている。自ら選びとっていく友人関係を、血縁の絆を想起させる言葉で表すことは、擬似家族を創出し互いの関係の強化を図る試みだと理解することもできる。カーステン［Carsten 2000］は、血縁関係に基づいて社会関係が構築されるという考え方を相対化したが、本書の事例からは、血縁関係があるからまとまっているのではなく、親族名称を用いて呼び合うことで、親しい関係性をつくっていたと見ることもできる。親族名称を表す言葉が、関係性を構築する役割を担っていたという理解である。

しかし、いくら強いつながりがイメージされる言葉で互いの関係を表したからといって、そこで得られる関係は実際の家族ほど永続的なものにはなりがたく、短期的なものに留まりやすい。グラストンベリー女神運動を例にとっても、この実践に集まってくる人々の集合体は続いている一方で、それを構成する成員は年々移り変わっていく。そのため、第4章3で述べたように、個々人ではなく、顔を思い浮かべることのできる個人がいる集合体が求められていると思われる。このようなグラストンベリー女神運動の集合体の脆弱さについて、もう少し考えてみよう。

近代社会において、人は自立した個人であることを求められてきた。その一方で、行きすぎた個人主義の風潮に疲れ、「コミュニティ」という言葉に象徴されるような、親密な関係を志向する傾向が見られることを本書では指摘してきた。しかし、そこで見られたつながりは、集団から割りふられた社会的役割に自らを埋没させてしまうような、前近代的な性質はもっていなかった。個々人のプライバシーに配慮し、それぞれの自立性が前提とされているのである。以下、グラストンベリー女神運動における諸実践が、参加者全体を統合していく役割を十分に果たしていない理由を三つ挙げていく。

まず考えられるのは、規範が少ないこと、あっても強制力が弱いことである。たとえば、アヴァロンの女神や女神体系という形で「コスモロジー」が存在しており、儀礼などの機会に目に見える形で表されるのだが、その内容の詳細は毎回変わり、即興性も高い。つまり儀礼とは、参加者が決まり事を守るといった共同体的な行為ではなく、同じ世界観を有していることを一部の人（積極的な参加者）の間で意識的に再確認し、共同性の感覚を得ている場にすぎない。集団全体の結束の強化が図られているわけではないのだ。そのうえ、積極的な参加者と一時的な参加者の間で「コスモロジー」の共有のレベルに開きがあり、それをあえて埋めないので、儀礼の場全体の一体感も生まれにくい。

二点目として指摘したいのは、イギリスにはそもそも、地域社会全体をまとめあげる「村祭り」のような宗教性を帯びた行事がなかった点である。キリスト教のミサは教派に分かれて行われていたし、遠くに巡礼に赴く際にも巡礼団は普通、教区の教派ごとに組織されていた。そのため、イギリスにおける宗教的な儀礼は、特定の教派や宗教的実践の内部に共同性を生み出す機能をもっていたかもしれないが、それを超えた人々の間（本書でいえば積極的な参加者と一時的な参加者の間）に社会的な紐帯を生み出す役割を担っていなかったと考えられる。さらにいうと、イギリスでは教派間の連帯が不十分だったため、教会が地域社会をまとめていく役割を十分に担えず、ウィルソンらが「世俗化」と称したような、ミサ出席者数の減少を招いたと思われる(1)。

三点目として、イギリスの社会保障制度の手厚さを挙げたい。本書中で繰り返し指摘してきたが、給付金をはじめ、イギリスの社会保障制度は非常に充実しているうえ、受給は権利であり恥ではないとする風潮がある。そのため、イギリス国籍、もしくは永続的な在留資格をもつ者であれば、経済的に他者に頼らず、生計を立てていくことができる。しかし、社会保障制度を活用した形での経済的な「自立」は、物や金銭の貸借を通じた人間関係の構築を阻害する。贈与研究が明らかにしてきたように、物の貸借には借り手は貸し手に対して負債の気持ちを、貸し手は借り手に対して優越の気持ちを抱かせる効果があり、それゆえに両者の結びつきを強めていく機能をもつ。しかし、社会保障制度を充実させたイギリス社会では、経済的に他者に依存することがなくなったため、貸借がもたらす濃密な社会的紐帯が失われてしまったのである。そのため、たとえ儀礼の場で世界観を共有して共同性の感覚が生じても、それが日常生活における濃密な結びつきまでには至らない。第5章2－2の事例5で示したクレアでも、ランチ代は払ってもらったものの、友人から食べ物を恵んでもらったり、金を借りたりするようなことはしなかった。あの事例の直後に離婚して家を出たことによって、行き場のない女性を保護するシェルターへの入所資格を得られ、入居した。つまり、ハード面においてはグラストンベリー女神運動の仲間ではなく、行政からの支援を受けながら、生活の再建を図ることになったのである。社会保障制度は、近代化の進展によって生まれた地縁や血縁から切り離された、寄る辺のない個人を救済するという側面をもつ。その一方で、この制度の存在が人と人とのつながりを中途半端にしている状況は、イギリスに限らず、現代社会の至るところで見出せるのではないか。飛躍しすぎとの批判を承知でいうならば、これは近代社会の特色ともいえる社会保障制度のもつ、副作用の一つとも理解できよう。

さて、ここまでつながりの弱さを見てきたが、ここからは弱いながらもつながらせていた糸の一本である「苦しみの語り」の役割に触れつつ、本書で取り上げたような共同性の性質について考えてみる。第5章では、グラストンベリー女神運動における、ポトラック・サパーや暗月の集いの開始と終焉、手軽なパーティの増加について触れた。この一連の騒動は、グラストンベリーに移住してくるプリーステスが急増し、一時的に混乱したグラストンベリー女神運動内部の人間関係を再構築し、新たな秩序をつくっていく再組織化のプロセスだったと見ることもできる。注目したいのは、互いの苦境を他者と語り合うという行為は、病いの語り研究では癒しの機能をもつとされてきたが、本書の事例では必ずしも癒しにはなっていなかった。むしろ、互いの関係性を確認しあって共同体を再生産したり、共同体内の人間関係の密度を微調整したりする機能をもっていた。こうした彼らの育んだ共同性のあり方は、大杉が「非同一性による共同性」［大杉二〇〇一：二九二］と呼んだ関係性のあり方に類似している。その一方で、この共同性における非同一性の基盤となる差異は、大杉の想定した超えられない断絶を含むようなものではなく、成員が近代的な個人であることに由来するようなささやかな差異にすぎなかった。このような共同性のあり方は、非同一性に基づく共同性というより、時に関係しあう個人たちとして理解すべきなのかもしれない。しかしこのことは同時に、私たちの日常に溢れているのは、大地溝帯のような埋めることのできないほどの深く大きな溝のある差異ではなく、かかとに見つけるひび割れのような小さな差異であること、そうした小さな差異であっても、確実に差異と感じながら日々を生きていることを思い出させてくれる。

つながりと共同性の議論はここまでとし、最後に、現代のイギリス社会においてオルタナティヴ・スピリチュアリティに携わっていくこと、そしてその意味を、本書の事例をもとに考察する。グラストンベリー女神運動に携わる人々は、伝統宗教や主流社会と隔絶して活動しているわけではない。むしろ接しながら、グラストンベリー女神運動に関わるために諸制度を有効に活用している。そこには、既存の規範や価値観に憤り、抵抗するといった攻撃的な性格は見られず、古い時代のイギリス的なものを志向し、男性を取り込み、キリスト教徒たちとも協調していくという、穏やかさを心がけながら暮らしている姿が見えてくる。

その一方で、グラストンベリー女神運動は決して、彼らが語るような、胸襟を開き、自分を曝け出して付き合っていくような、「理想的」な人間関係から成り立っているわけではない。パートナーの喪失や孤独感といったものから逃れようと、友達を求めてやってきた人がいたことは否定できない。しかし、彼らが理想的に語る人と人との「つながり」は、現実の生活と折り合いをつけるためのみならず、自分の精神的な許容範囲の枠に収めるため、回避されるものでもあった。グラストンベリー女神運動をきっかけに知り合ったとしても、いつも濃密な関係が求められているというのではなく、むしろ深くなりすぎない程度の、ほどほどの付き合いをしながら、軽いことを一緒に楽しみたいのである。そこに見えるのは、新しい形での「お友達作り」の場を求めて、女神運動にやってくる人々の姿である。

グラストンベリーでの最後の調査となった二〇一一年、町を離れる前日の晩に、大家のヘイゼルから聞いた言葉は印象深く、今でも忘れられない。彼女はプリーステスではないが、ジョーンズやプリーステスたちと親しく、ジョーンズのパートナーのマイクとは事務所を共有する同僚で、ジョーンズの女神に関する短期講座を受講したこともある。日頃から、「キャシー（・ジョーンズ）やマイクのような人は、二人で手を携え合って、町で女神を推進していてすばらしい」と語り、女神運動に生涯を捧げているような二人を称賛していた。ヘイゼルはこの二週間後に町を去ることになっていて、二人での最後のグラストンベリーの夜を記念すべきものにしようと外食に出かけた。その帰り道、ヘイゼルは町を出て行く理由を次のように話してくれた。

私は女神とかシャーマンとか、スピリチュアルなことも好きだけど、お芝居とかコンサートとか、そういうもっと都会的なことも好きなの。スピリチュアルな会話はもう沢山。もっと普通の会話がしたい。（中略）キャンピングカーを買ったから、いつでもグラストンベリーに戻って、ここでの友達には会えるしね。

［二〇一一年九月三十日］

筆者が恐ろしさを覚えたジョーンズのような人、自分の主張を著書にまでしたためて出版してしまうような人は、二十四時間、三百六十五日、スピリチュアリティと向き合って生きているかもしれない。しかし、この発言にあるように、ヘイゼルや第3章から第5章で見てきた、いわば「オルタナティヴ・スピリチュアリティに関心がある普通の人々」は、いつもいつも誰かとスピリチュアルなことばかりしていたいわけではないのである。しかし、またいつでも自分を受け入れてくれる「お友達」がそこに存在しているということ、そのことを知っているということは、ある種の救いであり、世俗化が進む現代のイギリスにおける宗教というものの、一つのあり方だといえるのではないだろうか。

2　民族誌を記述する

続いて、調査の場におけるインフォーマントと筆者の関係を、両者のとった立ち位置の観点から取り上げた第6章をもとに、民族誌の記述スタイルのあり方について考えたい。

序論2の議論を、簡単に確認しよう。ライティング・カルチャー・ショック以降、民族誌の記述方法が再考されるようになった。マーカスらは、フィールドの人々にとっての意味づけに迫ろうとする解釈人類学に注目し、この解釈学的な方向性を修正、発展させる形で、差異そのものの表象の仕方と、世界規模での政治経済の文脈における差異の表象の仕方を提示した。また、それとは別に筆者はより一般的な学術論文の問題として、文章表現についても言及した。

第6章で示したのは、筆者のフィールドワークの場では、調査者と被調査者という役割が曖昧で相互交渉的だった様子である。調査者である筆者は、グラストンベリーというフィールドで、インフォーマントがつくりだしてきた共同性の内部に、その一員として埋め込まれていた。筆者は「調査する」という日常を生きていたが、インフォーマントたちも自分自身の日常を生きていた。フィールドにおいて、筆者とインフォーマントたちが出会い、相互作用が生まれたとき、筆者にとってそれは「調査」であるが、インフォーマントたちにとっては彼ら自身の理屈で何か別の意味づけがなされていたのである。本章1では被調査者同士の緩やかな共同性について論じたが、第6章と関連させていうならば、その共同性の中には調査者である筆者も含まれていたのである。この共同性は大杉［二〇〇一］や小田［二〇〇四］の議論の中では明確には示されていなかった、調査者も含めて相互に作用しながらつくりあげられてきた共同性だったのである。

そのような平等な関係に基づいて得られたデータを、文化人類学では一般的に抽象的な理論を用いて分析していく。体で体験した事柄や観察した事象を、頭を使ってより一般的な枠組みに落とし込み、抽象度を上げる。そのようにして客観性を確保しようとする。しかし、データがそもそも個人的な関係に基づく主観性の高いものであることを考えれば、客観的な記述をあえて目指さず、筆者の主観を取り入れた手記のようなスタイルをとった民族誌がもっと出てきてもよいと思う。

民族誌の記述とは、執筆者にとっては、自分だけが利用できたデータや体験を他の人にもアクセス可能にするような行為である。それゆえに、本書が採ったような筆者の一人称語りや口語表現を多用する方法は、潜在的な読み手に対して、民族誌を開いていくためにも有効ではないだろうか。

繰り返し述べてきたように、本書はつかみどころのないオルタナティヴ・スピリチュアリティという宗教現象の氷山の一角を捉えようとした試みであり、これでオルタナティヴ・スピリチュアリティの全貌を示したというつもりは全くない。そのため、今後の課題を数えればきりがない。

3　今後の課題

本書で到達できなかった点を一つ挙げるとすれば、グラストンベリー女神運動に集ってくることと、癒しの関係である。ここまで記してきたように、この女神運動にやってくる人には、何らかの苦しみを抱えている人が少なからずいて、その解消が参加や移住の一つの大きな動機になっていた。しかしそれがどう解消されていくのか、いかないのか、そもそも解消されるとはどういうことなのかという点まで明らかにすることはできなかった。それを追究していくことは、心療内科の領域における臨床的応用につながる可能性をもつと思われる。しかし、そのためには医療分野など人類学以外も含めた、学際的なアプローチが必要になってくる。

その他にも、グラストンベリー女神運動に限っていえば、町から離れたところ、特に海外に暮らすプリーステスたちが町に暮らすプリーステスたちとどのように関係を保っているのか、彼らのグラストンベリーへの「巡礼」が、町の「女神コミュニティ」にどのように影響しているのかといったことも検討の余地があると思われる。また、オルタナティヴ・スピリチュアリティ全体でいうと、メーリングリストやフェイスブックといったコミュニケーション・ツールとしてのテクノロジーが人々のつながりにいかに寄与しているのか、グラストンベリーのような「パワースポット」で感じているとされる身体的な変容とはどういうものなのか。そもそもオルタナティヴ・スピリチュアリティは、今後どのような展開を辿っていくのか。このように問いが次々と生まれてくる。
オルタナティヴ・スピリチュアリティという新しい宗教現象は、多様な形で生息し、そして容易に変態していくため、捕まえづらく、「解釈」しようとする私をせせら笑うがごとく、その手をするりと抜けていく。しかし、インフォーマントたちとともに生活しながら、彼らを観察しつつ、時には観察されつつ、焦らずゆるりと捕獲を試みる。それが、この宗教現象を研究していくということなのだと思えるのである。

註

(1) 現在、イギリスでは教派の違いを乗り越えてまとまろうとするエキュメニカル運動が盛んになりつつある。これは教派の違いを保持しようとするあまり、地域社会の統合に支障を来たした、これまでの活動に対するキリスト教の大いなる反省の姿勢の表れであるとも考えられる。

おわりに

なんて幸せに満ち足りた人たちなんだろう。

それが修士課程の頃のグラストンベリーのオルタナティヴたちの印象だった。そう思わせてしまうほど、ポジティヴに物事を捉え、穏やかな、というよりむしろうっとりとした微笑みを絶やさない人々だったのだ。しかし博士課程の調査で彼らの来歴に耳を傾けていくうちに、実はそのスマイルの下に様々な葛藤を抱え込んでいること、家族をはじめとした人と人との関係に苦しんできたことを知るようになっていった。当初に見せられた笑顔と、過去を晒した素顔とのギャップは大きかった。

ちょうど同じ時期、とてもお世話になった知人から、諸々の人間関係に悩まされ体調を崩していると聞かされる。それは驚愕の事実であったし、とても悲しかった。彼女が昔の友達を懐かしんでいる姿は、他者との関係に傷つけられながらも、また誰かを求めてしまうオルタナティヴたちの姿と重なるように思えた。本文中で、つながりと癒しについて明確に描くことはしなかったが、本研究の構想はこのような私の受けた衝撃から生まれた。

もう一つのトピック、調査者と被調査者の関係は反省から生まれた。二年間のフィールドワークから帰国して数ヶ月後に発表した大学院のゼミで、指導教員から「調査地で七割好きなところがあったとして、あと三割嫌いなところはどこだったのか」というようなことを聞かれた。このときの発表内容はインフォーマントとの距離感が全くないとしてかなり厳しい批判を浴びたのだが、その時点では正直、質問の意図すら理解できなかった。

実はフィールドワークの一時期、何をすれば「調査」になるのか、「調査する」とは何なのかがわからなくなっていた。その結果、グラストンベリーの居心地のよさに身を委ね、インフォーマントたちと交わりつつ、ただ時間を過ごすような日々を送っていた。後になって思えば、調査結果を博士論文として実を結ばせるためには、どれだけフィールドを心地よく感じても、自己の立場を自覚しておく必要があったのに、あえて目をつぶることを自分に許してしまったのだ。このゼミの後、私は被調査者との距離感とは何なのだろうと考えつつ、グラストンベリーでの日々のエピソードを一つひとつ思い返し、博士論文の構想と執筆を進めていった。第6章はそのプロセスに基づいている。

さて、「はじめに」で出発し、第2章3-4で一息ついていた女神の行進だが、実はもう少し続きがある。折角なので、その様子を記して終わりたいと思う。

泉に続いて、最終目的地であるトールを目指す。疲れてきているのか、斜面を上るその足取りは重く、おしゃべりも聞こえない。突然、さっと辺りが暗くなる。見上げると、灰色の雲が薄く太陽の光を遮っている。列はばらけ、人々は自分のペースで歩みを進めている。頂上に近づくにつれて、強風に煽られ、吹き飛ばされそうになっている。それでも、のぼりをきつく握りしめ、気力を振り絞って、大地を踏みしめ、進んでいく。

聖マイケル塔を抱く丘のてっぺんに一足早く着いた私。耳を澄ませば、ごうごうと荒ぶる風に混じって、何と再び女神の歌が聞こえてきた。

儀式を司るセレモニアリストたちだ。

かすれてはいるが、疲労困憊の果てに絞り出しているその声に、気力というより気迫を感じる。

アヴァロンの女神よ　聖なる島の創造主　楽園のりんごの女王
アヴァロンの女神よ　あなたの創造は尽きることがない
あなたは源で、そこに私たちは帰ります[1]

一人、また一人、頂上まで上りきる。じきに男性陣がやっとの思いで、重たい柳の女神とともに到着した。人々はわっとその周りを取り囲み、持参した果物を次々と供えていく。もうそこまで来ている収穫の季節に豊穣を願いながら。

女神たちにイベントの成功を感謝する儀式が始まる。セレモニアリストに合わせて、季節の祝祭のように、手を挙げて、くるりと回って、九人の女神を次々と呼び出し、カンファレンスの成功を感謝する。

もちろん、歌い、踊ることも忘れない。隣の人と手を取り合って、たちまち伸びていく一本の長い列は、螺旋を描いていく。中に向かって渦を巻き、外に向かって渦を開き。うねうねうねうねと大蛇のように描いていく。スパイラル・ダンスだ。互いに声をかけ合って、うっかり取り残されてしまった人を螺旋に取り込んでいく。記すまでもなく、私も観察者であり続けることはできず、カメラとメモ帳をしまって、差し出された手を握り返して、躊躇なく踊りに加わっていく。響きわたるドラムの音と気迫に満ちた女神の歌がこだましあって、空気を震わせ、その振動で満たされた螺旋の中で、私たちはトランス状態に入っていた。

最後に、女神にお供えした果物をいただいた。夜露に濡れた大地に腰を下ろす。目の前には、いつの間にか、雲を追いやった夏の青空と緑の野原が広がっている。「こっちにおいで、一緒に食べよう」。そう誘ってくれた友達とおしゃべりを楽しみつつ、私も甘い果実の汁で渇いたのどを潤した。

グラストンベリーから持ち帰ったハーブティーを飲みながら、本書を執筆している今、彼らと過ごしたこんな日々は、やはり懐かしい。

註

（1） 作詞作曲 Sally Pullinger.

その後のグラストンベリーと女神たち

三年も経てば、町だって変わる。二〇一四年秋、久しぶりに訪れたグラストンベリーは、少し発展していた。荒廃するばかりだった、羊皮加工工場跡の広い空き地には、いくつか企業が誘致され、チェーンのビジネスホテルも建っていた。ロンドンから直通の格安バスの運行ルートにも入り、観光業は繁盛しているようだった。

ネオペイガンはやや勢力を取り戻したのか、ムート（お話会）は再開され、ウィッカの集まりも始まっていた。魔女グッズの店が新たに二店舗オープンし、魔女をテーマにしたB&Bも町の噂になっていた。その一方で、スーフィー・チャリティ・ショップは諸事情により、閉店してしまった。

本書でフォーカスしたグラストンベリー女神運動は、一段と勢いを増し、安定化の方向へと向かっているようだ。季節の祝祭の人気は衰えず、女神神殿への訪問者も途切れることはない。今では神殿の向かいに女神グッズ店をもつようになり、女神神殿の経営と一部のプリーステスたちの懐に貢献している。

六十代半ばに差しかかったキャシー・ジョーンズはますます元気で、ヒーリングのワークショップの計画や新刊本の執筆に忙しい。第4章に登場したカリンやリズは、この女神運動の中核的存在を担う人物になっていた。自分の名を冠した女神に関する講座を定期的に開いており、どちらもそれなりに人を集めているようだ。

その一方で、ジョーンズの右腕だったホリーは二〇一二年、不慮の事故で亡くなり、左腕だったサラも体調が優れず、一線を退いている。第4章で取り上げたトムはグラストンベリーを離れ、エマとスーもジョーンズとの見解の違いにより、グラストンベリー女神運動から足が遠のいて久しく、新たな道を歩んでいた。

去っていった彼らの穴は、新しく移住してきたプリーステスたちが次々と埋めている。グラストンベリー女神運動に限らず、オルタナティヴ・スピリチュアリティのグループは、メンバーの出入りが激しい。実践者は、そのときどきの自分の状況に合ったグループに親近感をもつため、一つのグループに居続ける人ばかりではないのである。

〔オルタナティヴ・〕スピリチュアリティに携わった人は、成長し続けるので、違うことに関心をもつようになる。それに、私たちにとってのスピリチュアリティ自体もね、進化、変化し続けるのよ。

これは、かつてグラストンベリー女神運動から離れた女性が、その数年後に語った言葉である。このように、グループの変更は、自身の成長として積極的に理解されることが少なくない。

この後のグラストンベリーと女神たちが、どのような流れをつくっていくのか、巨大な渦に巻き込まれていくのか、はたまた逆らっていくのか、わからないが、私自身は彼らの小川の流れに沿って岸辺を走って、海まで追いかけていきたい、と改めて思う。息を切らしている姿を、またみんなが笑って見ているかもしれないが。

登場人物一覧（グラストンベリー女神運動関係者のみ）

	本文中の名前	年齢	性別	出身地	在住地（二〇一〇年）	その他
1	キャシー・ジョーンズ	60代	女	北東部地方	グラストンベリー	グラストンベリー女神運動を始めた人。
2	マイク・ジョーンズ	50代	男	ロンドン	グラストンベリー	キャシーの夫。『ジ・オラクル』編集長。
3	エマ	50代	女	西ミッドランド地方	グラストンベリー	詩人のプリーステス。
4	カリン	40代	女	オランダ	グラストンベリー	オランダのプリーステス。
5	クレア	40代	女	不明	南西部地方	アマチュア画家のプリーステス。二〇一一年、グラストンベリーに移住。
6	コリン	40代	男	北西部地方	ロンドン	ロンドン在住のプリースト。出版・装丁業。
7	サラ	50代	女	ロンドン	グラストンベリー	グラストンベリー女神運動に、非常に熱心に携わるプリーステス。占星術師、カウンセラー、女神風の儀式を執り行う仕事などをしている。
8	ジョー	50代	女	不明	南西部地方	グラストンベリーによくやってくるプリーステスの一人。教師。
9	シーラ	60代	女	ロンドン	グラストンベリー	退職後、ヒーラーをしているプリーステス。
10	スー	30代	女	西ミッドランド地方	グラストンベリー	元看護師のプリーステス。トムの妻。

11	ソニア	40代	女	南西部地方	サマーセット州	元保育園の看護師のプリーステス。
12	ソフィー	60代	女	南米、フランス	グラストンベリー	歌手で霊媒師のプリーステス。海外育ちのイギリス人。
13	トム	40代	男	北西部地方	グラストンベリー	元看護師のプリースト。スーの夫。
14	パメラ	40代	女	アメリカ	ロンドン	ロンドンに暮らすプリーステス。専業主婦。
15	ハリー	60代	男	西ミッドランド地方	ブリストル	グラストンベリーやハンガリーに暮らしていたプリースト。
16	ヘレン	60代	女	アメリカ	グラストンベリー	プリーステス・トレーニング講師のプリーステス。
17	ホリー	60代	女	ブリストル	サマーセット州	かつてグラストンベリーに暮らし、筆者の隣家でB&Bを経営していたプリーステス。ヘイゼルと親しい。二〇一二年死去。
18	マーラ	60代	女	西ミッドランド地方	西ミッドランド地方	トランスジェンダーのプリーステス。グラストンベリーへの移住を希望。
19	マリカ	40代	女	オランダ	南西部地方	イギリスに暮らすオランダ人のプリーステス。二〇一一年、グラストンベリーに移住。
20	メル	40代	女	サマーセット州	グラストンベリー	踊りが得意なプリーステス。
21	リズ	40代	女	南東部地方	グラストンベリー	個人教師のプリーステス。
22	ローズ	30代	女	ロンドン	グラストンベリー	歌手のプリーステス。

用語集

ヨーロッパの宗教

ケルト暦	Celtic Calendar	古代のケルト系の人々が使っていたとされる暦で、季節は八つに分かれる。この八つの季節は現在、年輪（wheel of the year）と呼ばれる円で表される。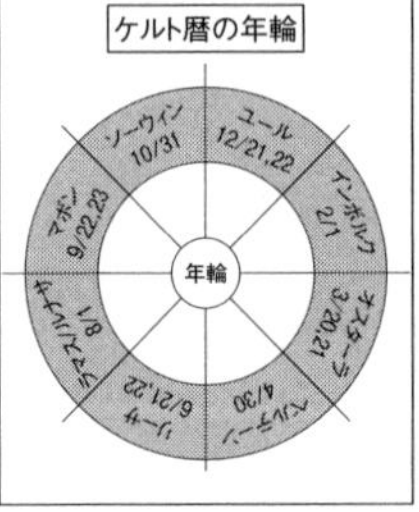
季節の祝祭	Seasonal Festival	ケルト暦に基づく年八回、つまり六〜七週間ごとのお祝い。
ソーウィン	Samhain	季節の祝祭。十月三十一日。ケルト暦の大晦日で、死者を弔う。今では形を変えた、ハローウィンのほうが有名になってしまった。
ユール	Yule	季節の祝祭。十二月二十一日／二十二日。一年で最も日が短い冬至の日。これから日が長くなっていくこと、生命の再生を祝う。
インボルク	Imbolc	季節の祝祭。二月一日。ブリジットの日として、焚き火をする習慣がある。冬が終わり、春になる、つまり生命の生長を祝う。
オスターラ	Ostara	季節の祝祭。三月二十日／二十一日。昼と夜の長さが等しい春分の日。新しい生命の始まり、つまり草木の芽吹きなどを祝う。
ベルテーン	Beltane	季節の祝祭。四月三十日。女神と男神の結婚と、そこから生まれる豊穣を祝う。伝統的には小さい焚き火の上を飛び越える。また色鮮やかなリボンで柱を飾りつけているメイポールのダンスを行う。五月祭としても知られる。

リーサ	Litha	季節の祝祭。六月二十一日／二十二日。一年で最も昼間が長い夏至の日。収穫の時期に向かっていることを祝う。
ラマス／ルナサ	Lammas / Lughnasadh	季節の祝祭。八月一日。収穫の時期の始まりを祝う。
マボン	Mabon	季節の祝祭。九月二十二日／二十三日。昼と夜の長さが等しい秋分の日。収穫を祝い、豊かな恵みを感謝する。
異教主義／ペイガニズム	Paganism	キリスト教到来以前のヨーロッパにあったとされる土着の信仰。キリスト教、ユダヤ教、イスラーム教以外の、多神教的な信仰すべてを指す場合もある。
新異教主義／ネオペイガニズム	Neopaganism	二十世紀に始まったペイガニズムの復興運動。当事者は「ネオ」をつけない呼び方を好む。
ヒーザン	Heathen	オーディンやフレイヤなど、北欧神話の神々への信仰。愛国主義的、右翼的な傾向も見られる。
ドルイド	Druid	ケルト系の人々の信仰、ドルイド教の神官のこと。当時はバードとオヴェイトを経て、なることができたといわれる。現代のドルイドは、ケルト文化の復興を目指す人々と、信仰としてドルイド教の復興を目指す人々の両方を含む。
バード	Bard	ドルイドのうち、詩歌を得意とする者。今でもケルト文化復興の一環として大会が開かれている。もともとは神官ドルイドになるための第一段階。
オヴェイト	Ovate	ドルイドのうち、薬草学に長けた者。今では「オヴェイト」のみを名乗る者を耳にすることは少ない。もともとは神官ドルイドになるための第二段階。
魔女術	Witchcraft	ネオペイガニズムの一つ。男性もいる。様々な流れがある。

ヘッジウイッチ	Hedgewitch	ハーブ療法やまじないに携わる一人で活動する魔女。
ウィッカ	Wicca	今日、最も広がっている魔女術。少人数の集団で行う儀式が実践の中心。
グリーンマン	Greenman	草や葉、木や枝をまとった男性。装飾用としては顔だけを造るのが普通。自然の神の化身を表すとされる。女神の配偶者とされることもある。
ハンドファスティング	Handfasting	ネオペイガンの結婚式。四要素と女神と男神を呼び出す、最後にホウキを飛び越えるなどの特徴がある。キリスト教式の結婚式に飽きた人にもひそかな人気。
カバラ	Kab(b)ala	ユダヤ教の神秘主義的な思想だが、関心をもつオルタナティヴもいる。
秘教思想	Esotericism	秘密の教え。儀式を重視するとされる。ただし、オルタナティヴ・スピリチュアリティの文脈では、正統とされるキリスト教以外のヨーロッパの思想体系を意味することがある。
霊媒	Medium	死者などの霊が乗り移り、その霊の言葉をクライアントに伝えられる人のこと。この力をもつオルタナティヴも少なくない。
心霊主義	Spiritualism	霊媒を介して死者の霊と交信できるという考え方。関わりをもつオルタナティヴも少なくない。
心霊主義教会	Spiritualist Church	心霊主義者が集まる教会。キリスト教的な教会もそうでない教会もある。
千里眼／透視	Clairvoyance	遠方、過去、未来など、一般的には見ることのできないものを見る力。それを有する人を clairvoyant という。その力が死者の霊によるものである場合、霊媒の意味で使われることもある。
チャネリング	Channeling	死者や超越的存在などの各種スピリット、宇宙人などと交信すること。

大天使	Archangel	位の高い天使で、ミカエルが特に有名。アドバイスをもらえる存在と考えたり、その絵を祭壇に飾ったりするオルタナティヴもいる。
守護天使	Guardian Angel	一人一人を守護するためについているといわれる天使。
アセンデッド・マスターズ	Ascended Masters	かつて人間として地球に暮らしていたが、宇宙に旅立ってしまったとされるスピリチュアル・リーダー。アドバイスをもらえる存在。神智学に影響された概念ともされる。
神智学	Theosophy	一般的には、ブラヴァツキー夫人を中心に設立された神智学協会のことを指す。すべての宗教に通じる真理を探究した。
人智学	Anthroposophy	ルドルフ・シュタイナーが提唱した精神運動。それに基づいた教育を理想と見るオルタナティヴは多い。

アジア由来の宗教、思想

ルーミー	Rumi	十三世紀のペルシャの詩人。神秘主義的なその詩はオルタナティヴたちに愛読されている。
サイババ	Sai Baba	インドの宗教家。社会奉仕事業にも熱心だった。病を奇跡的に治癒するとして一時期、一九九〇年代の日本でも脚光を浴びた。治癒効果のある聖灰が知られる。
三宝仏教コミュニティ（旧西洋仏教僧団友の会）	Triratna Buddhist Community (Friends of Western Buddhist Order)	イギリス人の僧侶サンガラクシタが始めた仏教。アジアの仏教から、その国の伝統文化を取り除いた真の仏教という触れ込み。この団体というより、仏教への関心から集まりに参加する人も少なくない。

クリシュナ意識国際協会／ハレ・クリシュナ	ISKCON / Hare Krishna	インド人プラブパーダの始めた宗教団体。ヒンドゥーの神クリシュナを主神と考える。「ハレ・クリシュナ…」というマントラをメロディに乗せて唱えながら町中を行進したり、無料で食事を振る舞ったりしている姿を見かけることもある。
オショー・ラジニーシ運動	Osho Rajneesh	インド人ラジニーシの始めた宗教運動。斬新的な宗教観に魅せられた弟子たちにより、インドやアメリカなど世界各地でコミューンが形成された。瞑想の仕方がユニーク。現在でもインドのプーナにセンターがある。
輪廻転生	Reincarnation	最近では、生まれ変わりを受け入れるキリスト教徒もいる。
瞑想	Meditation	キリスト教にも瞑想はあるが、インドや仏教に由来する瞑想に関心をもつ人が増えている。落ち着く、リラックスなど実際的な効果があるとされ、科学的に解明しようとする動きもある。
超越瞑想	Transcendental Meditation (TM)	マントラを繰り返し黙唱することで、心身のリラックスを図る瞑想。ヨーガに基づく。傍目にはただ目を閉じているようにしか見えない。
陰陽	Yin Yang	思想そのものより、象徴としての太極図（白と黒の勾玉のような形を合わせ、それぞれの中央に反対の色の点が描かれている円）が有名。
禅	Zen	西洋人は必ずしも正座をせず、椅子に座ることもある。禅とは瞑想のことだと理解している人もいる。
ネイティヴ・アメリカン由来		
シャーマン	Shaman	オルタナティヴ・スピリチュアリティでは、ネイティヴ・アメリカン文化における霊的能力者を指すことが多い。「シャーマンの旅」とは、瞑想の中で別の世界に旅をするイメージを創り出し、自己変容を目指す実践で、心理療法の側面が強い。

ビジュアリゼーション	Visualisation	瞑想をしながら、頭の中で何かのイメージをつくるイメージ・トレーニングのようなもの。ファンタジー的な物語の語りやドラムの音を聞きながら行うことが多い。
ドリームキャッチャー	Dream catcher	クモの巣状に細い紐を張った輪に羽根などをつけた、ネイティヴ・アメリカン文化のお守り。家や車に飾る人も多い。
まじないの輪	Medicine Wheel	四つの方角に異なる色を対応させた輪で、ネイティヴ・アメリカン文化に由来する。このアイディアが、ネオペイガニズムのケルト暦の年輪に影響したともいわれている。

食

菜食主義者／ベジタリアン／ベジ	Vegetarian	動物を殺して得られる肉などの食品を摂らない主義の人。ただし、魚は食べる人もいる。
絶対菜食主義者／ビーガン	Vegan	乳製品や卵、蜂蜜も含め、動物由来の食品を一切摂らない主義の人。

占い

占星術	Astrology	天体の位置関係や運行に基づく占い。特に誕生した日の天体の状況から、その人の運命を占うことが一般的。
ルーン文字	Runes	古代北欧の直線を組み合わせた文字。その文字が表す物の意味を通して、占いに使用される。
タロット	Tarot	二十二枚の大アルカナと五十六枚の小アルカナから成るカード。タロット占いはカウンセリングのようでもある。

数秘学	Numerology	名前のアルファベットを置き換えた数字の総数や誕生日で、その人のパーソナリティを占う。
易経	I Ching	書籍より、占いキットのシリーズの一環として販売されているのをよく見かける。

セラピー

カイロプラクティック療法	Chiropractic	脊椎の歪みを押して矯正し、神経系機能の回復を図る代替療法。薬物を使わないため、オルタナティヴにも好まれる。
指圧	Shiatsu / Acupressure	日本の指圧を学ぶ西洋人の悩みの一つは、正座だそうである。Shiatsu と Acupressure は別のものとする考え方もある。
鍼	Acupuncture	鍼。イギリスでは保険適用が認められている。
経絡	Meridian	鍼において、つぼとつぼを結ぶエネルギーの流れ道。ただし、それ以外のマッサージでも、説明のために使用されることがある。
インド式頭部マッサージ	Indian Head Massage（IHM）	インドの伝統医学アーユルヴェーダを取り入れた、肩から上のマッサージ。座ったままできるので手軽。講座も有資格者も多い。
英国式足裏療法／リフレクソロジー	Reflexology	足の裏などのマッサージ。講座も有資格者も多い。
霊気／レイキ	Reiki	日本発祥の手かざし療法。一時期日本では廃れたが、ハワイに移住した日系人によって欧米に広まった。単独でも、他のセラピーと組み合わせて使われることもある。施術者にとって、創始者が悟りを開いた京都は聖地とされる。「霊気」という文字を象徴として利用する者もいる。講座も有資格者もかなり多い。

頭蓋仙骨療法	Craniosacral Therapy	手を触れることで、頭蓋骨と仙骨の間を流れる脳脊髄液の流れをよくし、体のバランスを整える。
クリスタル・ヒーリング	Crystal Healing	パワーストーンの力を借りるセラピー。オルタナティヴ・スピリチュアリティの文脈では、クリスタルは水晶というより、パワーストーンと理解したほうがよい。単独よりも、各種マッサージやセラピーを行う際、クライアントの近くに石を置くなどの形で、併用されることが多い。
同種療法／ホメオパシー	Homeopathy	ある症状をもつ人に対して、健康な人にその症状を引き起こす物質を少量投与する治療法。日本では、科学的効果は否定されているが、イギリスでは人気が根強く、薬はドラッグストアでも購入できる。
心理療法／サイコセラピー	Psychotherapy	不安などの精神的な問題に対して、薬物ではなく、対話や作業など社会的な側面からの回復を目指す療法。いろいろな種類がある。
催眠療法	Hypnotherapy	催眠術をかけて、神経症や心身症、様々な依存症からの回復を図る心理療法の一種。
前世療法	Past Life Regression	催眠により、前世の記憶を遡り、心理的な傷を癒す療法。一対一が普通だが、集団で実施されるものもある。
カルマ	Karma	前世の自分の行いが、現在の生に対して及ぼす影響。ヒーラーやセラピストが、クライアントの訴える身体の慢性的な痛みなどの原因を説明するときに使用することもある。
感情解放テクニック	EFT（Emotional Freedom Technique）	クライアントがもつ恐怖や不安を取り除くため、身体の特定の地点をタッピング、つまり軽く細かくたたいて解消する療法。

オーラ・ソーマ	Aura Soma	上下二層の色に分かれた百本以上のボトルから、四本を選んで、そのときの自分の状態などを知って、内面的な成長を目指すカラーセラピー。グラストンベリーのチャリス・ウェルの水が含まれている。
チャクラ	Chakra	エネルギーが集まる七つのつぼ。ヨーガに由来。セラピーやヒーリングの作用機序の説明によく使われる。
銅鑼	Gong	紐で吊り下げられた円盤状の楽器で、ばちでたたいて使う。オルタナティヴは空気を震わせる振動の効果を期待して、儀式やヒーリングで使用する。
チベタンベル	Tingshaw	紐で結ばれた二つの小さなシンバル。ヒーリングでよく使用される。
お鈴／シンギング・ボウル	Singing Bowl	ふちをばちでこすって、共鳴音と振動を楽しむ。サウンド・ヒーリングの定番グッズ。
レイン・スティック	Rain Stick	中が空洞になった植物の中に石などを入れた楽器。アフリカや南米で使われている。振ると雨や波のような音が聞こえ、儀式やヒーリングに使われる。
ディジェリドゥ	Didgeridoo	オーストラリアの先住民アボリジニの竹製の管楽器。イギリスでは一時期、子供番組で使用されていたため有名。ヒーリングに使用される。

共同体

フィンドホーン	Findhorn	一九六二年、スコットランドに生まれたエコビレッジ（持続可能な発展などエコロジーに関心が高い共同体）。特に農業への関心が高い。グラストンベリーとの間で行き来も見られる。
ダマヌール	Damanhur	一九七五年、北イタリアに生まれたエコビレッジ。地下に建造された神殿の装飾が非常に美しいことでも知られる。

テゼ	Taizé	一九四〇年、フランスに設立された、キリスト教エキュメニカル運動に基づく共同体だが、キリスト教徒以外も多く訪れている。ここの歌を好むオルタナティヴもいる。

身体的運動

柔道	Judo	スポーツとして励む人は多いが、オルタナティヴは特にスピリチュアルな側面を大切にする。実践者にとって、日本の講道館は聖地、嘉納治五郎はスター。他に合気道や空手も人気が高い。
太極拳	Tai Chi	タイチーと発音。動きは滑らかでも、基本的には武術の一種。体操として楽しむ人も多い。
気功	Qi Gong / Xi Gong	チゴンと発音。エネルギー（気）を使った健康法。単に体操として楽しむ人も多い。
ヨーガ	Yoga	インド発祥の修行法。現在ではフィットネスとして楽しむ人が多いが、運動ではなく、経典の勉強会を指すときもある。
ピラティス	Pilates	ヨーガに由来する身体的なフィットネス。

地球の神秘

巨石文化	Megalithic Culture	一般的には新石器時代の巨石建造物を指す。使用目的不明のものが多く、謎と神秘のイメージがまとわりつき、想像力を刺激する。
ストーンサークル	Stone Circle	巨大な石を環状に並べた古代の遺跡。地球のエネルギーが強い聖地と考えられている。世界各地に見られるが、イギリスのストーンヘンジやエイブベリーは特に有名。

ストーンヘンジ	Stonehenge	環状に並んだ巨石の中に馬蹄形の巨石が立つウィルトシャー州の遺跡で世界遺産。季節の祝祭の日には、ドルイドが儀式をしている。一般の観覧時間外に予約すれば、石に触れることができ、それを好むオルタナティヴは少なくない。
エイブベリー	Avebury	環状に並んだ巨石のウィルトシャー州の遺跡で世界遺産。遺跡の中に村がある。
シャスタ山	Mt Shasta	アメリカのカリフォルニア州北部にある、エネルギーの強い聖地とされる場所。
セドナ	Sedona	アメリカのアリゾナ州にある、エネルギーの強い聖地とされる場所。
アヴァロン島	Isle of Avalon	ケルト伝説で西方にあり、死者が復活の時を待つとされる魔法の島。グラストンベリーと重なり合っているといわれる。
ミステリー・サークル	Crop Circle	小麦、大麦、とうもろこし、菜の花などの畑に、六〜八月に出現する模様。ウィルトシャー州が世界的メッカ。
水脈探し／ダウジング	Dowsing	棒などを用いて、地上から地中にある水脈を見つけること。
レイライン	Ley Line	古代の遺跡、中世の教会、古代の墓地、古い泉、丘の頂上など、信仰に関わる重要な場所を結んだ直線。
神聖幾何学	Sacred Geometry	黄金比など、自然の中に見出されるパターンを用いた幾何学模様。特別な力をもつとされる。幾何学模様を組み合わせた図柄が曼荼羅と呼ばれることもある。
迷宮／ラビリンス	Labyrinth	一方通行。その上を歩いて、自らの内面を深めるためにも使われる。ギリシャのクレタ島のミノタウロスが閉じ込められていたことで知られる。
迷路／メイズ	Maze	いくつもの進み方があるゲーム。生け垣でできた巨大なものも知られる。

地上の黄道十二星座	Terrestrial Zodiac	黄道十二星座を表しているとされる地形群。イギリスにいくつもあるとされる。
ガイア仮説（ガイア理論）	Gaia Hypothesis / Gaia Theory	一九六〇年代に科学者ジェームズ・ラヴロックによって提唱された説。地球を一つの生命体とみなし、自己調節の能力をもっているとする。この説を拡大解釈し、地球への愛を熱く語る人は少なくない。

その他

気／エネルギー	Chi	身体、地球、宇宙などあらゆる領域に存在する、目に見えない力として使用される。

＊一般的な定義よりも、オルタナティヴ・スピリチュアリティのシーンでどのように利用されたり、理解されたりしているかを重視した説明になっている。

＊選択の背景を説明しておく。調査中、オルタナティヴ・スピリチュアリティと関係していそうな百九十六単語に関して、「知っている」「聞いたことがある」「知らない」の選択肢を設けたアンケートを二百八十三人に実施した。対象者は、グラストンベリーと周辺に暮らすオルタナティヴと非オルタナティヴ、それ以外の地域に暮らすオルタナティヴ・スピリチュアリティに関わっている人とそうではない人である。そうして得られた結果と筆者の調査経験に基づいて、オルタナティヴ・スピリチュアリティのシーンを特徴的に表していると思われる百語を選択した。そのため偏りがあることは予めお断りしておく。

引用文献

○日本語の文献○

アイスラー、リーアン

一九九一『聖杯と剣　われらの歴史、われらの未来』（野島秀勝訳）、東京、法政大学出版局（Riane Eisler, 1987, *The Chalice and The Blade: Our History, Our Future*, San Francisco: Harper and Row）

青山吉信

一九九二『グラストンベリ修道院　歴史と伝説』、東京、山川出版社

アトキンソン、A・B

一九七四『イギリスにおける貧困と社会保障改革』（田中寿・今岡健一郎訳）、東京、光生館（A. B. Atkinson, 1969, *Poverty in Britain and the Reform of Social Security*, Cambridge: Cambridge University Press）

アドラー、マーゴット

二〇〇三『月神降臨』（江口之隆訳）、東京、国書刊行会（Margot Adler, 1979, *Drawing Down the Moon: Witches, Druids, Goddess Worshippers and Other Pagans in America Today*, Boston: Beacon Press）

アーリ、ジョン

一九九五『観光のまなざし　現代社会におけるレジャーと旅行』（加太宏邦訳）、東京、法政大学出版局（John Urry, 1990, *The Tourist Gaze: Leisure and Travel in Contemporary Societies*, London: Sage）

池上正太

二〇一一『ケルト神話』、東京、新紀元社

伊藤雅之

二〇〇三『現代社会とスピリチュアリティ　現代人の宗教意識の社会学的探究』、広島、溪水社

ウィルソン、ブライアン

一九七九『現代宗教の変容』（井門富二夫・中野毅訳）、東京、ヨルダン社（Bryan Wilson, 1976, *Contemporary Transformations of Religion*, London: Oxford University Press）

海野弘
一九九八『世紀末シンドローム　ニューエイジの光と闇』、東京、新曜社
大杉高司
二〇〇一「非同一性による共同性へ／において」『人類学的実践の再構築　ポストコロニアル転回以後』（杉島敬志編）、京都、世界思想社、二七一―二九六頁
小田亮
二〇〇四「共同体という概念の脱／再構築―序にかえて」『文化人類学』第六九巻第二号、二三六―二四六頁
岡本亮輔
二〇一二『聖地と祈りの宗教社会学　巡礼ツーリズムが生み出す共同性』、横浜、春風社
葛西賢太
二〇〇二「正直であること、仲間であること―「飲まない生き方」を分かち合う共同体へ」『スピリチュアリティを生きる　新しい絆を求めて』（樫尾直樹編）、東京、せりか書房、一一三―一二七頁
河西瑛里子
二〇〇七『スピリチュアルな日常を生きる―英国グラストンベリーにおけるヒーリングの実践と女神運動を事例に』（京都大学大学院人間・環境学研究科二〇〇六年度修士学位論文）
二〇〇八「英国でコンタクト・ゾーンを考える―グラストンベリーにおける女神運動とドルイド教を事例として」『コンタクト・ゾーン』第二号、一三一―一四七頁
二〇〇九「女神にひかれる男たち―現代の欧米の新しい宗教的実践におけるジェンダーについて」『人文學報』第九八号、二六九―二九六頁
二〇一一「イギリスでコンタクト・ゾーンを考える―グラストンベリーにおける文化人類学的調査を事例として」『コンタクト・ゾーンの人文学　第一巻　問題系』（田中雅一・船山徹編）、京都、晃洋書房、一〇三―一二九頁
二〇一三「オルタナティヴと対峙する地元民―イギリスのグラストンベリーにおけるニューエイジ産業をめぐって」『宗教と社会』第一九号、一―一五頁

ギンブタス、マリヤ
一九八九『古ヨーロッパの神々』（鶴岡真弓訳）、東京、言叢社（Marija Gimbutas, 1982, *The Goddesses and Gods of Old Europe: 6500-3500 B.C. Myths and Cult Images*, Berkeley: University of California Press）
クライスト、キャロル
一九八二「なぜ女性には女神が必要なのか」『女性解放とキリスト教』（キャロル・クライスト、ジュディス・プラスカウ編、奥田暁子・岩田澄江訳）、東京、新教出版社、二六一―二八二頁（Carol P. Christ, 1979, "Why Women Need the Goddess: Phenomenological, Psychological, and Political Reflections," in Carol P. Christ & Judith Plaskow (eds.), *Womanspirit Rising: A Feminist Reader in Religion*, San Francisco: Harper & Row, pp. 273-287）
クリフォード、ジェームズ&ジョージ・マーカス
一九九六『文化を書く』（春日直樹・足羽與志子・橋本和也・多和田裕司・西川麦子・和迩悦子訳）、東京、紀伊國屋書店（James Clifford and George E. Marcus, 1986, *Writing Culture: The Poetics and Politics of Ethnography*, Berkeley, Los Angeles and London: University of California Press）
小松加代子
二〇〇七「女神信仰」『ジェンダーで学ぶ宗教学』（田中雅一・川橋範子編）、京都、世界思想社、一六六―一八二頁
佐伯順子
一九九八「女神を求めて―アメリカにおける「女性の霊性」運動と日本」『女神　聖と性の人類学』（田中雅一編）、東京、平凡社、三五七―三八九頁
酒井朋子
二〇一一「コンタクト・ゾーンとしてのライフ・ストーリー調査―第二言語の聞き取りにまつわる方法論的考察」『コンタクト・ゾーンの人文学　第一巻　問題系』（田中雅一・船山徹編）、京都、晃洋書房、七九―一〇二頁
佐藤知久
二〇〇二「ＨＩＶとともに生きる主体―ニューヨーク市ブルックリンにおけるサポートグループの事例から」『日

常的実践のエスノグラフィー　語り・コミュニティ・アイデンティティ』（田辺繁治・松田素二編）、京都、世界思想社、二六五―二八五頁
塩路有子
二〇〇三『英国カントリーサイドの民族誌　イングリッシュネスの創造と文化遺産』、東京、明石書店
島薗進
一九九六『精神世界のゆくえ　現代世界と新霊性運動』、東京、東京堂出版
二〇〇七『スピリチュアリティの興隆　新霊性文化とその周辺』、東京、岩波書店
スターホーク
一九九四『聖魔女術　スパイラル・ダンス』（鏡リュウジ・北川達夫訳）、東京、国書刊行会（Starhawk, 1979, *The Spiral Dance: A Rebirth of the Ancient Religion of the Great Goddess*, San Francisco: Harper & Row）
ストーム、レイチェル
二〇〇二「共同性・文化・スピリチュアリティ」（葛西賢太・伊藤雅之訳）『スピリチュアリティを生きる　新しい絆を求めて』（樫尾直樹編）、東京、せりか書房、一八六―二〇八頁
スノードン、ポール&大竹正次
一九九七『イギリスの社会「開かれた階級社会」をめざして』、東京、早稲田大学出版部
髙谷紀夫・沼崎一郎
二〇一二「序章」『つながりの文化人類学』（髙谷紀夫・沼崎一郎編）、仙台、東北大学出版会、九―三一頁
高平鳴海・女神探究会
一九九八『女神』、東京、新紀元社
田中雅一
一九九六「ヨーロッパ・アジア・フォーラム参加報告」『民族學研究』第六一巻第二号、三一四―三一七頁
一九九八「女神研究序論」『女神　聖と性の人類学』（田中雅一編）、東京、平凡社、五―二八頁
二〇〇九「エイジェントは誘惑する―社会・集団をめぐる闘争モデル批判の試み」『集団　人類社会の進化』（河合香吏編）、京都、京都大学学術出版会、二七五―二九二頁

二〇一一「運命的瞬間を求めて―フィールドワークと民族誌記述の時間」『時間の人類学　情動・自然・社会空間』（西井凉子編）、京都、世界思想社、一一五―一四〇頁

中央大学人文科学研究所編
二〇〇一『ケルト復興』、東京、中央大学出版部

ナンシー、ジャン＝リュック
二〇〇七（二〇〇一）『無為の共同体　哲学を問い直す分有の思考』（西谷修・安原伸一朗訳）、東京、以文社（Jean-Luc Nancy, 1983, *La communauté désœuvrée*, Paris: Christian Bourgois）

原　聖
二〇〇七『興亡の世界史7　ケルトの水脈』、東京、講談社

ファーガソン、マリリン
一九八一『アクエリアン革命　'80年代を変革する「透明の知性」』（松尾弌之訳・堺屋太一監訳）、東京、実業之日本社（Marilyn Ferguson, 1980, *The Aquarian Conspiracy: Personal and Social Transformation in Our Time*, Los Angeles: J. P. Tarcher）

ブラッドリー、マリオン・ジマー
一九八八『異教の女王』、『宗主の妃』、『牡鹿王』、一九八九『円卓の騎士』（岩原明子訳）、『アヴァロンの霧』シリーズ、東京、早川書房（Marion Zimmer Bradley, 1982, *The Mists of Avalon*, New York: Alfred A. Knopf）

ブレキリアン、ヤン
二〇一一『ケルト神話の世界』上下（田中仁彦・山邑久仁子訳）、東京、中央公論社（Yann Brékilien, 1993, *La Mythologie Celtique*, Monaco: Les Édtions du Rocher）

ボーレン、ジーン・シノダ
一九九一『女はみんな女神』（村本詔司・村本邦子訳）、東京、新水社（Jean Shinoda Bolen, 1984, *Goddess in Everywoman: A New Psychology of Women*, New York: HarperCollins）

マーカス、ジョージ・E　＆　マイケル・M・J・フィッシャー
一九八九『文化批判としての人類学　人間科学における実験的試み』（永渕康之訳）、東京、紀伊國屋書店

（George E. Marcus & Michael M. J. Fischer, 1986, *Anthropology as Cultural Critique: An Experimental Moment in the Human Sciences*, Chicago: University of Chicago Press）

松尾瑞穂
二〇一一「「他者」とともにある日常―インドにおけるコンタクト・ゾーンとしての国際結婚」『コンタクト・ゾーンの人文学　第一巻　問題系』（田中雅一・船山徹編）、京都、晃洋書房、二五七―二八二頁

マフェゾリ、ミシェル
一九九五『現代世界を読む　スタイルとイメージの時代』（菊地昌実訳）、東京、法政大学出版局（Michel Maffesoli, 1993, *La contemplation du monde: Figures du style communautaire*, Paris: B. Grasset）

森明子
二〇〇四「序　ヨーロッパ人類学の可能性」『ヨーロッパ人類学　近代再編の現場から』（森明子編）、東京、新曜社、一―二四頁

吉永進一
二〇〇二「日本の霊的思想の過去と現在―カルト的場の命運」『スピリチュアリティを生きる　新しい絆を求めて』（樫尾直樹編）、東京、せりか書房、一七一―一八五頁

リディントン、ジル
一九九六『魔女とミサイル　イギリス女性平和運動史』（白石瑞子・清水洋子訳）、東京、新評論（Jill Liddington, 1989, *The road to Greenham Common: Feminism and anti-militarism in Britain since 1820*, Syracuse: Syracuse University Press）

ルックマン、トーマス
一九七六『見えない宗教　現代宗教社会学入門』（赤池憲昭・ヤン・スィンゲドー訳）、東京、ヨルダン社（Thomas Luckmann, 1967, *The Invisible Religion: The Problem of Religion in Modern Society*, New York: The Macmillan Press）

○英語の文献○

Ashe, Geoffrey 1986 (1957) *King Arthur's Avalon: The Story of Glastonbury*, Glasgow: Fontana Books

Beckford, James 1984 "Holistic Imagery and Ethics in New Religious and Healing Movements," *Social Compass* 31 (2-3): 259-272

Benham, Patrick 1993 *The Avalonians*, Glastonbury: Gothic Image Publications

Berger, Helen A. 1999 *A Community of Witches: contemporary neo-paganism and witchcraft in the United States*, Columbia: University of South Carolina Press

Bond, Frederick Bligh 1978 (1918) *The Gate of Remembrance: The Story of the Psychological Experiment which Resulted in the Discovery of the Edgar Chapel at Glastonbury*, Wellingborough: Thorsons Publishers

Bowman, Marion

1993 "Drawn to Glastonbury," in Ian Reader & Tony Walter (eds.), *Pilgrimage in popular culture*, London: The Macmillan Press, pp. 29-62

1995 "The Noble Savage and the Global Village: Cultural Evolution in New Age and Neo-Pagan Thought," *Journal of Contemporary Religion* 10 (2): 139-149

2000 "More of the Same? Christianity, Vernacular Religion and Alternative Spirituality in Glastonbury," in Steven Sutcliffe & Marion Bowman (eds.), *Beyond New Age: exploring alternative spirituality*, Edinburgh: Edinburgh University Press, pp. 83-104

2004 "Procession and Possession in Glastonbury: Continuity, Change and the Manipulation of Tradition," *Folklore* 115: 273-285

2005 "Ancient Avalon, New Jerusalem, Heart Chakra of Planet Earth: The Local and the Global in Glastonbury," *Numen* 52: 157-190

Bruce, Steve 2002 *God is dead: secularization in the West*, Oxford: Blackwell

Budapest, Zsuzsanna 1989 (1980) *The Holy Book of Women's Mysteries: Feminist Witchcraft, Goddess Rituals, Spellcasting, and other womanly arts...*, Berkeley: Wingbow Press

Bulmer, Martin　1987　*The social basis of community care*, London: Allen & Unwin

Carey, Aine　1998　"1998 Glastonbury Goddess Conference," *AVALON Magazine Autumn 1998* 10: 18–21

Carley, James P.　1996（1988）*Glastonbury Abbey: The Holy House at the head of the Moors Adventurous*, Glastonbury: Gothic Image Publications

Carsten, Janet　2000　"Introduction: culture of relatedness," in Janet Carsten（ed.）, *Cultures of relatedness: new approaches to the study of kinship*, Cambridge: Cambridge University Press, pp. 1–36

Chryssides, George D.　2000 "Healing and Curing: Spiritual Healing, New and Old," in Marion Bowman（ed.）, *Healing and Religion*, Enfield Lock: Hisarlik Press, pp. 59–68

Clare　2009　"Glastonbury, the hippies and the pop festival, c.1967–75: the Negotiation of a New Society," unpublished（知人からもらったため、姓不明）

Daly, Mary　1978　*Gyn/Ecology: The metaethics of radical feminism*, Boston: Beacon Press

Dashú, Max　2005　"Knocking Down Straw Dolls: A Critique of Cynthia Eller's *The Myth of Matriarchal Prehistory*," *Feminist Theology* 13（2）: 185–216

Davie, Grace　1994　*Religion in Britain since 1945: Believing without belonging*, Oxford and Cambridge: Blackwell

Draper, Ian K. B.　2004　"From Celts to Kaaba: Sufism in Glastonbury," in David Westerlund（ed.）, *Sufism in Europe and North America*, New York and London: Routledge, pp. 144–156

Eller, Cynthia

1991　"Relativizing the Patriarchy: The Sacred History of the Feminist Spirituality Movement," *History of Religions* 30（3）: 279–295

1995（1993）*Living in the Lap of the Goddess: The Feminist Spirituality Movement in America*, Boston: Beacon Press

2000a（1999）"The Roots of Feminist Spirituality," in Wendy Griffin（ed.）, *Daughters of the Goddess: Studies of Healing, Identity, and Empowerment*, Walnut Creek: AltaMira Press, pp. 25–41

2000b *The Myth of Matriarchal Prehistory: Why an Invented Past Won't Give Women a Future*, Boston: Beacon Press

Ellis, Peter 1992 "Mendip Hills An Archaeological Survey of the Area of Outstanding Natural Beauty,"（プロジェクトの報告書）

Foltz, Tanice G. 2000（1999） "Thriving, Not Simply Surviving: Goddess Spirituality and Women's Recovery from Alcoholism," in Wendy Griffin（ed.）, *Daughters of the Goddess: Studies of Healing, Identity, and Empowerment*, Walnut Creek: AltaMira Press, pp. 119–135

Fortune, Dion 2000（1930） *Glastonbury: Avalon of the Heart*, York Beach: Weiser Books

Frost, Brian 1989 *An unknown Glastonbury mystic: The reflections of Marjorie Milne through prose, poetry & prayer*, London: New World Publications

Gallagher, Ann-Marie 2000（1999） "Woven Apart and Weaving Together: Conflict and Mutuality in Feminist and Pagan Communities in Britain," in Wendy Griffin（ed.）, *Daughters of the Goddess: Studies of Healing, Identity, and Empowerment*, Walnut Creek: AltaMira Press, pp.42–58

Garrard, Bruce 1989 "'Glastonbury Hippies': A potted history," in Ann Morgan & Bruce Garrard（eds.）, *Travellers in Glastonbury*, Glastonbury: The Glastonbury Gazette

Garrett, Catherine 2001 "Transcendental Meditation, Reiki and Yoga: Suffering, Ritual and Self-Transformation," *Journal of Contemporary Religion* 16（3）: 329–342

Gerlach, Luther P. 2001 "The structure of social movements: environmental activism and its opponents," in John Arquilla & David Ronfeldt（eds.）, *Networks and netwars: The future of terror, crime and militancy*, Santa Monica, Arlington and Pittsburgh: RAND, pp. 289–310

GCDT（Glastonbury Community Development Trust）

2004 "Survey of Glastonbury Employers Final Report," unpublished

2005 "Community Survey 2003/04 Summary Report," unpublished

Gill, Robin, C. Kirk Hadaway & Penny Long Merler 1998 "Is Religious Belief Declining in Britain?" *Journal for the*

Scientific Study of Religion 37（3）: 507–516

Goldenberg, Naomi R.　1979　*Changing of the Gods: Feminism and the End of Traditional Religions*, Boston: Beacon Press

Gordon, Rebecca　1995　"Earthstar magic: A feminist theoretical perspective on the way of the witches and the path to the Goddess," *Social Alternatives* 14（4）: 9–11

Gottschall, Marilyn　2000（1999）　"The Mutable Goddess: Particularity and Eclecticism within the Goddess Public," in Wendy Griffin（ed.）, *Daughters of the Goddess: Studies of Healing, Identity, and Empowerment*, Walnut Creek: AltaMira Press, pp. 59–72

Greenwood, Susan

2000a　*Magic, Witchcraft and the Otherworld: An Anthropology*, Oxford and New York: Berg

2000b（1999）　"Feminist Witchcraft: A Transformatory Politics," in Wendy Griffin（ed.）, *Daughters of the Goddess: Studies of Healing, Identity, and Empowerment*, Walnut Creek: AltaMira Press, pp. 136–150

Griffin, Wendy

1995　"The Embodied Goddess: Feminist Witchcraft and Female Divinity," *Sociology and Religion* 56（1）: 35–48

2000（1999）　"Introduction," in Wendy Griffin（ed.）, *Daughters of the Goddess: Studies of Healing, Identity, and Empowerment*, Walnut Creek: AltaMira Press, pp. 13–22

Harris, Grove　2005　"Healing in Feminist Wicca," in Linda L. Barnes & Susan S. Sered（eds.）, *Religion & Healing in America*, Oxford and New York: Oxford University Press, pp. 253–263

Harvey, Graham　1997　*Contemporary Paganism: Listening People, Speaking Earth*, New York: New York University Press

Hasselle-Newcombe, Suzanne　2005　"Spirituality and 'Mystical Religion' in Contemporary Society: A Case Study of British Practitioners of the Iyengar Method of Yoga," *Journal of Contemporary Religion* 20（3）: 305–321

Heelas, Paul

1996 *The New Age Movement: the celebration of the self and the sacralization of modernity*, Oxford and Malden: Blackwell

2000 "Expressive Spirituality and Humanistic Expressivism: Sources of Significance Beyond Church and Chapel," in Steven Sutcliffe & Marion Bowman (eds.), *Beyond New Age: exploring alternative spirituality*, Edinburgh: Edinburgh University Press, pp. 237–254

2006 "The Infirmity Debate: On the Viability of New Age Spiritualities of Life," *Journal of Contemporary Religion* 21 (2): 223–240

Heelas, Paul & Linda Woodhead 2005 *The Spiritual Revolution: Why Religion is Giving Way to Spirituality*, Malden, Oxford and Carlton: Blackwell

Hexham, Irving 1971 "New Age Thought in Glastonbury," unpublished M.A. thesis, University of Bristol

Howard-Gordon, Frances 2010 *Glastonbury: Maker of Myths*, Glastonbury: Gothic Image Publications

Hutton, Ronald

1999 *The Triumph of the Moon: a history of modern pagan witchcraft*, Oxford: Oxford University Press

2003 *Witches, Druids and King Arthur*, London and New York: Hambledon Continuum

Ivakhiv, Adrian J. 2001 *Claiming Sacred Ground: Pilgrims and Politics at Glastonbury and Sedona*, Bloomington: Indiana University Press

Jenkins, Palden 2005 (1982) *Map of the Ancient Landscape Around Glastonbury: energy centres, ancient remains, ley alignments, coasts and islands*, Glastonbury: Gothic Image Publications

Jones, Kathy

1990 *The Goddess in Glastonbury*, Glastonbury: Ariadne Publications

1996 *On Finding Treasure: Mystery Plays of the Goddess*, Glastonbury: Ariadne Publications

1998 *Breast Cancer: Hanging on by a Red Thread*, Glastonbury: Ariadne Publications

2000 *In the Nature of Avalon: Goddess Pilgrimages in Glastonbury's sacred landscape*, Glastonbury: Ariadne

Publications
2001a（1991） *The Ancient British Goddess: Goddess Myths, Legends, Sacred Sites & Present Revelation*, Glastonbury: Ariadne Publications
2001b *Chiron in Labrys: An Introduction to Esoteric Soul Healing*, Glastonbury: Ariadne Publications
2006 *Priestess of Avalon Priestess of the Goddess*, Glastonbury: Ariadne Publications
Komatsu, Kayoko 1985 "Matriarchy Groups in U.K.," *Religion Today* 2（1）: 9
Lawless, Elaine J. 1993 *Holy Women, Wholly Women: Sharing Ministries of Wholeness Through Life Stories and Reciprocal Ethnography*, Philadelphia: University of Pennsylvania Press
Lockley, Andrew 1976 *Christian Communes*, London: SCM Press
Long, Asphodel 1994 "The Goddess Movement in Britain Today," *Feminist Theology* 2（5）: 11–39
Lozano, Wendy & Tanice G. Foltz 1990 "Into the Darkness: An Ethnographic Study of Witchcraft and Death," *Qualitative Sociology* 13（3）: 211–234
Luhrmann, T. M. 1989 *Persuasion of the Witch's Craft: Ritual Magic in Contemporary England*, Cambridge: Harvard University Press
Maltwood, Katharine E. 1982（1929） *A Guide to Glastonbury's Temple of the Stars*, Cambridge: James Clarke & Co
Michell, John
1969 *The View over Atlantis*, London: Sago Press
1972 *City of Revelation: On the Proportions and Symbolic Numbers of the Cosmic Temple*, London: Garnstone Press
1997（1990） *New Light on the Ancient Mystery of Glastonbury*, Glastonbury: Gothic Image Publications
Moody, Edward J. 1974 "Magical Therapy: An Anthropological Investigation of Contemporary Satanism" in Irving I. Zaretsky & Mark P. Leone（eds.）, *Religious Movements in Contemporary America*, Princeton: Princeton University Press, pp. 355–382
Neitz, Mary Jo 1993（1981） "In Goddess We Trust," in Thomas Robbins & Dick Anthony（eds.）, *In Gods we trust: New patterns of religious pluralism in America*, New Brunswick: Transaction Publisher, pp. 353–372

Orion, Loretta 1994 *Never Again The Burning Times: Paganism Revived*, Prospect Heights: Waveland Press

Panton, Kenneth J. & Keith A. Cowlard 2008 *Historical Dictionary of the Contemporary United Kingdom*, Lanham: The Scarecrow Press

Parman, Susan 1998 "Introduction: Europe in the Anthropological Imagination," in Susan Parman (ed.), *Europe in the Anthropological Imagination*, Upper Saddle River: Prentice Hall, pp. 1-16

Pike, Sarah 2001 *Earthly Bodies, Magical Selves: Contemporary Pagans and the Search for Community*, Berkeley: University of California Press

Powys, John Cowper 1975 (1932) *A Glastonbury romance*, New York: Simon & Schuster, London: The Bodley Head

Preston, James J. 1987 "Goddess Worship: Theoretical Perspectives," in Mircea Eliade and Charles J Adams (eds.), The *Encyclopedia of Religion* vol. 6, New York: The Macmillan Press, pp. 53-59

Prince, Ruth & David Riches 2000 *The New Age in Glastonbury: The Construction of Religious Movements*, New York and London: Berghahn Books

Puttick, Elizabeth 1997 *Women in New Religion: In Search of Community, Sexuality and Spiritual Power*, New York: St. Martin's Press

Rahtz, Philip & Lorna Watts 2009 (1993) *Glastonbury: Myth & Archaeology*, Stroud: The History Press

Raphael, Melissa

1996 "Truth in Flux: Goddess Feminism as a Late Modern Religion." *Religion* 26 (3): 199-213

2000 (1999) "False Goddess: Thealogical Reflections on the Patriarchal Cult of Diana, Princess of Wales," in Wendy Griffin (ed.), *Daughters of the Goddess: Studies of Healing, Identity, and Empowerment*, Walnut Creek: AltaMira Press, pp. 89-102

Rose, Stuart 2000 "Healing in the New Age: It's Not What You Do But Why You Do It," in Marion Bowman (ed.), *Healing and Religion*, Enfield Lock: Hisarlik Press, pp. 69-80

Rountree, Kathryn

1997 "The New Witch of the West: Feminists Reclaim the Crone," *Journal of Popular Culture* 30 (4): 211-229

1999 "The Politics of the Goddess: Feminist Spirituality and the Essentialism Debate," *Social Analysis* 43 (2): 138-165

2001 "The Past is a Foreigners' Country: Goddess Feminists, Archaeologists, and the Appropriation of Prehistory," *Journal of Contemporary Religion* 16 (1): 5-27

2002 "Goddess pilgrims as tourists: inscribing the body through sacred travel," *Sociology of Religion* 63 (4): 475-496

2004 *Embracing the witch and the goddess: feminist ritual-makers in New Zealand*, London and New York: Routledge

2006 "Performing the Divine: Neo-Pagan Pilgrimages and Embodiment at Sacred Sites," *Body & Society* 12 (4): 95-115

2007 "Archaeologists and Goddess Feminists at Çatalhöyük: An Experiment in Multivocality," *Journal of Feminist Studies of Religion* 23 (2): 7-26

Sage, Vanessa 2005/2006 "Sitting with Your Own Tree: Pilgrims and Pilgrimages in Glastonbury," *International Journal of the Humanities* 3 (ページ数記載なし)

Salomonsen, Jone

1998 "Feminist Witchcraft and Holy Hermeneutics," in Joanne Pearson, Richard H. Roberts & Geoffrey Samuel (eds.), *Nature Religion Today: Paganism in the Modern World*, Edinburgh: Edinburgh University Press, pp. 143-156

2002 *Enchanted Feminism: Ritual, Gender and Divinity among the Reclaiming Witches of San Francisco*, London and New York: Routledge

Sjöö, Monica 1999 *Return of the Dark/Light Mother or New Age Armageddon?: Towards a Feminist Vision of the Future*, Austin: Plain View Press

Taylor, Barry 2010 *A pilgrim in Glastonbury*, Glastonbury: Abbey Press

Urry, John 2002 "Mobility and proximity," *Sociology* 36 (2): 255-274

Weaver, Mary Jo　1989　"Who is the Goddess and Where Does She Get Us?" *Journal of Feminist Studies in Religion* 5 (1): 49-64
Welch, Christina　2010　"The Spirituality of, and at, Greenham Common Peace Camp," *Feminist Theology* 18 (2): 230-248
Wheeler, Elisabeth　2003-2004　"Assignment: Investigating Glastonbury," unpublished
Wheeler, Martin　2004　"Alternative Glastonbury: Complementary Medicine and Alternative Therapies: Practitioners and Practices," unpublished
Wuthnow, Robert
　1998　*After Heaven: Spirituality in America since the 1950s*, Berkeley, Los Angeles and London: University of California Press
　1986 "Religious movements and counter-movements in North America," in James A. Beckford (ed.), *New Religious Movements and Rapid Social Change*, London and Beverly Hills: Sage, pp. 1-28
York, Michael　1995　*The Emerging Network: A Sociology of the New Age and Neo-Pagan Movements*, Lanham: Rowman & Littlefield Publishers

○ホームページ○

BBC homepage　http: //www. bbc. co. uk/somerset/content/image_galleries/glastonbury_goddess_conference_2006_gallery.shtml?1（二〇〇六年八月十日閲覧）
Census2011（Somerset Intelligence）　http://www.somersetintelligence.org.uk/census2011（二〇一四年八月八日閲覧）
Citizens Advice Bureau Advice Guide　http://www.adviceguide.org.uk/index/your_money/bepefits_e.htm（二〇一一年八月三日閲覧）
Directgov　http://www.direct.gov.uk/en/MoneyTaxAndBenefits/Index.htm（二〇一一年八月三日閲覧）
Department for Work and Pensions　http://www.dwp.gov.uk/（二〇一一年八月三日閲覧）

Glastonbury Festival　http://www.glastonburyfestivals.co.uk（二〇一一年十二月一日閲覧）
Neighborhood Statistics　http://www.neighborhood.statistics.gov.uk（二〇一四年八月八日閲覧）
Witchcraft Ltd　http://www.witchcraftshop.co.uk（二〇一三年六月二十七日～二十九日閲覧）

○新聞、冊子○

Central Somerset Gazette, Wells: Mid Somerset Series
Goddess Conference Programme（2006, 2008, 2009, 2010）

謝辞

本書とそのもとになった博士学位論文「女神運動から紡ぎだされるつながり―イギリス南西部グラストンベリーにおけるオルタナティヴ・スピリチュアリティの文化人類学的研究―」（二〇一三年三月提出）を考え、執筆し、形にすることができたのは、様々な方々のご指導とご助言と励ましのおかげです。

まず、指導教員である京都大学人文科学研究所の田中雅一先生には、修士課程の頃から長年ご指導いただき、大変お世話になりました。「複数文化接触領域の人文学」「トラウマ体験と記憶の組織化をめぐる領域横断研究」（ともに京都大学人文科学研究所共同研究）といった共同研究のメンバーにも加えてくださったうえ、主査として博士論文を審査していただきました。京都大学大学院人間・環境学研究科の菅原和孝先生と同大学人文科学研究所の石井美保先生には日頃からご指導を賜り、副査も引き受けていただきました。東京大学名誉教授の島薗進先生と京都大学大学院人間・環境学研究科の廣野由美子先生からも副査として貴重なご助言をいただきました。同研究科の風間計博先生、退官された故福井勝義先生と山田孝子先生、さらに文化人類学分野の諸先輩方と院生の方々にもお世話になりました。国立民族学博物館の鈴木七美先生には共同研究（同博物館共同研究「ウェルビーイング（福祉）の思想とライフデザイン」、同博物館機関研究「ケアと育みの人類学」）に声をかけていただき、また日本学術振興会のＰＤ特別研究員として受け入れていただきました。同博物館の菅瀬晶子先生はその後の外来研究員の受け入れを引き受けてくださいました。山中弘先生（筑波大学）、三木英先生（大阪国際大学）、吉永進一先生（舞鶴工業高等専門学校）、堀江宗正先生（東京大学）、小池靖先生（立教大学）には、「宗教とツーリズム」研究会、宗教社会学の会、スピリチュアリティ情報交換会（ＳＰＩＥＭ）という研究会を通してお世話になりました。またこれらの研究会で出会った研究者の方々は、いつも研究という行為の魅力を教えてくださいました。

それから海外渡航中には、本書に何度か登場する、イギリスの開放大学（Open University）のマリオン・ボーマン先生に公私ともども大変お世話になり、また日本学術振興会の海外派遣事業における派遣の際、受け入れていただきました。ロナルド・ハットン先生（ブリストル大学、イギリス）、マイケル・ヨーク先生（元バース・スパ大学、イギリス）、アフメト・アラバチ先生（ファトゥー大学、トルコ）、イムレ・ラザール先生（カーロリ・ガースパール大学、ハンガリー）、アギタ・ルセ先生（リガ・ストラディンシュ大学、ラトビア）、ハネカ・ミンキヤンさん（アムステルダム自由大学、オランダ）、ジゼル・ヴィンセットさん（元エジンバラ大学、イギリス）、ジョー・オヴァーエンドさん（元ウィンチェスター大学、イギリス）、パトリック・ジョーダンさん（ロンドン大学、イギリス）、ミゲル・ファリアスさん（元オックスフォード大学、イギリス）の各先生方にもよくしていただきました。その他、二〇〇二年から二〇〇三年にアメリカのイリノイ州立大学シカゴ校に留学していたとき、お世話になったマイケル・リーバー先生（イリノイ州立大学名誉教授）、そしてラウル・オカ先生（ノートルダム大学、アメリカ）とヴァニア・スミス先生（ノートルダム大学、アメリカ）のご夫妻からは、その後も励ましの言葉をいただきました。その当時知り合ったジニー・ジェスルニクさんとキャロライン・パウエルさんからは、いつも励ましの言葉とともに英文校閲をお願いしてきました。

これ以上、お名前を挙げきれませんが、日本やイギリス、ヨーロッパ各地のいろいろな学会や研究会で出会った先生方や院生の方々との出会いとその後の交流は、実り多いものでした。とりわけ学会や研究会での発表の折には、温かいアドバイスをいただき励みになりました。その他、執筆にあたっては、引用文献に挙げた以外に、多くの方々の博士論文を参考にさせていただきました。

皆さま、本当にありがとうございました。心の底から深謝いたします。

本文中に登場する、大家の「ヘイゼル」さんと「ルビー」さん、そしてキャシー・ジョーンズさんや「サラ」さん、二〇一四年の滞在時、一緒に暮らしたストーリーテラーのリアさんをはじめとする、グラストンベリーとこの町を通して出会った人たちからは、研究に関係すること以外にも、たとえば物事の見方や前向きな生き方のこつなど、大切なことをいつも教えていただきました。今、一つだけ絶対に確信をもって言えることは、グラストンベリーをフィールドに選んで良かった！ということです。そんな心から愛することができる場所に出会えただけで、私は幸せだし、満足しています。きらきらした毎日をありがとう。

本書のもととなる博士論文と向き合っていた一年は、研究テーマとは裏腹に、一人で過ごす時間が長かったのですが、そのおかげで日々の季節の移り変わりを敏感に感じることができました。夏の暑さと冬の寒さには参ったけれど、春の桜と秋の稲穂には癒されました。私たちの周りには人以外の生き物が無数に暮らしていること、明るさは光のおかげでもたらされていること、いつも空はきれいなこと、そんな当たり前のことに改めて気づかせてもらいました。

このように、研究に集中できる時間、そして何よりも調査にかかりきりになれる時間を過ごせたのは、二〇〇八年から二〇一三年にわたり金銭的なご支援をいただいた日本学術振興会のおかげだと感謝しております（科学研究費補助金〈特別研究員奨励費〉の課題番号20・7205、22・7515、および研究者海外派遣基金助成金〈優秀若手研究者海外派遣事業〉）。

それから、日々の暮らしの中で挨拶を交わしてくれたり雑談に興じてくれたりした、周りにいる沢山の方々、なかなか会う機会はなくても、私のしていることに関心を寄せ続けてくれた遠くにいる多くの方々にも、感謝の思いがどうぞ伝わりますように。

なお本書の出版に際しては、法藏館の岩田直子さんに大変お世話になりました。私のわがままを汲み取りながら、魅力的な書籍にしてくださいました。女神運動を通して知り合ったグウェン・デイヴィスさんは女神のイラストの転載を快諾してくださいました（彼女の美しいイラストのホームページ：www.gwendavies.com）。それから、二〇一四年度京都大学人文・社会系若手研究者出版助成をいただいたおかげで、本書の刊行が可能となりました。厚くお礼申し上げます。

最後に、研究を可能にする、考えるための空間を提供してくれた家族と親族にもお礼を言いたいと思います。

二〇一五年三月二日　春の足音を聞きながら

河西瑛里子

索　引

使い勝手の良さを考えて、語句そのものが該当する頁になくても、関係する説明がある場合には、その頁を載せた。また、用語集の中の項目は省いた。

あ行

か行

さ行

た行

な行

は行

ま行

や行

ら行

著者略歴
河西　瑛里子（かわにし　えりこ）
1982年3月2日火曜日、大阪府箕面市生まれ。大半は千葉県柏市で、少しだけ福岡県福岡市で育つ。
B型☆魚座（Triple Pisces）。
2005年春、千葉大学薬学部卒業。2010年春、京都大学大学院人間・環境学研究科博士課程修了。2013年秋、博士学位取得（人間・環境学）。専攻は文化人類学・宗教社会学。2014年春より、甲南女子大学非常勤講師。
共著に『コンタクト・ゾーンの人文学　第一巻　問題系』（晃洋書房、2011年）、『聖地巡礼ツーリズム』（弘文堂、2012年）、執筆した事典に『文化人類学事典』（丸善出版、2009年）、『世界宗教百科事典』（丸善出版、2012年）がある。
現在、雑誌 *SCHOOL*（Tiny Person）にて、女神運動とグラストンベリーの探訪記を連載中！
本書で取り上げた女神運動をはじめとする、グラストンベリーのイベントの動画はコチラ
☞ http://www.youtube.com/user/ErikoKawanishi

グラストンベリーの女神たち
——イギリスのオルタナティヴ・スピリチュアリティの民族誌

二〇一五年三月三〇日　初版第一刷発行

著　者　河西瑛里子
発行者　西村明高
発行所　株式会社法藏館
京都市下京区正面通烏丸東入
郵便番号　六〇〇—八一五三
電話　〇七五—三四三—〇〇三〇（編集）
〇七五—三四三—五六五六（営業）

装幀者　山崎　登
印刷・製本　亜細亜印刷株式会社

ISBN978-4-8318-7448-1　C3039